台湾刑事法学精品文丛

台湾刑法总则实务

TAIWAN XINGFA ZONGZE SHIWU

林培仁◎著

中国检察出版社

图书在版编目（CIP）数据

台湾刑法总则实务／林培仁著. —北京：中国检察出版社，2016.9
ISBN 978 - 7 - 5102 - 1626 - 8

Ⅰ. ①台… Ⅱ. ①林… Ⅲ. ①刑法 - 总则 - 研究 - 台湾省
Ⅳ. ①D927. 580. 404

中国版本图书馆 CIP 数据核字(2016)第 099477 号

简体中文版由元照出版有限公司（Taiwan）授权中国检察出版社出版发行
刑法总则实务，林培仁著，
2013 年 1 月，ISBN 978 - 986 - 255 - 555 - 2

台湾刑法总则实务

林培仁　著

出版发行：中国检察出版社
社　　址：北京市石景山区香山南路 111 号 （100144）
网　　址：中国检察出版社（www. zgjccbs. com）
编辑电话：(010)68682164
发行电话：(010)88954291　88953175　68686531
　　　　　(010)68650015　68650016
经　　销：新华书店
印　　刷：保定市中画美凯印刷有限公司
开　　本：710 mm ×960 mm　16 开
印　　张：24. 5
字　　数：408 千字
版　　次：2016 年 9 月第一版　2016 年 9 月第一次印刷
书　　号：ISBN 978 - 7 - 5102 - 1626 - 8
定　　价：78. 00 元

作者简介

林培仁

现　职
台湾警察专科学校警监教官

学　历
台湾"中央警察大学"正科毕业

台湾"中央警察大学"刑事干部班结业

警政署犯罪侦查与现场重建研习班结业

美国司法部缉毒局金融犯罪侦查研习班结业

台湾"国防部"外语学校结业

政治大学法律班结业

台湾"中央警察大学"警政研究所毕业

经　历
警察分局查勤巡官、裁决巡官、派出所所长

警政署刑事警察局司法科科员、侦查科组长

警政署刑事警察局司法科科长

警政署法制室科长代理主任

台湾"中央警察大学"、台湾警察专科学校兼任讲师

台湾警察专科学校刑事警察科刑事法学教官

台湾警察专科学校科主任、法规、课程等委员

警政署警光杂志社总编辑

台湾"法务部刑法研究修正小组"委员

序

　　本书是一本实务教材，是我为我的学生而编著，以提供教学、自习、讨论及应试之需用，并充为联系之桥梁。以下，请倾听我撰写的心路过程：

　　1984年自警政研究所毕业后，有幸得于大学与专校兼课，持续教授相关法律课程，1993年奉派专职教学。1996年受命教道当时进7期（与专14期同年）学生"刑事诉讼法"课程，于阐释刑事诉讼之目的及各种诉讼原则与诉讼制度之际，就以"保障人民权利"理念为奠基，分析"保障人民权利"与"发现犯罪事实"相互间之关联性及其平衡点，论述"刑事诉讼法"如何实践"宪法"明文保障之人民基本权，诉讼法定原则之三面关系（控诉原则与不告不理）在古今中外的推演中，又是经历何等的构想尝试与检验对证。

　　期中考之后的某日，班代与2位同学连袂到研究室看我，名为讨论考题之疑义，但是话题一开，却是："希望教官于上课时除了教授'刑事诉讼法'之外，在'刑法'及'宪法'也能抽点时间帮我们指导甄试的作答技巧与资料整理。"因此于每周二晚上加课，以"刑法"与"刑诉法"及"宪法"为轴心，兼论犯罪调查、执勤服务与进修应试之各种相关议题。几年下来后，师生之间各有成长与收获，真印证了"教学相长"的真谛，更累积了许多讲义与题库。

星移斗转，时光飞逝。直到 2002 年，进 19 期同学为参加考试，得知我研究室里有许多累积下来的影印讲义，为期携带方便，容易阅读，又派出代表进行游说，"教唆"教官将资料请厂商打字编辑、制版印刷、装订成册，而且提出"如有需要竭力帮忙"的附加条件。适逢寒假加上春假的课余空当，在一阵繁复的校对整理之后，《刑事法学辑略》终能先后成书，也获得大家的支持与鼓励。

专 20 期行政科同学在校期间，本人奉命指导部分教授班之"刑法总则"与"刑事诉讼法"课程，为能顺利通过特考，依法派任职务，更利用晚自习时间集中辅导，讲授"刑法与刑诉法"之体系架构、实务判解、申论题应答等观念及技能。

本实务教材之编写缘由，系以 2010 年 9 月起，教育之课程施作与特考之方式科目，均确定予以调整革新，朝向实务讲授，模拟演练之情境教学与实地测验，为使业经通过一般特考，取得任官资格之准司法人员于受训期间，能深广体用"刑法"实务之判解，供为日后执业之参据；亦寄盼已经投入职场的基层人员于勤馀进修应试时，仍有取得法学新知进而金榜题名之终南捷径。再一次自我催眠，期许自己完成更为实务的法学知识辑录，彙整为个人将近 30 年的教学封印。

关于法律座谈之问题选辑，系以"刑法"修正后实务界研讨之题材为主，广泛蒐集"司法院"与"法务部"所属机关研提之资料，增益学习者对"刑法"之了解，辅以修法前具有法制史之参考价值，或足以启迪法学思维之代表性法律问题，用以串联整体"刑法"之架构。其中容有机关本位、法理见解之異论，或实务运作之权便，或因法律更迭、立法缺漏之困扰，产生类似问题而有迥别决议。因应之道则视个案定评，如纯然研究者，可双案并为琢磨辩证，审慎爬梳，自行思索归纳，而成一家之见；若为考试或入学甄试者，当以"司法院"之新见解为首选；倘属侦查犯罪之实务需要者，则可采"法务部"所辖检察机关之观点供为办案之依据。

切记，今日在人后肯默默耕耘者，他日才能于台前欢庆丰收。

"不经一番寒彻骨，怎得梅花扑鼻香。"与大家共勉之。

末了，诚挚且由衷地敬祝各位：

金榜题名　万事如意

林培仁　敬上

目 录 Contents

第二章　刑事责任

第三章　未遂犯

第四章　正犯与共犯

第五章　刑

第六章　累　犯

第七章　数罪并罚

第八章　刑之酌科及加减

第九章　缓　刑

第十章　假　释

第十一章　时　效

第一章 法 例

第一条 罪刑法定原则
①行为之处罚，以行为时之法律有明文规定者为限。拘束人身自由之保安处分，亦同。

条理析释
刑法者，乃明定构成犯罪行为之法律要件，及制裁违法者之法律效果之社会生活规范。其功能在于透过刑罚之手段，对犯罪者施以处罚，以维护各种法益之实现。法益者，系指国家或地区在法律制度中，经由法律手段所欲保护之各种生活利益属之。实务上，刑法将其所欲保护之法益区分为国家法益、社会法益及个人法益三大类，逐一条列于刑法分则各罪章。

罪刑法定原则，系指何种行为确实构成犯罪，而对于犯罪行为应科处何种刑罚，均以法律明文规定者为限。其基本观念为德国法学大师封·费尔巴哈（von Feuerbach）所主张之"无法律即无犯罪，无法律即无刑罚"。因此，国家对于非经法律明定为犯罪者，不得径行科处刑罚；纵使经法律明定为犯罪者，亦不得擅自科处法律所定以外之刑罚。

例如：槟榔碱并未列入毒品之种类等级，不得将"嚼槟榔成瘾"之人，定以施用毒品之罪责。或是对于酒驾屡劝不听之累犯者，科处徒刑或并科罚金之外，"并执行鞭刑10下"。

罪刑法定原则，系指犯罪行为之构成要件及其法律效果，均以行为时之刑事法律定有明文规定为前提。其首揭于"刑法"第1条，明示具有"刑法"之保障功能。其中寓藏："如无法律，即无犯罪；若无犯罪，自无刑罚。"之深层精义。罪刑法定原则之衍生内涵有禁止适用习惯法原则，禁止类推适用原则，禁止溯及既往原则及明确性原则（禁止绝对不定期刑）。

"刑法"上之行为，必须具有下列之要件：（1）是人类所为之行为；（2）该行为已经表现于外；（3）得以意志支配的身体动静。倘若虽为人类之行为，但是却明显与"刑法"制裁无关之现象，例如：抽搐、梦游或反射行为等，则不属之。

行为人之行为依裁判时之法律规定虽应成立犯罪，但依其行为时之法律却无处罚明文者，即应本于"刑法"第1条罪刑法定主义规定，为无罪之谕知，不得先就新旧法规定之犯罪构成要件，予以比较适用有利于行为人之法律，或径依新法规定之犯罪构成要件，为审认行为人是否成立犯罪之准据。反之，依行为时之法律规定，应成立犯罪，但依裁判时之法律却已不加处罚者，即属于"犯罪后之法律已废止其刑罚"之范畴，应依"刑事诉讼法"第302条第4款之规定，谕知免诉。因此，行为人于行为后，因"刑法"法律之变更，致其规定之犯罪构成要件变更而有扩张或限缩时，必其行为同时符合修正前、后法律所定之犯罪构成要件，均应予科处刑罚时，始生"刑法"第2条第1款之比较适用问题。

2006年7月1日施行生效的新"刑法"以拘束人身自由之保安处分（如强制工作、强制治疗、监护、禁戒、观察勒戒等属之，但保护管束及驱逐出境等则不属之），系以剥夺受处分人之人身自由为其内容，在性质上，带有浓厚自由刑之色彩，亦应有罪刑法定原则衍生之不溯及既往原则之适用。职是之故，增列拘束人身自由之保安处分，亦以行为时之法律有明文规定者为限，以求允当。

监护处分之立法目的，除对受处分人给予适当治疗，使其得以回归社会生活外，复在使其于治疗期间，仍与社会隔离，以免危害社会，性质上兼具治疗保护与监禁，以防卫社会安全之双重意义，当属拘束人身自由之保安处分。（2009年台上字第745号判决参照）

行为之处罚，以行为时之法律有明文规定者为限，为"刑法"第1条所明定，此乃法律不溯既往及罪刑法定主义，为"刑法"时之效力之两大原则。此所谓之法律系指刑罚法律而言，行政法令纵可认为具有法律同等之效力，但因其并无刑罚规定，究难解为刑罚法律。至所谓"公告"或"函"，不属"法规标准法"第3条规定："各机关发布之命令，得依其性质，称规程、规则、细则、办法、纲要、标准或准则。"所列7个法规命令名称，仅系"公文程序条例"第2条第1项第4款及第5款所定公文程序，其或为各机关间公文往复，或人民与机关间之申请与答复时用之；或为各机关对公众有所宣布时所用。该"公告"或"函"所表示之内容，当不具刑罚法律之性质。原判决据以认定上诉人成立犯罪之"医师法"第28条："未取得合法医师资格，擅自执行医疗业务者，处6个月以上5年以下有期徒刑，得并科新台币30万元以上150万元以下罚金，其所使用之药械没收之。但合于下列情形之一者，不罚：一、在主管机关认可之医疗机构，于医师指导下实习之医学院、校学生或毕业生。二、在医疗机构于医师指示下之护理人员、助产人员或其他医事人员。三、合于第 11 条第 1 项但书规定。四、临时施行急救。"之规定，其立法形式，未将所谓"医疗"行为委诸空白"刑法"补充之，且该法亦未就何为"医疗"予以定义，是否违反上开法条规定，自委诸司法人员依据调查之结果并综合全部证据资料而解释认定之，而前述"行政院"卫生署对于何为"医疗"所为之"公告"或"函"，仅能作为司法人员判断"医疗"行为之参考，既非刑罚法律本身，当无法律不溯既往及罪刑法定主义原则之适用。（2013年度台上字第 1952 号判决参照）

实务判解

◆上诉人因恋奸情热，于 1935 年 6 月 8 日将某甲之妻某氏，和诱至某处藏匿，至同月 19 日始行觅回，为原判决所认定之事实。此项事实，虽与"刑法"第 240 条第 3 项所定罪名相当，但查"刑法"系同年 7 月 1 日施行，其行为时有效之旧"刑法"，对于和诱有夫妇女脱离家庭并无处罚之规定，自未便以行为后之"刑法"定有罪名，即行论罪。（1936 年上字第 932 号）

◆飞机零件非违禁物品，其单纯收藏或持有而不别具其他犯罪构成要件者，法无论罪名文，应不为罪。（1945 年院解字第 2910 号）

◆抗战期内在敌占区内之妇女，仅系嫁与敌寇或参加敌寇组织中之朝鲜人为妻者，法无论罪明文，应不处罚。（1945 年院解字第 2968 号）

◆行为之处罚，以行为时之法律有明文规定者为限，行为后之法律有变更者，适用裁判时之法律，但裁判前之法律有利于行为人者，适用最有利于行为人之法律。故犯罪行为人其犯罪行为之开始及终了之时日，必于有罪判决书之犯罪事实栏明白认定，详为记载，而后于理由栏据证说明其认定犯罪事实之理由，方足以为用法之准据。（1964 年台上字第 2485 号）

◆上诉人等行凶时使用之开山刀、十字弓箭于行为时并未经主管机关公告查禁，其中十字弓箭虽经"内政部"于 1992 年 8 月 10 日以台内警字第 8182281 号公告查禁，但上诉人行为时既无处罚规定，则起诉书指上诉人又牵连犯"枪砲弹药刀械管制条例"第 12 条第 3 项之无故持有刀械罪，尚乏依据，原判决认上诉人此部分应成立该罪，亦属不当。（1992 年台上字第 4800 号）

◆行为之处罚，以行为时之法律有明文规定者为限，"刑法"第185条之4系于1999年4月21日增订施行，上诉人系于1998年6月14日驾车肇事逃逸，自不能适用"刑法"第185条之4论处上诉人罪责，原判决依该条论处罪刑，其适用法则亦有违误。（2002年台上字第3364号）

◆法律不溯及既往及罪刑法定为"刑法"时之效力之两大原则，行为应否处罚，以行为时之法律有无明文规定为断，苟行为时之法律，并无处罚明文，依"刑法"第1条前段，自不得因其后施行之法律有处罚规定而予处罚。又拘束人身自由之保安处分，系以剥夺受处分人之人身自由为内容，性质上具有浓厚自由刑之色彩，亦应有上揭原则之适用，故"刑法"第1条后段明定拘束人身自由之保安处分，以行为时之法律有明文规定者为限，即本斯旨为规范。而在法规竞合之情形，因其犯罪行为，同时有符合该犯罪构成要件之数个法规，始择一适用，倘于行为时无法规竞合之情形，迫于行为后始制定较普通法处罚为重之特别法或补充法，基于罪刑法定原则，自无适用行为后始制定之特别法或补充法之余地，此在拘束人身自由之保安处分同有其适用。（2012年度台抗字第739号）

第二条　从旧从轻原则

①行为后法律有变更者，适用行为时之法律。但行为后之法律有利于行为人者，适用最有利于行为人之法律。

②非拘束人身自由之保安处分适用裁判时之法律。

③处罚或保安处分之裁判确定后，未执行或执行未完毕，而法律有变更，不处罚其行为或不施以保安处分者，免其刑或保安处分之执行。

条理析释

本条与第1条之立法体系关系相互依存，第1条系明文揭橥（示）罪刑法定原则，第2条第1项则以第1条为前提，遇有法律变更时应如何适用新旧法律之规定。原条文系"行为后法律有变更者，适用裁判时之法律"即学说所谓之"从新原则"，虽长久以来，此原则虽为实务界及学术界所认同，但是难与第1条罪刑法定原则契合，而有悖于法律禁止溯及既往之疑虑，为贯彻上开原则之精神，旧制之从新从轻观念应予导正，配合第1条修正为"适用行为时之法律"之必要，并兼采有利行为人之立场，将"从新从轻原则"改采"从旧从轻原则"，然在法律变更后新旧法之适用，依此二原则之结果并无不同（即改采从旧从轻原则之结果，与现行之从新从轻原则相同)。简言之,本条系为符合"罪刑法定原则及不溯既往原则"之精神,将行为后遇有法律变更时,由"从新从轻原则",调整为"从旧从轻原则",此一修正在司法实务审理具体个案时,实质上对行为人并无不利益之效应。

本条第 1 项揭示之法律变更从旧从轻原则,其规范目的乃本诸禁止溯及既往原则,避免行为后新法恶化行为人之法律地位,致其受行为时无法预见之刑罚处罚,故该条文"法律"之解释限于"刑罚法律"。所称法律变更,系指法律之修正或废止之情形,且以实体之刑罚法律为限,程序法不在其内。而所谓刑罚法律变更者,包括构成要件之变更而有扩张或限缩,或法定刑度之变更而言。而"刑法"第 41 条关于易科罚金事项规定系属刑罚实体法,为救济不能执行短期自由刑时之换刑处分,固兼有执行事项之本质,然其折算方法,于刑之宣告同时,一并谕知,相当于科刑之程序,与一般纯属执行之程序有别。折算标准不同,导致犯人缴纳罚金之数额有异,难谓与量刑之轻重无关,应属相当科刑规范之变更,自有"刑法"第 2 条第 1 项规定之适用。

从刑附属于主刑,除法律有特别规定者外,依主刑所适用之法律。如行为后,法律有所变更,但主刑之法定最高度及最低度刑,与修正前之旧法完全相同,或仅没收之从刑规定有所更易,主刑未修正时,则没收部分,即不生比较问题,依从旧之原则,皆应适用行为时之法律。倘若主刑及从刑均已加以修正时,经依"刑法"第 2 条第 1 项但书就主刑比较结果,应适用最有利之修正后之新法时,依从刑附属于主刑之原则,应一律适用修正后之法律,不得采主刑从新而从刑从旧之割裂适用。

1963 年 10 月 23 日"司法院"释字第 103 号理由书意旨:"刑法"第 2 条所谓法律有变更,系指处罚之法律规定有所变更而言。"行政院"依"惩治走私条例"第 2 条第 2 项项目指定管制物品及其数额之公告,其内容之变更,并非"惩治走私条例"处罚规定之变更,与"刑法"第 2 条所谓法律有变更不符,自无该条之适用。

2010 年 7 月 30 日经"司法院"释字第 680 号解释认为,"惩治走私条例"第 2 条第 1 项规定:"私运管制物品进口、出口逾公告数额者,处 7 年以下有期徒刑,得并科新台币 3 百万元以下罚金。"第 3 项规定:"第 1 项所称管制物品及其数额,由'行政院'公告之。"其所为授权之目的、内容及范围尚欠明确,有违授权明确性及刑罚明确性原则,应自本解释公布之日起,至迟于届满 2 年时,失其效力。其释宪缘起如下:高雄市蔡姓船长等3人，在2007年9月3日驾驶船只自高雄港出港后，在台湾地区领海以外向不知名船只上购得鲨鱼、油甘、粗油鱼、黑皮刀、旗鱼、鱿鱼、鲔鱼及鲨鱼肚总计约25万公斤的渔获，私运至渔市场时遭"海巡所"查获，经检察官提起公诉后，法院判处有期徒刑，上诉到"最高法院"遭驳回。蔡船长等3人认为"最高法院"及台湾"高等法院"高雄分院判决，所适用"惩治走私条例"第2条第1项、第11条规定以及"行政院"2003年10月23日院台财字第0920056338号公告管制物品项目及其数额丙项，违反授权明确性原则、平等原则及比例原则，抵触"宪法"第7条、第15条及第23条规定，因此声请[1]释宪。

针对空白"刑法"法规授权的问题，"司法院"释字第680号解释认为，立法机关以委任立法的方式，授权行政机关发布命令补充法律，虽然为"宪法"所许，但授权目的、内容及范围应该具体明确。授权条款的明确程度，则应该与所授权订定法规命令对人民权利影响相称。刑罚法规关系人民生命、自由及财产权益至巨，自应依循"罪刑法定原则"，以制定法律的方式规定。法律授权主管机关发布命令为补充规定时，必须从授权的法律规定中可以预见行为可罚，授权始为明确，才能符合释字第522号解释刑罚明确性原则的意旨。"由授权之母法整体观察，已足使人民预见行为有受处罚之可能，即与得预见行为可罚之意旨无违，不以确信其行为之可罚为必要。"

大法官指出，"惩治走私条例"第2条第1项所科处的刑罚，对人民自由及财产权影响非常严重。但有关管制物品项目及数额等犯罪构成要件内容，同条第3项规定全部委由"行政院"公告，既未规定为何种目的而管制，也未指明公告管制物品项目及数额时应该考量的因素，且授权母法也缺乏其他可据以推论相关事项的规定，必须从"行政院"订定公告的"管制物品项目及其数额"中，始能知悉可罚行为的内容。另外，纵由"惩治走私条例"整体观察，也无从预见私运何种物品达到何等数额将因公告而有受处罚的可能，自属授权不明确，与"宪法"保障人民权利意旨不符。鉴于"惩治走私条例"修正须要一定时程，"惩治走私条例"第2条第1项、第3项规定，自解释公布日起，至迟于届满2年时失效。

［编按⇨"惩治走私条例"第2条业于2012年5月29日经"立法院"

---

[1] 台湾地区有关规定中的"声请"与"申请"系同一法律概念，下文不再赘述。——编者注

三读修正，于 2012 年 6 月 13 日公布，依同条例第 13 条后段之规定，自于 2012 年 7 月 30 日施行生效。因此，"惩治走私条例"第 2 条之修正，仅属条文用语之调整，使该条例授权之目的、内容及范围更明确，条文之实质内容及处罚规定并未变动，管制物品项目及方式亦无不同，自非法律之变更，无新旧法比较问题，应依一般法律适用原则，适用裁判时法。（2013 年度台上字第 2178 号）]

被告所犯之罪，法律是否规定须告诉乃论，其内容及范围之划定，暨其告诉权之行使、撤回与否，事涉国家刑罚权，非仅属单纯之程序问题，如有变更，应认系刑罚法律之变更，即有"刑法"第 2 条第 1 项但书之适用。如其行为时之旧法原规定属告诉乃论之罪，裁判时之新法经修正变更为非告诉乃论之罪，如未经告诉（包括告诉不合法），则旧法对国家刑罚权之发动所做一定限制之规定，即其诉追条件之具备与否，依旧法之规定观察，较有利于被告，自应适用旧法之规定，认须告诉乃论，法院亦应在其诉追条件完备下始得为实体判决。必已依法告诉且未经撤回告诉时，始应就其罪刑有关之一切情形，综合全部之结果，而为比较适用对其最有利之法律。

2006 年 7 月 1 日起施行之"刑法"第 91 条之 1 有关强制治疗规定，虽将刑前治疗改为刑后治疗，但治疗期间未予限制，且治疗处分之日数，复不能折抵有期徒刑、拘役或同法第 42 条第 6 项裁判所定之罚金额数，较修正前规定不利于被告。亦即比较新旧法之结果，应认修正前之规定较有利于被告。

"性侵害犯罪防治法"系于 2011 年 11 月 9 日增订第 22 条之 1，依立法理由说明"为解决 2006 年 6 月 30 日以前犯性侵害犯罪之加害人，于接受狱中治疗或社区身心治疗或辅导教育后，经鉴定、评估，认有再犯之危险者，因不适用 2006 年 7 月 1 日修正施行后之'刑法'第 91 条之 1 有关刑后强制治疗规定而产生防治工作上之漏洞，导致具高再犯危险之性侵害加害人于出狱后不久即再犯性侵害犯罪，衍生法律空窗之争议，爰为增列"，显系针对无"刑法"第 91 条之 1 适用而在执行中之加害人而为规范，对于刑后强制治疗规定而言，虽属法律适用之补充规定，然对于行为在"性侵害犯罪防治法"该条增订施行前之性侵害犯罪加害人，倘确定判决裁判时系适用旧法刑前强制治疗规定认无强制治疗必要而为判决，则被告于行为时，"性侵害犯罪防治法"第 22 条之 1 既尚未制定，应有法律不溯及既往及罪刑法定原则之适用。（2012 年度台抗字第 739 号）

行为之处罚，以行为时之法律有明文规定者为限，为"刑法"第1条所明定。而行为后法律有变更者，适用行为时之法律。但行为后之法律有利于行为人者，适用最有利于行为人之法律，"刑法"第2条第1项定有明文。即对于犯罪行为之处罚，以依行为时之法律论处为原则，适用最有利于行为人之行为后之法律即包括中间时法、裁判时法为例外。必也行为时之法律与中间时、裁判时之法律均有处罚之明文者，始有"刑法"第2条第1项但书之适用。（2013年度台上字第4509号）

实务判解

◆"行政院"于1960年1月21日将管制物品重行公告，乃是行政上适应当时情形所为事实上之变更，并非刑罚法律有所变更，自不得据为废止刑罚之认定，无论公告内容之如何变更，其效力皆仅及于以后之行为，殊无溯及既往而使公告以前之走私行为受何影响之理，即无"刑法"第2条第1项之适用。（1960年台上字第1093号）

◆行为之处罚，以行为时之法律有明文规定者为限，行为后之法律有变更者，适用裁判时之法律，但裁判前之法律有利于行为人者，适用最有利于行为人之法律。故犯罪行为人其犯罪行为之开始及终了之时日，必于有罪判决书之犯罪事实栏明白认定，详为记载，而后于理由栏据证说明其认定犯罪事实之理由，方足以为用法之准据。（1964年台上字第2485号）

◆参加以犯罪为宗旨之犯罪组织者，其一经参加，犯罪即属成立，在未经自首或有其他事实证明确已脱离该犯罪组织以前，其违法情形仍属存在，在性质上属行为继续之继续犯，其间法律纵有变更，但其行为既继续实施至新法施行后，自无行为后法律变更之可言。（1999年台上字第484号）

◆"刑法"第2条第1项但书所规定适用最有利于行为人之法律，系指行为人行为时与行为后裁判时之法律皆有处罚之规定而言。若行为后法律有变更，因犯罪构成要件之变更致不成立犯罪，或依裁判时之法律，已无处罚之规定，则不生新旧法比较适用之问题。故如犯罪构成要件因法律之修改已有变更，依修正后之法律，其适用之范围较诸旧法有所限制时，必其行为同时符合修正后之法律所规定之犯罪构成要件，始有"刑法"第2条第1项但书之适用。（2005年台上字第2170号）

◆按行为后法律有变更，经比较裁判时及裁判前之法律，以适用最有利于行为人之法律者，应就罪刑有关之一切情形，比较其全部之结果，而为整体之适用，不能割裂而分别适用之。行为后法律有变更，应依"刑法"第 2 条第 1 项从新从轻原则予以比较适用者,系指被告行为后至裁判时,无论依行为时法或裁判时法,均构成犯罪而应科以刑罚者而言。倘被告之行为,在行为时法律虽有处罚明文,但依裁判时之法律,因犯罪构成要件变更,已无刑罚之规定时,则属犯罪后之法律已废止其刑罚之范围,即无"刑法"第 2 条第 1 项之适用,应依"刑事诉讼法"第 302 条第 4 款谕知免诉之判决。(2007 年台上字第 2230 号)

◆比较适用最有利于行为人之法律时,应就罪刑有关之共犯、未遂犯、连续犯、牵连犯、结合犯以及累犯加重、自首减轻暨其他法定加减原因、加减例等一切情形,综其全部之结果而为比较,再适用有利于行为人之法律处断,且应就罪刑有关之一切情形,比较其全部之结果,而为整个之适用,不能割裂而分别适用有利益之条文;但此所谓不能割裂适用,系指与罪刑有关之本刑而言,并不包括易刑处分在内。详言之,有关易科罚金、易服劳役之刑罚执行,仍应比较新旧法之规定,适用最有利于行为人之法律,依"刑法"第 2 条第 1 项之从旧从轻原则定其易刑之折算标准。(2008 年台上字第 2545 号)

[编按➡从刑附属于主刑,除法律有特别规定者外,依主刑所适用之法律。另新"刑法"第 33 条第 5 款规定罚金刑为新台币 1 千元以上,以百元计算之,新法施行后,亦应依新"刑法"第 2 条第 1 项之规定,适用最有利于行为人之法律。新"刑法"第 55 条但书系想象竞合犯科刑之限制,为法理之明文化,非属法律之变更。牵连犯犯一罪而其方法或结果之行为,均在新"刑法"施行前者,新"刑法"施行后,应依新"刑法"第 2 条第 1 项之规定,适用最有利于行为人之法律。]

◆修正后公务员之主体,限于服务于台湾地区、地方自治团体所属机关的公务人员,或者是依法令从事于公共事务而具有法定职务权限者,或是受机关委托而从事与委托机关权限有关之公共事务者。于事务的要件上,须从事于公共事务而具有公权力行为,始属相当。质言之,修法后"刑法"关于公务员概念之范围,限缩于"与公共事务及公权力之行使相关之人员",始有其适用。此项限缩之规定,自属法律之变更。(2014 年度台上字第 516 号)

◆上诉人于 2000 年 5 月 22 日行为时,"少年事件处理法"及"少年福利法"均无"对少年犯罪"之加重处罚规定,迄"儿童福利法"与"少年福利法"合并修正为"儿童及少年福利法"于 2003 年 5 月 28 日公布,始于其第 70 条第 1 项前段规定:"成年人教唆、帮助或利用儿童及少年犯罪或与之共同实施犯罪或故意对其犯罪者，加重其刑至二分之一。"复于 2011 年 11 月 30 日修正为"儿童及少年福利与权益保障法"全文公布施行。原判决基此，以上诉人行为时之"少年福利法"，对少年犯罪者，并未有加重其刑之规定，依"刑法"罪刑法定主义，不得加重其刑，洵无不合。（2014 年度台上字第 467 号）

法律座谈

⊙法律问题一：某甲基于窃盗之概括犯意，先于 2006 年 6 月 29 日持螺丝起子破坏电门窃取机车 1 辆。再于同月 30 日以自备钥匙 1 把窃取机车 1 辆，而于 2006 年 7 月 1 日后被起诉，法院应如何论罪裁判？

讨论意见：

甲说：适用修正施行前之"刑法"第 56 条裁判，论以连续加重窃盗罪。

理由：

1. "刑法施行法"第 10 条之 1 规定，2005 年 1 月 7 日修正公布之"刑法"自 2006 年 7 月 1 日施行。故应适用修正施行后之"刑法"第 2 条比较新旧法。

2. 某甲之行为，依修正施行前规定，为连续犯，应以加重窃盗罪论以 1 罪（"最高法院"1978 年度第 6 次暨第 7 次刑事庭庭推总会议决议（1）参照），并得加重其刑至二分之一；依修正施行后之"刑法"，无连续犯规定，应分论并罚。两相比较，分论并罚依"刑法"第 51 条第 5 款可于各刑合并之刑期以下定其刑期，最高可能之刑期为 10 年（即各处有期徒刑 5 年，定执行刑 10 年）；但论以连续加重窃盗，最高可能刑期不过 7 年 6 月（即最高刑期 5 年，加重二分之一，为 7 年 6 月）。故应以修正施行前之规定，较有利于被告。

3. 据上说明，被告行为时之规定既有利于被告，自应依"刑法"第 2 条第 1 项前段，适用修正施行前之"刑法"第 56 条规定，论以连续加重窃盗罪。

乙说：适用修正施行后之"刑法"第 50 条裁判，各别论罪，并合处罚。

理由：

1. 同甲说理由一。

2. 某甲之行为，依修正施行前规定，为连续犯，应以加重窃盗罪论以

1 罪（"最高法院"1978 年度第 6 次暨第 7 次刑事庭庭推总会议决议（1）
参照），并得加重其刑至二分之一；依修正施行后之"刑法"，无连续犯规
定，应依"刑法"第 50 条规定分别论罪，并合处罚。两相比较，前者为
连续加重窃盗；后者一为加重窃盗、一为普通窃盗，自罪名观之，前者为
"连续"之"加重窃盗"，后者为尚有较轻之"普通窃盗"，自以后者较有
利于被告。至于定应执行刑，其所定结果，未必重于以连续加重窃盗论处
再加重二分之一之结果，不得执为有利于被告之论据。

3. 据上说明，应以被告行为后之法律有利于被告，故应依"刑法"
第 2 条第 1 项后段，适用修正施行后之规定，分论并罚。

初步研讨结果：采甲说。

审查意见：本题采甲说。

◉法律问题二：A 男于 2005 年 1 月间对其配偶 B 女强制猥亵，B 女虽
向警方报案，但表示不愿意提出告诉，检察官以 A 男涉犯"刑法"第 224
条强制猥亵罪提起公诉，惟 2006 年 7 月 1 日修正施行之"刑法"第 229 条
之 1 已修正对配偶犯"刑法"第 224 条之罪须告诉乃论，问法院应为如何
之判决？

讨论意见：

甲说：应为不受理判决。

告诉权之行使或撤回系属刑罚权得否发动，即刑事诉讼之追诉条件具
备与否之刑事程序问题，程序应从新，是"刑法"修正后对配偶强制猥亵
行为，既已将原非告诉乃论之罪，修正为告诉乃论之罪，自须被害人提出
告诉，追诉条件始无欠缺。况依"刑法"第 2 条之规定，当法律有变更时
应适用最有利于被告之法律，而依修正后之"刑法"第 229 条之 1，对配
偶犯强制猥亵罪须告诉乃论，对被告而言，本件因 B 女未对其夫 A 男提出
告诉，自应依"刑事诉讼法"第 303 条第 3 款之规定为不受理之判决。

乙说：应为实体判决。

依被告行为时之"刑法"第 229 条之 1 规定，对配偶犯强制猥亵罪，
并非告诉乃论之罪，是本案非原"刑事诉讼法"第 303 条第 3 款所规定告
诉乃论之罪，B 女表示不愿提出告诉，检察官迳行提起公诉，惟追诉条件
并无欠缺，自应为实体判决。

初步研讨结果：多数采甲说。

审查意见：采甲说。理由应再补充：

诉讼条件乃欲为实体判决所应具备之条件，法院对于诉讼条件有无欠

缺，不问诉讼程度如何，得依职权调查之。又诉讼条件，不特应于起诉时具备，且诉讼条件之是否具备，以起诉时为准，则 A 男被起诉时，该罪既非告诉乃论，诉讼条件即无欠缺，嗣该罪之诉讼条件既有变更，且查明被害人并未告诉，自应为不受理之判决。

研讨结果：照审查意见通过。

法谚

1. 法律乃善良及公平之艺术。

Jus est ars boni et aequi.

Law is the science what is good and just.

（法官断案公正，原告、被告均心悦诚服，达此地步，岂非艺术境界而何？此乃开宗明义以指出法律之本质耳。）

第三条　属地主义（略）

法谚

2. 公平与善良乃法律之法律。

Aequum et bonum est lex legum.

That which is equal and good is the law of laws.

（有关善良风俗之规定，学者称之为"帝王条款"，足见其效力之崇高。）

3. 法律顾及衡平。

Lex（jus）resicit aequitatem.

Law regards equity.

（法律以公平正义为目的，而衡平为公平正义之表现，故应顾及之。）

4. 法之保护强过于人之保护。

Fortior est custodia leglis quam hominis.

The custody of the law is stronger than that of man.

（法治优于人治，舍法治别无兴邦之长策也。）

第四条　隔地犯（略）

第五条 （略）

法谚

5. 法之处置较人之处置公平。

Ae quior est disposition legis quam hominis.

The disposition of the law is more impartial than that of man.

（法治较人治为可贵，推行民主，须以法治为基础。主，由民可也；治，仍待乎法律。）

6. 法系为人之利益而制定。

Hominum causa jus constitutum.

Law is established for the benefit of man.

（立法之目的应在于利人，若属扰民之法，则不如不立。）

第六条 （略）

法谚

7. 法律亦拘束其提案人。

Leges sunm ligent latorem.

Laws bind the proposers of them.

（法律一经公布，任何人均应受其拘束，纵系该法律之原提案人，亦不例外。正所谓"法律之前，人人平等"，是也。）

8. 法之极，即不法之极。法之极，即害之极。

Summum jus, summa injuria.

Extreme law extreme injury.

（亦称之为"法之极，害之极。"提醒执法人员于用法之际，不可过分拘泥于法律，否则极易产生不当之结果。另有"法律极端，不是法律"之谚语。）

第七条 （略）

第八条 （略）

法谚

9. 特别法优先普通法适用。

Lex specialis derogate legi generali.

（此乃于法规竞合时，特别法之规定得排除普通法之规定而优先适用。）

第九条 （略）

第十条 计数、公务员、公文书、重伤、性交及电磁纪录之定义

①称以上、以下、以内者，俱连本数或本刑计算。

②称公务员者，谓下列人员：

一、依法令服务于国家、地方自治团体所属机关而具有法定职务权限，以及其他依法令从事于公共事务，而具有法定职务权限者。

二、受国家、地方自治团体所属机关依法委托，从事与委托机关权限有关之公共事务者。

③称公文书者，谓公务员职务上制作之文书。

④称重伤者，谓下列伤害：

一、毁败或严重减损一目或二目之视能。

二、毁败或严重减损一耳或二耳之听能。

三、毁败或严重减损语能、味能或嗅能。

四、毁败或严重减损一肢以上之机能。

五、毁败或严重减损生殖之机能。

六、其他于身体或健康，有重大不治或难治之伤害。

⑤称性交者，谓非基于正当目的所为之下列性侵入行为：

一、以性器进入他人之性器、肛门或口腔，或使之接合之行为。

二、以性器以外之其他身体部位或器物进入他人之性器、肛门，或使之接合之行为。

⑥称电磁纪录者，谓以电子、磁性、光学或其他相类之方式所制成，而供电脑处理之纪录。

条理析释

本条第1项系明定"称以上、以下、以内者，俱连本数或本刑计算"

之犯罪要件或刑罚数额之计算准据，实务上"称满、内者"，亦属之；而"称以外、未满、逾、超过者"，即不连本数或本刑计算。

例一："刑法"第18条第3项："满八十岁人之行为，得减轻其刑。"其解释上即包括80岁之人；再如："刑法"第230条："与直系或三亲等内旁系血亲为性交者，处五年以下有期徒刑。"其解释上系包括3亲等之旁系血亲，而其刑罚之上限为5年，下限为2月之有期徒刑。

例二："少年事件处理法"第2条明定："本法称少年者，谓十二岁以上十八岁未满之人。"其包括12岁之人，但不含18岁之人。即未满12岁之人即非少年而属儿童之范畴；而满18岁者，即已无少年身分[①]之适用。

本条第2项系规定公务员之明确范围，由于公务员在"刑法"所扮演之角色，除为犯罪之主体，亦为犯罪之客体，为避免因具有公务员身分，导致不当扩大刑罚权之情形，而对公务员之范围加以限缩，其性质上属于刑罚权之减缩。现行法乃将原有关公务员极为抽象、模糊之定义，针对公务性质，区别其从事职务之种类，予以检讨修正为下列三种公务员：

1. 依法令服务于台湾地区、地方自治团体所属机关而具有法定职务权限（身分公务员：第10条第2项第1款前段）：

所称"地方自治团体"，则系指某一地区之人民，依据授权，在监督之下，自定规章，自组机关，以管理该地方公共事务之法人；而该法人具有独立之法律上人格，并有享受权利、负担义务之能力，与驻在地方之行政机关仅系工具关系，行为之效果亦归于授权者，迥不相同；故有独立之法律上人格，并能自定规章，自组机关之县（市）、乡（镇、市），自属地方自治团体，而非机关（"地方制度法"第14条参照）。

台湾地区或地方自治团体所属机关中依法令任用之成员，系依法代表、代理台湾地区或地方自治团体处理公共事务者，即应负有特别保护义务及服从义务。至于无法令执掌权限者，纵服务于台湾地区或地方自治团体所属机关，例如雇用之保全或清洁人员，并未负有前开特别保护义务及服从义务，即不应认其为"刑法"上公务员。

例一：某甲系台湾地区台南市某某地政事务所依据"台南市政府临时雇工管理要点暨补充规定"所雇用，则其自属依法令服务于地方自治团体所属机关之人无误。至其是否具有"法定职务权限"，自应就其工作内容是否属于该地政事务所职权范围所应为或得为之事务，抑或纯属机械性、

---

① "身分"等同于"身份"，下同。——编者注

肉体性之劳务而定。某甲虽属临时雇员，但其职务内容，除誊本收费、计算机前誊本影印、协助计算机誊本登打事宜外，并需接受主管人员之指派调遣。自1993年起即经指派担任柜台收费，负责收取民众缴交之登记簿誊本、地籍图誊本等各项地政规费并制发收据，与单纯为肉体性、机械性劳务之人员不同。某甲既经指派担任收取该项规费，即具有一定之法定职务权限而属"刑法"上所称之公务员。

例二：依"地方制度法"第2条第1款、第14条规定，村、里办公室固非属地方自治团体，但第5条第4项及第59条规定，各村、里办公处系由各乡、镇、县辖市及区所设，受各乡、镇、县辖市及区之指挥监督，为地方自治团体设于各村、里之地方行政机关，且村、里置村、里长1人，办理村、里之公务及交办事项，故村、里长自属依法服务于地方自治团体所属机关而具有法定职务权限之公务员。

例三：公立医院，虽亦为台湾地区或地方自治团体所属机关，惟非依法行使公权力之机关，任职于公立医院单纯从事医疗业务之医师，除兼有依法令负有一定公共事务处理权限之行政工作者外，已不具有"贪污治罪条例"或现行"刑法"所定之公务员身分。

例四：台电公司系公营事业机关，供应电力与居民使用，该公司内人员从事此等业务，依修正前"刑法"第10条第2项之规定，固属"刑法"上所称公务员。然台电公司与电力用户间系属私经济行为，台电公司所属人员从事与用电户间之供电契约而为之相关业务，依修正后"刑法"第10条第2项规定，即非属"刑法"上公务员。

例五：自来水事业处之人员部分，基于"自来水法"揭示之事务，均与公共事务之利益有关，且依"消防法"之规定，更负有处理消防公共事务之权限。因此，服务于台北自来水事业处之人员，系依据"台北市政府组织自治条例"第10条规定制定之"台北自来水事业处组织自治条例"所设置，乃地方自治团体（台北市）所属公营造物属性之行政机关，该处并依"自来水法"订定"台北自来水事业处营业章程"，其关于用水设备、抄表收费及违规取缔等事项所发布之利用规则，系属依公法之给付方式，作成公法上之利用许可。若行为人之职务权限内容合于前揭事项，自属具有法定职务权限之人员。

依法令服务于台湾地区、地方自治团体所属机关，而具有法定职务权限者，为"刑法"第10条第2项第1款前段所称之公务员，学理上称为身分公务员，其服务任职之由来，无论系依考试，或经选举，或经聘用、雇用，均无不可，且不以参加公教人员保险者为限，纵因职务与清洁、保全等劳务有关而参加劳工保险，然既服务于上揭公权力机关，且具有法定职务权限，即不同于单纯之清洁、保全等非关公权力执行人员，而应认系此所定之身分公务员。(2014 年度台上字第 1551 号判决参照)

例六：台湾地区新北市政府环保局各区清洁队为实际执行回收、清除废弃物之执行机关，亦为"废弃物清理法"第 14 条第 1 项但书规定之"执行机关"。而该清洁队组织内成员中之清洁队员，其职掌包括一般废弃物清理、环境清洁维护、资源回收及环境稽查等依据"废弃物清理法"相关规定之法定工作事项。且清洁队员于执行收取废弃物工作时，依法有初步判断废弃物属性，及决定收取或拒绝收取等权限；其担任稽查业务工作之清洁队员，更有稽查、告发取缔之权责。此与单纯从事劳力付出，无判断废弃物属性及收取或拒绝法定权限之环境清洁打扫人员，显然有别。甲系任职于环保局某某区清洁队队员，且为某某区清洁队车辆班之成员，具执行"废弃物清理法"所定判断、收取废弃物之法定职务权限，为依法令服务于地方自治团体所属机关，而具有法定职务权限之公务员。

2. 其他依法令从事于公共事务，而具有法定职务权限者（授权公务员：第 10 条第 2 项第 1 款后段）：

如非服务于台湾地区或地方自治团体所属机关，而具有依"其他依法令从事于公共事务而具有法定权限者"，因其从事法定之公共事项，应视为"刑法"上的公务员。此类之公务员，例如依"水利法"及"农田水利会组织通则"相关规定而设置之农田水利会会长及其专任职员属之。其他尚有依"政府采购法"规定之各公立学校、公营事业之承办、监办采购等人员，均属本款后段之其他依法令从事于公共事务而具有法定职务权限之人员。而上揭承办、监办采购等人员，应不以实际承办、监办采购之基层人员为限，其依规定层层审核、核定各项采购程序之办理采购人员包括各级主管，甚至机关首长及其授权人员，倘实质上具有参与决定、办理采购程序之权限，足以影响采购结果，应均属之，始符立法本旨。所称"承办"，指办理机关采购业务并担负其责任者而言；亦即从采购之签办逐层审核至机关首长核定该采购业务等流程之相关人员均属之；倘其采购依法令应经上级机关核定，则该上级机关含机关首长在内之相关人员，亦属该条规定之承办采购人员。(2012 年度台上字第 3043 号)

本款所定之公务员，以具有"法定职务权限"为要件，亦即其所从事之事务，须有法令规定之权限为准据（如"公务人员任用法"第 6 条之职务列等表）；所称"法定职务权限"，除依法律（如组织条例、组织通则）外，以命令（如组织规程、处务规程、业务管理规则，以及机关其他之内部行政规章等）明文规定者亦属之。倘无"法定职务权限"者，纵服务于地区或地方自治团体所属机关，仍不属于"刑法"上之公务员。

"刑法"第10条第2项第1款后段所称之"公共事务"，乃指与公权力作用有关而具有公权力性质之事项为限，即所授权者须为该机关权力范围内的事务，受授权人因而享有公务上的职权及权力主体的身分，于其受授权范围内行使公权力主体的权力，若仅受公务机关私经济行为的民事上委任或其他民事契约所发生私法上的权益关系，所授权者并非法定职务权限范围内之公务，受授权人并未因而享有公权力，不能认为是"授权公务员"。某某大学教授依据"科学技术基本法"规定承办"国科会"补助之科技研究经费采购事务，既不适用"政府采购法"，亦无招标、审标、决标争议之审议判断既视同诉愿决定等之规定，不属于行政处分，自非执行公权力之"公共事务"行为，益见明了。林教授以"公款"购买"公物"供学生"公用"无不法所有意图，不成立"公务员利用职务上机会诈取财物罪"。（2013年度台上字第1448号）

私经济行为，原则上非属行使公权力之公共事务，然"政府采购法"第1条及第3条明定：为建立政府采购制度，依公平、公开之采购程序，提升采购效率与功能，确保采购质量，爰制定"政府采购法"，政府机关、公立学校、公营事业办理采购，依本法之规定；本法未规定者，适用其他法律之规定。是机关采购案倘应适用"政府采购法"时，已非纯粹之私法关系，仍属具有法定职务权限之公共事务。甲、乙2人分别担任某某小学之校长及总务主任，依"政府采购法"之规定经办或监办采购案件，自应属"授权公务员"，而非"委托公务员"。

3. 受台湾地区、地方自治团体所属机关依法委托，从事与委托机关权限有关之公共事务者（委托公务员：第10条第2项第2款）：

至于受台湾地区或地方自治团体所属机关依法委托，从事与委托机关权限有关之公共事务者，因受托人得于其受任范围内行使委托机关公务上之权力，故其承办人员应属"刑法"上公务员，此一立法例系参考"国家赔偿法"第4条第1项之规定而增订之。本条系规定"受国家、地方自治团体所属机关依法委托"，并非规定"直接受台湾地区、地方自治团体所属机关依法委托"，故受托处理公共事务者再与他人订约，将其所受委托之公共事务，再委托他人办理，该间接受托之人员，于办理该项公共事务与原来依法受委托者有同一之权限时，即系受国家、地方自治团体所属机关依法委托者，不能因系间接受托之故，将其受托承办之公共事务，视为一般之业务。

所谓"委托行使公权力"与"单纯委托办理行政事务"有别，行政事务之委托如属私经济或不对外发生效力之事实行为，只要法律未有禁止规定，行政机关本于职权，得自由委托办理；若涉及公权力行使，则应有法律或法律授权之命令之依据，即"委托公务员"身分之确立，须以受国家或地方自治团体所属机关，依据"法律"或"授权命令"而委托，且从事与委托机关权限有关之公共事务者，始足当之。

例如：某某大学航空太空工程研究所教授某甲，其工作内容为教学研究，并非公共事务，固非"刑法"第10条第2项第1款之公务员。然某甲就该大学采购"真空溅镀机"1组之采购案，既负责该真空溅镀机规格之设计、价格之查访、机具设备规格明细表之制作、开标时厂商资格标之审查等工作，并指示不知情之航空太空系秘书某乙于"验收记录表"上"使用人对于物品测试结果"及"单位使用人"栏内盖章确认"良好"。则某甲受某某大学之依法委托，从事与该大学有关采购公用器材之公共事务，即属"刑法"第10条第2项第2款之公务员。

本条第3项规定，公文书系指公务员职务上制作之文书，而"刑法"上伪造文书罪，系着重于保护公共信用之法益，即使该伪造文书所载名义制作人实无其人，而社会上一般人仍有误信其为真正文书之危险，仍难阻却犯罪之成立。某甲所为之伪造文书，虽均系以"检察署监管科"之名义制作，唯"检察署"实际上并无此一单位，然其内容均与犯罪侦查事项有关，核与"检察署"之业务相当，且一般人苟非熟知检察组织，尚不足以分辨该单位是否实际存在，仍有误信该等文书为公务员职务上所制作之真正文书之危险，揆诸前开说明，堪认为伪造公文书无讹；而某甲所伪造之传票，为书记官于职务上制作之文书，自属伪造公文书无讹。

公文书必须公务员基于职务上作成之文书，其内容必须为公法上之关系，至于私法上行为所制作之文书，则非公文书，是公务员代表机关与私人间所订立之私法上之契约行为，所制作之文书，不应认为公文书。邮政存簿储金簿，虽系国营邮政机关发给，惟其与客户间乃系基于私经济之地位而成立之存款契约，其内容系证明私人往来存款之用，具有消费寄托之性质，与一般私人间为消费寄托所订立之消费寄托契约并无差异，双方纯属私法上之权义关系，所制作之储金簿，属私文书之一种。

　　台湾地区出入境保证书，若其所载内容系保证人对于被保人来台后负多项保证责任，如有违反，保证人愿接受法令惩处等文字，固属私文书，惟该保证书应送保证人户籍地警察机关（构）办理对保手续，且查保证书下方之"对保或证明机关（构）签注意见栏"，系由办理对保之派出所警勤区警察审核当事人资料后，就保证人是否虚设户籍及有无担任保证人之资格签注意见并核章，该保证书之"对保或证明机关（构）签注意见栏"部分，应认具公文书之性质。

　　"刑法"于伤害罪章规定"伤害人之身体或健康者"，依行为人伤害之犯意，与伤害之结果，订有刑度轻重甚为悬殊之法律效果，为期侦审机关能明确适用，并符合目前之伤害观念，将第4项第1款至第5款有关生理机能重伤之规定，增列"严重减损"，使原须完全丧失机能，始符重伤要件扩展为"如已严重减损，虽未完全丧失机能"，亦为成立重伤之要件，落实"刑法"对人体之保护机能，且符合法律平衡合理之精神，以期公允。第6款则为关于机能以外身体与健康重伤之规定，实务上系指不合于第1款至第5款所列之伤害。

　　例一：脾脏在医学上之见解，纵使与健康无重大影响，但为人类身体上五脏之一，其脾脏既因切除而失其在人体器官上之机能，应属不能回复原状之状况，于人之身体有重大之影响。

　　例二：阴茎除具有男性性机能外亦系排尿通道，以香蕉刀利刃剪断男性阴茎并取至马桶冲走，将导致受害人身体健康产生重大难治伤害之结果，而属"刑法"第10条第4项第6款所指之重伤害。

　　所谓其他于身体或健康有重大不治或难治之伤害，系指伤害重大，且其伤害之结果，对于身体健康确有终身不治或难治者而言，至所谓健康包括生理健康与心理健康，若导致他人重大不治或难治之心神丧失，自属此处所称之重伤。

　　例如：甲基于伤害乙身体、健康之犯意，殴打乙头部、脸部等处，致乙脸部、鼻部、头部有多处从0.2公分×0.2公分至8公分×6公分之皮肤瘀肿、头部撕裂伤及脑震荡症候群，嗣因该次伤害引起慢性创伤后压力障碍症，合并解离性失忆及行为退化，致造成难以回复之精神及认知行为异常身心状态已达无法自主行为能力及重大难治之程度等情，则纵然乙原受之"器质性脑损伤"已经痊愈，但该次伤害所引起慢性创伤后压力障碍症，合并解离性失忆及行为退化既仍存在，且造成难以回复之精神及认知行为异常身心状态并达无法自主行为能力，自属伤害他人身体、健康并导致他人健康有重大难治之伤害，而构成伤害致重伤罪行。

"刑法"于 2005 年 2 月 2 日修正时，其第 10 条第 4 项关于重伤之规定，增列"严重减损"视能、听能、语能、味能、嗅能与 1 肢以上机能之情形，使严重减损机能与完全丧失效用之毁败机能并列，均属重伤态样。而所谓严重减损，观其修正之立法理由，既谓依修正前"刑法"第 10 条第 4 项，视能、听能等机能，须至完全丧失，始符合该规定之重伤要件，如仅减损甚或严重减损，并未完全丧失效用者，纵有不治或难治，因不符合该要件，且亦不能适用同条项第 6 款规定，仍属普通伤害，此与一般社会观念已有所出入，且机能以外之身体或健康，倘有重大不治或难治之伤害，依同条项第 6 款规定则认系重伤，二者宽严不一，殊欠合理，故基于"刑法"保护人体机能之考量，并兼顾刑罚体系之平衡，自宜将严重减损机能纳入重伤范围等语。是举凡对上开各项机能有重大影响，且不能治疗或难于治疗之情形，应认均构成重伤，以与各该机能以外关于身体或健康之普通伤害与重伤区分标准之宽严一致，并使伤害行为得各依其损害之轻重，罪当其罚，俾实现刑罚应报犯罪恶性之伦理性目的而发挥其维护社稷安全之功能。从而，伤害虽属不治或难治，如于上开机能无重大影响，仍非重伤。而减损视能之程度应达若干，始能认为系"严重减损"，法无明文，自应依医师之专业意见，参酌被害人治疗回复状况及一般社会观念认定之。（2012 年度台上字第 6144 号）

为避免基于医疗或其他正当目的所为之进入性器行为，例如妇产科医师以仪器对怀胎孕妇之产前检查，或父母亲以肛温枪对感冒发烧之子女测量肛温等合乎正当性之行为，被解为系本法之"性交"行为，乃于序文增列"非基于正当目的所为之"文字，以避免适用上之疑义。另为顾及女对男之"性交"及其他难以涵括于"性侵入"之概念，并修正第 5 项第 1 款、第 2 款，增订"或使之接合"之行为，以资涵括。

"刑法"上性交既遂与未遂之区分，采接合说，祇须阴茎之一部进入女阴，或使之接合，即属既遂，而女方之处女膜有无因性交破裂，尤非所问。又女性外阴部生殖器官，包括阴阜、大阴唇、小阴唇、阴蒂、前庭、阴道口、处女膜外侧。上诉人阴茎碰触 A 女阴部时，仍得通过阴阜、阴唇而进入外阴部内。此由 A 女证称上诉人之精液由渠阴道内流出，亦证上诉人之阴茎应已部分进入 A 女外阴部内。而外阴部之生殖器官，又为"刑法"第 10 条第 5 项所称之"性器"。因此，应认定上诉人犯行，均已属性交既遂。（2013 年度台上字第 2582 号）

有关电磁纪录之定义，原系规定于分则第 15 章伪造文书印文罪章（第 220 条第 3 项之准文书），然有关电磁纪录亦适用于该章以外之伪造有价证券罪第 201 条之 1、第 204 条、第 205 条，妨害秘密罪章第 315 条之 1 及 "陆海空军刑法" 第 20 条、第 31 条、第 63 条、第 78 条等实体法。另外 "刑事诉讼法" 第 122 条、第 128 条及 "军事审判法" 第 111 条等程序法，亦有适用之规定。职是之故，电磁纪录因科技进展与社会生活与时俱进，实非单纯适用于分则伪造文书印文罪章，故将有关电磁纪录之定义，增列 "光学或其他相类之方式所制成" 之纪录后，再移列于本条第 6 项，以资概括适用。

实务判解

◆变更容貌致重大不治之伤害，本应认为新 "刑法" 第 10 条第 4 项第 6 款之重伤，况判决在新 "刑法" 施行前，应照判执行，并非违法，毋庸提起非常上诉。（1936 年院字第 1459 号）

◆ "刑法" 第 10 条第 4 项第 6 款之重伤，系指除去同项第 1 款至第 5 款之伤害而于身体或健康有重大不治或难治之伤害者而言，如毁败 1 目或 2 目之视能，按照该项第 1 款之规定，固属重伤，假使所伤之目，仅视能减衰，并未完全毁败，纵令此种减衰具有不治或难治之情形，仍与第 6 款所定之内容并不相当，即只应成立普通伤害，不能遽依重伤论科。（1936 年上字第 4680 号）

［编按➡应注意 "刑法" 之重伤定义已增订 "严重减损" 之要件。］

◆ "刑法" 第 10 条第 4 项第 4 款所称毁败 1 肢以上之机能，系指肢体因伤害之结果完全丧失其效用者而言，初不以验断时之状况如何为标准，如经过相当之诊治而能回复原状，或虽不能回复原状而仅祇减衰其效用者，仍不得谓为该款之重伤。（1929 年上字第 1098 号）

［编按➡应注意 "刑法" 之重伤定义已增订 "严重减损" 之要件。］

◆手之作用全在于指，上诉人将被害人左手大指、食指、中指砍伤断落，其残余之无名指、小指即失其效用，自不能谓非达于毁败 1 肢机能之程度。（1930 年上字第 135 号）

◆ "刑法" 第 10 条第 4 项第 6 款所谓其他于身体或健康有重大不治或难治之伤害，系指伤害重大，且不能治疗或难于治疗者而言，故伤害虽属不治或难治，如于人之身体或健康无重大影响者，仍非本款所称之重伤。（1930 年上字第 685 号）

◆行宪后各政党办理党务人员，不能认为"刑法"上所称之公务员。（1952 年释字第 5 号）

◆行宪后各政党、各级党部之书记长，不得认为公务员。（1952 年释字第 7 号）

◆被害人左膝盖关节组织主要之伸出回转机能，既经完全丧失，不能回复而残废，无法上下楼梯，且该关节屈时受阻，伸时呈无力并发抖，自难自由行走并保持身体重心之平衡，殊不能谓非达于毁败 1 肢机能之程度。上诉人既因其伤害行为，发生重伤之结果，自应构成伤害致人重伤罪。（1973 年台上字第 3454 号）

◆所谓"公务员"，在主体要件上，限于服务于地区、地方自治团体所属机关之公务人员，或是依法令从事于公共事务而具有法定职务权限者，或是受机关委托而从事与委托机关权限有关之公共事务者。在事务要件上，除了服务于国家或地方自治团体所属机关之人员外，则必须是从事于公共事务者，而所谓公共事务必须系关于公权力行为，私经济行为并不包含在内；简言之，修法后"刑法"关于公务员概念之范围，仅限缩于"与公共事务及公权力之行使相关之人员"。台北农产运销股份有限公司即依据"农产品市场交易法"第 13 条规定成立，属民营性质企业，自负盈亏。是台北农产公司经营第一批发市场，系依据"农产品交易法"之规定为农产批发市场之经营主体，仅受台北市政府私经济行为之民事上委任，并不涉及公权力之行使，亦非受台北市政府委托行使台北市政府公权力范围之公务，台北农产公司亦不因此而享有公务上之职权，被告系台北农产公司之拍卖员，负责第一批发市场蔬菜之拍卖业务，尚难认属修正后"刑法"第 10 条第 2 项所谓之公务员。（2007 年台上字第 2809 号）

◆"刑法"第 10 条第 2 项修正之目的，在对公务员课予特别之保护及服从义务，严予规范其职权之行使，系为节制使代表地区之人适当行使公权力，并避免不当扩大刑罚权之适用。所称"公共事务"，乃指与地区公权力作用有关，而具有地区公权力性质之事项；至"法定职务权限"，则指所从事之事务，符合法令所赋与之职务权限，例如机关组织法规所明定之职务等。公立学校校长及其教、职员，依修正前规定，本属依法令从事于公务之公务员；修正施行后，因公立学校非行使地区统治权之地区、地方自治团体所属机关，则公立学校校长及其教、职员自非依法令服务于地区、地方自治团体所属机关之"身分公务员"。然依"司法院"释字第 462 号解释意旨，教师升等资格评审程序系为维持学术研究与教学之质量所设，亦为"宪法"保障学术自由真谛所系，各公、私立大学校、院、系（所）教师评审委员会关于教师升等评审之权限，系属法律在特定范围内授予公权力之行使，所为教师升等通过与否之决定，与"教育部"学术审议委员会对教师升等资格所为之最后审定，应属公法上之行政行为。从而各大学校长关于承办该校教师升等评审直接相关之前置作业事宜，例如初选送请评审之教师人选等，应属上揭修正后所称之其他依法令从事于公共事务，而具有法定职务权限之"授权公务员"。（2008 年台上字第 510 号）

◆替代役役男服役期间，依"兵役法"第 25 条第 2 项规定，并无现役军人身分，且其非经国家考试及格，亦未经人事铨叙合格实授任用，按诸前揭"刑法"第 10 条第 2 项规定之文义及立法理由之说明，虽非上揭第 1 款前段所定之身分公务员；但是否属于同款后段之授权公务员，应视其工作性质于事务要件上，是否从事于公共事务而具有公权力行为资为判断。若依其役别所担任之工作符合具有"其他依法令从事于公共事务，而具有法定职务权限"之情形，例如"替代役实施条例"第 4 条第 1 项第 1 款所定一般替代役之警察役别，依该条例施行细则第 3 条第 1 项第 1 款明定，警察役包括担任矫正机关警卫之辅助勤务等，是替代役男奉派往监狱、看守所担任立哨、岗哨、巡逻勤务者，因其从事于法定之公共事务，乃具有法定职务权限，应视为"刑法"上之公务员，而属同款后段之授权公务员。至若所担任之工作，于事务要件上，并非从事于公共事务而具有公权力之行为者，例如被派担任儿童与少年、老人与病、残荣民及身心障碍者之照顾，资源回收、环境清洁维护，特殊教育与地区外辅助教学及中辍生之辅导，农业资源展览导览服务等与公权力行使无关事务，即非属公务员。（2009 年台上字第 2828 号）

◆"刑法"第 10 条第 4 项第 1 款所定"毁败或严重减损一目或二目之视能"之重伤害，系指 1 目或 2 目之视能完全丧失，或虽未丧失，但已有严重减损之情形，而其情形，并不以验断时之状况如何为标准，如经过相当之诊治，而能回复原状，或虽不能回复原状而只减衰，但未达严重减损其视能之程度者，仍不得谓为该款之重伤。（2009 年台上字第 4233 号）

◆公务员任职时，对于违背职务或职务上行为，已有要求、期约贿赂或不正利益之行为，虽于离职失去公务员身分后，始收受该贿赂或不正利益。既系基于之前一贯受贿之意思，而最后完成其收受之行为，仍系其犯罪行为之一部，并不以其收受在后，而影响其犯罪之成立，自应认系犯公务员对于违背职务或职务上行为收受贿赂或不正利益罪，不能认仅系前阶段之要求、期约贿赂或不正利益之罪，始符合"贪污治罪条例"贯彻严惩贪污、澄清吏治之立法本旨。（2012 年度台上字第 3678 号）

◆"贪污治罪条例"第 2 条所谓受公务机关委托承办公务之人，系指其人所受委托承办者，必为该机关职掌公共事务（公权力）范围内之公务，受任人因而享有公权力之职权及权利主体之身份，于其受任之范围内行使公权力而言。若虽受公务机关委托，而所承办者仅系在该机关指示下，协助处理行政事务，性质上祇属机关之辅助人力，并非独立之官署或具有自主之地位，尚难认系上揭所称之受托公务员。（2013 年度台上字第 3811 号）

◆"刑法"修正后，屏东医院本身非地区行政机关，任职于公立医疗机构之医师，于执行医疗业务时提供之医疗服务，与国家机关无涉，自非"身分公务员"。该医院药委会委员并无承办、监办采购业务之职掌，亦非该等人员之主官、主管，即非依"政府采购法"所定之承办或监办采购之人员。药委会关于药品审定事项，须以决议为之，且结论仅具建议效力，仍须院长核查始得执行。被告既未于药委会中提议进用上开药品，亦无法证明被告曾支持或反对上开药品之新用、续用、停用事项，即难认被告收受李某某、曾某某交付之款项，与其担任药委会委员之身分或职务有何对价关系。而"刑法"关于公务员之定义修正后，被告并非身分公务员，亦非依"政府采购法"规定承办、监办药品采购业务之人员，或其主官、主管，其于执行医疗业务时，依用药量之多寡，收受药商一定比例之金钱，固有不当，但难认系依法令从事之公共事务，即非依法令从事于公共事务，而具有法定职务权限之授权公务员或委托公务员，非属修正后"刑法"及"贪污治罪条例"所称之公务员，自不构成"贪污治罪条例"第 4 条第 1 项第 2 款、第 3 款或同条例第 5 条第 1 项第 3 款等罪。（2014 年度台上字第 945 号）

◆军队人员年度体检，系基于公的立场，以公费强制特定人员体检，由特定军医院负责，受检人员乃被动而有遵从义务，但不包含服义务兵役之充员兵，是就对内性而言，"国防部"军医局对各授权军医院有上下密切的监督支配关系，对外性而言，各官兵对受检结果为考核升迁等参考，定期必须受检，客观上有实质的依赖性及顺从性，涉及照料义务，自属公共事务无疑。此与一般人民纯为私人利益或目的，自己付费，主动央求医院诊治或检查，诊检结果无关公益之情形，大不相同，是医师依其医检服务作成之文书性质，自亦有别。具体而言，依照上揭行政命令而从事攸关公共事务（军队整体战力）体格检查之军医师，隶属"国防部"军医局，具有一定之职务权限，属于"刑法"第10条第2项第1款后段之授权公务员，其因此制作之军队人员年度体检报告表为公文书，至于与此无关之一般诊断证明书、普通人民健康检查报告或巴氏量表等类，则为私文书，不应混淆。（2014年度台上字第1741号）

法律座谈

⊙**法律问题一**：被告系替代役男，自2001年9月3日起奉派至屏东监狱担任备勤、岗哨、巡逻勤务。竟于2001年9月至10月间，违背职务，受监狱受刑人委托外出代购第三级毒品FM2，并收取共1100元之贿赂。法院于2004年5月5日依"贪污治罪条例"第4条第1项第5款判处有期徒刑2年6月，褫夺公权2年，检察官可否依原判决执行？

讨论意见：

甲说：依原判决执行。

理由：本案系依"贪污治罪条例"论罪科刑，惟该条例之公务员概念并未修正，被告仍属该条例第2条所定之公务员，应依原判决执行。

乙说：应予除罪或改依其他法条处罚。

理由："刑法"修正后，公务员之定义已变更，被告似不符合新法公务员之要件。

丙说：依"刑法"第2条第3项规定，处罚之裁判确定后，未执行或执行未完毕，而法律有变更，不处罚其行为者，免其刑之执行。

理由：受刑人之前因"贪污治罪条例"之罪而判决确定入监执行，虽因"刑法"有关公务员之定义改变，因而之前犯行不适用"贪污治罪条例"，但可能仍有"刑法"之适用，此时，并非法律有变更不处罚其行为，只是应适用不同法律处罚而已，不能因"刑法"有关公务员之定义改变，而免其刑之执行。应研究检讨者为受刑人受处罚之行为，如不适用"贪污治罪条例"，是否仍有其他处罚之法律（如"刑法"），如无则应免其刑之执行，如有则应依确定之裁判继续执行。

"法务部"研究意见：查"法务部"研提之"贪污治罪条例"第2条、第8条及第20条修正条文业已于2006年5月30日公布，自2006年7月1日施行。该第2条修正条文为"公务员犯本条例之罪者，依本条例处断"。已配合"刑法"有关公务员定义之规定而为修正，合先叙明。从法条文义看，新"刑法"第10条第2项第1款既称"依法令"，当系指依法律与命令而言，而此之命令又包括"行政程序法"第150条之法规命令与第159条所称之行政规则在内，前提如是，则其后所称之"法定职务权限"，当亦同样理解为法律与行政命令所定之职务。"替代役实施条例"第3条规定："本条例所称替代役，指役龄男子于需用机关担任辅助性工作，履行政府公共事务或其他社会服务。"依上论述，替代役男被派往监狱担任备勤、岗哨、巡逻勤务，即属依法令服务于地区、地方自治团体所属机关而具有法定职务权限者，不论"贪污治罪条例"第2条有无修正，其依"贪污治罪条例"所论罪刑，仍应依法执行。

◉**法律问题二**：甲、乙2人系夫妻，平日感情不睦，时生矛盾。某日乙女酒后深夜返家，甲怀疑乙在外行为不轨，竟持家中水果刀将乙之鼻子自准部割落，并予踩碎。甲是否成立重伤罪？

讨论意见：

甲说："刑法"第10条第4项第3款所谓毁败嗅能，系指嗅能全部丧失而言，乙鼻准部虽被割落，然其嗅觉之效能，并未全部丧失，于人之身体或健康又无重大影响，自难令甲负重伤罪责。

乙说：乙鼻准部被割落，且被踩碎，不能回复①原状，且已缺形，甲应成立"刑法"第10条第4项第3款之重伤罪。

丙说：乙鼻部缺形，不能回复原状，虽嗅能并未因而丧失，乃属容貌变更之重大不治伤害，甲应成立"刑法"第10条第4项第6款"其他于身体或健康，有重大不治或难治之伤害"之重伤罪。

结论：采丙说。

台湾"高等法院"检察署研究意见：赞同原结论，采丙说。

"法务部"检察司研究意见：按变更容貌至重大不治之伤害程度者，应认为"刑法"第10条第4项第6款之重伤，"司法院"25年3月20日院字第1459号已有解释在案。本题甲持刀将乙鼻准割落，并予踩碎，既不能回复原有之容貌，参照上开解释意旨，应认属"刑法"第10条第4项第6款之重伤。以丙说结论为当。

---

① "回复"等同于"恢复"，下同。——编者注

法谚

10. 后法优先前法适用。

Lex posterior derogate priori.

（新法优于旧法；新法改废旧法。系指同一事项已有新法公布施行时，旧法当然废止。）

第十一条　"刑法"总则对于其他刑罚法规之适用

①本法总则于其他法律有刑罚或保安处分之规定者，亦适用之。但其他法律有特别规定者，不在此限。

条理析释

本条系扩展"刑法"总则编适用范围之法源，基于法律保留、罪刑法定原则及规范明确性之要求，"刑法"以外的其他刑事特别法，应指法律之规定，不包括行政命令在内，已将"法令"修正为"法律"以符上开基本原则之意旨。原条文关于"有刑罚之规定者"，虽解释上兼含保安处分在内，亦即以保安处分为法律效果之法律，亦认为有刑罚规定的法律，而适用"刑法"总则编之规定，然为使法规范明确，亦明文增订有保安处分之法律亦适用本法总则编之规定。修正后之规定，较能契合刑罚之本质兼更具规范之实质妥当性暨进步性。

本条之适用效力（过桥条款），计有下列 5 种类型：

1. 其他刑罚法律，设有独立总则之规定者，应优先适用该特别"刑法"所规定之总则。但"刑法"总则与该特别"刑法"之总则不相抵触，或该特别"刑法"之总则并无规定者，仍应适用"刑法"总则之规定。例如：2001 年 9 月 28 日修正公布，自同年 10 月 2 日施行之"陆海空军刑法"即设有独立之总则编，举凡该法对人、对地之特别效力，各种与军法效力有关人员之职称、身分、期间、地域之定义及特别之阻却违法事由，均应排除"刑法"总则之规定而优先适用。此外，"陆海空军刑法"无特别再行重复规定者，仅于该法第 13 条明定："'刑法'总则之规定，与本法不相抵触者，适用之。"则有关犯罪之成立要件、行为之阶段、正犯与共犯、犯罪之竞合、刑罚之加减、时效之种类与期间等规定，均应依"刑法"总则为准据。

2. 其他刑罚法律，未设独立总则之规定，但于该特别"刑法"之条文中，设有排除"刑法"总则某一条文，或另为特别要件之规定者，除该被明定排除或特定之条文以外，其余之"刑法"总则部分，均仍有适用之效力。例如："妨害兵役治罪条例"第26条明定，犯本条例之罪，处6个月以上有期徒刑以上之刑者，并宣告褫夺公权。此种妨害兵役罪并宣告褫夺公权之特别规定，即为"刑法"第37条第2项之特别规定，自应优先"刑法"总则而适用之；"贪污治罪条例"第17条："犯本条例之罪，宣告有期徒刑以上之刑者，并宣告褫夺公权。"之规定，其立法之性质亦同。另外，"少年事件处理法"第78条、第79条及第81条之规定，则分别为"刑法"总则褫夺公权、缓刑及假释之特别规定，适用上亦与前开刑罚法律具同一效力。

3. 其他刑罚法律，虽未设独立之总则编，亦无单列排除或另为特设要件之条文，但于该特别"刑法"中如有与"刑法"总则之内容不一致之规定者，应优先适用该法之自有规定，其余部分，均以"刑法"总则之规定为依归。例如："毒品危害防制条例"、"贪污治罪条例"、"枪砲弹药刀械管制条例"、"洗钱防制法"、"组织犯罪防制条例"等特别"刑法"针对特定行为（如没收、刑之加减及免除、自首、时效或保安处分等）所为与"刑法"总则不同效果之规定者，自当优先"刑法"总则而适用，其余部分即仍应适用"刑法"总则之规定。

4. 其他刑罚法律，并未设独立之总则编，亦无其他任何与"刑法"总则条文相左之规定者，全部适用"刑法"总则之规定。例如：绝大多数之附属"刑法"，例如："电业法"、"医师法"、"著作权法"、"专利法"、"商标法"、"森林法"、"水利法"、"野生动物保育法"、"集会游行法"等"行政刑法"；"公司法"、"保险法"、"期货交易法"、"证券交易法"及"破产法"等"民事刑法"；"法院组织法"（第95条）及"提审法"（第9条）为"司法刑法"；"考试法规之典试法"第28条规定"……办理考试人员应严守秘密，不得徇私舞弊、潜通关节、泄露试题，违者依法惩处，其因而触犯'刑法'者，加重其刑至二分之一。"亦属广义之附属"刑法"。但"惩治走私条例"为"刑法"之特别法，该条例第11条既规定"走私行为之处罚，'海关缉私条例'及本条例无规定者，适用'刑法'或其他有关法律"。则"惩治走私条例"案件，于适用"刑法"总则之规定时，依特别法优于普通法之例，自应援引"惩治走私条例"第11条，无再引用"刑法"第11条之余地。

5. 本条所称之"刑罚"者，其适用范围包括"刑事刑罚"与"保安处分"兼而有之。例如："窃盗犯赃物犯保安处分条例"第1条明定"窃盗犯及与窃盗案件有关之赃物犯，其保安处分之宣告及执行，依本条例之规定；本条例未规定者，适用'刑法'及其他法律之规定"。因此，该条例所特定之保安处分内容，其效力自应优先"刑法"总则中之保安处分。除此之外，其余有关正犯与共犯、行为阶段与罪数效果等均有"刑法"第11条之适用。另外，该条例第7条特定"准累犯"之规定，依其性质而言，应属前开第3种之立法类型。

另外，"少年事件处理法"第3章所定之"少年保护事件"种种规定，依其性质而论，亦应优先"刑法"总则第12章保安处分之规定而适用之。

"社会秩序维护法"虽然定有须经地方法院或其分院简易庭，准用"刑事诉讼法"之规定，裁定拘留、易以拘留、勒令歇业或停止营业等限制人民自由权与财产权之处罚，但是"社会秩序维护法"所定之处罚种类（如：拘留、罚锾及没入等）系属行政罚之性质，与"刑法"总则所明定之刑罚种类尚属有间。因此，"社会秩序维护法"之法律性质不具有"处罚犯罪"之机能，非为特别"刑法"或是附属"刑法"。

实务判解

◆教唆或帮助避免兵役，应适用"刑法"第11条前段、第29条或第30条，依"违反兵役法治罪条例"各本条之规定论科。（1938年院字第1752号）

◆供伪造币券所用之器械原料等物之没收，"妨害国币惩治条例"并无规定，应引用"刑法"第11条，依"刑法"第38条第1项第2款予以没收。（1976年第7次刑事庭决议）

◆特别"刑法"案件，适用"刑法"总则之规定时，如特别"刑法"有规定"适用'刑法'总则"或"适用'刑法'"之明文者，应引用特别"刑法"该规定。如特别"刑法"仅规定"本条例未规定者，适用其他法律"或无规定者，则应引用"刑法"第11条。（1978年第4次刑事庭决议）

◆"刑法"第134条所称本章以外各罪，原指渎职罪以外"刑法"上之各种罪名而言，其他特别刑事法令之罪，并不包括在内，观诸该法第11条其义自明。故公务员假借职务上之权力、机会或方法，故意犯特别刑事法令之罪时，虽得依"刑法"第11条适用其总则之规定，而其第134条，则不在适用之列。原判决认定孙某某之行为应成立"政府采购法"第87条第4项之妨害投标罪，属"刑法"以外之刑事特别法之罪，自无"刑法"第134条之适用，原判决却认孙某某应适用该法条而对其加重其刑，

显有适用法则不当之违法。(2013年度台上字第4015号)

法律座谈

法律问题：成年人故意对于儿童或少年犯罪（以"刑法"第277条第1项之普通伤害罪为例），依"儿童及少年福利法"第70条第1项规定，应加重其刑至二分之一。法院制作裁判书时，遇有需同时引用"刑法"总则条文时（例如，"刑法"第28条、第56条、第41条第1项前段、第42条、第47条、第74条等），是否应于据上论断栏一并引用"刑法"第11条规定？

讨论意见：

甲说：肯定说。

1. "刑法"第11条规定乃所谓"过桥条款"。引用刑事特别法论罪（包括想象竞合犯之轻罪），如同时需引用"刑法"总则条文时，为使"刑法"总则之引用有所依据，除非所引论罪之刑事特别法业定有"适用'刑法'总则"或"适用'刑法'"之明文，均需引用"刑法"第11条作为"过桥条款"。

2. 按"儿童及少年福利法"第70条第1项规定之加重，性质上得区分为"刑法"总则之加重与"刑法"分则之加重。而"刑法"分则之加重，系就犯罪类型变更之个别犯罪行为予以加重，成为另一独立之罪名（"最高法院"2003年第1次刑事庭会议决议参照）。

3. 成年人故意伤害儿童或少年之身体或健康，因依"儿童及少年福利法"第70条第1项规定加重其刑，使其成为独立于"刑法"第277条第1项普通伤害罪以外之刑事特别法另一罪名（即成年人故意对于儿童或少年伤害罪），而"儿童及少年福利法"又无定有"适用'刑法'总则"或"适用'刑法'"之明文，如同时需引用"刑法"总则条文时，自应于据上论断栏引用"刑法"第11条规定以为依据。

乙说：否定说。

1. "刑法"第11条规定，系指引用"刑事特别法"论罪之同时，需引用"刑法"总则条文时，为使"刑法"总则之引用有所依据，以之作为"过桥条款"。

2. 成年人故意对儿童或少年犯"刑法"第277条第1项之伤害罪，性质上其罪质仍属"'刑法'之普通伤害罪"，并不因依"儿童及少年福利法"第70条第1项规定加重其刑，使其成为刑事特别法之另一独立罪名，自无同时引用"刑法"第11条规定之必要。

审查意见：参照"最高法院"2003年度第1次刑事庭会议决议及1983年度台上字第6785号判例意旨，采甲说。

研讨结果：采甲说。

［编按⇨"儿童及少年福利法"第70条第1项已于2011年11月30日修正为"儿童及少年福利与权益保障法"第112条第1项。］

第二章 刑事责任

第十二条 犯罪之责任要件——故意、过失

①行为非出于故意或过失者，不罚。

②过失行为之处罚，以有特别规定者，为限。

条理析释

"刑法"上之过失犯，必须危险之发生与行为人之欠缺注意，具有因果联络关系，始能成立。至行为人之过失与被害人自己之过失，合并而为危险发生之原因时，虽不能阻却其犯罪责任，但仅被害人之过失为发生危害之独立原因者，则行为人纵有过失，与该项危害发生之因果关系已失去联络，自不为罪。

例一：甲驾驶大客车于限速 50 公里路段以 62 公里行驶，乙因长途驾车疲倦，而于近距离侵入某甲之车道而生车祸。甲虽有超速之行为，然 50 公里与 62 公里均属行车之中等速度，依一般驾驶之经验法则，驾驶人于正常驾驶中甚难分辨，本件如非因乙长途疲倦驾车，于近距离突然侵入对向之某甲车道，则甲超速 12 公里之行为，依客观之审查应不必发生车祸之结果，则甲之超速行为与本件车祸之发生，即难遽认必有相当之因果关系。

例二：被害人甲驾驶小客车失控，由内侧车道驶向外侧车道，再驶入路肩擦撞外侧护栏后，车头朝西略偏北，车尾朝东略偏南，横于路肩始为行为人乙所驾驶而跨越外侧车道与路肩行驶之大货车撞击而肇事。则甲已违规在先，即应论究其是否与有过失，并查明本件车祸究系乙与甲之过失合并而为发生之原因，抑仅乙之过失或甲之过失为发生危害之独立原因。尚不得于未经查究上揭事实之前，即认为乙驾驶大货车跨越外侧车道与路肩行驶，致碰撞甲之小客车再次撞击护栏引起被害人甲死亡，甲之死亡与乙之过失行为有相当因果关系，而遽令乙单独负担业务过失致人于死之罪责。

例三：甲驾驶大型垃圾车违规超速及行驶于内侧车道，而乙驾驶小客

车超越双黄线，侵入甲所行之内侧车道，导致两车相撞，乙死亡。则甲之违规行车，与乙之死亡间，自难谓无客观的相当因果关系，而甲自身违反速率之限制超速行驶，且违规行驶内车道，自不得以信赖原则为由，主张免除过失责任。

所谓之信赖原则，系指行为人在社会生活中，于从事某种具有危险性之特定行为时，如无特别情事，在可信赖被害者或其他第三人亦会相互配合，谨慎采取适当行动，以避免发生危险之适当场合，倘因被害者或其他第三人之不适当行动，而发生事故造成损害之结果时，该行为人不负过失责任。依此一原则，汽车驾驶人应可信赖参与交通行为之对方，亦将同时为必要之注意，相互为遵守交通秩序之适当行为，而无考虑对方将会有违反交通规则之不当行为之义务。故汽车驾驶人如已遵守交通规则且为必要之注意，纵有死伤结果之发生，其行为仍难认有过失可言。

实务判解

◆被告与某甲等共同枪击某乙致死，固属于预定之计划，而某甲枪击某乙时，误伤丙、丁2人，该被告既未有何种过失，此项行为之责任，只应由某甲1人负之。（1940年上字第2093号）

◆行为非出于故意或过失者不罚，"刑法"第12条定有明文。窃油纵火，固必须有故意纵火之行为，始于窃盗罪外，复触犯放火罪名，即窃油失火，亦必须有过失肇事之行为，始能令其并负失火罪责。是以窃油之共犯，对于致肇火灾，苟非另有过失，仍难令其与失火之窃油共犯，同负失火罪责。（1941年上字第144号）

◆犯罪之故意，只须对于犯罪事实有所认识而仍实施为已足，不以犯人主观之认识与客观事实不生龃龉为必要。上诉人率人向被害人屋内开枪射击，虽因被害人事先走避未遭杀害，然上诉人既认其尚在屋内而开枪，不能谓无杀人事实之认识及发生死亡结果之希望，而其犯罪结果之不能发生，既系由于被害人事先走避之意外障碍，则上诉人对此应负故意杀人未遂之责，自属毫无疑义。（1941年上字第2671号）。

◆"刑法"上所谓过失，指无犯罪故意因欠缺注意致生犯罪事实者而言。故是否过失，应以对于其行为之结果有无认识为标准，若明知有此结果而悍然为之，自不得谓系过失。（1961年台上字第1690号）

◆行为虽适合于犯罪构成要件之规定，但如无实质之违法性时，仍难成立犯罪。本件上诉人擅用他人之空白信纸1张，虽其行为适合"刑法"

第 335 条第 1 项之侵占罪构成要件，但该信纸 1 张所值无几，其侵害之法益及行为均极轻微，在一般社会伦理观念上尚难认有科以刑罚之必要。且此项行为，不予追诉处罚，亦不违反社会共同生活之法律秩序，自得视为无实质之违法性，而不应绳之以法。(1985 年台上字第 4225 号)

◆ "刑法"上之过失，固以过失行为与结果之间，于客观上有因果关系存在为必要；然此所谓因果关系，并不以过失行为系结果发生之直接原因为限，仅以有相当之因果关系存在，即足当之。而行为之于结果，是否具有相当因果关系，应依事后之立场，客观地审查行为当时之具体事实，如认某行为确为发生结果之相当条件者，该行为即有原因力；至若某行为与行为后所生之条件相结合而始发生结果者，亦应就行为时所存在之事实，为客观之事后审查，如认为有结合之必然性者，则该行为仍不失为发生结果之原因，应认具有相当因果关系。(2001 年台上字第 5164 号)

◆ 相当因果关系，系指依经验法则，综合行为当时所存在之一切事实，为客观之事后审查，认为在一般情形下，有此环境、有此行为之同一条件，均可发生同一之结果者，则该条件即为发生结果之相当条件，行为与结果即有相当之因果关系。反之，若在一般情形下，有此同一条件存在，而依客观之审查，认为不必皆发生此结果者，则该条件与结果并不相当，不过为偶然之事实而已，其行为与结果间即无相当因果关系。亦即以所生之结果观察，认为确因某项因素而惹起，又从因素观察，认为足以发生此项结果，始克当之。(2005 年台上字第 5315 号)

◆ "刑法"上之故意，分直接故意（确定故意）与间接故意（不确定故意）。"行为人对于构成犯罪之事实，明知并有意使其发生者"为直接故意；"行为人对于构成犯罪之事实，预见其发生而其发生并不违背其本意者"为间接故意。又"刑法"上之加重结果犯，以行为人（客观上）能预见其结果之发生而主观上未预见为成立要件；如行为人明知其行为足以发生一定之结果，而仍任意为之，则属故意之范畴。而间接故意与加重结果犯之区别，在于间接故意对犯罪事实之发生，客观上有预见之可能，主观上亦有预见（不违背其本意），加重结果犯则对加重结果之发生，客观上虽有预见之可能，但主观上并未预见。其概念并不相同，应详予区分，并在事实中明白认定，方足为适用法律之依据。(2006 年台上字第 3887 号)

法律座谈

法律问题：被告甲男与乙女系男女朋友，因乙女平日打扮成熟，被告甲男误认乙女（实际年龄为14岁）已满16岁，而与之交往，并发生性交行为多次，被告甲是否有构成"刑法"第227条第3项之对于14岁以上未满16岁之女子为性交罪？

讨论意见：

肯定说：对于14岁以上未满16岁之男女为性交者，处7年以下有期徒刑，"刑法"第227条第3项定有明文。该罪之立法意旨系鉴于未满16岁之未成年人身心发育未臻成熟，欠缺健全之性判断及同意能力，故特设明文以资保护，是该罪祇以被奸淫之被害女子在事实上已满14岁未满16岁为已足，不以行为人须明知其年龄为要件（参照"最高法院"1999年度台上字第5870号裁判意旨）。从而，行为人是否认识被害人之实际年龄，应为"客观处罚要件"。本件被告甲男所为，核系犯"刑法"第227条第3项之对于14岁以上未满16岁之女子为性交行为。

否定说："刑法"第227条第3项之对于14岁以上未满16岁之女子为性交罪，系以行为人对被害人之年龄有认识（包含未必故意）为构成要件要素。本件甲男既误认乙女已满16岁，显与该罪之构成要件未符，不得以该罪相绳（参照"最高法院"1999年度台上字第5756号、2002年度台上字第3597号裁判意旨）。

决议：多数采否定说。

台湾"高等法院"检察署研究意见：多数采肯定说。

"法务部"研究意见：采否定说，惟理由修正如下：

1. "刑法"第12条第1项规定，行为非出于故意或过失者，不罚。所谓故意，须行为人对于构成犯罪之事实具有认识，始能成立，此观诸"刑法"第13条有关故意之定义，即可明了。而所谓构成犯罪之事实，举凡行为、行为主体、行为客体、行为情状以及行为结果等，均属之。是以，行为人须对于行为客体具有认识，始能成立故意犯罪。

2. "最高法院"1935年上字第2421号判例认为："凡以年龄为构成要件之一者，如犯人对于被害人之年龄并未知悉，则因对于犯罪客体欠缺认识，须就其犯意上所应成立之罪处断。"虽"最高法院"1967年台上字第2910号判例认为："'刑法'第227条所谓奸淫14岁以上未满16岁之女子，原不以行为人明知被害人未满16岁为必要条件。"惟查该号判例意旨仅系强调行为人之成立本罪，不以"明知"被害人之年龄为要件，纵非明知，如系具有未必认识时，亦得成立本罪。因此，"最高法院"1982 年台上字第 7726 号、1983 年台上字第 5051 号等判例，亦均认为其有奸淫 14 岁以上未满 16 岁女子之不确定故意，即应成立本罪。惟"最高法院"1985 年台上字第 5112 号判例则认为："'刑法'第 227 条之奸淫少女罪，因该罪之立法意旨在保护少女之健康，祇以女子被奸淫时事实上未满 16 岁为已足，犯人对此有否认识，均不影响犯罪之成立。"尔后司法实务于裁判时，几皆引用此项见解作为裁判之基础。此种误解，不但与故意之法理有悖，且与"刑法"第 13 条有关故意之定义不符。

3. 实例认本罪之设，旨在保护少女之健康，故不以认识其年龄为必要。倘贯彻此旨，则应不问其已未结婚，均在保护之列。惟"司法院"1940 年院解字第 2032 号解释，则认为本罪之行为客体，仅以未婚女子为限，足征司法实务上并未以客观之年龄作为唯一认定之准据。

4. 法律为公平之准绳，双方当事人之利益，均宜兼筹并顾，始臻允当。倘本罪仅以被害人之实际年龄为准，对于被害人之保护，固甚周到；惟行为人行为当时之认识如何，亦应顾及，否则即有失偏颇。

5. 本罪行为人须认识被害人之年龄为 14 岁以上未满 16 岁之女子，始能成立本罪。至此项认识，不以明知为必要，纵仅具有未必之认识，亦足构成。倘行为人对于被害人之年龄确实误认其已满 16 岁时，既非明知，亦无未必之认识，则阻却故意，不成立本罪。

法谚

11. 一个特别法不优先另一个特别法适用。

Statutum speciale statuto speciali non derogat.

（特别法之所以优先普通法适用，系因其层次上之差异所致，若两法同为特别法时，仍应就其内容依法律竞合之原理再次比较而择一适用。）

12. 正义对任何人均不拒绝。

Justitia nemini neganda est.

Justice is to be denied to none.

（正义有求必应，且为法律之最高理念。任何人要求实现正义时，法律必予以实现，始能成为伸张正义之工具。）

13. 新普通法不优先旧特别法适用。

Lex posterior generalis non derogate legi priori speciali.

（法律之特别、普通，倘与法律之新、旧，发生错综之情形，仍当以特别法优先适用。）

第十三条　直接故意与间接故意

①行为人对于构成犯罪之事实，明知并有意使其发生者，为故意。

②行为人对于构成犯罪之事实，预见其发生而其发生并不违背其本意者，以故意论。

条理析释

"刑法"之故意，系指认识犯罪之构成事实，且进而决定为其行为之意思；其中决定为其行为之意思，皆有一定之远因，即"动机"，除特殊之犯罪，法律明定以行为人主观不法构成要件之构成要素，例如"刑法"分则中规定以"意图"为成立要件之罪，动机已成犯罪内容之一部分者外，通常犯罪之动机，或以之为科刑时应予审酌之事项，或以之为减刑之要件，或以之为加重之要件，惟与犯罪之成立并无必然之关系，事实审虽未查明被告确实之犯罪动机，尚不能指称有调查职责未尽之违法。例如：行为人主张其非法持有改造枪、弹之动机，系"因贩卖第一级毒品，为防范他人寻衅"，此种动机是否与事实相符，均无涉行为人触犯未经许可持有改造手枪及子弹之罪行。

"刑法"关于犯罪之故意，系采希望主义（意欲主义），而非容认主义（认识主义），其直接故意，系指行为人对于构成犯罪之事实明知并有意使其发生，至于间接故意，则指行为人对于构成犯罪之事实预见其发生，且其发生不违背行为人之本意而言。因此，行为人若系具杀人之决意，持尖刀朝被害人身体要害猛力刺杀，即得认定行为人对于该杀人之构成犯罪事实，明知并有意使其发生。例如："刑法"上杀人与伤害罪之区别，本视加害人有无杀人之犯意为断，被害人所受伤害之程度及部位，固不能据为认定有无杀人犯意之唯一标准，但被害人所受伤害之程度、部位，及加害人之下手情形如何，于审究犯意方面，仍不失为重要参考资料；又按人体胸腔内有肺脏、心脏，倘以尖刀刺入，极可能伤及肺脏及心脏，致人于死，乃众所周知之事实，上诉人为心智正常之成年人，自无不知之理，犹持水果刀直接刺向许某某之左前胸，造成其左前胸撕裂伤后，仍不停手，接续以其菜刀砍杀被害人。且上诉人事前即向郭某某表示，"如果你要结婚，要让对方死"，而于持刀刺杀许某某时，并当场声称"要给你死，你死后郭某某即是我的人"等语。则其有杀人之直接故意灼明。

"刑法"第13条第1项规定"行为人对于构成犯罪之事实，明知并有意使其发生者，为故意"，采希望主义，此为学理上所称之"直接故意"。同法条第2项规定"行为人对于构成犯罪之事实，预见其发生而其发生并不违背其本意者，以故意论"，采容任主义，此即学理上所称之"间接故意"或"未必故意"。直接故意与间接故意虽均属于故意之范畴，惟直接故意乃行为人认识或明确预见其行为会导致构成要件实现（结果发生），并进而决意行之；而间接故意乃行为人虽认识或预见其行为会导致构成要件实现（结果发生），但仍容忍或听任其发生之谓，二者于行为人之犯罪意思决定上究有不同。

"刑法"上犯罪之故意，只须对于犯罪事实有所认识，有意使其发生或其发生不违背其本意，仍予以实施为已足，不以行为人主观之认识与客观事实两相一致为必要，故行为人主观上欲犯某罪，事实上却犯他罪时，依刑罚责任论之主观主义思潮，首重行为人之主观认识，应以行为人主观犯意为其适用原则，故犯罪之事实与行为人所知有异，依"所犯重于所知者，从其所知"之法理，自应适用行为人主观上所认识之该罪论处。（2013年度台上字第4985号）

"刑法"第13条第2项之故意，与第14条第2项之过失，均以行为人对于构成犯罪之事实，预见其发生为要件，惟前者之发生并不违背其本意，而后者系确信其不发生，二者均以有构成犯罪事实之发生为前提，然后方能本此事实以判断行为人究为故意抑为过失。实务上遇有被害人并未发生死亡事实之刑事案件时，即应查明行为人其所具有致人于死之预见结果，系为不违背其本意，或为确信其不发生，分别论处杀人未遂或过失致人于死之刑责。

例一：行为人某甲"明知"某公寓1楼为某乙、某丙之住处，而其2楼、3楼及4楼系现供人居住使用之住宅，泼洒汽油放火燃烧，足以烧毁该住宅及使住宅内之住户因逃生不及，受火烧灼伤或吸入热烟气引起呼吸衰竭死亡，竟仍基于放火烧毁现供人使用住宅及不确定杀人故意，于深夜1时许，将瓶装之汽油泼洒在该宅铁门下缘与铁门外塑胶水管角落处，再以不明物品点火引燃，随即逃离现场，使在该宅1楼屋内睡觉之某乙、某丙2人因遭火势阻挡无法逃生，吸入过量浓烟窒息死亡。则案发当时系凌晨1时许之深更半夜，某甲既"明知"居住该址屋内之人正就寝安眠，如引火烧屋，该屋内熟睡之人将因不及逃生，而遭焚毙，或因吸入过量热气浓烟窒息死亡，却仍泼洒汽油助燃，引火烧屋，则其对此举将使屋内之人死亡之杀人犯罪事实，应论处"明知，并有意使其发生"，而属于"刑法"第 13 条第 1 项所规定之"确定故意"为当。而非某甲主观上对该 2 被害人死亡结果之发生，与其本意并不相违背，而具有杀人之"不确定故意"。

例二：行为人对于氰化钾乃管制剧毒，使用微量即足以致人于死，知之甚详，乃将氰化钾添加入某饮料内，使该饮料之毒物含量在客观上达于足以致人于死之程度，且混杂在其不能支配管控之各商店公开陈列之饮料中，任使顾客得轻易购取饮用，显见行为人为达到恐吓取财之目的，不惜以残害无辜消费者生命以逞，足认行为人已预见其行为有致人死亡之可能，而有容认即使果真造成丧命结果亦在所不惜之意欲，是以行为人具杀人之不确定故意。其将添加氰化钾毒物达于致人死亡程度之饮料，混杂在商店陈列贩卖之饮料中，致使被害人饮用不治致死，应论以杀人罪。

例三：金融账户为个人理财之工具，而申请开设金融账户并无任何特殊之限制，一般民众皆可以存入最低开户金额之方式申请之，且 1 人可以同时在不同之金融机构申请多数之存款账户使用，此乃众所周知之事实，则依一般人之社会生活经验，苟见陌生人不以自己名义申请开户，反而以刊登广告之方式向不特定人收集承租大量他人之银行账户供己使用，衡情应对于该账户之是否合法使用当有合理之怀疑。而被告并不知悉该"阿某"者之真实姓名、住居所等相关年籍资料，业经其供认在卷，且该"阿某"者系以刊登广告之方式，以每账户 1500 元之代价（租期 3 个月），收购被告所开立之 4 个不同账户使用，已有违常情，复参以被告自承确系以每账户 1500 元之代价，将前揭 4 个账户租予该"阿某"者，因而获取不相当之暴利等情，由此足见，被告于提供账户之存折、提款卡给该真实姓名不详绰号"阿某"者使用前，应足以预见该"阿某"者或其他不详人员可能将其所提供之账户用于掩饰因犯罪所汇入之款项，而不违反其本意，是以被告有帮助该"阿某"者等人利用其所提供之上开账户洗钱之不确定故意甚明。

例四：乙驾车搭载甲快速追逐丙驾驶而搭载丁之车辆，甲于行进间自右前窗举枪向丙车之后车厢射击 2 枪，子弹射入丙车之左后方椅背，离丁的位置不到 10 公分。因为装填制式子弹之制式枪支为致命性之危险武器，倘朝行进中之载人车辆射击，极有可能贯穿车体射中人身造成人命死亡之高度危险性，甲、乙 2 人于案发时均已具辨别事理之能力，对于上情当有预见。但甲在此情况下，仍朝行进中之丙车驾驶座方向射击，子弹因此贯穿车体射入车内，险些射中坐于左后方之乘客丁及驾驶丙，则甲持枪朝行进中之载人车辆射击，仍属具有容任或接受杀人结果发生之间接故意。

例五：以长柄扫刀1把、木柄铁管1根砍杀人之身体，足以取人之性命。行为人以前揭凶器，近距离使用猛力，对被害人砍杀，造成伤口长深各达14公分，应认其杀人之认识程度甚强，并有意使其发生，系属"确定之故意"。尚不得因行为人对被害人纵因其行为而发生丧命之结果，毫无怜惜与不忍而恣意为之，而将其认为应具有杀人之不确定故意，导致将犯意之认识与犯罪之结果相互混淆。

例六：行为人若系对于自后追赶之特定人群射击，基此认识，而误中在附近工作之他人，系属打击错误，难谓系属行为人预见其发生而其发生不违背其本意之范畴，仅能分别成立杀人未遂及过失致人于死之罪，依想象竞合之规定从一重处断。若行为人系对于背后之不特定人群射击，基此认识而击中其中1人，则非打击错误，应属行为人预见其发生而其发生不违背其本意之范围，自应以杀人既遂罪论拟。

"刑法"关于故意理论中，经常因行为人主观之认知与客观之事实发生不相一致之情状，而衍生诸多争议及阐释，兹略举数则错误类型，说明如下：

构成要件错误：系指客观上存有构成犯罪之事实，但行为人主观上对此事实有所误认，而未认知的情形。故又称为"事实错误"，其法律效果为阻却故意。依通说见解，构成要件错误可分为客体错误，打击错误及因果历程错误等类型。

反面之构成要件错误：系指客观上并无构成犯罪之事实，但行为人主观上对此事实有所误认，而误以为存在的情形。例如：行为人误野兽为仇人，而对野兽开枪欲将其击毙。此种错误类型，与构成要件错误相反，系行为人不利于己之错误认知，故为"反面"错误，其法律效果为阻却既遂之成立，仅依其行为之具体情节，而论处普通未遂或不能未遂。

客体错误：系指行为人对于行为客体同一性之错误，亦即，行为人主观上所认识之行为客体，与其客观上所侵害之客体并不一致之情形。此种错误实务上采取法定符合说，又可分为等价之客体错误与不等价之客体错误，前者例如"误张三为李四而射杀之"，此种情形并不阻却故意，应成立一个故意既遂犯；后者之例为"误趴倒于草丛后方之醉汉为熟睡之山猪而对其射杀之"，此种错误则虽亦不阻却故意，但仅成立故意未遂罪与过失既遂罪之想象竞合犯。

打击错误：系指行为人因为其所实行之方式失误，致使其客观上所攻击之行为客体，与行为人原本主观上所预期针对之客体并不一致之情形。此种错误采取具体符合说，并无客体是否等价之区分，对于目的客体成立未遂，对于误中之客体则成立过失，两罪依想象竞合之例处断。例如："甲欲杀乙，对乙开枪射击，未料误中乙身旁之丙，致丙中弹身亡。"则甲应论处杀人未遂与过失致人于死之想象竞合，从杀人未遂之重罪处断。

因果历程错误：系指客观上实际发生之因果历程，与行为人主观上所认知或预期之因果历程并不一致之情形。可分为单一行为。（例如：甲持西瓜刀追杀乙，乙慌乱奔逃，失足坠落河中死亡）结果延后发生之复数行为。（例如：甲拿利刃砍杀乙之胸部数刀，乙倒卧在地昏迷不醒，甲误认乙已经死亡，为免他人发现乙之尸体，即将乙投入湍流大河，乙因而溺毙）及结果提前发生之复数行为。（例如：甲将乙之手脚口鼻捆绑，并丢进后车厢，欲载往荒郊野外杀之，到达目的地打开后车厢，乙已经窒息死亡）单一行为之因果历程错误，早期以相当性公式处理故意之责任，近年见解改采客观归责理论之风险实现说，即视其是否具有"反常的因果历程"，决定有无故意之刑责。结果延后发生之复数行为，则有传统实务采用之概括故意说、客观归理论说、自主双行为说、第一行为关键说。结果提前发生之复数行为，则有着手判断说、既遂故意说及学者新引之德国"故意归责"说。

包摄错误：系指行为人在对于事实情状正确理解的情形下，却对法律规定作错误之解读，而误认自己客观上已该当不法构成要件的行为并未该当。例如：甲误认"刑法"毁损罪所规定之物，局限于无生命之各种物品，因此，认为杀死乙所饲养之宠物即无毁损罪之刑责。此种行为类型，并不影响故意之成立。

容许构成要件错误：系指客观上并无阻却违法之前提事实，而行为人主观上却认为存有阻却违法之事实，进而基于合法之意思（例如：正当防卫或紧急避难），实行构成要件该当之行为。此种错误行为之类型，多数学说采取限制法律效果之罪责论。

反面的容许构成要件错误：系指客观上存有阻却违法之事实情状，而行为人却误认为不存在，仍然实行构成要件该当之行为。此种行为类型，通说认为仍应成立既遂犯。少数见解以行为人欠缺"结果不法"或援引反面构成要件要素之理论，主张前揭行为仅成立未遂犯。

实务判解

◆行为人对于构成犯罪之事实，明知并有意使其发生者，为故意。"刑法"第13条第1项定有明文。上诉人既与某甲等于夜间分执手枪侵入他人之住宅，劫得财物，其对于构成强盗之事实，即系明知并有意使其发生，无论其所组织之团体内容如何，目的如何，及其劫得之财物用途如何，要不得因其加入该团体系出于思想错误之过失，而阻却其故意犯强盗罪之责。（1937 年沪上字第 60 号）

◆打击错误，系指行为人对于特定之人或物加以打击，误中他人等之情形而言。若对于并非为匪之人，误认为匪而开枪射击，自属认识错误，而非打击错误。杀人罪之客体为人，苟认识其为人而实施杀害，则其人之为甲为乙，并不因之而有歧异。（1939 年上字第 1008 号）

◆上诉人某甲充任某糖厂警察，于某日夜间在厂内巡逻，发觉宿舍被窃，向前追查，黑暗中闻篱笆处有人声响，对之开枪，致厂工某乙中弹身死，此项事实之发生，既为上诉人所预见，且不违背其本意，依"刑法"第13条第2项之规定，仍应认有杀人之故意。（1949 年台上字第 29 号）

◆"刑法"第13条第1项明定：行为人对于构成犯罪之事实，明知并有意使其发生者，为故意。同条第2项明定：行为人对于犯罪之事实，预见其发生，而其发生并不违背其本意者，以故意论。前者学理上谓为意欲主义，后者谓为容认主义，但不论其为"明知"或"预见"，皆为故意犯主观上之认识，只是程度强弱有别，行为人有此认识进而有"使其发生"或"任其发生"之意，则形成犯意，前者为确定故意、直接故意，后者为不确定故意、间接故意，但不论其为确定故意或不确定故意，其"明知"或"预见"乃在犯意决定之前，至于犯罪行为后结果之发生，受有物理作用之支配，非必可由行为人"使其发生"或"任其发生"，故犯意之认识与犯罪之结果为截然不同之概念，不容混淆。（2000 年台上字第 3618 号）

◆按行为人对所采犯罪方法或手段引起之结果，与其所预见之客体有误，并非其本意时，即学理上所谓打击错误（或方法错误），其错误应阻却行为人对该误击客体之故意，此与不确定故意，系指行为人对于构成犯罪之事实，预见其发生，而其发生并不违背其本意，仍应论以故意犯之情形有别。（2002 年台上字第 6672 号）

◆上诉人将被害人扼颈致昏迷，虽当时未死其误为已死，而弃置水沟，乃因溺水窒息死亡，二者有相当因果关系，纵死因非其所预见，仍成立杀人既遂罪（学理上所称事前故意）。（2003 年台上字第 5154 号）

[编按⇨事前故意者，系指犯罪者实行一定犯罪行为，因误认事实，自以为犯罪已达既遂，再以其他目的为他种行为，因而完成最初所认识之犯罪事实。就其后行为观之，其对完成先前所认识之犯罪事实，并不具备故意之罪责，惟从整体犯罪行为观察，行为人最初之犯意，贯穿后续之行为，称之为"事前故意"。事后故意者，系指行为者原无犯罪之故意，而为一定之行为，发生一定事实后，始萌生犯罪之意思，而利用已经发生之事实，容任其违法结果之继续存在，或消极不为防止结果之发生，以实现其后生之犯意。例如：甲原无毒杀乙之故意，误拿药物供乙服食，乙将药物吞咽入喉时，甲才发现药剂成分不对，且将致乙死亡，但甲发觉后，深恐乙不予谅解，进而报复张扬，势将影响甲之声誉评价与社会地位，遂产生容任乙死亡之意思，乙终因毒发身亡。]

◆"刑法"上加重结果犯之成立，固须以该项加重结果之发生，在客观上有预见之可能性存在，为其构成之限定要件。惟倘行为人于实施基本犯罪行为时，在主观上已预见该项加重结果发生之危险性存在，却仍执意为之或纵容、默许共犯为之，而不违背其本意者，则应属故意之范畴，尚难仅论以加重结果犯。（2004 年台上字第 1165 号）

◆行为始于着手，着手之际，有如何之犯意，即应负如何之故意责任。行为人在着手实行犯罪行为之前或行为继续中，如犯意变更（即犯意之转化，升高或降低），即就同一被害客体，改变原来之犯意，在另一犯意支配下实行犯罪行为，导致此罪与彼罪之转化，除另行起意者，应并合论罪外，仍然被评价为一罪。是犯意如何，既以着手之际为准，则如被评价为一罪者，其着手实行阶段之犯意若有变更，当视究属犯意升高或降低定其故意责任，犯意升高者，从新犯意；犯意降低者，从旧犯意。（2010 年台上字第 2526 号）

◆"刑法"第 13 条第 1 项规定，行为人对于构成犯罪之事实，明知并有意使其发生者为故意（即直接或确定故意）；第 2 项规定，行为人对于犯罪之事实，预见其发生，而其发生并不违背其本意者，以故意论（即间接或不确定故意）。因之，不论行为人为"明知"或"预见"，皆系对构成犯罪之事实有主观上之认识。倘客观上构成犯罪之事实与行为人主观上所认识者有异，始有"所犯重于所知，从其所知"法理之适用；若客观上构成犯罪之事实与行为人主观上之预见无异时，即不生"所犯重于所知，从其所知"之问题。（2013 年度台上字第 2310 号）

◆修正前"儿童及少年福利法"第 70 条第 1 项本文规定"成年人教

唆、帮助或利用儿童及少年犯罪或与之共同实施犯罪或故意对其犯罪者，加重其刑至二分之一"，于2011年11月30日修正公布为"儿童及少年福利与权益保障法"第112条（内容大致相同）规定，其中"儿童及少年"性质上乃"刑法"概念上之"构成要件要素"，须以行为人明知或可得而知其所教唆、帮助、利用或共同犯罪之人或犯罪之对象系儿童及少年为限，始得予以加重处罚。倘行为人确实不知其所教唆、帮助、利用或共同犯罪之人或犯罪之对象系儿童及少年，仍强令行为人负本条规定之加重责任，显属过苛。（2014年度台上字第35号）

◆杀人未遂与伤害之区别，应以实施加害时，有无杀意为断，不能因与被害人无深仇大恨，即认无杀人之故意；被害人所受之伤害程度，虽不能据为认定有无杀意之唯一标准，但加害人之下手情形如何，于审究犯意方面，仍不失为重要参考资料；至其杀意之有无，虽不以凶器之种类及伤痕之多少等，为绝对之认定标准，但加害人下手之部位、用力之程度，非不可借为判断有无杀意之心证依据。原判决已说明：头部为人体重要部位，以利刃或重器对头部施以伤害如何可能危及生命，上诉人为成年人，具有一般社会经历，自难谓为不知。上诉人于告诉人返回座位背对门口时，前往店外之机车置物箱内取出铁棒，悄然至告诉人之身后，趁告诉人毫无防备之情形下，持铁棒朝告诉人头部（含头顶、额头及脸部）接续重击多达5下，下手之位置均系要害之部位，所使用之凶器系用以敲击硬物之铁棒，足见上诉人下手时主观上具有杀人之故意。（2014年度台上字第1169号）

◆所谓"犯意变更"，系指行为人在着手实行犯罪行为之前或行为继续中，就同一被害客体，改变或提升原来之犯意，在另一新犯意支配下而实行其他犯罪行为，按重行为吸收轻行为之法理，应依其中较重犯意所实行之犯罪行为整体评价为一罪。核与另起新犯意而实行其他犯罪行为，应分论并罚之数罪不同。（2014年度台上字第1724号）

[例如➡原判决已说明甲、乙、丙等人到达现场，于询问杨某某是"阿杰"后，已逾越原来集结时之伤害犯意，而提升为杀人之不确定故意，应从变更后之杀人犯意，论以甲、乙、丙共同杀人未遂罪，则甲、乙、丙自不再论以伤害罪。]

法律座谈

法律问题：被告基于报复他人之意思，冒用他人之名义，以他人之电

话号码、电子邮件信箱，在网络上刊登足以引诱、暗示或促使人为性交易之讯息，是否构成"儿童及少年性交易防制条例"第 29 条之罪？

讨论意见：

甲说：肯定说。"儿童及少年性交易防制条例"第 29 条，其立法意旨，在处罚利用各种广告物、媒体等，散布、刊登或播送足以引诱、媒介、暗示或其他促使人为性交易之讯息者，以防杜各种媒体上色情广告泛滥，助长淫风，俾净化社会风气，故行为人苟有刊登足以引诱促使人为性交易之讯息于广告、媒体之犯意及行为，即足成立该罪。被告于计算机网路刊登上开促使人为性交易讯息，固肇因于报复他人之动机，始萌生犯意，然其既将之刊登于买春情色地区发表之网页，自有利用广告媒体，刊登足以引诱促使人为性交易讯息之犯意，要不因其刊登之动机意在报复而得解免罪责（"最高法院"2007 年台非字第 254 号判决要旨参照）。

乙说：具犯罪故意，但应注意有无不能犯之情形。"儿童及少年性交易防制条例"第 29 条所定以媒体散布性交易讯息罪，系以行为人以广告物、出版品、广播、电视、电子讯号、计算机网路或其他媒体上，散布、播送或刊登，足以引诱、媒介、暗示或促使人为性交易之讯息，作为犯罪之特别构成要件，虽亦必须具备一般构成要件之故意，但只要行为人认识其在广告物、出版品、广播、电视、电子讯号、计算机网路或其他媒体上，一旦散布、播送或刊登讯息，即足以引诱、媒介、暗示或促使人为性交易，乃仍决意行为，即应成立犯罪，至其行为动机究系出于营利、介绍或其他原因，在所不问。然若所散布、播送或刊登之讯息，内容虚伪，客观上不足以促使人为性交易者，当有"刑法"第 26 条后段所定不能犯之适用（"最高法院"2005 年台上字第 6261 号判决要旨参照）。

丙说：否定说。按"儿童及少年性交易防制条例"第 29 条规定"以广告物、出版品、广播、电视、电子讯号、计算机网路或其他媒体，散布、播送或刊登足以引诱、媒介、暗示或其他促使人为性交易之讯息者"，是必系行为人主观上出于犯罪之故意，而客观上为广告物、出版品、广播、电视、电子讯号、计算机网路或其他媒体，散布、播送或刊登足以引诱、媒介、暗示或其他促使人为性交易之讯息之行为，方始构成该罪。被告主观上既系基于为报复他人之怨隙意思，故纵被告之行为有所不当，亦不得以本罪相绳（台湾"高等法院"台中分院 2003 年上诉字第 224 号判决要旨参照）。

初步研讨结果：采甲说。

审查意见：采甲说。

研讨结果：照审查意见通过。

第十四条 无认识之过失与有认识之过失

①行为人虽非故意。但按其情节应注意，并能注意，而不注意者，为过失。

②行为人对于构成犯罪之事实，虽预见其能发生而确信其不发生者，以过失论。

条理析释

过失者，系指行为人对于发生之犯罪事实，应认识且能认识，而因不注意致欠缺认识之心理状态，实现构成要件。原则上，过失行为仅限于对生命或身体等较重要之法益造成实害或危险者，才认为具有应刑罚性，而加以刑罚之制裁。

"刑法"上之过失犯，于第 14 条分为第 1 项之"无认识过失"与第 2 项之"有认识过失"二类，前者是行为人在"不知且不欲"之情况下，违反其客观上之注意义务，而实现不法构成要件之结果；后者乃行为人于"有知却无欲"之情境下，预见其行为有发生犯罪结果之可能，但内心确信该结果必然不会发生，但最终却发生犯罪之结果。

按因不注意，致构成犯罪事实之发生，令行为人负过失责任者，盖以其有注意之义务，而不注意之故。注意义务，得分为客观与主观注意义务两种。客观注意义务之有无，一般系依法令、规则、情节及本身关系定之，实例上并以善良保管，为"应注意"之标准。行为人之过失行为虽违反客观的注意义务，致发生一定的结果，如其结果并无预见或无避免之可能，仍不能令其负过失责任。是必行为人对于因过失行为所发生之结果，既应预见，且得采取适当措施，以避免其发生，即所谓具有主观预见可能性及避免可能性，竟未预见，又未避免，始应负过失责任。实例上以善良保管人之注意义务，为其"能注意"之标准。

例如：乙于案发当时并未在场，其对于案发当天土石流会将狗围栏铁门冲坏，以及其所豢养之秋田犬会冲出围栏将人咬伤等事，均无预见可能性，且其不知甲会进入其住宅，故其亦无在场看管该犬或隔离该犬之注意义务，自无法仅因甲确有遭乙豢养之秋田犬咬伤之事实，即认乙有按其情节应注意、能注意而不注意或对于构成犯罪之事实能预见，但确信其不发生之过失。

"动物保护法"第 7 条规定："饲主应防止其所饲养动物无故侵害他人之生命、身体、自由、财产或安宁。"被告甲为动物饲主，依上开规定，负有注意防止所饲养动物即"玛尔济斯犬"无故咬伤他人之客观注意义务。被告虽业以拉绳管束，既仍无法有效防止侵害，其行为在客观上仍违反上开法律规定之注意义务标准。

汽车驾驶人对于防止危险发生之相关交通法令之规定，业已遵守，并尽相当之注意义务，以防止危险发生，始可信赖他人亦能遵守交通规则并尽同等注意义务。若因此而发现交通事故，方得以信赖原则为由免除过失责任。

例一：某甲系从事汽车驾驶业务之人，驾车行经肇事路段，当时天气晴朗，日间有自然光线，柏油路面平直干燥无缺陷，并无其他障碍物，视距、视野、视角良好，在客观上并无不能注意之情形，依某甲之智识、能力亦无不能注意之情事，其当时车速约 60 公里（限速 50 公里），疏未注意行经行人穿越道应减速慢行及注意车前状况，以致肇事，致被害人某乙死亡，其有应注意能注意而不注意之过失责任，应属明确；虽被害人某乙酒精浓度过量仍驾驶轻机车，且左转车未让对向直行车先行，经鉴定均认为肇事主因，而同有过失责任，但其 2 人之过失行为既并合为本件车祸发生之原因，某甲之过失责任并不得因之解免，某甲过失行为与被害人某乙之死亡间，显有相当因果关系。某甲应负业务上过失致人于死罪责，其因有违反交通规则之疏失行为而肇事，自不得主张信赖原则以免除其责任。

例二：被告驾驶大货车于将到达十字路口之前时，见被害人骑脚踏车横越马路，大货车刹车不及，被害人当场为大货车之右前方撞击冲向前方倒到受伤。被告所为未尽注意前方，未能及时刹停，致撞及被害人造成伤害，因并未遵守"道路交通安全规则"第 94 条第 3 项"汽车驾驶人应注意车前状况……并随时采取必要之安全措施"之规定，尚难主张信赖原则而得免除过失责任。

例三：某甲驾驶曳引车载送货柜，行经交叉路口时，仍以 55 公里以上之时速违规超速行驶，被害人某乙则驾驶小客车闯红灯，导致某甲刹闪不及，撞及小客车左侧，终致某乙死亡。则某甲之行为与某乙之结果间，不能谓无相当因果关系，某甲亦不得以其无减速之义务，且某乙又驾车闯红灯，而主张其应有信赖原则之适用，以免除自己过失之责任。

例四：行为人驾驶肇事车辆行经闪光黄灯路口时，未减速接近，注意安全，小心通过，撞击被害人致死，尚难谓其毫无过失，虽经鉴定结果认被害人应负主要责任，而行为人仅负次要责任，但仍不得主张信赖原则而解免其刑责。

例五：汽车行驶至交叉路口，其行进、转弯，应遵守灯光号志或交通之指挥，遇有交通指挥人员指挥与灯光号志并用时，以交通指挥人员之指挥为准，"道路交通安全规则"第 102 条第 1 项第 1 款定有明文。纵使交通指挥显有疏失，汽车驾驶人仍应遵守其指挥，其判断之疏失，并非必然发生车祸肇事之结果，自难认有必然发生车祸之相当因果关系。（2014 年度台上字第 1810 号判决参照）

实务判解

◆船舶发生海难，轮船公司董事长、总经理，并不因颁发开航通知书，而当然负"刑法"上业务过失责任。但因其过失催促开航，致酿成灾害者，不在此限。（1963 年释字第 102 号）

◆二人以上因共同之过失发生犯罪者，应各科以过失罪之刑，不适用"刑法"第 28 条条文，其判决主文毋庸为共同过失之宣示。（1942 年院字第 2383 号）

◆自卫队员某乙守卫队部，望见路人某甲背枪行近队部门前，误为匪开枪将其击毙，尚非有犯罪之故意，惟某乙对于某甲之是否盗匪原应注意辨认，如当时情形能注意而不注意，则某乙应负过失致人于死之责。（1948 年院解字 3819 号）

◆"刑法"上所谓过失，指无犯罪故意因欠缺注意致生犯罪事实者而言。故是否过失，应以对于其行为之结果有无认识为标准，若明知有此结果而悍然为之，自不得谓系过失。（1961 年台上字第 1690 号）

◆某甲于行凶后正欲跳海自杀，上诉人为防止其发生意外，命人将其捆缚于船员寝室之木柜上，使之不能动弹达 4 天之久，致其自己刺伤之左手掌流血不止，既经鉴定因此而造成 4 肢血液循环障碍，左前膊且已呈现缺血性坏死之变化，终于引起休克而死亡，具见上诉人未尽注意之能事，其过失行为与某甲之死亡，有相当之因果关系，自应负过失致人于死之刑责（1975 年台上字第 1306 号）。

◆汽车驾驶人虽可信赖其他参与交通之对方遵守交通规则，同时为必要之注意，谨慎采取适当之行动，而对于不可知之对方违规行为并无预防之义务，然因对于违规行为所导致之危险，若属已可预见，且依法律、契约、习惯、法理及日常生活经验等，在不超越社会相当性之范围应有注意之义务者，自仍有以一定之行为避免结果发生之义务。因此，关于他人之违规事实已极明显，同时有充足之时间可采取适当之措施以避免发生交通事故之结果时，即不得以信赖他方定能遵守交通规则为由，以免除自己之责任。（1985 年台上字第 4219 号）

◆"刑法"上之过失，其过失行为与结果间，在客观上有相当因果关系始得成立。所谓相当因果关系，系指依经验法则，综合行为当时所存在之一切事实，为客观之事后审查，认为在一般情形下，有此环境、有此行为之同一条件，均可发生同一之结果者，则该条件即为发生结果之相当条件，行为与结果即有相当之因果关系。反之，若在一般情形下，有此同一条件存在，而依客观之审查，认为不必皆发生此结果者，则该条件与结果不相当，不过为偶然之事实而已，其行为与结果间即无相当因果关系。（1987 年台上字第 192 号）

[例如➡某医院之麻醉护士甲自 5 月 2 日将亚库凯林注射剂（适用于全身麻醉或紧急插管急救使用，并非一般婴儿房护士所熟悉之药物）放入婴儿房冰箱时起，即创造此一高度危险之环境，护士甲对之即负有避免危害发生之绝对义务，包括实时取走药品以解除此危险状态，或竖立确实之警示标语，并维持该警示继续有效存在等行为；甲自 5 月 2 日擅自放置药品后，在危险状态解除前，均负有注意义务，不因在相当时间内（7 个月）未曾发生憾事，即谓因果关系因婴儿房护士乙之行为而中断。而以经验法则判断，将亚库凯林注射剂置放于婴儿房护士业务专用，供暂时存放 B 型肝炎疫苗、母奶之冰箱内，又未竖立明显有效之警示标语，在通常情形下，可能导致施打疫苗之婴儿房护士，在预期婴儿房冰箱内皆应为 B 型肝炎疫苗或其他婴儿用药之情形下，误取药剂；又注射 1CC 肌肉松弛剂于新生儿身上之行为，依据经验法则作客观判断，可认定在通常情况下均足以造成婴儿死亡或伤害之结果，故麻醉护士甲、婴儿房护士乙 2 人之业务过失行为相互结合，与被害人婴儿丙之死亡及婴儿丁等人之伤害结果间，均具有相当因果关系。其 2 人于执行业务中违反注意义务，致被害人婴儿丙死亡，致婴儿丁等人受伤，核护士乙、丙所为，均系犯"刑法"第 276条第 2 项之业务过失致死罪及同法第 284 条第 2 项之业务过失伤害罪。]

◆汽车驾驶人对于防止危险发生之相关交通法令之规定，业已遵守，并尽相当之注意义务，以防止危险发生，始可信赖他人亦能遵守交通规则并尽同等注意义务。若因此而发生交通事故，方得以信赖原则为由免除过

失责任。(1995 年台上字第 5360 号)

◆"屋外供电线路装置规则"系"经济部"依"电业法"第 34 条订定发布,其有关架空电线与地面垂直间隔之规定,已有安全上之专业考量,在一般正常情况下,符合该规则设置之电线,应足确保安全无虞。本件架空屋外高压供电导线之高度,符合该规则所定之基本垂直间隔,为原判决确认之事实,则设置机关或负有安全监督责任之被告,于不违反其客观上防止危险结果发生之注意义务下,在通常情形一般人俱应予以容认,而作适切之相应行为,不致高举导电物品行经电线下方,期能共维安全,自有正当之信赖;故被害人垂直持鱼竿行经上开高压供电导线下方,要属其自身之危险行为,不能令被告负过失责任。(2004 年台非字第 94 号)

◆"刑法"上之过失犯,以危害之发生,与行为人之欠缺注意,在客观上具有相当因果关系,即能成立。至行为人之过失,与被害人自己之过失,并合而为危害发生之原因时,亦不能阻却其犯罪责任。(2008 年台上字第 5643 号)

◆医疗行为固以科学为基础,惟本身具不可预测性、专业性、错综性等特点。医师对求治之病情,须依其专业,为正确、迅速之判断其原因及治疗方式。然人体生、心理现象,错综复杂,又因每人之个别差异,于当今之医学知识、技术、仍受局限,此犹如冰山,其潜藏未知部分,恒较显露已知者为多,是有其不可预测性。对此,近代医学专业分工极细,举例而言,其为内科,细分为心脏、胸腔、消化、新陈代谢、神经……等诸科,同为消化内科又因肝、胆、肠、胃、胰、脾诸部分,各异其专业性,故同一内科医师,专长肠、胃者,对同为消化系统之肝、胆部分,较有此专长者可能不如,若再涉及心脏、胸腔等专科又更次之。从而面对不知详由之复杂病情,往往需多科会诊综合判断。因此,除违反医疗常规(如未作盘尼西林测试、开刀纱布遗留体内、应开左脚误开右脚等)外,于医疗过失致死、伤案件,认定医师之注意义务及注意能力时,上述特点允宜做为重要之判断依据,而为公平、客观、正确之判决。(2013 年度台上字第809 号)

法律座谈

◉**法律问题一:**某甲驾驶小客车,在设有交通号志之支线道欲左转进入主线道,于绿灯号志时驶入主线道并为左转弯时,逢某乙闯越红灯亦驾驶小客车驶至,某甲疏未注意右前方之某乙来车,致其车右前方擦撞某乙车左后侧车门，使乙车失控撞及路树致某乙受伤。问某甲有无过失？

讨论意见：

甲说：两造车辆非在同一道路上同向或对向行驶，即无车前状况之注意义务（参见台湾"高等法院"高雄分院1991年上易字第73号判决意旨），本题某甲既不负车前状况之注意义务，自无过失可言。

乙说：按汽车司机有随时警戒前方预防危险发生之义务（"最高法院"1949年台上字第16号判例），又交通号志为指挥交通之手段之一，在绿灯号志指示下行车，参诸"最高法院"1935年上字第1696号判例见解，认为：警察指挥交通作放行手势时，"途中有无发生危险可能，仍应由行车之驾驶者为充分之注意，自难以一经警察作放行手势，即可不负注意之责任"。本题某甲虽于绿灯号志行车，惟既未因之免除注意义务，从而其对车前状况之疏失，足为过失之原因，自应负过失责任。

初步结论：按汽车行驶时，驾驶人应注意车前状况，"道路交通安全规则"第94条第3项前段定有明文。某甲虽依交通号志由支线道驶入主线道并为左转弯，既然某乙闯红灯驶至，某甲如注意车前状况即可发现某乙来车及时作适当之防范措施而避免擦撞，应认某甲及某乙皆有过失，同意采乙说。

座谈会研讨结果：原则采乙说，某甲有注意之义务，但能否注意，有无过失，应依具体事实认定之。

"法务部"检察司研究意见：同意座谈会研讨结果原则上采乙说，甲有注意义务，但能否注意，有无过失，应依具体事实认定之。

◉法律问题二：汽车或机车依绿灯号志之指示，通过交叉路口，将闯红灯之行人撞倒于枕木纹行人穿越道成伤或致死，该汽车或机车驾驶人有无过失责任？是否构成违规？

讨论意见：

甲说：应依具体事实，审究汽车或机车驾驶人是否应注意并能注意而不注意，绝非撞倒闯红灯之行人一律无过失责任，如认定有过失，当然构成违规，如认定无过失，自无成立违规之余地。

乙说：汽车或机车驾驶人于此情应无过失责任，否则号志无权威可言，交通秩序势必紊乱不堪，且驾驶人既系依绿灯号志行进，按诸"道路交通安全规则"第103条第2项并无不合，自不构成违规，如认定驾驶人有过失而判处罚刑，但"道路交通管理处罚条例"第61条第1项第4款及第2项明定违规肇事致人死伤始予吊销或吊扣驾驶执照，如未违规，即属不应吊销或吊扣，则驾驶人虽受刑罚之处分，竟不得吊销或吊扣其驾照，显非合理，若谓有过失，当然构成违规，殊嫌无据，因指驾驶人违规，必须指出违反"道路交通安全规则"何一条款。

审查意见：

1. 汽车驾驶人，如撞倒闯红灯之人，仍应审究其有无过失，并非当然毫无责任，且有过失，并非一定有违反交通规则，例如：驾车行驶快车道，并未超过规定之速度，见远处有闯红灯之人，横穿马路，以为可于行人穿过驶过，不稍减速，不意估计错误，仍将行人擦撞受伤，应属应注意，并能注意而不注意。

2. 拟采甲说。但甲说下段"如认定有过失，当然构成违规，如认定无过失，自无成立违痛之余地"等句，拟予删除。

研讨结果：照审查意见通过。

第十五条 不作为犯

①对于犯罪结果之发生，法律上有防止之义务，能防止而不防止者，与因积极行为发生结果者同。

②因自己行为致有发生犯罪结果之危险者，负防止其发生之义务。

条理析释

"刑法"所称之行为概念，可分为作为与不作为两种形态，依此行为形态而构成"作为犯"与"不作为犯"两种犯罪类型。前者指行为人以作为之行为方式，而实现犯罪之构成要件；后者乃行为人以不作为之行为方式，而实现犯罪之构成要件。

作为犯者，系指行为人违背"禁止规范"之积极动作而成立之犯罪，又可分为故意之作为犯与过失之作为犯。前者之例：甲以杀乙之意思，举枪瞄准乙之心脏射击，乙中弹身亡属之；后者之例：甲于驾驶途中，因事须与家人联系而刹停路肩，却不慎撞死路人乙。

不作为犯者，系指行为人违背"命令规范"之消极动作而成立之犯罪，不作为犯之形态则得分为"纯正之不作为犯"与"不纯正之不作为犯"两类。前者系指行为人以不作为之方式而为构成要件内容之犯罪，系属应为而不为，违反命令规范而为法律所不容，例如："刑法"第149条之"聚众不遵解散命令罪"、第194条之"违背赈灾契约罪"、第294条第1项之"违背义务之遗弃罪"、第306条第2项之"留滞不退去罪"；后者系指行为人对于原以积极作为之方式而为构成要件内容之犯罪，却以消极不作为之方式犯之。

例如：保姆有意使受托之幼婴病亡，于婴儿感染重症时，仍将其摆置家中，不积极送医急救，放任病情恶化，终因器官衰竭而死亡。

换言之，不作为犯系与作为犯相对应之犯罪行为方式，又可分为纯正不作为犯与不纯正不作为犯，前者系指"刑法"明定只有以不作为之行为方式，才能成立构成要件行为之犯罪，例如：不遵令解散罪或滞留不退去罪等。后者系指"刑法"虽预定以作为之行为方式，为构成要件之行为内容，而行为人却以不作为之方式，实现该构成要件之犯罪，例如：杀人罪之构成要件，以积极之作为方式为常态，持刀杀人即属作为犯，倘行为人有杀人之意，以不作为之方式（病不使医，饿不供食），终致发生死亡之结果。此种不作为之犯罪，即称为"不纯正不作为犯"。

本条所谓法律上有防止结果发生之义务，即不纯正不作为犯的作为义务，有称之为"保证人义务"者，属于保证人地位之形式依据，主要有下列数种：

1. 法律明文规定者，如父母对于未成年之子女，负有保护与教养之权利与义务。

2. 依法律行为负有防止之义务者，如受僱之乳母对于婴儿之哺乳义务，游泳池之救生员对于泳客之安全救护义务。

3. 因自己之行为，负防止结果发生之义务者，如司机驾车撞伤行人，不立即送医急救而逃逸，致行人流血不止而死亡，应负杀人罪之不纯正不作为犯。此种义务亦称为"危险控制义务"。

4. 基于习惯、法律精神所生之义务者，如隐瞒出卖之不动产已设定抵押权登记，可构成不作为之诈欺取财罪。此乃因行为人违反"诚实信用原则"所生之义务。

5. 基于特定密切关系所生之义务者，例如：

（1）自然血缘亲属间之义务，例如：配偶、父母子女、兄弟姊妹间，相互于生命身体间之保证人地位。

（2）危险共同体间之义务，例如：高山探险队队员间，于登山之际，相互间之救护义务。

（3）危险源设置人或管理人之监督义务者，例如：饲养恶犬之主人，对于该恶犬所导致衍生之危险防止义务。

以上系不纯正不作为犯成立之第 1 个要件（须有防止结果发生之义

务），此外，尚有：不作为与作为须等价（等价关系），行为人须有作为可能性，及行为人须不作为致发生结果。例如：船长见船员失足坠海而不积极抢救，并有意让其死亡者，可能成立杀人罪之不纯正不作为犯（"船员法"第 72 条第 1 项）。

因自己行为致有发生犯罪结果之危险者，应负防止其发生之义务，"刑法"第 15 条第 2 项定有明文。设置电网既足使人发生触电之危险，不能谓非与该项法条所载之情形相当。

例如：某甲为综理某厂事务之人，就该厂设置之电网，本应随时注意防止其危险之发生，乃于其电门之损坏，漫不注意修理，以致员工发生触电致死情形，显系于防止危险之义务有所懈怠，自难辞过失致人于死之罪责。

某甲将剧毒氰化钾注入供应其夫某乙食用之数饭团内，其犯意纵仅在毒杀其夫 1 人，偶遇亲友丙、丁来访自行取用该饭团时，虽在场知悉，因恐被人发觉不敢加以防止，即系另一犯意，以消极行为构成杀人罪，应与毒杀某甲之行为分论并罚。

甲前往乙宅拟邀其外出同看电影，乙见甲衣袋内带有土造小手枪内装子弹，取出弄看，操作失控而遭枪击毙命。甲所带手枪装有子弹，则他人取而戏弄把玩，不免失机误伤人命之危险，按之"刑法"第 15 条第 2 项规定，甲即有阻止乙戏玩该枪弹，或嘱其注意之义务，倘当时情形，甲仍有阻止或嘱其注意之时间，因不注意而不为之，以致某乙因操作失控而弹发毙命，依同条第 1 项规定，即应负过失致人于死之责。

危险前行为者，系指行为人之行为，依经验法则可得知将发生一定侵害法益结果之危险者，该行为人即应终止该行为；若继续为之，则负有尽力防止结果发生之义务。此为"刑法"第 15 条第 2 项之意旨。

实务判解

◆"刑法"第 15 条所谓防止义务，其范围如下：（1）该条"法律上有防止之义务"一语，以法律明文或其精神有防止之义务者为标准。（2）"能防止而不防止者"，采主观说，以本人能力为标准。（1935 年民刑总会决议）

◆被害人某甲，虽系自己跃入塘内溺水身死，如果某甲确因被告追至塘边，迫不得已，始跃入水中，则依"刑法"第 15 条第 2 项规定，被告对于某甲之溺水，负有救护之义务，倘当时并无不能救护之情形，而竟坐视不救，致某甲终于被溺身死，无论其消极行为之出于故意或过失，而对于某甲之死亡，要不得不负相当罪责。（1930 年上字第 3039 号）

◆因自己行为致有发生一定结果之危险者，应负防止其发生之义务，"刑法"第 15 条第 2 项定有明文。设置电网既足使人发生触电之危险，不能谓非与该项法条所载之情形相当。上诉人为综理某厂事务之人，就该厂设置之电网，本应随时注意防止其危险之发生，乃于其电门之损坏，漫不注意修理，以致发生触电致死情形，显系于防止危险之义务有所懈怠，自难辞过失致人于死之罪责。（1941 年上字第 1148 号）

◆消极的犯罪，必以行为人在法律上具有积极的作为义务为前提，此种作为义务，虽不限于明文规定，要必就法律之精神观察，有此义务时，始能令负犯罪责任。（1942 年上字第 2324 号）

◆上诉人既以经营电气及包装电线为业，乃于命工装置电线当时及事后并未前往督察，迨被害人被该电线刮碰跌毙，始悉装置不合规定，自难辞其于防止危险发生之义务有所懈怠，而应负业务上过失致人于死之罪责。（1963 年台上字第 521 号）

◆设有卡车所有人某甲，兼司机某乙之助手，并无驾驶执照，某日驾驶该车不慎，将行人某丙撞伤倒地，因身无分文，不能送医救治，遂将其载往某乙住所，告以肇祸事，某乙意图脱卸某甲之肇祸责任，乃商得某甲同意，由某甲将某丙扶持登车，某乙自行开往市郊某校附近停车，共同将某丙抱下，使其平卧候车亭木椅上，并将其所带雨衣草袋等放置头边，一同开车离去，任令流血不止，不予急救，终因延误多时，无可挽救，不治身死，依此事实，某甲除应负过失伤害罪责外，其嗣与某乙共同起意以原车将受伤之某丙送往市郊安置于候车亭内，一同离去，某丙因伤身死，应负消极杀人罪责，依"刑法"第 28 条、第 271 条第 1 项处断。（1965 年第1 次刑事庭决议）

◆过失不纯正不作为犯构成要件之实现，系以结果可避免性为前提。因此，倘行为人践行被期待应为之特定行为，构成要件该当结果即不致发生，或仅生较轻微之结果者，亦即该法律上之防止义务，客观上具有安全之相当可能性者，则行为人之不作为，即堪认与构成要件该当结果间具有相当因果关系。（2008 年台上字第 3115 号）

[例一➡某甲经营游乐区，提供游客从事水上活动，自具有防止游客发生危险之保证人地位，应负法律上防免游客发生因从事水上活动致生危险之防免义务。而此防免义务，应包含场所之相关安全设备、救生衣、水

上活动器具之安全维护及设置救生员等必要之安全措施。]

[例二⇨某乙将园区挖掘并持续积水，致盈满成池，深达约 2 公尺。继在池中放养鱼群，供人休闲垂钓。嗣又在水池旁铺设砖块行人道、种植草皮、放置盆栽以美化周边环境，并经营餐厅对外营业，引导顾客前往驻足观赏或垂钓，作为"梦某湖休闲农场"餐厅卖点之一部分，则某乙对于在餐厅外围，于其所"利用"之范围内，自有防止顾客落水，避免发生危险之义务。(2010 年台上字第 1657 号)]

◆驻卫保全人员之职责在于为雇用人之场所负责外围与场所间之出入管制，维护场所内安全，然在公众使用之道路上若有交通指挥，即有相当之约束力，可为交通助理人员一环。因此，上诉人固非"道路交通管理处罚条例"第 4 条所称依法令执行指挥交通人员，然其既实际担任指挥交通之责，亦对用路人产生相当制约作用，负有正确执行交通指挥之义务，而具保证人地位。原审认定上诉人具有正确指挥交通之保证人地位，并无不合。(2013 年度台上字第 1550 号)

法律座谈

◎法律问题一：甲男与乙女系朋友，某日甲男骑机车于路上遇见乙女，甲男借口载乙女返家，乙女同意后上车，后乙女发现甲男行驶路线有异，乃要求甲男停车否则要跳车，甲男不从仍继续行驶并对乙女称要跳车就跳车，乙女迫不得已跳车因而受伤，乙女乃对甲男提出伤害告诉，甲男除成立妨害自由罪外，是否亦成立伤害罪？

讨论意见：

甲说：甲男欲载乙女至他处，应即有预见乙女可能跳车而受伤，是甲男纵无伤害之确定故意，至少有不确定之伤害故意存在，甲男应成立伤害罪。

乙说：系乙女自行跳车而受伤，甲男无须负责，甲男不成立伤害罪。

结论：采甲说。

台湾"高等法院"检察署研究意见：采甲说。

"法务部"检察司研究意见：

1. 依"刑法"第 15 条规定，对于一定结果之发生，法律上有防止之义务，能防止而不防止者，与因积极行为发生结果者同。因自己行为致有生一定结果之危险者，负防止其发生之义务。本例乙女虽系自行跳车而受伤，惟系因甲男不让其下车，为图逃离迫不得已而为，按之"刑法"第 15

条第2项规定，甲男即有防止之义务，而依题旨，乙女已告以将要跳车，甲男能防止而不予防止，无论其消极行为出于故意或过失，对乙女跳车受伤之结果即应负责（"最高法院"1940年上字第3039号判例参照）。至于甲男系出于过失或故意，自应依具体情形，例如当时车行速度、道路状况、车门上锁情形、对乙女跳车决意之认识等，综合判断之。

2. 甲说认"甲男欲载乙女至他处，应即有预见乙女可能跳车而受伤"此一立论未考虑具体状况，尚欠允当。

◉**法律问题二**：乙在甲之家中饮酒，甲明知乙已酒醉无法驾车，却未予劝阻，任由乙驾驶机车离去，乙发动机车驶离约20公尺处即撞及路旁电线杆，经送医急求不治死亡，问甲应否负过失致死罪责？

讨论意见：

甲说（肯定说）：甲既明知乙酒醉无法驾车，任由乙驾车可能发生肇事之结果，甲负有阻止其驾车之义务，乃应注意能注意阻止而怠未阻止，任乙驾车致撞及路旁电线杆而死亡，依"刑法"第15条第1项规定，与因积极行为发生结果者同，甲应负过失致人于死罪责（台湾"高等法院"台中分院检察处1976年第2次座谈会）。

乙说（否定说）：甲虽明知乙酒醉不能驾车，惟并非即表示甲有能力阻止乙驾车，按"刑法"第15条所谓"能防止而不防止"，应采主观说，以本人能力为标准（1935年7月总会决议参照）。甲主观上既未必有能力阻止，既不能遽论以过失罪责。况且，"刑法"第15条"法律上有防止之义务"，不宜扩张解释，以免浮滥而悖"刑法"规范之目的，本件应认甲在法律上并无防止之义务方称允当。

结论：多数赞同乙说。

台湾"高等法院"检察署研究意见：采乙说。

"法务部"检察司研究意见：参照"最高法院"民刑庭总会1935年7月决议意旨，"刑法"第15条"所谓防止义务，其范围如下：一、该'法律上有防止之义务'一语，以法律有明文或其精神有防止之义务者为标准。二、'能防止而不防止者'，采主观说，以本人能力为标准。"甲应无阻止乙驾车之法律上义务。甲说所指法律问题，系行为人负有防止义务之情形，与本题情节有异。同意原结论，以乙说为当。

◉**法律问题三**：甲、乙2人于黑夜在公路上互殴，乙左右眼出血青肿，精神匮乏，昏倒于东侧快车道上，甲发现丙在距约60公尺驾驶货车由南向北而来，既不将乙移至路旁，又不显示手势或呼叫，阻止丙车前进或避让，竟不顾而去，适丙疏未注意车前状况，将乙辗毙，甲应负何种罪责？

讨论意见：

甲说：按"刑法"第 17 条规定加重结果犯，以行为人能预见其结果之发生为要件，所谓能预见乃指客观情形而言（"最高法院"1958 年台上字第 920 号判例参照），甲、乙 2 人于黑夜在公路上互殴，致乙左右眼出血青肿，精神匮乏，昏倒于东侧快车道上，甲有伤害之故意，已足认定，而于发现在距约 60 公尺处有丙驾驶货车由南向北而来，既不将乙移至路旁，又不显示手势或呼叫阻止货车前进或避让，竟不顾而去，乙卒因昏倒在快车道上被货车辗毙，是乙之死与甲之伤害行为，显然具有相当因果关系，其结果在客观上亦非不能预见，甲应负"刑法"第 277 条第 2 项前段之伤害而致人于死罪责。

乙说："刑法"第 15 条第 2 项规定，因自己行为致有发生一定结果之危险者，负防止其发生之义务，甲将乙击伤昏倒在快车道上，见有丙驾车同向驶来，其有危险之发生，当可预见，而乙有防止危险结果发生之义务而不防止，要与积极行为发生结果者同，甲除应负伤害罪责外，并应负杀人罪责，并合处罚。

丙说：乙之死，实由于甲对于构成犯罪之事实虽预见其能发生而确信其不发生所肇致，除应负伤害罪责外，并构成过失致人于死罪责，两罪有牵连关系，应从一重处断。

研讨结果：采乙说。

"司法院"刑事厅研究意见：同意研讨结果。

第十六条　法律之不知与减刑

①除有正当理由而无法避免者外，不得因不知法律而免除刑事责任。但按其情节，得减轻其刑。

条理析释

所谓"不知法律"，系指对于刑罚法律有所不知，且其行为不含恶性者而言。其态样包含消极之不认识自己行为为法律所不许，以及积极之误认自己行为为法律所许两种，此两类情形，即为学理上所谓"违法性错误（又称法律错误）"，本条之立法，系就违法性错误之效果所设之规定。系以行为人欠缺违法性之认识，即以无违法性之认识为前提，且其自信在客观上有正当理由,即依一般观念,通常人不免有此误认而信为正当,亦即其欠缺违法性认识已达于不可避免之程度,始足当之,如其欠缺未达于此程度,其可非难性纵系低于通常,则仅得减轻其刑。

例一:某甲自始即利用当铺业之名义,刊登"汽车借款"、"免留车"、"可超贷"之广告,乘他人急迫,贷以金钱,再以迂回之方法,巧立名目,假当铺业之名,行重利之实,而取得与原本显不相当之重利,自难认其行为不含恶性,且有正当理由。自无适用本条宽典之余地。

例二:行为人甲系见被害人乙酒醉,而窃取乙之空白支票伪造并行使之,所为含有恶性,自无从适用"刑法"第16条之规定。

本条所指法律之不知,专指刑罚法令而言,至其他法律(如民事法、行政法)之不知或误认,而与犯罪构成要件攸关者,则属是否阻却故意范畴。众所周知者,为维护社会安全,具有杀伤力之枪砲①弹药系近年来政府严加取缔查缉之违禁物品,广经报章杂志电视等大众传播媒体、甚至航空公司在国际航线之班机上强力倡导。则具有大学毕业且于公务机关上班之行为人,自不得主张航空公司人员准其托运上机,而误认为可合法携带枪砲弹药进入辖区。

2005年2月2日"刑法"修正前第16条所谓自信其行为为法律所许可而有正当理由者,须依一般观念,通常人均不免有此误认而信为正当,亦即其欠缺违法性认识已达于不可避免之程度者,始足当之,如其欠缺未达于此一程度,尚不得邀同条但书所定免除其刑之宽典;修正后"刑法"第16条明文规定除有正当理由而无法避免者外,不得因不知法律而免除刑事责任,尤同其旨趣。

例一:行为人多年来有从事废弃物清除之行为,并与其合作之卫生工程行向政府申领经营废弃物清除业务之许可证,依行为人多年之经营经验及与该卫生工程行之密切业务往来,殊难谓不知新增无照经营废弃物清除之刑罚规定,况纵行为人实际上确不知该新增规定,亦难谓系通常人均不可避免而有正当理由,因而无法适用"刑法"第16条规定对其减轻其刑或免除其刑事责任。

例二:甲自承有以他人消费付款之发票,充当原始凭证,以核销原始凭证列报特别费之犯行明确,殊难谓其欠缺违法性之认识,亦不能认系通常人均不可避免而有正当理由,因而无法适用"刑法"第16条对甲减轻

---

① "枪砲"同"枪炮",下同。——编者注

其刑或免除其刑事责任。

例三：行为人甲系受债权人乙之委任对债务人丙为强制执行，纵丙已清偿该案执行金额，惟是否撤回执行声请，决定权在乙，甲未可僭越；至可否提起债务人异议之诉，尤属丙之权，均与甲无涉，以其从事代理执行业务甚久，与乙间类似往来亦频，自难认其所为有正当理由或无可避免。甲受乙委任催讨丙之债务，明知乙与丙间之债务仍有争议，竟违反委任意旨，冒用乙名义，伪造"民事声明撤回强制执行声请状"，并于其上盗盖乙之印章，明知而故犯，其有违法性之认识无疑，显与"刑法"第16条之规定不符。

例四：长期居住于山区之原住民，往昔均采集箭竹笋为生，习以为常，如主观上自信其行为为法律所许可，其所欠缺违法性之认识已达于不可避免之程度，如该原住民深居山林，自力谋生，几无与外人接触，政府法令倡导亦实际上无法到达者，则其主观上自信不违法，客观上亦有相当理由，此际，即合于免除其刑之规定；若该原住民虽定居山林，但经常往返市集交易谋生，与社会法治亦有互动，则其采集箭竹笋以供生活需求之行为，在客观上应未达于不可避免之程度，其可非难性如低于通常之标准者，则得依但书之规定减轻其刑。

"刑法"第16条所定之"违法性错误（法律面错误）"，系指行为人对于事实有正确之认知，但对于法律规范的认知却有错误。又可分为禁止错误、容许错误、反面禁止错误及反面容许错误等类型。

禁止错误系指对于构成要件规范的误认，例如不知重婚为犯罪行为。容许错误系指对于容许构成要件规范的误认，例如误以为安乐死为合法之行为。此两种错误之法律效果，视其是否不可避免，而得阻却或减轻罪责。

反面禁止错误系指对于构成要件规范的误认，例如以为抛弃宠物成立遗弃罪。反面容许错误系指对于容许构成要件规范的误认，例如以为正当防卫只能为自己而不能为他人为之。此两种错误在学说上又称为"幻觉犯或妄想犯"，因并未具备犯罪成立之要件，其行为尚无刑责可议。

另外，尚有"事实错误（所知与所从错误）"，此为错误之一种，行为人对于其实行之犯罪构成要件虽有违法性之认识，但于行为后所发生之结果，却与其原先之认知不相一致。亦即，行为人主观之认知与客观之事实产生错误，应如何适用法律而对行为人定罪科刑之探讨。"刑法"条文并无明定错误行为之法律效果，在适用之法理上，系以《大清刑律》改用之"中华民国暂行新刑律"第 13 条第 3 项及历年来之司法判解而予以处理。即：

犯罪之事实与犯人所知有异者，依下列规定处断：

第一，所犯重于犯人所知或相等者，从其所知。

第二，所犯轻于犯人所知者，从其所犯。

以上之立法意旨，有学者考据系承袭《唐律》"其本应重而犯时不知者，依凡论；本应轻者，应从本"之精神而得。1928 年制定"刑法"时，以为此乃法理上当然结论，毋庸以明文规定，而将之删除。1932 年"立法院"修订"刑法"草案初稿，复设规定为"犯罪事实重于行为所知者，从其所知处断；轻于行为人所知者，从其所犯处断"。但在讨论再稿时，又以此乃法理上当然解释，而予删除，故现行"刑法"并无事实错误之明文。兹举例说明如下：

试题：甲自幼即由乙收养，不知丙系其多年未谋面之父亲，某日甲、丙双方因细故争吵，甲顿起杀机，捡起路边之石块愤而将丙砸死，经勘验尸体查证身份时，始确认丙为甲之生父。则甲所为应论以：过失致尊亲属死亡罪、故意杀尊亲属罪、一般杀人罪、杀人罪与杀尊亲属罪之想象竞合犯。

拟答：本案甲对丙之认识系基于一般人之身份，其以一般杀人之犯意着手实施杀人，虽发生直系血亲尊亲属之死亡结果，然此一结果并非行为人事前所能预见者，故依错误之法理，应仅令其负担一般杀人罪之刑责。

实务判解

◆"刑事诉讼法"上所谓现行犯，系指违反刑罚法令之现行犯而言，其违反行政法令者，不包括在内，而"刑法"第 16 条所谓自信其行为为法律所许可，以有正当理由者为限。上诉人明知告诉人非违反刑罚法令，而竟加以逮捕，其理由自难谓为正当，与该条之情形自有未符。（1955 年台上字第 150 号）

◆"刑法"第 16 条规定：不得因不知法律而免除刑事责任。但按其情节得减轻其刑。如自信其行为为法律所许可而有正当理由者，得免除其刑；究有无该条所定情形而合于得免除其刑者，系以行为人欠缺违法性之认识，即以无违法性之认识为前提，且其自信在客观上有正当理由，即依一般观念，通常人不免有此误认而信为正当，亦即其欠缺违法性认识已达于不可避免之程度者，始足当之。（2003 年台上字第 4497 号）

◆所谓"所犯重于犯人所知者，从其所知；所犯轻于犯人所知者，从其所犯"之法理，系行为人对于犯罪构成要件事实认识错误之情形，始有适用，而与犯罪构成要件事实之法律上评价无关。本件上诉人对于行使伪造民间公证人所制作公证书之犯罪构成要件事实，并无任何所犯与所知不同之认识事实错误情形存在，而上诉意旨所指上诉人不知民间公证人制作之公证书，依"公证法"第36条之规定，视为公文书云云，则属行使伪造民间公证人制作之公证书所犯罪名即法律上评价之范畴，核无适用上述法理之余地。(2013年度台上字第5241号)

法律座谈

法律问题："刑法"第16条之"禁止错误"，新法将刑事责任认定之基准加以限缩，而发生对于行为人利或不利之情形（如有正当理由而无法避免者，是否以行为后法律变更为免除刑事责任，依"刑事诉讼法"第302条第4款规定谕知免诉判决，而非属比较新旧法适用之问题）。

讨论意见：

甲说：应以刑罚废止为由，依"刑事诉讼法"第302条第4款规定谕知免诉判决。

盖"刑法"第16条所规定之违法性错误之情形，依当前"刑法"理论，系采责任理论，亦即依违法性错误之情节，区分不同之法律效果：(1)有正当理由而无法避免者，应免除其刑事责任，而阻却犯罪之成立。(2)非属无法避免者，则不能阻却犯罪成立，仅得按其情节减轻其刑。惟现行规定，至多则仅得免除其刑，与当前"刑法"理论有违，爰于新法加以修正。是以，依新法之规定，如有正当理由而无法避免者，已将符合此情形者，排除其刑事责任，其法律效果应为阻却犯罪之成立，亦即其行为不加以处罚，属刑罚之废止，应迳依"刑事诉讼法"第302条第4款谕知免诉判决。

乙说：应比较新旧法，以新法规定免除刑事责任较有利行为人，依"刑事诉讼法"第301条第1项前段规定谕知无罪。

初步研讨结果：多数采甲说。

研讨结果：采甲说。

第十七条 加重结果犯

①因犯罪致发生一定之结果，而有加重其刑之规定者，如行为人不能

预见其发生时，不适用之。

条理析释

加重结果犯者，系指行为人所为的基本构成要件为，发生该基本构成要件结果以外之加重结果，法律特别规定将基本犯罪与加重结果，综合成为一个独立之犯罪类型，科以较重之刑罚，其目的在于衡平行为人之不法与罪责。亦即，对于有故意之前行为，而发生无故意之过失加重结果，使行为人对于该加重之结果，令负其刑事责任之谓也。

在理论上，加重结果犯为基本轻罪之故意，与加重结果重罪之过失并合发生，本应依"刑法"想象竞合处断，但为使刑罚之处罚保持其平衡，使行为人受较重之处罚，而免依想象竞合处断，致刑罚失之过轻也。加重结果犯使行为人对非出于故意之加重结果负其刑责，自限于法律有明文规定者为限，非任何犯罪发生非预期之结果，皆可令行为人负加重结果之责任。

"刑法"立法例之中，对于加重结果犯明定应罚之者，均以"因而致"表示之，例如：第 226 条第 1 项之"犯强制性交或强制猥亵等罪因而致被害人于死或致重伤者"、第 227 条第 2 项之"犯伤害罪因而致人于死或致重伤者"、第 278 条第 2 项之"犯重伤罪因而致人于死者"、第 325 条第 2 项之"犯抢夺罪因而致人于死或致重伤者"、第 328 条第 2 项之"犯强盗罪因而致人于死或致重伤者"等属之。

本条之规定，系以行为人能预见犯罪结果之发生而不预见为要件，此所谓能预见，系指客观情形而言，与加害人本身主观上有无预见之情形不同。从而，共同正犯中之一人所引起之加重结果，其他之人应否同负加重结果之全部刑责，端视其就此加重结果之发生，于客观情形能否预见。

例一：甲、乙基于犯意联络，共同持球棒殴打丙，乙在现场，于客观上能预见持实心之球棒重击人体，在混乱中若稍有不慎即可能攻击到人体头部，且可能因此使人之头部受到伤害而致人于死等情形，乙对于可能导致被害人死亡之事实，在客观上应得预见，纵无从明确认定何人殴打，然因系基于一共同之犯意分担实行行为，就伤害罪部分应成立共同正犯，并应同负加重结果之全部罪责之旨。

例二：甲、乙、丙、丁 4 人同时同地基于同一原因围殴被害人戊、己 2 人，其中戊因伤致死，当时既无从明确分别围殴之对象，显系基于一共同之犯意分担实施行为，应成立共同正犯，并同负加重结果之全部罪责。

加重结果犯，系因犯罪行为致生超越原先犯意所预期之较重结果，法律就此较重结果科以较其基本犯罪行为为重之刑事责任之犯罪，即行为人对其所实施之犯罪行为客观上"能预见"可能发生超越犯意所生之较重结果，只因当时之疏忽，致"未预见"而生一定之重果，即应负加重结果犯之刑事责任；须行为人对于超越原先犯意所预期而生之较重结果并无预见之可能性，始阻其加重结果之刑事责任。

例一：甲因细故与乙拉扯互殴，致乙之身体受伤，并因激烈拉扯翻滚而引发急性心衰竭，送医急救不治死亡。案经鉴定结果认定："乙生前心肌层有心肌疾病所引起之疤痕组织，因互殴引起急性心衰竭死亡，其心肌病变为主死因，生前互殴为副死因（间接死因）。"若甲不知乙前患有心肌层心肌疾病，且一般之互殴拉扯亦不致使健康正常之人引发急性心衰竭死亡，则甲与乙互殴之事实，客观地加以观察，尚不具有结合之必然性，即行为与结果之间并无因果关系。

例二：甲徒手追打乙之胸部数下，乙因左侧胸痛，由其配偶丙用药膏自行涂抹后，于翌日至坊间的国术馆施以民俗推拿，使左侧腹胸之横膈膜下方产生血块并造成浓胸，经送医院治疗时，又在医院内感染肺炎杆菌，导致败血性休克死亡。则乙之死亡结果与甲之伤害行为，尚难谓具有相当因果关系，不得遽然律令甲负伤害致死之罪责。

"刑法"第277条第2项后段之伤害致人于死罪，系对于犯普通伤害罪致发生死亡结果所为规定之加重结果犯，依同法第17条之规定，以行为人"客观上能预见"其死亡结果之发生，而"主观上并无预见"为其要件。若行为人主观上已有此项预见，仍不顾其是否发生而执意为之，即属间接故意之范畴，而无论以上揭加重结果犯之余地。故司法警察于调查时，对于行为人在客观上能否预见该加重结果之发生，以及其主观上对于该加重结果之发生究竟有无预见，详加认定记载明白。实务上侦办汽车以高速追撞机车，造成机车驾驶人倒地受伤，经送医救治无效而生死亡之结果时，除应查明"依客观情事可预见汽车以高速追撞机车将有可能致机车倒地、人员受伤或死亡。"及"行为人主观上虽欲追撞机车致机车倒地将致人员受伤"等情节外，更应对于行为人当时驾车高速追撞被害人之机车，"在主观上究竟有无预见被害人因而发生死亡之加重结果"，始足以论处行为人应负"伤害致人于死"、"过失致人于死"或为"不确定故意杀人"之罪名。

例一：甲与乙事先达成取被害人丙1手1脚之协议，并要求乙拍照存证，凭照片取余款，足见甲与乙对于"以利器切断"被害人手脚之筋骨、韧带而"取其1手1脚"使其终生残废之重伤害方法，2人间应有默示之认知合意，因4肢有人体之大动脉通过，于切割过程中，均极可能会砍断或伤及手脚大血管，造成外伤性失血过多致死，此为有理性及有基本人体健康知识之人，可预见之情形。甲被告曾担任大楼之住户管理委员会主任委员，足见其为有理性及智识之人，对上开可能造成外伤性失血过多致死之加重结果，理应能预见，此与乙是否提升犯意为杀人之不确定故意，并无任何关联。如乙擅将犯意升高为预见丙之死亡亦不违背其本意之不确定故意时，若丙仅断其手脚而未生死亡结果者，则乙应负杀人未遂之罪责，甲则负重伤罪之刑责；倘丙因手脚被凶器切断而生死亡结果者，则即应令乙负杀人既遂之罪责，甲则应负重伤致死罪之刑责。不得以甲未指示乙持何种凶器行凶及如何下手，对被害人丙因穿刺伤造成大量出血，导致死亡之加重结果，不能预见，而不应令负使人受重伤致死罪责。

例二：被告甲为达强盗财物之目的，可以预见以西瓜刀砍人身体，能危及生命，仍以西瓜刀自上而下朝被害人乙之身体挥砍1刀，施强暴于被害人，致使被害人倒地不能抗拒，而取走收款机内之现款1万元，嗣被害人因伤重而死亡。如甲在主观上可预见以西瓜刀砍人身体，能危害生命，对被害人之死亡如已预见，且不违背其本意，应成立强盗而故意杀人之结合犯，尚不得论处强盗致人于死罪责。

倘行为人所实施之伤害行为本身与被害人发生死亡结果之间，并无相当因果关系存在，而系中途介入他人临时起意之杀害行为而导致死亡结果者，实施伤害犯行之行为人对于他人临时起意之杀害行为，事先既无共同之犯意存在，亦无防止其发生加重结果之义务，自难令行为人对此项加重结果负责。

例一：甲、乙、丙、丁、戊、己等6人，基于共同伤害之犯意联络，下手殴打庚、辛2人，嗣甲、乙2人超越原先之伤害犯意，基于杀人之不确定犯意联络，分持预藏之单刃水果刀2把，刺杀被害人庚、辛2人，致庚、辛2人身体胸部、腹部等要害多处受有刀伤，辛更因伤及肝、肺等出血不治死亡。则被害人辛之死亡显系甲、乙2人于共同实施伤害被害人行为中途，临时起意持刀刺杀被害人辛而生之结果，与丙、丁、戊、己实施之伤害行为本身并无相当之因果关系存在，应不得遽令其共负伤害致死之罪责。

例二：承例一所示之事实，如丙、丁、戊、己4人于共同实施伤害被害人辛之际，明知甲、乙以锐利之凶器如水果刀等物刺入人体要害，在客观上将使庚、辛死亡，竟继续出手殴打庚、辛2人，致其身体多处伤害，辛并因胸部、腹部等要害受有刀伤，伤及肝、肺等出血不治死亡。则丙、丁、戊、己4人在主观上已对共犯甲、乙之持刀杀人及因而有导致被害人发生死亡之结果有所预见，并纵容、默许甲、乙为之，甚至在甲、乙持刀刺杀被害人时，仍继续出手殴打庚、辛2人，宜认被害人辛因而发生死亡之结果，并不违背丙、丁、戊、己等人之本意，渠等自应与甲、乙成立共同杀人罪。其理由系基于"刑法"上加重结果犯之成立，固须以该项加重结果之发生，在客观上有预见之可能性存在，为其构成之限定条件。惟倘行为人于实施基本犯罪行为时，在主观上已预见该项加重结果发生之危险性存在，却仍执意为之或纵容、默许共犯为之，而不违背其本意者，则应属故意之范畴，尚难仅论以加重结果犯。

因犯罪致发生一定之结果，而有加重其刑之规定者，为加重结果犯，依"刑法"第17条规定，行为人对于不预见之结果而负加重责任，其不预见以有过失者为限。因此，加重结果犯之成立，除故意犯罪行为与加重结果有相当因果关系外，犹须加重结果之发生为行为人所可能预见，始足当之。"刑法"第277条第2项前段之伤害致人于死罪，系对于犯普通伤害罪致发生死亡结果所规定之加重结果犯，应以行为人能预见死亡结果之发生为必要，如行为人不能预见其发生时，即非由于过失，自难使之负责，以符罪责原则。所谓能预见，系指行为人对于加重结果即死亡事实之发生，可得预见而言。至于造成死亡之原因，系故意伤害行为直接导致，或与被害人身体内在危险因素结合而引起，或有其他原因力介入，则属行为与结果间之客观关系，乃因果关系判断之问题，与行为人之主观认识无关，并非过失责任应审究之归责事由。(2012年度台上字第4450号判决参照)

对于犯罪构成要件预定一定之结果为其构成要件要素之犯罪（结果犯），其犯罪行为可否认定为既遂，主"相当因果关系说"者认为，其行为与结果间，不仅须具备"若无该行为，则无该结果"之条件关系，更须具有依据一般日常生活经验，有该行为，通常皆足以造成该结果之相当性，始足令负既遂责任；而主"客观归责理论"者则将结果原因与结果归责之概念作区分，认为除应具备条件上之因果关系外，尚须审酌该结果发生是否可归责于行为人之"客观可归责性"，只有在行为人之行为对行为客体制造并实现法所不容许之风险，该结果始归由行为人负责。而实务上于因果关系之判断，虽多采"相当因果关系说"，但因因果关系之"相当"与否，概念含混，在判断上不免流于主观，而有因人而异之疑虑，乃有引进"客观归责理论"之学说者，期使因果关系之认定与归责之判断，更为细致精确。至于因果关系是否因第三人行为之介入而中断，就采"相当因果关系说"者而言，其行为既经评价为结果发生之相当原因，则不论有无他事实介入，对该因果关系皆不生影响；而就主"客观归责理论"者以观，必也该第三人创造并单独实现一个足以导致结果发生之独立危险，始足以中断最初行为人与结果间之因果关系。易言之，结果之发生如出于偶然，固不能将结果归咎于危险行为，但行为与结果间如未产生重大因果偏离，结果之发生与最初行为人之行为仍具"常态关连性"时，最初行为人自应负既遂之责。又"刑法"伤害致人于死罪之因果关系属"双重因果关系"，不仅伤害行为对伤害结果须有因果关系，对非一般行为结果之死亡部分（加重结果），亦须有因果关系。（2013 年度台上字第 310 号判决参照）

实务判解

◆加重结果犯，以行为人能预见其结果之发生为要件，所谓能预见乃指客观情形而言，与主观上有无预见之情形不同，若主观上有预见，而结果之发生又不违背其本意时，则属故意范围。（1958 年台上字第 920 号）

◆被害人颈部破瓶殴伤，割断动脉，流血过多，乃至逃入山间，因休克跌落崖下溪中身死，不得谓非与上诉人等之行殴，有因果关系，其结果亦非不能预见之事，至被害人所受致命之伤虽仅 1 处，为上诉人以外之其他共犯所为，然其伤害既在犯罪共同意思范围，自应同负正犯责任。（1959 年台上字第 860 号）

◆"刑法"上之加重结果犯，以行为人对于加重结果之发生有预见之可能为已足。如伤害他人，而有使其受重伤之故意，即应成立"刑法"第 278 条第 1 项使人受重伤罪，无论以同法第 277 条第 2 项伤害人之身体因而致重伤罪之余地。（1972 年台上字第 289 号）

◆共同正犯在犯意联络范围内之行为，应同负全部责任。惟加重结果犯，以行为人能预见其结果之发生为要件，所谓能预见乃指客观情形而言，与主观上有无预见之情形不同，若主观上有预见，而结果之发生又不违背其本意时，则属故意范围；是以，加重结果犯对于加重结果之发生，并无主观上之犯意可言。从而共同正犯中之一人所引起之加重结果，其他之人应否同负加重结果之全部刑责，端视其就此加重结果之发生，于客观

情形能否预见；而非以各共同正犯之间，主观上对于加重结果之发生，有无犯意之联络为断。（2002 年台上字第 50 号）

◆加重结果犯，以行为人能预见其加重结果之发生为要件，惟此所谓能预见乃指客观情形而言，与行为人主观上有无预见之情形不同。若主观上有预见，而结果之发生又不违背其本意时，则属故意之范围。（2005 年台上字第 4479 号）

◆"刑法"第 277 条第 2 项前段之伤害致人于死罪，系对于犯伤害罪致发生死亡结果所规定之加重结果犯，此罪除其伤害行为与死亡结果之间，必须有因果关系外，尚以行为人在客观上能预见，但主观上没预见为必要。所谓"客观能预见"，系指"对于加重结果即死亡事实之发生"，依一般人之知识经验，可得预见而言。至于在伤害之过程中或其后，是否另有其他原因介入，合并为引发死亡之结果，此乃因果关系是否中断之问题，与行为人对于死亡之结果，在客观上能否预见，两者应予分辨。（2010 年台上字第 174 号）

[例如➡被害人甲于某日下午 1 时许遭行为人乙、丙 2 人以小锄头及破玻璃瓶攻击被害人头、身，以手（或以手拉衣领）拉勒被害人颈部数分钟之严重肢体冲突，于乙松手后，甲起身走入屋内，旋即倒地，经紧急送医，于同日下午 2 时许死亡。不得以被害人罹患心脏疾病，无法如同肢体残障或其他身心障碍，可由外部表征得知蛛丝马迹，一般人单由外表观之，均无法借此而认知被害人罹患心脏疾病，从而主张本件因肢体冲突进而引发被害人心脏疾病发作而死亡之结果，在客观上非一般人所能预见，又无法证明乙、丙 2 人有认知被害人罹患心脏疾病之情事，自难期乙、丙 2 人对渠等伤害行为会引发被害人之心脏旧疾，进而导致被害人死亡结果之事，主观上有何预见可能性，尚难论以伤害致死之刑责。]

◆刑事司法实务所谓之相当因果关系，限于结果犯（学理上称为实质犯；有别于形式犯）之场合，就行为人符合于犯罪构成要件之行为，及被害人（或法益）受损害（或侵害）之结果，予以综合作事后之审查，认为倘有此行为，必然或极高度概然（有别于偶然）有彼结果；而有该结果，通常系因是类行为所造成，彼此间构成一个可以推演、逆断，相互对等之联结关系者，即认为具有相当因果关系，反之，则否。至于其中之必然或极高度概然或相当性之判断，须受经验法则、论理法则之支配，斯不待言。（2012 年台上字第 1999 号）

◆"刑法"第 17 条所谓行为人不能预见其结果之发生者，系指结果之发生出于客观上之偶然，为行为人所不能预见者而言。质言之，"刑法"第 277 条第 2 项前段之伤害致人于死罪，系因犯伤害罪致发生死亡结果而为加重其刑之规定，依同法第 17 条规定，固以行为人能预见其结果发生时，始得适用，但伤害行为足以引起死亡之结果，在通常观念上，不得谓无预见之可能，则行为人对于被害人之因伤致死，即不能不负责任。另被害人遭殴伤后死亡，不以伤害行为直接致人于死亡者为限，纵有其他自然力或疾病之介入，以助成其死亡之结果，仍具有因果联络之关系，不能解除伤害致人于死之罪责。(2014 年度台上字第 3 号)

法律座谈

◉**法律问题一**："刑法"第 17 条规定："因犯罪致发生一定之结果，而有加重其刑之规定者，如行为人不能预见其发生时，不适用之。"行为人对于所发生的重结果部分，是否须有过失，才负刑事责任。

讨论意见：

甲说（肯定说）：加重结果犯为"故意与过失的竞合"。详细地说：加重结果犯以行为人对于基本行为应有故意；对于加重结果部分应有过失。例如堕胎致死罪中，行为人对于堕胎行为应有堕胎的故意；对于致死部分应有过失，才负加重结果的责任[1]。

乙说（否定说）：按"刑法"第 17 条是采消极的规定方式。虽然责任形式以故意及过失为限，但行为人对于加重结果的发生，有过失者固无论；就是无过失，而其加重结果的发生，并非所不能预见者，因有"刑法"第 17 条之设，也应负加重责任，并不以行为人对加重结果有过失为必要[2]。

结论：赞成甲说。

台湾"高等法院"检察署研究意见：多数采甲说。

"法务部"检察司研究意见：按"刑法"第 17 条规定"因犯罪致发生一定结果，而有加重其刑之规定者，如行人不能预见其发生者，不适用之"。所谓能预见，乃指行为人对于加重结果之发生须无故意，但有预见之可能，而行为人不预见者，则有过失；申言之结果加重犯须行为人对于

---

① 主张此说的，参见韩忠谟所著《刑法原理》第 217～219 页；以及林山田所著《刑法通论》第 99～104 页等。

② 主张此说的，参见陈朴生所著《加重结果犯之责任要素》，载《法令月刊》第 28 卷第 3 期，第 3～9 页等。

基本行为之罪具有故意，对于所生之加重结果，具有过失，始克成立，同意讨论意见结论，以甲说为当。

◉法律问题二："刑法"第17条规定："因犯罪致发生一定之结果，而有加重其刑之规定者，如行为人不能预见其发生时，不适用之。"所谓"行为人不能预见其发生时"，是以行为人主观可预见抑以行为人客观上能预见为准？

讨论意见：

甲说：以行为人客观上能预见为已足，并不以其主观上有预见为必要。

乙说：以行为人主观上能预见为准。

结论：采甲说。

台湾"高等法院"审核意见：同意原研讨意见结论采甲说。

"司法院"刑事厅研究意见：同意台湾"高等法院"审核意见。

法学名言

1. 管子《七臣七主篇》：夫法令者所以兴功惧罪也，律者所以定分止争也，令者所以令人知事也，法律政令者，吏民规矩绳墨也。

2. 韩非子《定法篇》：法者，宪令着于官府，刑罚必于民心，赏存乎慎法，而罚加于奸令，此人臣之所师。

第十八条　责任能力——年龄

①未满十四岁人之行为，不罚。

②十四岁以上未满十八岁人之行为，得减轻其刑。

③满八十岁人之行为，得减轻其刑。

条理析释

"刑法"之"罪责"，系指行为人出于主观之意思决定及意思活动，而显现于客观可见之具有违法性的构成要件该当行为，就"刑法"规范之评价，认为具有可责性与非难性者属之。罪责系以行为人之责任能力为基础，行为人因具有责任能力，进而取得自由决定之能力，其在可避免违法行事之条件下，因故意或过失而不予避免该违法行事，竟引发具有违法性的构成要件该当行为。刑罚之制裁，系以有无罪责为断，有罪责始有刑罚，无罪责即无刑罚，只得就具有社会危险性之行为，宣付保安处分，施以教育、矫治。

责任能力者，系指行为人负担罪责之能力，亦即行为人具备足够判断辨别合法与不法之能力，及其依据判断而行为之能力。"刑法"规范责任能力之因素有年龄、精神障碍及瘖哑等三种事由，就年龄之事由而言，以未满 14 岁之人，因年幼欠缺辨识能力及意思能力，而不具备责任能力，纵使其行为符合犯罪构成要件时，亦明定不罚。实务上常遇有未满 7 岁之儿童失火烧毁房屋，或过失致人于死，或故意杀人，或窃盗，或性侵害等事件，法理上，警察人员应依"少年事件处理法"第 85 条之 1 及"刑事诉讼法"第 1 条之规定，检具卷证，移送管辖检察官侦办，检察官侦查终结后，应为不起诉之处分；若行为人之年龄符合"12 岁以上 18 岁未满"时，应依法移送管辖少年法院（庭）审理，7 岁以上 12 岁未满之人，触犯刑罚法律之行为者，亦同。

本条第 1 项所称之"不罚"，系指行为人因不具备罪责，而不构成犯罪，属于检察官应绝对不起诉、法院应谕知无罪判决之范畴。职是之故"不罚"之解释，并非仅止于"不加以处罚"之字面意义，"刑法"就行为人之行为成立犯罪，而国家不对其施以刑罚之处罚者，定有"大赦"、"特赦"、"免除其刑"与"免其刑之全部执行"等制度。

警察人员在实务上，遇有未满 14 岁人之刑事不法行为时，应注意"少年事件理法"第 3 条之"少年法院先议权"、"刑事诉讼法"第 88 条之 1 之"不得径行拘提"，如有成年人利用、教唆、帮助或共同与少年犯罪者，应并引"儿童及少年福利法"第 70 条第 1 项予以加重其刑。

甲为未满 14 岁之人，意图为自己不法之所有而窃取邻居乙之笔记计算机，甲之 15 岁学长丙明知该计算机为甲不法窃得之物，仍以明显低于市场之行情价向甲购买使用，甲之行为虽依"刑法"第 18 条第 1 项，因欠缺责任能力，不具备罪责而不成立犯罪，但丙系为 14 岁以上未满 18 岁之限制责任能力人，具有部分之罪责，其行为已成立犯罪，得由法院酌情减轻其刑。"刑法"赃物罪之可罚性，在于行为人妨害财产犯罪（窃盗、强盗、诈欺等）之被害人其原物回复请求权之行使，甲不法窃取乙之计算机，事实上即为侵害他人财产权所得之物，当属赃物性质，丙明知并低价故买使用，要难辞故买赃物之罪责。

实务判解

◆"刑法"第 18 条所规定之年龄，系用周年法计算，而非用历年法计

算，换言之，即以其出生之日起经过 1 年，始为满 1 岁之方法计算之。（1940 年上字第 193 号）

◆未满 18 岁人犯罪，而其本刑为死刑或无期徒刑者，依"刑法"第 63 条第 1 项规定，必须减轻其刑，审判上并无裁量之余地，因而同法第 18 条第 2 项之规定于此亦无其适用。上诉人所犯之罪，其本刑既系唯一死刑，而其时上诉人又尚未满 18 岁，自应先依"刑法"第 63 条第 1 项、第 64 条第 2 项减轻后，再适用同法第 59 条递减其刑方为适法。乃原判决不依此项规定，竟引用同法第 18 条第 2 项为递减其刑之根据，不无违误。（1960 年台上字第 1052 号）

◆未满 18 岁之人犯罪，而其本刑为死刑或无期徒刑者，依"刑法"第 63 条第 1 项规定，必须减轻其刑。此为绝对减轻之规定，审判上并无裁量之余地。因而同法第 18 条第 2 项"14 岁以上未满 18 岁人之行为，得减轻其刑"之相对减轻规定，于此情形即无其适用。（2000 年台上字第 4557 号）

[例如➡16 岁之高中生甲持菜刀杀死其养父乙，成立"刑法"第 272 条第 1 项之杀直系血亲尊亲属罪，其本刑为死刑或无期徒刑，因甲未满 18 岁，自应依"刑法"第 63 条第 1 项减轻其刑，不得再引用同法第 18 条第 2 项递减其刑。若依第 65 条第 2 项减为 20 年以下 15 年以上有期徒刑，如法官认科甲 15 年有期徒刑仍嫌过重者，应依第 59 条之规定，始得酌量减轻其刑。]

法律座谈

◉法律问题一：甲于未满 18 岁时，未经许可，在公共场所携带武士刀 1 把，嗣于其年满 18 岁后，在其住处被查获持有该武士刀，是否得适用"刑法"第 18 条第 2 项减轻其刑？

讨论意见：

甲说：甲之行为应依"枪砲弹药刀械管制条例"第 13 条第 2 款之于公共场所携带刀械罪论处（持有武士刀之低度行为应为高度之在公共场所携带刀械所吸收），其行为之时既未满 18 岁，自得依"刑法"第 18 条第 2 项减轻其刑。

乙说：甲携带刀械之犯罪时间虽在未满 18 岁前，惟其截至被查获时，仍系未经许可无故持有该刀械，而此部分固为携带之高度行为所吸收，不另论罪，然该刀械持有之继续，系行为之继续，非状态之继续，其行为之完结，须至终了时为止，是甲犯罪行为终了之时，应以被查获之时为准，其既于年满 18 岁后，始为警查获究办，自不得依"刑法"第 18 条第 2 项减轻其刑。

审查意见：甲未经许可，在公共场所携带刀械，其犯罪时虽未满 18 岁，但其继续未经许可无故持有刀械行为，至被查获时已满 18 岁，自不得依"刑法"第 18 条第 2 项减轻其刑（参阅"司法院"院解字第 3540 号解释）。

采乙说。

研讨结果：照审查意见通过。

"司法院"刑事厅研究意见：同意研讨结果。

◉法律问题二：某甲系 14 岁以上 18 岁未满之少年，触犯"刑法"第 320 条第 1 项窃盗罪，少年法院审理结果，以其系未满 18 岁之人，生理及精神状态未臻成熟，引用"刑法"第 18 条第 2 项减轻其刑二分之一后判处有期徒刑 2 月，其判决是否有当？

讨论意见：

甲说：本件判决依"刑法"第 320 条第 1 项论处有期徒刑 2 个月，仍在法定刑度内，竟又引用同法第 18 条第 2 项之减轻规定，尚有不合。

乙说："刑法"第 18 条第 2 项规定，14 岁以上 18 岁未满人之行为，得减轻其刑。是减轻与否，承审法院本有裁量之权，又依该法条所减轻者，乃法定本刑，本件某甲所犯窃盗罪之法定本刑减轻二分之一后，其处断刑为 2 年 6 月以下 1 月以上有期徒刑，30 日未满之拘役，或 250 元以下罚金，而在此处断刑高低刑度内，法院仍有裁量权，是其判处有期徒刑 2 月，并无不当。

结论：多数赞成乙说。

台湾"高等法院"审核意见：同意乙说。

"司法院"刑事厅研究意见：同意台湾"高等法院"审核意见。

法谚

14. 恶法非法。

Lex injusta non est lex.

The unjust law is no law.

15. 例外应严格解释。

Exceptio est strictissimae interpretations.

16. 拘泥辞句者，不适于为法官。

Aucupia verborum sunt judice indigna.

Verbal quibbles are unworthy of a judge.

第十九条　责任能力——精神状态

①行为时因精神障碍或其他心智缺陷，致不能辨识其行为违法或欠缺依其辨识而行为之能力者，不罚。

②行为时因前项之原因，致其辨识行为违法或依其辨识而行为之能力，显著减低者，得减轻其刑。

③前二项规定，于因故意或过失自行招致者，不适用之。

条理析释

本条原规定之"心神丧失"与"精神耗弱"，其语意极不明确，且判断标准更难有共识。实务上，欲判断行为人于行为时之精神状态，常须借助医学专家之鉴定意见；惟心神丧失与精神耗弱概念，并非医学上之用语，医学专家鉴定之结果，实务上往往不知如何采用，造成不同法官间认定不一致之情形。

当今通说之犯罪理论，则认犯罪之构成要件该当性、违法性及有责性，所判断之对象，均有客观及主观事实，尤其故意犯之构成要件该当性，对于客观之构成犯罪事实，行为人主观上须具备认识及意欲，始足当之。因此，为使责任能力之范围更为具体标准予以明文，乃将"心神丧失人"修正为"行为时因精神障碍或其他心智缺陷，致不能辨识其行为违法或欠缺依其辨识而行为之能力者"；"精神耗弱人"修正为"行为时因前项之原因，致其辨识行为违法或依其辨识而行为之能力，显著减低者"，将责任能力有无之判断标准，区分其生理原因与心理结果两者，则就生理原因部分，实务即可依医学专家之鉴定结果为据，而由法官就心理结果部分，判断行为人于行为时，究属无责任能力或限制责任能力与否。在生理原因部分，以有无精神障碍或其他心智缺陷为准；在心理结果部分，则以行为人之辨识其行为违法，或依其辨识而行为之能力，是否属不能、欠缺或显著减低为断。行为人不能辨识其行为违法之能力或辨识之能力显著减低之情形，例如，重度智障者，对于杀人行为完全无法明了或难以明了其系法所禁止；行为人依其辨识违法而行为之能力欠缺或显著减低之情形，例如，患有被害妄想症之行为人，虽知杀人为法所不许，但因被害妄想，而无法控制或难以控制而杀害被害人。

犯罪行为人刑事责任能力之判断，以行为人理解法律规范，认知、辨识行为违法之意识能力，及依其认知而为行为之控制能力二者，为关键指标；且刑事责任能力之有无，应本诸"责任能力与行为同时存在原则"，依行为时之精神状态定之。是行为人是否有足以影响意识能力与控制能力之精神障碍或其他心智缺陷等生理原因，因事涉医疗专业，必要时固得委诸于医学专家之鉴定，然该等生理原因之存在，是否已致使行为人意识能力与控制能力有"刑法"第19条所规定得据以不罚或减轻其刑之欠缺或显著减低等情形，既依犯罪行为时状态定之，自应由法院本其调查证据之结果，加以判断。医学专家对行为人精神状态进行鉴定结果，提供某种生理或心理学上之概念，法院固得将该心理学上之概念资为判断资料，然非谓该鉴定结果得全然取代法院之判断，行为人责任能力有无之认定，仍属法院综合全部调查所得资料，而为采证认事职权合法行使之结果。尤以酒后是否因而意识能力与控制能力已有欠缺或减低，原为一时之精神状态，非如精神病患之有持续性，自无从如对一般精神病患得就其精神、心智等状况为鉴定。是法院综合行为人行为时各种主、客观情形，认事证已明，无再赘行鉴定之必要，而综合全部卷证，自为合理推断，洵非法所不许。再者，未达精神疾病程度之人格违常行为人，并无认知、辨识能力之障碍，对自我行为之冲动控制能力纵然稍嫌不足，但仍具有正常之主动性，非必然衍生犯罪行为，而仅属人格特质表征之一端，其既尚未达于影响日常生活之病态程度，自难谓有上开规定所指较诸常人显著减低之情事。否则个性暴躁易怒之人，动辄加害他人，反社会性强，却得执此为借口，获邀减刑宽典，殊违现代刑罚注重社会防御之规范目的，社会善良人民将失其保障。（2012年度台上字第5133号判决参照）

再者，责任能力之判断，依通说之规范责任论，应就行为人所实施具备构成要件该当且属违法之行为，判断行为人辨识其行为违法之能力，以及依其辨识而行为之能力，倘行为人之欠缺或显著减低前述能力，系由于行为人因故意或过失自行招致者，而行为人仍能实施具备犯罪构成要件该当性及违法性之行为，依规范责任论，即难谓其属无责任能力或限制责任能力，此乃本条第3项增订之"原因自由行为"，其概念系指行为人因故意或过失而使自己陷于无责任能力或限制责任能力之状态，并于此种情境之下，进而实现犯罪构成要件。亦即，行为人在辨别力清楚之情况下，自由决定以畅饮烈酒或施用药剂，致使自己进入意思丧失或散乱之情境，造成符合犯罪构成要件之效果。

析言之，"刑法"之原因自由行为，系指行为人在精神、心智正常，具备完全责任能力时，本即有犯罪故意，并为利用以之犯罪，故意使自己陷入精神障碍或心智缺陷状态，而于辨识行为违法之能力与依辨识而行为之自我控制能力欠缺或显著降低，已不具备完全责任能力之际，实行该犯罪行为；或已有犯罪故意后，偶因过失陷入精神障碍或心智缺陷状态时，果为该犯罪；甚或无犯罪故意，但对客观上应注意并能注意或可能预见之犯罪，主观上却疏未注意或确信其不发生，嗣于故意或因有认识、无认识之过失，自陷于精神障碍或心智缺陷状态之际，发生该犯罪行为者，俱属之。

故原因自由行为之行为人，在具有完全刑事责任能力之原因行为时，既对构成犯罪之事实，具有故意或能预见其发生，即有不自陷于精神障碍、心智缺陷状态及不为犯罪之期待可能性，竟仍基于犯罪之故意，或对应注意并能注意，或能预见之犯罪事实，于故意或因过失等可归责于行为人之原因，自陷于精神障碍或心智缺陷状态，致发生犯罪行为者，自应与精神、心智正常状态下之犯罪行为同其处罚。是原因自由行为之行为人，于精神、心智状态正常之原因行为阶段，即须对犯罪事实具有故意或应注意并能注意，始符合犯罪行为人须于行为时具有责任能力方加以处罚之原则。

例一：甲于清醒时，与乙发生严重冲突，萌生杀意欲持利刃砍杀之，惟因内心惶恐，瞻前顾后，乃半夜喝酒壮胆，于醉醺之际，驾车驰往乙宅，进屋后见乙正戴耳机聆赏歌剧，当场即乱刀将乙砍死。此种原因前行为与实行后行为均于行为人故意之情况下所为，具备双重罪责关系，成立故意杀人之既遂罪。

例二：接前例之情节，若甲于深夜酒醉驾车前往乙宅途中，因酒眼惺忪，聚焦困难，致使空间感失调而撞死夜归之计算机工程师丙，则甲之故意前行为而过失后行为，成立过失致人于死罪，甲另应负预备杀乙之罪责。

例三：倘甲如同前两例之叙述自行起意杀乙，于友人丁之住宅处泡茶时，因心神恍惚，在丁短暂离座时，误拿丁所用而内含安眠剂之药水杯一饮而尽，于开车回家途中药效发作，更巧遇乙迎面而来，乃下车捡拾路边工地之模板木条，将乙乱棒猛击而死。

例四：如同例三之误饮安眠剂之药水后，甲于开车回家途中因药效发作，在半睡半醒之昏睡状态下，不慎撞死路人戊。

实务判解

◆"刑法"上所谓心神丧失人，非以其心神丧失状态毫无间断为必要，如果行为时确在心神丧失之中，即令其在事前事后偶回常态，仍不得谓非心神丧失人。（1935 年上字第 2844 号）

◆"刑法"上之心神丧失与精神耗弱，应依行为时精神障碍程度之强弱而定，如行为时之精神，对于外界事务全然缺乏知觉理会及判断作用，而无自由决定意思之能力者，为心神丧失，如此项能力并非完全丧失，仅较普通人之平均程度显然减退者，则为精神耗弱。（1937 年渝上字第 237 号）

◆旧"刑法"第 32 条关于不得因酗酒而免除刑事责任之规定，已为现行"刑法"所不采，故如被告于尚未饮酒之先，即已具有犯罪之故意，其所以饮酒至醉，实欲凭借酒力以增加其犯罪之勇气者，固不问其犯罪时之精神状态如何，均应依法处罚。假使被告于饮酒之初，并无犯罪之意图，祇因偶然饮酒至醉，以致心神丧失，或精神耗弱而陷于犯罪，即难谓其心神丧失之行为仍应予以处罚，或虽系精神耗弱亦不得减轻其刑。（1939 年上字第 3816 号）

◆所谓心神丧失或精神耗弱人之行为，系指其行为时在心神丧失或精神耗弱状态中者而言，其有间发的精神病态者，即应以其行为是否出于心神丧失或耗弱状态存在中，为不罚或得减之标准，不能由其犯罪后罹于精神病态，而与心神丧失或精神耗弱人之行为同论。（1940 年上字第 866 号）

［例如➡行为人之精神状况，长期以来有残余之精神症状，如模糊之听幻觉、情绪及睡眠障碍，于门诊追踪治疗中。依心理测验结果显示，行为人之智力落在边缘至中下程度范围内，认知能力及抽象思考能力有缺损，对问题之理解判断能力亦有不足，则得推测行为人在犯罪行为时之精神状态，仅可达轻度精神耗弱情形，致其辨识行为违法或依其辨识而行为之能力，显著降低之情形。尚不得以行为人于行为后在法院审判时均能清楚陈述，自己提出辩解为由，而遽以认定行为人于行为时并无因精神障碍或其他心智缺陷，致其辨识行为违法或依其辨识而行为之能力，显著降低之情形，而未适用"刑法"第 19 条第 2 项规定，减轻其刑。］

［编按➡本则判例中"心神丧失或精神耗弱"一词，均已修正，详如条文。］

◆精神耗弱人之行为，依"刑法"第 19 条第 2 项之规定，仅系得减轻其刑，并非必减，即系法院依职权自由裁量之事项，原判决既未减轻其

刑，事实栏与理由栏关于上诉人是否精神耗弱人之记载与叙述自属于判决无影响。（1989 年台上字第 3949 号）

［例如➡行为人于行为当时犹知遮蔽所骑乘机车车牌，且将铁锥放置在机车置物箱内，当知其必经判断分析各项得失后，经过计划始为犯行之决定，其行为时必有完全之事理判断能力及控制能力，不得主张行为人具备因忧郁症或酒精或药物影响，致事理辨识能力或行为控制能力降低之情形。］

◆"刑法"第 19 条所谓心神丧失或精神耗弱人之行为不罚或得减轻其刑，系指其行为时在心神丧失或精神耗弱状态而言，纵被告曾有精神上病状或为间歇发作的精神病态者，亦应以其行为时是否出于心神丧失或精神耗弱状态存在中为判断之标准，不能由其犯罪前曾罹或犯罪后有精神病态而径认其行为时为心神丧失或精神耗弱人。（2004 年台上字第 2254 号）

◆行为人服用酒类后虽已达不能安全驾驶动力交通工具之程度，然此系基于交通运输与公共安全之考量，与"刑法"第 19 条所规定行为人于行为时是否因精神障碍或其他心智缺陷，致不能辨识其行为违法或欠缺依其辨识而行为之能力，及行为时因前项之原因，致其辨识行为违法或依其辨识而行为之能力，显著减低之情形显有不同。动力交通工具之驾驶行为须手、脚、眼、耳多重感觉意识器官彼此高度配合，且须对于周遭道路车况持续保持极高之注意力，始得以顺利安全完成驾驶，是以饮酒后，若致身体各部之相互协调或高度注意之持续上产生障碍，驾驶过程中极易产生危险而肇祸。但一般犯罪之实行，未必要求如车辆驾驶般须具高度意识能力及作为、操作能力，是以一般人纵于饮酒后，如未至泥醉之程度，自仍具有辨别判断之意识，及依其判断而为行为之能力。实难谓酒后已达不能安全驾驶之程度，即属精神障碍或辨识能力显著减低之情形，从而，对于饮酒后有无影响安全驾驶程度之判断，自须采较高标准，从严认定。因之，行为人即使酒后丧失安全驾驶之能力，不得驾驶动力交通工具，但其仍可能具有辨识犯罪之意识能力及行为能力甚明。（2013 年度台上字第1658 号）

◆未达精神疾病程度之人格违常行为人，并无认知、辨识能力之障碍，对自我行为之冲动控制能力纵然稍嫌不足，但仍具有正常之主动性，非必然衍生犯罪行为，而仅属人格特质表征之一端，其既尚未达于影响日常生活之病态程度，自难谓有上开规定所指较诸常人显著减低之情事。否则个性暴躁易怒之人，动辄加害他人，反社会性强，却得执此为借口，获

邀减刑宽典，殊违现代刑罚注重社会防御之规范目的，社会善良人民将失其保障。（2014 年度台上字第 76 号）

法律座谈

◎法律问题一："刑法"修正施行后，某甲因心情不佳在小吃店喝酒，因酒醉致其辨识行为违法之能力减低，遇邻桌某乙喧哗，发生争执，进而殴伤某乙，甲得否依修正后"刑法"第 19 条第 2 项减轻其刑？

讨论意见：

甲说：得减轻其刑。被告于尚未饮酒之先，即已具有犯罪之故意，其所以饮酒至醉，实欲凭借酒力以增加其犯罪之勇气者，固不问其犯罪时之精神状态如何，均应依法处罚。假使被告于饮酒之初，并无犯罪之意图，只因偶然饮酒至醉，以致心神丧失，或精神耗弱而陷于犯罪，即难谓其心神丧失之行为仍应予以处罚，或虽系精神耗弱亦不得减轻其刑（"最高法院"1939 年上字第 3816 号判例要旨参照）。某甲因心情不佳饮酒，致其辨识行为违法之能力减低，其饮酒时并无犯罪故意，因某乙喧哗，偶发事故发生争执而殴伤乙，得依修正后"刑法"第 19 条第 2 项减轻其刑。

乙说：不得减轻其刑。新修正"刑法"第 19 条第 3 项规定，因故意或过失之原因自由行为，不适用同条前 2 项，不罚或减轻其刑。喝酒过量会导致辨识行为违法之能力减低，此为众所周知之事项，甲因心情不佳在小吃店饮酒，致辨识行为违法之能力减低，系故意自行招致，依新修正"刑法"第 19 条第 3 项规定，不适用同条第 2 项规定减轻其刑。

审查意见：采乙说。

研讨结果：本提案须就行为人自己的酒量、酗酒情形、是否认识会造成酒醉、酒醉后可能导致之后果等情状综合判断，其有否因故意或过失而自行招致精神障碍情事，系属个案事实认定问题，宜由法官依具体案情决定是否适用新修正"刑法"第 19 条第 2 项之规定减刑。

◎法律问题二：某甲独居，因寒流来袭，在家打算借酒取暖后就寝安眠，不自觉已饮至酒醉，未料竟有窃贼闯入行窃，因饮酒过量而陷入精神障碍，致辨识行为违法或依其辨识而行为之能力显著减低之某甲，除制服窃贼外，更持酒瓶将窃贼打死，甲主张依新修正"刑法"第 19 条第 2 项减轻其刑，有无理由？

讨论意见：

甲说：某甲不得依"刑法"第 19 条第 2 项减轻其刑。

新修正"刑法"第19条第3项，已就原因自由行为订有明文，甲之精神障碍，系因其故意自行招致，故不适用"刑法"第19条第2项之规定。

乙说：某甲得依"刑法"第19条第2项减轻其刑。

1. 按原因自由行为理论之适用，以行为人于责任能力健全之状态下，对于特定法益侵害有故意或预见可能性、并故意或过失自陷于精神障碍状态为要件；甲上述所为，虽符合"故意或过失自陷于精神障碍状态"之要件，但行为人于饮酒时，无法满足"对于特定法益侵害有故意或预见可能性"之要件，即无法预见自家饮酒之际，有贼入侵被其打死；新"刑法"关于原因自由行为规定之文字，虽仅就"故意或过失自陷于精神障碍状态"此一要件而为明文规定，为符学理，自应认为"对于特定法益侵害有故意或预见可能性"为不成文之要件。

2. 又德国立法例上，针对不属于原因自由行为之情形，创设了"麻醉状态下不法行为"的处罚，依德国《刑法》第323条a之规定，"行为人因故意或过失饮酒或使用药品，致自己于麻醉状态而为不法行为，如因麻醉状态无责任能力或有可能为无责任能力者，处5年以下有期徒刑或并科罚金"。换言之，原因自由行为对于每种犯罪类型都有适用，属于罪责层次的问题；麻醉状态下的不法行为，为"刑法"分则的独立犯罪型态①，属于抽象危险犯，用以掌握不属于原因自由行为之法益侵害行为。

3. 故甲所为，既不符合原因自由行为之成立要件，且我国亦未如德国立法例设有处罚"麻醉状态下不法行为"之立法明文，故仍得依"刑法"第19条第2项减轻其刑。

审查意见：采甲说。

研讨结果：本提案须就行为人自己的酒量、酗酒情形、是否认识会造成酒醉、酒醉后可能导致之后果等情状综合判断，其有否因故意或过失而自行招致精神障碍情事，系属个案事实认定问题，宜由法官依具体案情决定是否适用新修正"刑法"第19条第2项之规定减刑。

◎法律问题三：被告于第一审法院审理中辩称：行为当时，饮酒至醉陷于精神耗弱等语。法院就此对于被告有利之事项，应予调查，惟是否应经精神病医学专门研究之人予以诊察鉴定，方足断定，而采为裁判之依据？

---

① "犯罪型态"同"犯罪形态"，下同。——编者注

研究意见：

甲说（肯定说）：精神是否耗弱，乃属医学上精神病科之专门学问，非有专门精神病医学研究之人予以诊察鉴定，不足以资断定（"最高法院"1958 年台上字第 1253 号判例参照）。未凭鉴定，如认被告因曾饮酒于行为时已处于精神耗弱状态，而减轻其刑，适用法则即属不当。

乙说（否定说）：被告是否精神耗弱，应由事实审法院依法认定，如果犯罪时之精神状态并无直接证明，即综合犯罪前后之一切状况为心证资料，予以适当之判断，要非法所不许（"最高法院"1936 年上字第 2324 号判例参照）。因饮酒至醉陷于精神耗弱，原为一时之精神状态，非若精神病患之有持续性，事后判断行为人于行为时，是否在酒醉精神耗弱中，无从如对一般精神病患得就其生理、精神等状况为鉴定，因而法院综合行为人行为时各种主客观情形为合理推断，自属合法。

研讨结论：采乙说。

法谚

17. 上位法优先下位法适用。

Lex superior derogate legi inferiori.

（法律有位阶之分时，上位法当然优先下位法适用。如："宪法"优先法律适用；法律优先命令适用。）

18. 人民之安宁乃最高之法律。

Salus populi est suprema lex.

The safety of the people is the supreme law.

（立法者于制定法律时，须以保障群众安宁为最重要之考虑，否则若属扰民之苛法，绝不可制定。）

第二十条　责任能力——身理状态

①瘖哑人之行为，得减轻其刑。

条理析释

本条所称之瘖哑人，系指欠缺听能及语能之人。瘖者，听觉功能丧失者；哑者，语言功能丧失者。实务上系兼指双重功能均不俱备之人而言，若瘖者兼盲者，或哑者兼盲者，均非"刑法"所称之瘖哑人。若行为人之听能及语能虽有障碍，但仍有一耳仍稍可听到声音，且能说较简单之会话，即不符合本条瘖哑人得减轻其刑之要件。警察机关于侦办"哑吧犯罪集团"时，应翔实查明行为人是否确为既瘖且哑之人，及其成为瘖哑人之实际年岁，始能正确适用法条。

瘖哑人得获减轻其刑之宽典，其立法理由在于，瘖哑人因听能与语能之欠缺，导致其接受教育与社会融合之能力，均较一般人显著降低，其心智之成长与健全，亦较正常之人有所不足，故"刑法"特设得减轻其刑之宽典。基于瘖哑人系因接受教育等事由而得减轻其刑，故应以其自幼即因瘖哑，无法正常受教育者为限。若行为人系正常成长受教育之人，于成年之后始因疾病误诊或意外事故，成为无法治愈之瘖哑人，则其于行为时虽符合瘖哑之要件，但仍非本条所保护之人，无法依本条予以减轻其刑。

实务判解

◆"刑法"第20条所谓瘖哑人，自系指出生及自幼瘖哑者言，瘖而不哑，或哑而不瘖，均不适用本条。（1937年院字第1700号）

◆"民法"第1079条但书之所谓幼，系指未满7岁者而言。（1942年院字第2332号）

◆查"刑法"第20条仅规定瘖哑人之行为，得减轻其刑，是否减刑，法院自有裁量之权。又上诉人虽为瘖哑人，但原审既已查明上诉人犯罪时，精神正常，则其未依上诉人请求将上诉人送由专家鉴定其精神状态，亦无不合。再财产犯罪，所保护之法益，应为他人财产之安全性。而行窃地点既系员工宿舍，必为多数人所居住，上诉人亦不能诿为不知，上诉人既同时同地窃取分属被害人杨某某、郑某某、徐某某等3人所有之钱款，自系一行为侵害数法益，而有"刑法"第55条之适用。（1982年台上字第480号）

◆"刑法"第20条所谓瘖哑人，系指出生及自幼瘖哑而言，瘖（聋）而不哑，或哑而不瘖，均不适用该条之规定。（1986年台上字第770号）

◆瘖哑人之行为是否减轻其刑，为事实审法院自由斟酌审认之权限，上诉人蔡某某、李某某虽系瘖哑人，原判决未依"刑法"第20条之规定减轻其刑，原属职权之合法行使，依法又非必须说明不予减轻其刑之理由，上诉意旨执以争辩，非适法之第三审上诉理由。（1992年台上字第238号）

法律座谈

法律问题："刑法"第20条规定，"痦哑人之行为，得减轻其刑"；而此所谓之"痦哑人"，依"司法院"院字第1700号解释，系指"出生"及"自幼"痦哑者而言，而不哑或哑而不痦，均不适用本条；则此所谓"自幼"，究应以几岁为标准，始合乎"自幼"之要件？

讨论意见：

甲说：依"司法院"院字第2332号解释："'民法'第1079条但书之所谓幼，系指未满7岁者而言。"而此项解释，虽系专就"民法"第1079条但书所为之解释，但就解释法律之统一性与整体性言，自亦可作为"刑法"第20条及"司法院"院字第1700号解释所谓"自幼"字句之最佳解释，故所谓"自幼"，当系指未满7岁者而言。

乙说：依"幼儿教育法"第2条规定；"本法所称幼儿教育，系指4岁至入国民小学之儿童，在幼儿园所受之教育"；又依"国民教育法"第2条规定："凡6岁至15岁之国民，应受国民教育"；准此，则所谓之"幼"，自应以指"6岁以下者而言"，始较合于法律之精神。

结论：采甲说。

台湾"高等法院"审核意见：采甲说。其理由与上开研究意见同，即就解释法律之统一性与整体性，自应依"司法院"院字第2332号之解释所谓"幼"系指未满7岁者而言。

"司法院"刑事厅研究意见：同意台湾"高等法院"审核意见。

法谚

19. 法律对于私的损害较公的损害更愿容忍。

The law is more willing to tolerate a private loss than a public evil.

（公益重于私益，为了实现公众之利益，有时在法律上必须牺牲私人之权益。在"刑法"上，前述之行为亦属不罚之范围。）

20. 法律极端，不是法律。

Apices juris non sunt jura.

Legal extremities are not law.

21. 未公布之法律，无遵守之义务。

Non obligat lex nisi promulgata.

A law is not obligatory unless it be promulgated.

22. 文字之解释为先。

Sensus verbroum est anima legis.

The meaning of the words is the spirit of the law.

第二十一条 依法令之行为

①依法令之行为，不罚。

②依所属上级公务员命令之职务上行为，不罚。但明知命令违法者，不在此限。

条理析释

阻却违法者，系指依"刑法"规定，行为虽与构成要件相当，但因一定事由之存在，而否定其违法性之谓也。具有阻却违法之事由时，即因其行为缺乏违法性而产生不罚之法律效果。"刑法"所明定之法规阻却违法事由，共有4个条文5种行为。至于"超法规阻却违法事由"，系由实质违法论所导出之事由，即指某种不法之刑事行为，纵不合于法规上定型之阻却违法事由，倘若实质上并不违反全体法之秩序，则应属适法之行为。较常为讨论适用者，计有"经被害人之同意或承诺"、"可容许之危险"、"义务冲突理论"等。

所谓"可容许之危险行为"，其意系指：行为人若遵守各种危险事业所定之规则，并于实施该危险行为时，尽其应有之注意，则凡因从事该行为所造成之法益侵害，得免除其过失责任而言。此种理论之实务运用，曾见诸"最高法院"1997年台上字第56号民事判决予以援引之。在现阶段常见之社会危险活动以武术竞赛（如泰国拳、西洋拳、搏击、跆拳、空手道或柔道等）、各种激烈碰撞之球赛（如足球、曲棍球、橄榄球等）或各种合法举办之赛车活动。

所谓"义务冲突"者，系指行为人于同时有2个以上互不兼容之义务履行要求下，因无法全予履行而仅得择一为之，其就未加履行之部分，即为义务冲突。详言之：行为人由于同时有2个以上互不兼容的法律上义务同时存在，因为无法同时履行其全部之义务，若仅履行其中之一部分，势必会懈怠另外的部分时。此际，对其未履行之部分，不予以处罚之谓也。义务冲突之理论于实务上常见之例为：

例一：急诊室医师对于同时送来均已奄奄一息的多位病患，只能抢救其一，而不得不牺牲其他病患。

例二：救生员同时发现游泳池两端各有泳客1人即将溺毙，只能择其中 1 人而施救，却导致另 1 名泳客灭顶而亡。

例三：消防人员于火场中发现 2 位受害人，无法同时救出时，仅对其中之一施救，而造成他人遇难身亡。

例四：医师不得泄露其对病患之医疗秘密，但依相关法律之规定而不得不向主管机关据实陈述者。

[编按➡关于医师兼负保密及陈报之相关规定，简述如下："医疗法"第 72 条规定"医疗机构及其人员因业务而知悉或持有病人病情或健康信息，不得无故泄露"。"传染病防治法"第 10 条亦规定"……医事人员因业务知悉传染病或疑似传染病病人之姓名、病历及病史等有关资料者，不得泄露"。但"医师法"第 22 条则规定"医师受有关机关询问或委托鉴定时，不得为虚伪之陈述或报告"。第 23 条却规定"医师除依前条规定外，对于因业务知悉或持有他人病情或健康信息，不得无故泄露"。"人类免疫缺乏病毒传染防治及感染者权益保障条例"第 13 条亦规定"医事人员发现感染者应于 24 小时内向地方主管机关通报"等等，不仅规范医师不得泄露之义务，亦课以必须通报之负担。]

本条明定之阻却违法事由有两个层面，(1) 规范一般人与公务员依法令之行为，不罚；(2) 针对公务员依长官命令之职务行为不罚及其但书之例外规定。所谓"依法令之行为"，系指任何人依据法律或命令之行为，均得阻却违法，法律系指"立法院"审议三读通过，公布施行生效者，不问公法或私法均属之；命令则指行政机关基于法律授权，对多数不特定人民，就一般事项所作抽象之对外发生法律效果之规定。实务上有下列数种常见之例，"民法"总则编之"自助行为"、亲属编"惩戒权之行使"、"刑事诉讼法""现行犯、通缉犯之逮捕权"，"拘提、羁押之强制处分权"、"优生保健法"之"孕妇流产权"、"警械使用条例"之"依法使用权"、"强制执行法"之"查封物件权"、"行政执行法"之"拘提管收权"及"警察职权行使法"第 2 条第 2 项所明定之"警察职权行使权"等。

"船员法"之所以需在"刑法"第 24 条紧急避难之体系外，于第 58 条、第 59 条另就船长权为特别规定，资为"刑法"第 21 条第 1 项依法令行为之阻却违法事由，应在于船长权之性质近似于海上之警察权甚至司法权，而有私人代替国家行使公权力之意义。而渔船之船员，除有关航行安全与海难处理外，不适用"船员法"之规定，此为"船员法"第 3 条第 1 项第 2 款所明定。故渔船船员之管理系依据"渔业法"第 12 条授权"行政院"农业委员会制定之"渔船船员管理规则"，而非依"船员法"第 25

条之 2（2011 年 2 月 1 日修正前为第 88 条第 1 项）授权"交通部"订定之船员服务规则，此乃立法者有意对于渔船船长及其他船舶船长为之区别。又"刑法"第 21 条第 1 项规定之"依法令之行为，不罚"，系指该项行为在外观上虽然具备犯罪之形态，然其系依据法律或命令所应为之行为，在"刑法"之评价上，不认其具有违法性与可罚性，故特以明文规定阻却其违法而不予处罚而言。渔船船长既无如同"船员法"第 58 条、第 59 条所定船长指挥权及紧急处分权之明文，自无从认为渔船船长得以适用或类推适用上开"船员法"之规定，而主张其行使"船员法"该项权力仍属依法令之行为。（2013 年度台上字第 3895 号判决参照）

例如：陈某某系台湾地区"长某一号"渔船船长，于前往南太平洋海域捕鱼途中，将陈某某、吴某某、王某某等人隔离于小船舱内之行为，即无从适用"依法令之行为，不罚"之效力，因此，渔船船长陈某某将船员隔离于小船舱内之行为，即应论处"刑法"妨害自由之罪责。

实务判解

◆下级公务员于其职务内事项，固有服从上级公务员命令之义务，若其命令之形式要件未备，而听从实施，即不得主张为依法令执行职务之行为。本案据上诉人所述，仅系依据口头命令，形式要件既不具备，竟尔听从实施，剥夺人之行动自由，要不能免共犯之责。（1931 年上字第 1052 号）

◆某氏当众辱骂某甲，不得谓非公然侮辱人之现行犯，无论何人皆有逮捕之权。则上诉人徇某甲之请，当场将其逮捕，本为法令所许，除于逮捕后不即送官究办，另有单纯私禁之故意外，要不成立妨害自由罪。（1939 年上字第 2974 号）

◆依上级公务员命令之行为，限于为其职务上行为，且非明知命令违法者，始在不罚之列，"刑法"第 21 条第 2 项规定甚明。上诉人等将捕获之匪犯某甲，立即枪决，固系奉有联保主任之命令，但联保主任对于捕获之匪犯，并无枪决之权，即非上诉人所不知，此项枪杀之命令，亦显非属于上诉人职务上之行为，乃明知命令违法，任意枪杀，自不能援据"刑法"第 21 条第 2 项之规定，而主张免责。（1940 年上字第 721 号）

◆依法逮捕犯罪嫌疑人之公务员，遇有抵抗时，虽得以武力排除之，但其程度以能达逮捕之目的为止，如超过其程度，即非法之所许，不得认为依法令之行为。（1941 年上字第 1070 号）

◆被告前充某乡乡长，奉县长命令以上诉人有贩私盐嫌疑，经派壮丁前往上诉人家，将所藏食盐起出照官价收回，分配各保领用，并保管其盐价，系奉上级公务员命令之职务上行为，依"刑法"第21条第2项规定，应不负刑事责任。（1942年上字第588号）

◆配偶之一方如有外遇，对他方而言，自属极难忍受之事，是有外遇之一方必极力隐藏，以避免他方知悉，此项隐密在道德上虽具有可非难性，但"通讯保障及监察法"并未排除对于此种在道德上具有可非难性隐私权之保障，是以纵在道德上具有可非难性之隐私，仍为"通讯保障及监察法"所保护之对象，此观之同法第3条第2项规定自明。又同法第29条另规定有不罚之例外情形，以避免失衡，及第30条规定为告诉乃论之罪，在立法上已考量其平衡性，且未排除配偶间隐私权之保护。本件上诉人所为窃录行为，纵其目的系在探知郭某有无外遇或通奸之情形，与"无故"以录音窃录他人非公开谈话之情形有间，而不构成"刑法"第315条之1之罪责，然其违法窃录行为并无"通讯保障及监察法"第29条所规定例外不罚之情形，自应依"通讯保障及监察法"第24条第1项处罚。（2008年台上字第4546号）

◆依所属上级公务员命令之职务上行为，不罚。但明知命令违法者，不在此限，"刑法"第21条第2项定有明文。是依上级公务员命令之职务上行为，限于非明知命令违法者，始在不罚之列。亦即命令如属违法，下级公务员仍不应服从，倘因服从而触犯"刑法"，仍须处罚。另行为人受不法之强暴、胁迫而实行犯罪行为，倘无期待可能性，依学者通说，固应阻却责任，惟仍以所受之强暴、胁迫，已致其生命身体受有危险，而臻于不可抵抗，而又不能以其他方法避免之情形，始足当之。查上诉人伪造误餐费人员名册及经费结报表，固系奉直属长官王某某之指示所为，但以上诉人服务军旅10余年，曾经担任少校连长、副营长、预防医学官等职务，对于伪造误餐费人员名册及经费结报表系属违法之行为，难认为上诉人所不知。而依上诉人所供，上诉人原本不愿意伪造误餐费人员名册及经费结报表，系因王某某予以斥责并表示有事其会负责，上诉人只好照做等语，亦显无因受王某某之强暴、胁迫，致其生命身体受有危险，而已臻于不可抵抗，而又不能以其他方法避免之情形，难认"期待不可能"而得阻却责任。（2009年台上字第6806号）

◆"刑法"第21条第2项规定：依所属上级公务员命令之职务上行为，不罚。但明知命令违法者，不在此限。则以但书所定排除本文之阻却违法事由之适用，应就明知命令违法为严格之证明。尤其军人以服从为天职，"陆海空军刑法"第47条第1项并就违抗长官职权范围内所下达与军事有关之命令者，定有处罚。于此，虽非可谓军人排除上开"刑法"但书之适用，惟于判断其是否明知上级命令违法时，自应与一般公务员不同，即应采更高密度之审查标准，以免在违法执行与抗命间产生义务冲突。就具体个案，并应审酌有无期待可能性而阻却责任。（2013年度台上字第4092号）

法律座谈

◎**法律问题一**："警械使用条例"第12条规定，"警察人员依本条使用警械之行为，为依法令之行为"，其含义如何？

讨论意见：

甲说：按"刑法"第21条第1项规定："依法令之行为，不罚。"凡警察人员依本条例使用警械行为之结果，发生毁损、伤、亡等情形均不罚。

乙说：所谓使用警械之行为，为依法令之行为，（不罚）其范围，系指"刑法"第186条及第187条之持有军用枪砲、子弹，以及现行之"枪砲弹药刀械管制条例"有关条文之罪责而言。如因而发生毁损、伤、亡等情形，应视有无故意或过失及"刑法"第23条、第24条之情形，而定其刑责。

结论：赞成甲说。

台湾"高等法院"审核意见："警械使用条例"，对于警察人员使用警械有严格之规定，凡合乎本条例规定使用警械之行为（如本条例第4条规定）既为法律所容许，自有阻却其违法性，警察人员仅对不依本条例规定使用警械负其刑责。本题以甲说为当。

"司法院"刑事厅研究意见：查"警械使用条例"，不仅对于警察人员得使用警械之情形及使用时应注意之情况，设有严格明确之规定，警察人员非遇该条例第4条各款情形之一，而使用警械因而伤人或杀死时，仍须依相关刑事法律处罚。故必确属合乎该条例规定情况，使用警械之行为，始为法律所容许，而有其阻却违法性。至使用警械之行为，是否确系合乎该条例规定，自应依个案情况，详为审酌认定。

◎**法律问题二**：甲对邻居小孩乙称，"如再来偷东西，就打死你"，另对自己未成年之小孩丙称，"再发现你偷东西，就打死你"，分别致乙、丙

2 位小孩心生畏惧，某甲所为，是否均可成立"刑法"第305条之恐吓罪？

　　研讨意见：

　　甲说：均不成立。因某甲恐吓乙，系基于防卫其财产权之动机；而恐吓丙，则系其行使教养惩戒权之手段，虽方法不当，但均有正当目的。而且，某甲所为恶害之通知并非确定，亦即危害是否发生，仍取决于受通知人乙、丙是否再为窃盗行为。此种附条件，不确定之危害之通知，尚不足构成恐吓罪。

　　乙说：均可成立。按"刑法"第305条之恐吓罪，所谓致生危害于安全，不以发生客观上之危害为要件，凡使受恶害之通知者心生畏惧，而有不安全之感觉即足构成。某甲之恐吓行为，虽附有条件，并非确定之危害，但该不确定之危害，已足使乙、丙2人有不安全之感觉，均应构成恐吓罪。

　　丙说：甲对乙所为，构成恐吓罪，其理由如乙说；甲对丙所为，不成立恐吓罪。

　　按"父母对于未成年之子女，有保护及教养之权利义务"；"父母得于必要范围内惩戒其子女"，分别为"民法"第1084条第2项及第1085条所明定。本件某甲为戒绝其小孩丙窃盗之恶习，对之施以威吓，虽其手段并不适当，但尚未逾越行使惩戒权必要之范围，依"刑法"第21条第1项之规定："依法令之行为，不罚。"应可阻却违法。

　　研讨结果：采甲说。

　　台湾"高等法院"审核意见：某甲对乙、丙所为危害之通知，乃以乙、丙之不法侵害行为即再窃盗之不法行为为前提，如不再有窃盗行为，根本不发生所谓心生畏惧，此种基于防卫其财产权之动机及附条件，不确定之危害通知，尚不构成恐吓罪，以甲说为当。

　　"司法院"刑事厅研究意见：同意台湾"高等法院"审核意见。

法谚

23. 同一理由，同一法律；类似事项，类似判决。

Ubi eadem ratio, ibi eadem lex（idem jus）; et similibus idem est judicium.

Where the same reason exists, there the same law prevail; and, of things similar, the judgment is similar.

24. 明示其一，排除其他。

Expressio unius est exclusio alterius.

The expression of thing is the exclusion of another.

25. 拘泥文字，转失真意。

Qui haeret in litera haeret in cortice.

He who sticks to the letter sticks to the bark.

第二十二条　业务上正当行为
①业务上之正当行为，不罚。

条理析释

"刑法"所称之"业务"二字，采事实业务说，以事实上执行业务为准，不以曾经官厅许可之业务为限（1935 年民刑庭总会决议第 9 则）。因此，本条虽然未明文要求业务本身之正当性（即正当业务），所以在解释上，业务虽不以法律积极许可或消极默许为限，但仍须非属"刑法"上禁止或显然违背公序良俗之业务，其行为方具正当性。例如：无医师执照之密医，其以此为业务所为之正当医疗行为，仍可阻却违法。虽行为人有触犯"医师法"上之行政规定，而成立附属"刑法"之犯罪行为，但是该"医疗行为"本身并非受法律所禁止，如系出于该"医疗行为"范围内之正当且必要而得相对于之承诺者，自得适用"刑法"阻却违法之事由予以不罚。

在正常之社会行为规范之下，医师为病患诊断医疗，将发炎之盲肠切除，将乌脚病者溃烂之患部锯断，为心脏病患者手术开刀器官移植等，系属正当性之业务，具有阻却违法之事由。但现行法制之下，进行性交易之人于"交易"过程中，造成对方兴奋过度或体力不支或引发个人痼疾而死亡或重伤时，法界实务皆认为"性交易"在目前系属不具备正当性之业务，不得主张阻却违法之事由。惟如采认 2009 年 11 月 6 日大法官释字第 666 号解释："'社会秩序维护法'第 80 条第 1 项第 1 款就意图得利与人奸、宿者，处 3 日以下拘留或新台币 3 万元以下罚锾之规定，与"宪法"第 7 条之平等原则有违，应自本解释公布之日起至迟于 2 年届满时，失其效力。"之意旨，将"性交易除罪化"而使性交易合法化之后，将再视司法界之实务见解而断。

所谓医疗业务之行为，系指以治疗、矫正或预防人体疾病、伤害、残缺为目的，所为的诊察、诊断及治疗；或基于诊察、诊断结果，以治疗为目的，所为的处方、用药、施术或处置等行为的全部或一部而言。所称医疗辅助行为之范围包含辅助施行侵入性治疗、处置等，而护理人员因未具合法医师资格，仅能进行健康问题之护理评估、预防保健之护理措施、护理指导及咨询，实施医疗辅助行为亦仅能在医师指示下始得为之，不得擅自执行医疗业务。

"刑法"第22条所定业务上之正当行为，须依业务之种类性质及所用方法是否合于一般习惯，及是否不超过业务之范围而为决定。

例一：甲、乙2人为医院之驻警，于案发时为防止感染原扩散及病房安宁秩序，身着隔离衣进入隔离病房，强制阻止罹患传染病之被害人丙进一步冲出第3道隔离缓冲区，属于其业务上之正当行为。即便在阻止丙外冲之过程中，不慎发生肢体碰撞，且电击棒触及丙之身体致伤等状况，在案发当时防堵SARS疫情扩散孔急之情况下，实乃维护其他病患及医护人员之身体、健康安全与整体公共利益所必要之行为，此为法秩序所可容许，而得以阻却其违法性者。因此甲、乙2人既系执行业务上之正当行为，已由法律明文规定不予处罚，自应为无罪判决之谕知。

例二：急诊室之值夜医师于执行急诊医疗业务时，因病患当时之临床状况，而实施侵入性鼻插管治疗行为，应属身为医师为保护病患生命法益所为之业务上正当行为，依照病患之年龄、无法有效排痰等体质上特征，而有为实施侵入性鼻插管之必要，且因病患已出现窒息之前兆，故在此紧急状况下，纵医师未依"医疗法"第64条第1项之规定，向病患或其家属说明并取得同意后始为上述治疗行为，亦无碍其业务上正当行为之成立，是前揭情形纵认医师所为符合法第304条第1项之强制罪构成要件，亦属阻却违法之业务上正当行为，而无从论以"刑法"上之强制罪。

例三：医师于某甲生前获得其捐赠器官移植之同意，死亡后又征得其亲属之允诺，而依其专业之医疗技术施行手术者，于1987年6月19日公布施行"人体器官移植条例"之前，应以"刑法"第22条之规定为阻却违法之原因；嗣后，如符合"人体器官移植条例"第6条、第7条之要件者，即应改用"刑法"第21条第1项"依法令之行为，不罚"予以阻却之。

例四：医事人员因业务上需要而依法使用麻醉药品，系为业务之正当行为，并无刑责可言。但若对于治疗上无使用麻醉药品必要之人，故意假借医病之名义为其施用毒品，即非业务上之正当行为，仍无解于"毒品危害防制条例"所定之罪责。

实务判解

◆"刑法"所称之"业务"2字，采事实业务说，以事实上执行业务为准，不以曾经官厅许可之业务为限（1935年民刑总会决议第9则）。

◆"刑法"上所谓业务，系以事实上执行业务者为标准，即指以反覆同种类之行为为目的之社会的活动而言；执行此项业务，纵令欠缺形式上之条件，但仍无碍于业务之性质。上诉人行医多年，虽无医师资格，亦未领有行医执照，欠缺医师之形式条件，然其既以此为业，仍不得谓其替人治病非其业务，其因替人治病，误为注射盘尼西林1针，随即倒地不省人事而死亡，自难解免"刑法"第276条第2项因业务上之过失致人于死之罪责。（1954年台上字第826号）

法谚

26. 两否成一可。（双重否定，变成肯定。）

Negatio duplex est affirmatio.

A double negation is an affirmative.

27. "否定"得否定"否定"，于是两个"否定"变为一个"肯定"。

Negatio destruit negationem，et ambo faciunt affirmativum.

A negative destroys a negative，and both make an affirmative.

28. 拟制反于真实，但代替真实。

Fictio est contra veritatem，sed pro veritate habetur.

Fiction is against the truth，but it is be esteemed truth.

第二十三条 正当防卫

①对于现在不法之侵害，而出于防卫自己或他人权利之行为，不罚。但防卫行为过当者，得减轻或免除其刑。

条理析释

所谓正当防卫者，乃指对于现在不法之侵害，而出于防卫自己或他人权利之行为也。此种行为符合法律保护权利之目的，所以正当防卫之行为显有合法之性质，乃为"以正对不正"之权利行为，其与紧急避难属于"以正对正"之放任行为，并不相同。至于事实上并无现在不法之侵害，而行为人误信为有，而为侵害他人法益之行为，谓之"误想防卫"。就误想防卫之行为而言，并无违法阻却之效果，客观上已成立侵害他人法益之违法行为，如行为人在主观上欠缺事实之认识，则得阻却故意，而不成立犯罪，可归类于容许构成要件错误之范围；惟误想防卫人就其行为有过失者，而有处罚过失犯之规定时，自仍应负过失之责任。

所谓过当防卫，必已符合正当防卫之要件，仅因防卫过当，始得减轻或免除其刑。例如：甲因被害人拒绝搭载其车，并与之发生争执后，甲已萌杀人之犯意，故意驾车欲将被害人撞死，因被害人昏厥，竟将被害人置放在车后行李厢，而剥夺被害人之行动自由，则甲既属犯罪行为之加害人，即无正当防卫或防卫过当可言。

正当防卫之防卫行为须具有"必要性"，亦即其防卫之反击行为，须出于必要，如为防卫自己或他人之权利，该项反击行为显然欠缺必要性，非不可排除，即不能成立正当防卫，以阻却违法。

"刑法"上之防卫行为，只以基于排除现在不法之侵害为已足，不以出于不得已之行为为条件，如合此要件纵有逾越必要之程度，亦仅属防卫过当得减轻或免除其刑之问题，不得谓非防卫行为。至侵害究属"现在"之侵害或属"过去"之侵害，并非以犯罪之既遂时期为准，而系以侵害行为是否终了为准。

"刑法"之正当防卫，须对于现在不法之侵害且基于防卫之意思为之，始属相当，若彼此互殴，必以一方初无伤人之犯意，因排除对方不法之侵害而还击，始得以正当防卫论，若双方各基于伤害对方之犯意而互殴，或无从分别何方为不法侵害之互殴行为，则两造皆不得主张正当防卫。又以一般社会经验思之，互殴系多动作构成单纯一罪而互相攻击之伤害行为，纵令一方先行出手，而还击之一方，因其本有伤害犯意存在，则对其互为攻击之还击行为，自无防卫权可言。

例一：甲、乙、丙等3人固系寻衅前来，而丁、戊、己等3人亦基于杀人之犯意，持利器挥砍刺杀，迨夺下甲、乙、丙等3人之铁管及木棍后，犹连续予以杀害，终至甲逃离现场不远，即倒地死亡，乙、丙亦分别受伤，幸免于死。则丁、戊、己等3人之行为即非出于防卫，与"刑法"上正当防卫之要件不合，自无进而探讨有无防卫过当之适用。

例二：甲、乙2人因争吵结怨，事后甲萌生持刀杀乙之意，某日甲骑机车携带刺刀前往与乙约定之处所正欲谈判时，突遭乙及其友人丙、丁等3人分持铁棍、棒球棍殴击，甲所戴钢盔被击落，而乙、丙、丁等人仍接续重击，甲身陷危境，取出预藏之刺刀反击，致生乙、丙2人受伤，丁送医不治死亡之结果。则甲所为即不得认系出于防卫之目的携带刺刀前往与为防卫自身之权利而持刀挥刺，因与正当防卫之要件不符，即无探讨是否防卫过当之基础。侵害之是否为现在，应以其侵害之是否尚在继续中，可否实时排除为准，苟其侵害状态尚在继续中而被害人仍有受侵害之危险，而可以实时排除者，仍不失为现在之侵害。

例三：甲遭乙、丙、丁、戊4人围殴，因人单力薄而被压在桌边，脖子被乙勒住，丙则从后面抱住甲之胸部，丁、戊则仍在旁注视警戒，甲趁机拔出原藏于腰际之手枪朝丁射击。因甲仍遭乙、丙、丁、戊等人非法拘束身体而失去行动自由，其所受之不法侵害仍未停止，甲于此种情况下拔枪以防卫自己之权利，纵认其系非法持用枪弹，其所为仍不得遽认与正当防卫之要件不符。防卫权之行使，系指对于现在不法之侵害，而出于防卫自己或他人权利之意即得为之，只须客观上有违法之行为，即得以自力排除其侵害，不以侵害之大小与行为之轻重而有所变更。

"刑法"第23条之正当防卫，系以对于现在不法之侵害，而出于防卫自己或他人权利之行为为要件。因之正当防卫，必对现在之不法侵害，始能成立，所谓现在，乃别于过去与将来而言，此为正当防卫行为之时间性要件。过去与现在，以侵害行为已否终了为准，将来与现在，则以侵害行为已否着手为断，故若侵害已成过去，或预料有侵害而侵害行为尚属未来，则其加害行为，自无成立正当防卫之可言。

例如：被害人张某某当时所在之处，系在通道（走廊）阶梯下面（机车旁），即上诉人住处门厅之前方外面，并非进入上诉人之居住处内，则被害人何来侵入住宅。况被害人与上诉人第1次冲突后，见上诉人进入房间内，应已准备调头离去，主观上即无再加害之意，则上诉人亦无须再为赶被害人出去，而有杀人之迫切性、必要性。上诉人第1次自房间内走出时，虽有遭受攻击而受伤之情形，然其既已有足够之时空可以进入房间内，回避该不法侵害，其却持刀自房内冲出，进而与被害人发生第2次肢体冲突，则上诉人于此第2次冲突过程中以取出之扣案水果刀杀害被害人，显然系对已过去侵害采取报复行为，自非对于现在不法之侵害，基于防卫意思所为之作为，更无主张"刑法"第23条所定"正当防卫"此一阻却违法事由之余地。（2012年度台上字第3453号判决参照）

事实上本无阻却违法事由之存在，而误信为有此事由之存在，并因而实行行为者，即所谓阻却违法事由之错误。此种错误，其属于阻却违法事由前提事实之错误者，乃对于阻却违法事由所应先行存在之前提事实，有所误认，例如本无现在不法之侵害，而误认为有此侵害之存在而为正当防卫，此即所谓误想防卫，学说称之为"容许构成要件错误"。

误想防卫本非正当防卫，盖其欠缺正当防卫要件之现在不法之侵害，故误想防卫不阻却违法性，然而对于此种情形，即不知所实行者为违法行为，是否得以阻却故意，因学说对于容许构成要件错误之评价所持理论的不同，而异其后果。在采限缩法律效果之罪责理论者，认为容许构成要件错误并不影响行止型态之故意，而只影响罪责型态之故意，亦即行为人仍具构成要件故意，但欠缺罪责故意，至于行为人之错误若系出于注意上之瑕疵，则可能成立过失犯罪。"最高法院"1940年上字第509号判例意旨以行为人出于误想防卫（错觉防卫）之行为，难认有犯罪故意，应成立过失罪责，论以过失犯，即与上开学说之见解相仿。但亦有学说认为，在一些重大案件中，不能完全适用过失犯之刑罚，否则会产生难以弥补的可罚性漏洞，因此应放弃罪责理论之适用，转而适用严格罪责理论，亦即将容许构成要件错误视为禁止错误，并不排除行为人之故意。"最高法院"1938年上字第2879号判例意旨，即对于阻却违法事由前提事实之错误，不认为得阻却故意。

简言之，误想防卫系指客观上并无防卫情状，但因行为人误认事实，以为存有现在不法之侵害，而实行防卫行为之情形，本质上属于"容许构成要件错误"。至于偶然防卫系指客观上存有防卫情状，但因行为人误认事实，并未认知其已处于防卫情状中，而实行在客观上属于有效之防卫行为之情形，本质上属于"反面容许构成要件错误"。

实务判解

◆上诉人因仇人某甲等先行开枪射击，逃入路侧箐林中躲避，复因某甲等6人将箐林包围，始开枪击毙某甲而脱险，其为对于现在之不法侵害而出于防卫自己生命之行为，已属毫无疑义，且当时在6人持枪包围之下，顷刻之间，即有生命危险，因此开枪排除不法侵害，其防卫行为亦非过当，至该箐林是否另有无人拦阻之出路可逃，与其防卫权之行使，并无关系，原判决以上诉人当时尚有无人拦阻之出路可逃，即谓其防卫行为过当，论处罪刑，自不免于违法。（1940年上字第537号）

◆"刑法"上之正当防卫以遇有现在不法之侵害为前提，如不法侵害尚未发生，即无防卫之可言；正当防卫必须对于现在不法之侵害始得为之，侵害业已过去，即无正当防卫可言。至彼此互殴，又必以一方初无伤人之行为，因排除对方不法之侵害而加以还击，始得以正当防卫论。故侵

害已过去后之报复行为，与无从分别何方为不法侵害之互殴行为，均不得主张防卫权。（1941 年上字第 1040 号）

[例如➡甲、乙 2 人为夫妻，与丙为邻居，平日相处不睦，某日下午 5 时许，在住宅前方广场，双方因细故发生争吵，甲、乙 2 人竟共同基于伤害之犯意，分别以徒手殴打丙并拉扯其头发，致丙受有左眼左侧破皮约 0.5 公分×0.5 公分、头部外伤并左侧颞部及眼眶区瘀肿、左侧肩部挫伤、瘀青、右侧大腿内侧挫伤、瘀青 3 公分×3 公分及头发遭扯下等伤害。丙亦基于伤害之犯意，以徒手殴打乙，致乙受有左眼眼角处瘀伤约 2 公分×2 公分及右手掌面撕裂伤约 1.5 公分之伤害。因无从分别何方为不法侵害之互殴行为，均不得主张防卫权。]

◆"刑法"第 23 条所称之权利，不包含国家拘禁力在内，执行拘禁之公务员，追捕脱逃罪犯而将其击毙者，不适用该条规定。（1943 年院字第 2464 号）

◆本夫或第三人，于奸夫奸妇行奸之际杀死奸夫，是否可应认为当场激于义愤而杀人，应依实际情形定之，但不得认为正当防卫。（1947 年院解字第 3406 号）

◆正当防卫以对于现在不法之侵害为条件，纵如上诉人所云恐遭伤害，始开枪示威，但被害人之加害与否，仅在顾虑之中，既非对于现在不法之侵害加以防卫，即与"刑法"第 23 条之规定不符。（1949 年台上字第 29 号）

◆对于现在不法侵害之防卫行为是否过当，须就侵害行为之如何实施，防卫之行为是否超越其必要之程度而定，不专以侵害行为之大小及轻重为判断之标准。（1959 年台上字第 1475 号）

◆被告因自诉人压在身上强奸（强制性交），并以舌头伸入口中强吻，无法呼救，不得已而咬伤其舌头，以为抵抗，是被告显系基于排除现在不法侵害之正当防卫行为，且未超越必要之程度，依法自属不罚。（1963 年台上字第 103 号）

◆正当防卫，以对于现在不法之侵害为要件，防卫是否过当，应以防卫权存在为前提，若其行为与正当防卫之要件不合，即不生防卫是否过当之问题。又彼此互殴，必以一方初无伤人之行为，因排除对方不法之侵害而加以反击，始得以正当防卫论。故侵害已过去后之报复行为，与无从分别何方为不法侵害之互殴行为，均不得主张正当防卫。（2003 年台上字第 2561 号）

[例如➡甲驾车与乙发生纠纷，以电话联络其子丙前往声援，丙遂伙同丁及戊前往案发现场，并与甲基于伤害之犯意联络，由戊与丙分持路旁捡拾之木棍各1根，其余2人徒手，共同殴打乙，致乙受有头部外伤、颅内出血等伤害，经送医急救不治死亡，则戊自无主张正当防卫之余地。]

◆"刑法"上之正当防卫，指对于现在不法之侵害，出于防卫自己或他人权利之行为而言；至不法之侵害究属现在或业已过去，则应权衡个案当时之型态及情节，从客观上加以审酌判断。（2008年台上字第5809号）

[例如➡甲持刀挥舞造成乙右手前臂外侧3处较浅刀割伤部分，固可谓系防卫行为。但甲既已持刀划割伤乙，应知已达吓阻乙继续攻击之效果，甲竟持刀猛力先后刺入乙之左胸及左上背部，且甲于持刀刺向乙心脏要害后，已使乙丧失攻击及抵抗能力，却再持刀向乙之左上背部猛力刺下，显系基于报复之犯罪意思，非属防卫行为。]

◆防卫过当系指为排除现在不法侵害之全部防卫行为欠缺必要性及相当性要件而言，必系防卫行为，始生是否过当，倘非防卫行为，当无过当与否之问题。依原判决认定：被害人拿石头丢掷被告，被告因气不过其多年照顾被害人，被害人竟对其丢掷石头，及被害人多年来之需索无度及造成之生活压力，一时情绪失去控制，而绕到被害人右侧，以左手推打被害人背部，被害人因连续酗酒，再加上该地凹凸不平，石头颇多，站立不住，即往前曲身、脸部朝下伏倒在地上，一时无法起身，被告竟基于杀人之犯意，拾取地上重6.51公斤之大石头，双手高举石头自被害人之后脑枕部猛击2下，使被害人后脑颅骨严重碎裂，致颅内出血并脑挫伤当场死亡等情。被告系于被害人以石头丢掷被告之侵害已终了，并伏倒在地上无法起身时，以石头猛击被害人致死，其行为自难谓为排除现在不法之侵害之防卫行为，既非防卫行为，亦无所谓防卫过当与否之问题。（2012年度台上字第3827号）

◆正当防卫必须对于现在不法之侵害始得为之，而互殴系属多数动作构成单纯一罪而互为攻击之伤害行为，纵令一方先行出手，而还击之一方，苟非单纯对于现在不法之侵害为必要排除之反击行为，因其本即有伤害之犯意存在，则对其互为攻击之还击行为，自无防卫权可言。本件肇因于杨某某看了被告一眼，被告回呛，并于小吃部店门口叫嚣，致杨某某因而心有不甘，乃邀集一同在店内消费之被害人张某某冲出店外而引起，此时，倘被告骑乘机车离去，即可回避冲突，然被告却反而停住机车，同时自机车置物箱内取出单刃尖刀，进而发生冲突；纵令杨某某一方先行出手，惟被告手持单刀尖刀还击，本即有伤害之犯意存在，并非单纯对于现在不法之侵害为必要排除之反击行为，则对其互为攻击之还击行为，自无防卫权可言。（2013年度台上字第2052号）

法律座谈

⊙**法律问题一**：甲在乙住宅附近承包新建国宅之磨石工程，乙认甲之工程废水阻塞其住宅之排水道，乃于某日清晨，工人尚未工作时，持照相机拍照存证，乙见甲趋前察看，竟将镜头转向甲，准备拍照甲之际，甲即出言：你不要照我。否则，我将摔坏照相机。致乙心生畏惧，而不敢拍照甲之本人。甲之所为，是否成立"刑法"第305条之恐吓罪？

讨论意见：

甲说（肯定说）：按"刑法"第305条规定：以加害生命、身体、自由、名誉、财产之事，恐吓他人致生危害于安全者，即成立恐吓罪。本件甲既出言恐吓要将乙之照相机摔坏，致乙心生畏惧而不敢拍照。甲之所为，已与该条件所规定："以加害财产之事，恐吓他人致生危害于安全者。"之要件相符，甲应成立恐吓罪。

乙说（否定说）：按对于现在不法之侵害，而出于防卫自己或他人权利之行为，不罚，"刑法"第23条定有明文。又肖像权为权利之1种。甲之工程废水纵使有阻塞乙之排水道，但当时并非在工作中，乙不得拍照甲之本人，甲为防卫其肖像权，出言阻止乙之拍照，系为防卫其权利，合于正当防卫之要件，甲应不成立恐吓罪责。

结论：多数赞成乙说。

台湾"高等法院"检察署研究意见：同意原结论，采乙说（否定说）。

"法务部"检察司研究意见：同意原研究结论，以乙说为当。

⊙**法律问题二**：农地主人将浸泡杀虫剂之豆类、杂粮放置其收割后之稻田内，用以毒死擅自捡食田内遗落稻穗之鸭子；或郊区别墅之科技新贵于围墙上布置强力电网而击毙翻墙之人。此种行为是否构成正当防卫？

研究意见：正当防卫系对于现在不法之侵害，而针对该不法侵害之人所施以反击之防卫行为。上列两个问题之情节均与正当防卫之要件不符，难以主张正当防卫。

法谚

29. 确认一面，即否认他面。

Qui dicit de uno negat de altero.

30. 无法律，无拟制。

Nunquam fictio sine lege.

There is no fiction without law.

31. 使用"一切"字样者，并不排除任何事物。

Qui omne dicit, nihil excludit.

He who says all excludes nothing.

32. 最佳的解释，要前后对照。

Ex praecedentibus et consequentibus est optima interpre – tatio.

The best interpretation is made from that which precedes and follows.

第二十四条　紧急避难

①因避免自己或他人生命、身体、自由、财产之紧急危难而出于不得已之行为，不罚。但避难行为过当者，得减轻或免除其刑。

②前项关于避免自己危难之规定，于公务上或业务上有特别义务者，不适用之。

条理析释

紧急避难者，系指紧急危难之际，因避免自己或他人权利遭受损害，于不得已之状况下，而牺牲第三者合法权利之行为。易言之，由于自己或他人之法益遭受危难，为保护此一法益，而侵害第三人法益之紧急行为。在适用上须受"法益权衡原则"之拘束，即"避难行为所引起之损害，须为最小之损害，且不得超过危难所导致之损害程度，否则即属过当而无法阻却违法"。

例如：甲未依规定拟具水土保持计划，亦未经土地管理人同意，即在山坡地上兴建挡土墙，在形式上固于法不合。然甲所有之房屋后方山坡地，因台风灾害造成坍方，土石崩落已危及房屋，确有复建之必要，然因政府机关未能补助复建经费，无法为水土保持之处理及维护措施，则甲于危难仍存在之际，政府又无法协助排除侵害，复逢台风季节来临，为避免自己生命、身体、财产之紧急危害，自行兴建简易挡土墙，核与"刑法"第24条规范之紧急避难情形相符。再者，依施工当时之客观情形判断，亦无避难过当之违法，被告之行为违法性已遭阻却，其行为应属不罚。

"刑法"上之紧急避难行为，指因避免自己或他人生命、身体、自由、财产之紧急危难，而出于不得已之行为而言。

例一：行为人甲于实施窃盗行为中，为被害人乙当场逮捕，乙之逮捕现行犯，为合法行为，甲对乙之合法逮捕行为，无紧急避难之适用可言。

例二：窃盗现行犯甲既经追蹑300公尺始遭制服，显见并无束手就擒之意，而现场查获之铁撬及活动扳手，均是甲等3人于行窃时持用之物，系经甲自行由身上取出，用以攻击乙。迄丙、丁2人抵达后共同殴击乙时，甲亦尚能持铁撬会同殴击乙等情，益征甲、丙、丁3人确有为甲脱免逮捕，而施强暴之行为。乙逮捕现行犯甲之行为，为合法行为，甲等3人对乙之逮捕行为，无紧急避难之适用可言，故其对乙施暴以免甲被逮捕之行为，已达于使人难以抗拒之程度，依释字第630号之解释，应依准强盗犯行处断之。

紧急避难行为，以自己或他人之生命、身体、自由、财产猝遇危难之际，非侵害他人法益别无救护之途，为必要之条件。

例如：甲供述系屡遭地下钱庄人员乙殴打、威胁，纵令实在，非不得循法律途径解决，要无甘冒刑章而乙冒名申办活期储蓄存款账户及行动电话门号之理由，其主张遭地下钱庄人员乙殴打、威胁，不得已始冒名向某某银行营业部领取存折、金融卡，应有紧急避难之适用，尚有误会。

本条第2项所定有特别义务而不得适用紧急避难之实例简述如下：守土有责之公务员，于敌军压境时，不得为避免本身之危难而弃守潜逃；消防人员不得为避免本身之危难而逃离火灾现场；船长于船舶即将覆没之际，不得弃乘客于不顾而自行避难离去；医师不得因避免遭传染病感染而遗弃病患等属之。

自招危难系指行为人以可归责于自己之方式，引起紧急避难之危难情状，进而主张紧急避难，据以阻却违法之刑事责任。学说持"利益衡量说"者，认为只要能通过"保全利益显然大于牺牲利益"之衡平性检验，仍得主张紧急避难。惟依1936年上字第337号判例及1983年度台上字第7058号判决意旨，均认为自招危难之行为人如得主张紧急避难，则有背于社会之公平与正义，无异鼓励因过失即将完成犯罪之人，转而侵害他人，更非立法之本意。实务上系采否定说之见解。

实务判解

◆在正当防卫,被侵害法益之价值必不相等,或轻于因防卫而受害之法益,在紧急避难所救护之法益其价值亦不必相等,或轻于因救护所损害之法益。(1932 年院字第 785 号)

◆紧急避难行为,以自己或他人之生命、身体、自由、财产猝遇危难之际,非侵害他人法益别无救护之途,为必要之条件。(1935 年上字第 2669 号)

◆上诉人杀伤某甲后,背负某乙涉江而逃,行至中流,水深流急,将某乙弃置江中溺毙,其遭遇危险之来源,固系上诉人所自召,但当时如因被追捕情急,以为涉水可以避免,不意行至中流,水急之地,行将自身溺毙,不得已而将某乙弃置,以自救其生命,核与法定紧急避难之要件,究无不合,原审认为不生紧急避难问题,尚有未洽。(1936 年上字第 337 号)

被告虽系依法拘禁之人,于敌军侵入城内情势紧急之际,为避免自己之生命危难,而将看守所之械具毁坏,自由行动,核与紧急避难之行为并无不合,其毁坏械具,亦难认为过当,自不应成立"刑法"第 161 条第 2 项之脱逃罪。(1944 年非字第 17 号)

◆"刑法"第 24 条所称因避免紧急危难而出于不得已之行为,系基于社会之公平与正义所为不罚之规定。倘其危难之所以发生,乃因行为人自己过失行为所惹起,而其为避免自己因过失行为所将完成之犯行转而侵害第三人法益;与单纯为避免他人之紧急危难,转而侵害第三人法益之情形不同。依社会通念,应不得承认其亦有紧急避难之适用。否则,行为人由于本身之过失致侵害他人之法益,即应成立犯罪,而其为避免此项犯罪之完成,转而侵害他人,却因此得阻却违法,非特有背于社会之公平与正义,且无异鼓励因过失即将完成犯罪之人,转而侵害他人,尤非立法之本意。至其故意造成"危难",以遂其犯罪行为,不得为紧急避难之适用,更不待言。(1983 年台上字第 7058 号)

◆所谓正当防卫,必须对于现在不法之侵害始得为之,倘系互殴,必须一方初无伤人之行为,因排除对方不法之侵害,始得主张正当防卫。而紧急避难,以自己或他人之生命、身体、自由、财产猝遇危难之际,非侵害他人法益别无救护之途,为必要之条件。至于所谓当场激于义愤而杀人,系指他人所实施之不义行为,在客观上足以引起公愤,猝然遇合,愤激难忍,因而将其杀害者而言。本件上诉人系见其父与对方互殴(按系徒手互殴,双方均有伤人之行为),即持鱼刀杀人,并于被害人倒地欲再爬起时，仍持鱼刀接续砍杀，其情形要与正当防卫、紧急避难或当场激于义愤而杀人之要件不合。（2003 年台上字第 5087 号）

法律座谈

法律问题：甲因见邻居乙妇欲饮农药自杀，拟将其手中农药瓶夺下之际，乙之丈夫丙亦闻声赶至，将该农药瓶抢下，因用力过猛，且疏于注意，致瓶盖脱落，瓶内农药溅及甲之头、脸、胸部及双手而被灼伤，经甲提出告诉，问丙应负何刑责？

讨论意见：

甲说：按因避免他人生命之紧急危难而出于不得已之行为不罚，"刑法"第 24 条第 1 项定有明文。本件丙因见妻乙欲饮农药自尽，情势危急，为避免其妻生命之死亡，乃参与夺药，自属因避免他人生命之紧急危难而出于不得已之行为，纵令丙于夺药之际，因用力过猛，致瓶盖脱落，瓶内农药不慎溅及同时参与夺药之甲，而灼伤其身体，但当时情势既甚危急，此项避难行为要难谓为过当，依首开说明，应属不罚。

乙说：按"刑法"第 24 条第 1 项规定紧急避难行为，系以自己或他人之生命、身体、自由、财产猝遇危难之际，非侵害他人利益，别无救护之途为必要之条件（参照"最高法院"1935 年上字第 2669 号判例）。本件丙为救护其妻乙，而将该农药瓶夺下，依当时情形，虽甚危急，但并非以伤害甲之身体为其排除危难之必要条件，亦即丙于夺下农药瓶之际，如尽相当之注意，仍可避免农药溅伤甲，而非必须伤害第三人始可避免危难，是则本件纯属过失与否之问题，与紧急避难无关，不足以构成阻却违法之原因。查一般农药均具有强烈杀伤性，其溅及人身可生伤亡之结果，当为丙所深知，则其于夺取农药瓶之际，自应尽相当之注意义务，以避免伤害他人，乃竟疏于注意，且用力过猛，致瓶盖脱落，瓶内农药溅出而灼伤甲，显系应注意而不注意，殊难辞其过失之责任，既经被害人甲提出告诉，自应令负"刑法"第 284 条第 1 项前段之普通过失伤害罪责。

审查意见：拟采乙说。

研讨结果：采乙说。

法谚

33. 法律解释之最佳方法，在乎使法律与法律调和。

Optimus interpetanti modus est sic leges interpredare ut leges legibus accordant.

The best mode of interpreting laws is to make them accord.

34. 法律与他法律调和而解释，斯为最佳之解释方法。

Concordare leges legibus est optimus interpretandi modus.

To make laws agree with laws is the best mode of interpreting them.

35. 一切规定，莫不可其例外。

Omnis regula suas patitur exceptiones.

Every rule is liable to its own exceptions.

There is no rule without an exception.

36. 例外自体亦属一种原则。

Omnis exception est ipsa quoque regula.

Every exceptionis itself also a rule.

37. 未定范围，即指全域。

Indefinitum supplet locum universalis.

The undefined supplies the place of the whole.

第三章 未遂犯

第二十五条 普通未遂
①已着手于犯罪行为之实行而不遂者，为未遂犯。
②未遂犯之处罚，以有特别规定者为限，并得按既遂犯之刑减轻之。

条理析释

本条在实务上最为关注讨论者，系如何正确判断"已着手于犯罪行为"之时点，兹就未遂犯之定义及相关实务见解，综括说明如下：

"刑法"第25条所谓已着手于犯罪行为之实行，系指对于构成犯罪要件之行为，已开始实行者而言，若于着手此项要件行为以前之准备行动，系属预备行为，除法律有处罚预备犯之明文，应依法处罚外，不能遽以未遂犯罪论拟。必须行为人已经着手于犯罪行为之后，始有未遂犯或既遂犯之区别实益。

以故意之结果犯为例，犯罪行为之各个阶段是否具有"可罚性"及"可罚程度"，实务通说上可分为决意、预备、着手实行、完成行为及发生结果等5个阶段。所谓"预备"系指行为人在着手实行犯罪前，为实现某一犯罪行为之决意，而从事之准备行为，用以积极创设犯罪实现之条件，或排除、降低犯罪实现之障碍，其态样如准备实行之计划、准备犯罪之器具及前往犯地之途中。而所谓"于预备中因行为人之任意不再进行，因法有处罚预备罪之规定，仍应依预备之本罪论科"，其前提仍须该行为人产生犯罪决意（行为人萌生从事某一犯罪行为之意思决定，纯属行为人之主观意念），已完成实现某一犯罪决意之准备行为，合乎预备犯之构成要件，始足当之，否则，该行为既不构成预备犯，应不为罪，自无中止与否及如何处罚之可言。

例一：强制性交罪之强暴、胁迫等方法，必以见诸客观事实者为限，若行为人主观上虽有行强之意，但在未着手强暴、胁迫等方法以前，因意外障碍而未及实施者，即不能以强制性交未遂罪论处。

例二：所谓两性生殖器接合构成性交既遂一节，系以两性生殖器官已否接合为准，不以满足性欲为必要，即男性阴茎部分插入女阴，纵未全部插入或未射精，亦应成立性交既遂，否则双方生殖器官仅接触而未插入，即未达于接合程度，应为未遂犯。（1973 年台上字第 2090 号参照）

例三：强盗之着手，应以实施强暴、胁迫等行为为标准，如仅结伙携械等候被害人，系属准备行为，尚未达于着手程度，不能成立强盗未遂罪。

所谓"犯罪之着手"，系指行为人为实现犯意而开始实行犯罪构成要件之行为而言。以贩卖毒品为例，于买卖双方就毒品之重要内容有所表示时，达成契约之合致时，即可认为已着手于贩卖毒品之行为，而售卖者已否实际交付毒品，乃贩卖毒品行为是否既遂之问题。

倘对造无买受之真意，为协助警察办案而佯称购买，以求人赃俱获，虽事实上不能真正完成买卖，但被告原来既有贩卖之故意，且已着手于贩卖行为，仍应论以贩卖罪之未遂犯。此与被告原无贩卖之意思，与单纯被诱捕之情形有别。（1996 年第 4 次刑事庭决议参照）

"刑法"上贩卖罪之完成，与"民法"上买卖契约之成立，二者之概念尚有不同。在"民法"上，买卖双方就买卖标的物与价金等买卖要件之意思表示一致，其买卖契约固已成立。然"刑法"上之贩卖行为，则须以营利为目的，将标的物贩入或卖出，有一于此，其犯罪行为始为完成，苟行为人尚未将标的物贩入或卖出，即难谓其贩卖行为已属完成。而所谓卖出，自应以标的物已否交付为断，苟标的物已交付，纵买卖价金尚未给付，仍应论以贩卖既遂罪；反之，如标的物尚未交付，纵行为人已收受价金，仍难谓其贩卖行为已属完成。苟系一次贩入毒品，分次出售，其第 2 次以后之贩毒行为，如仅收受价金，但毒品尚未交付，即应论以未遂犯。

贩卖毒品犯行，以贩卖者向他人洽商、兜售毒品，或与购买者就买卖毒品之标的物及价格意思表示一致时，均属已经着手于贩卖毒品之行为。故买卖双方若已就购买毒品之内容意思表示一致，纵尚未交付毒品及价金即被警方查获而未完成，该次买卖应属已经着手实施而未遂，而应成立贩卖毒品未遂罪。

例一：甲意图营利，一次贩入海洛因 50 公克后，先后出售予乙、丙各数次，并于贩售予丁之际，甫得款即为警查获，甲见警即将海洛因投入水沟湮灭，则甲系一次贩入毒品，分次出售，其于出售海洛因予丁时，虽已收受价金，但毒品尚未交付，其行为尚属未遂，不得遽以既遂犯论处。

例二：甲打乙之行动电话，向乙表示要再购买毒品海洛因 2000 元，乙要求甲到乙之住处购买，当甲到乙宅时，适警方持搜索票至乙之住处搜索查获。则乙尚未交付海洛因予甲，即遭警查获部分，应成立"毒品危害防制条例"第 4 条第 6 项之贩卖第一级毒品未遂罪。

例三：甲虽与乙达成买卖之合意，并由甲将毒品带往现场欲进行交易，然于甲着手销售安非他命之行为实施后，买受人乙之行动皆在警方人员之控制中，是甲之贩卖毒品结果并未发生，其已着手于犯罪行为之实行而不遂，为未遂犯。

例四：林某某对于其意图营利而贩卖毒品之事实既不争执，并坦承贩卖毒品时，均当场交付毒品予买家，则买家交付买卖价金与否，并不影响林某某成立贩卖第三级毒品既遂罪之认定。（2012 年度台上字第 3074 号判决参照）

窃盗既遂与未遂之区别，应以所窃之物已否移入自己实力支配之下为标准；若已将他人财物移归自己所持有，即应成立窃盗既遂，至于该物是否置于自己可得自由处分之安全状态，要属无关。

例一：行为人已将所窃取之牛肉干等物藏放其上衣内而持有之，则各该物品应已置于行为人之实力支配范围内，已属窃盗既遂之阶段。

例二：被告既以侵入厂房窃取茶叶为目的，且已进入厂房内堆置茶叶处所滞留，并开始搜寻所欲行窃之茶叶种类，纵其尚未将所欲窃取之物品移入自己实力支配之下，但其所为在客观上显与窃盗财物之行为具有一贯接连性之密接关系，应认已经着手于窃盗行为之实行。

例三：被告所窃之荔枝，既经摘下置于被告所有之小货车上，不得谓非已移入于自己实力支配之下，其窃盗行为即已完成，不因其所窃得之荔枝尚未搬离被害人之果园，而谓为窃盗未遂。

例四：被告于被害人之房屋泼洒汽油后，持打火机要点火企图引燃地上之汽油，烧死被害人全家，但没有点着，即被据报赶来之警察逮捕。此种犯行应足以将被告纵火烧屋及欲藉之置屋内之人于死地之主观犯意表露无疑，在客观上应达开始实行放火及杀人罪构成要件之行为。不得主张被告所为尚未达着手之程度，应仅只在预备阶段，而论以放火罪之预备犯。

例五："刑法"之行使伪造之文书，乃依文书之用法，以之充作真正文书而加以使用之意，故必须行为人就所伪造文书之内容向他方有所主张，始足当之；若行为人未将伪造之文书，充作真正书提出行使，或虽已将该文书提出，惟尚未达于他方可得了解之状态者，则仍不得谓既遂。

"刑法"之未遂犯、不能犯与中止犯，虽均已着手于犯罪构成要件行为之实行，而未发生犯罪之结果，但未遂犯之未发生犯罪结果，系因意外障碍而不遂，倘无该意外障碍，在客观上即有发生实害之可能；若在客观上绝无发生实害之可能者，则属不能犯；至中止犯之未发生犯罪结果，乃因行为人已意中止其行为之完成或防止其结果之发生，倘因外界之障碍因素，恐犯行败露而中断行为之继续实行或完成，即难认系"已意中止"，应属障碍未遂之范畴。

本条第 2 项仅为未遂犯之处罚得按既遂犯之刑减轻之原则规定，至于应否减轻，尚有待于审判上之衡情斟酌，并非必须减轻，纵予减轻，仍应依"刑法"第 57 条审酌一切情状以为科刑轻重之标准，并应依"刑事诉讼法"第 302 条第 2 款之规定，于判决理由内记明其审酌之情形，并非一经减轻即须处以最低度之刑。

关于未遂犯之态样，兹再举 6 例如下，以供研判：

例一：毒贩依电话留言，虽未收取任何价款，双方于意思联络后，携带毒品至约定地点正拟交付之际，即为警察逮捕者，因其买卖毒品契约已达合致，且进而携持毒品到达约定地点欲行交付，纵于拟行交付之际即被警察逮捕，而未能完成交付行为，然其既已开始实施贩卖毒品犯罪构成要件内容之行为，显已达着手之阶段，自应论以贩卖毒品未遂罪，不得认此种行为尚未达着手交付毒品，不成立贩卖毒品罪，改依意图贩卖而持有毒品罪责论拟。

例二：甲以杀人之犯意，持菜刀及铁棍至乙之住处外面叫喊，乙即将玻璃门关上站在门后，甲挥动铁棍朝乙站立位置击破大门玻璃，乙因害怕而逃跑，甲见状即随后追逐，乙伺机躲避，逃至朋友家中，甲于途中即被警察制服逮捕。甲已朝乙站立之位置挥击，应达开始实行杀人行为之构成要件，虽始终未曾接近被害人乙，即为警察捕获归案，亦难认定其所为仅属预备杀人罪。

例三：被告将汽油泼洒在被害人屋前之路上及报纸上，并点燃报纸后，欲将之丢向该屋之仓库，掉落于门前，适经被害人发现而扑灭。其所为应已达开始实行放火烧燬现供人使用住宅罪构成要件之行为，尚难遽以认其所为仅达预备之阶段，而论以预备之罪责。

例四：被告意图窃取财物，"因铁门太大，无法开起"或"因门推不开"或"因铁门上锁且旁边又不能攀爬"或"因铁门有装设警报器"，而无法进入盗得财物等；关于前揭犯罪事实，均仅系着手实施窃盗行为前之准备行动，应仅属窃盗罪之预备行为，尚难认其已开始着手实施窃盗犯罪之行为，且窃盗罪并无处罚预备犯之规定，则被告等所为自难令负何种罪责。

例五：甲将爆裂物手榴弹 3 颗持交乙，委托其贩卖。丙知悉乙在贩卖手榴弹，为协助警察丁、戊办案，丙虽无实际买受之真意，而向乙佯称购买，乙于指定之时地，依约携带该手榴弹 3 颗前往交付，惟因警察丁、戊埋伏在侧，乙、丙 2 人事实上不能完成买卖行为。乙原来既有贩卖之故意，且依约携带手榴弹前往交付，已符合着手实施贩卖爆裂物之行为，仍应论以贩卖未遂罪，不得以其所为而论处持有爆裂物及寄藏爆裂物之罪刑。

例六：以制造甲基安非他命为例，既已经过异构化阶段而产生卤水（液态甲基安非他命），纵然不乏杂质或纯度尚低，不够好用，但既尚非完全不能施用，自已达致"毒品危害防制条例"第 2 条第 1 项所禁制之成瘾性、滥用性及对社会危害性，应为既遂，况若有部分工具上已然形成晶体渣屑，纵然量至极微，仍难谓非已达既遂。（2013 年度台上字第 1367 号判决参照）

实务判解

◆预备行为与未遂犯之区别，以已未着手于犯罪之实行为标准。所谓着手，即指犯人对于犯罪构成事实开始实行而言。（1932 年非字第 97 号）

◆"刑法"第 25 条第 1 项所谓着手，系指犯人对于构成犯罪之事实开始实行而言，其在开始实行前所为之预备行为，不得谓为着手，自无成立未遂犯之余地。（1936 年非字第 164 号）

◆甲帮助开设职业运动签赌站之乙，向各处收集所押注之签单及赌资，虽系帮助他人为赌博之行为，但签单及赌资，系由各处收集而得，中途被警搜获，但尚未达赌博既遂之程度，依法不得没收。又，自行签注之丙，携带已签注之单据，前往甲所设之场所下注，系赌博之预备行为，不能论罪。（1936 年院字第 1401 号）

◆"刑法"第 25 条所谓已着手于犯罪行为之实行，系指对于构成犯罪要件之行为，已开始实行者而言，若于着手此项要件行为以前之准备行动，系属预备行为，除法文有处罚预备犯之明文，应依法处罚外，不能遽以未遂犯罪论拟。（1941 年上字第 684 号）

◆某甲假借他人名义向林产管理局申请配购木材转售图利，经核准后，交价领得提货单，未及取木，即被发觉，此种情形，应构成"刑法"

第 339 条第 2 项之既遂。（1956 年第 1 次刑事庭决议）

◆上诉人结伙窃鱼，将竹笼放置于他人鱼池，固有鱼入笼，但未为上诉人或其他共犯提取，仍有逸出之可能，入笼之鱼即尚未移入行窃者自己支配之下，其行为应属未遂。（1963 年台上字第 1436 号）

◆上诉人既有杀人之犯意，又有放置含有毒素之六角牌 DDT 乳剂于食物内之行为，虽因其放置毒品后，即被发现，尚未发生有人死亡之结果，亦系已着手于犯行为之实行而不遂，应构成杀人未遂罪，而非预备杀人。（1970 年台上第 2861 号）

◆"药物药商管理法"第 73 条第 1 项之明知为伪药或禁药而贩卖罪，固不以贩入之后，复行卖出为构成要件，但仍须以营利为目的，将伪药或禁药购入，或将伪药或禁药卖出，二者必有其一，犯罪始为成立，方可论以既遂。如基于贩入以外之其他原因而持有伪药或禁药后，另行起意售卖，正当看货议价尚未完成卖出之际，即被警当场查获，其犯罪尚未完成，自仅能以未遂论。（1980 年台上字第 1675 号）

◆杀害（或伤害）特定人之杀人（或伤害）罪行，已着手于杀人（或伤害）行为之实行，于未达可生结果之程度时，因发见对象之人有所错误而停止者，其停止之行为，经验上乃可预期之结果，为通常之现象，就主观之行为人立场论，仍属意外之障碍，非中止未遂。（1984 年第 5 次刑事庭决议）

［补充说明➡本则会议决议之意旨，运用于窃盗罪之情形，如已着手于窃盗行为之实行，因发现物之分量与价值甚少，失望而停止窃取之行为时，固可认系中止未遂。但其于行为之初，对所欲窃取之物，倘有甚大价值之期待，仅因着手之后，发现并无其所预期价值之物，乃失望而停止其犯罪时，则应解释为障碍未遂。同理，倘其系以特定物之窃取为目的，而着手于窃盗行为之实行者，因发觉并无该物而停止其窃取行为时，亦应认系障碍未遂。关于杀人行为，如系以特定人为目的，其于着手实行中，因发现人之错误而停止者，自应与前揭以特定物为窃取目的之例为同一之考虑。客观上既非有新发生之特别事由，从主观行为者之立场论，应解为意外之障碍，而属障碍未遂，非中止未遂。盖既以特定人为目的，着手后发现对象之错误，经验上乃可预期行为人必有停止其实行之结果，故其对杀人既遂所予之妨碍，系通常之现象，而为意外之障碍，杀人如此，则伤害、重伤害等均以特定人为对象者，当亦应为同一之解释。而强盗、掳人勒赎之案件，亦同。］

◆侵入窃盗究以何时为着手起算时点，依一般社会观念，咸认行为人以窃盗为目的，而侵入他人住宅，搜寻财物时，即应认与窃盗之着手行为相当，上诉人在其主观上既以窃盗为目的侵入廖某某住处，并已进入廖某某卧房，留滞时间有数分钟之久，用眼睛搜寻财物，纵其所欲物色之财物尚未将之移入自己支配管领之下，惟从客观上已足认其行为系与侵犯他人财物之行为有关，且属具有一贯接连性之密接行为，显然已着手于窃盗行为之实行，自应成立"刑法"第 321 条第 2 项、第 1 项第 1 款于夜间侵入住宅窃盗罪之未遂犯。(1995 年台上字第 4341 号)

◆"刑法"上所谓陷害教唆，系指行为人原无犯罪之意思，纯因具有司法警察权者之设计诱陷，以唆使其萌生犯意，待其形式上符合着手于犯罪行为之实行时，再予逮捕者而言。此种"陷害教唆"，因行为人原无犯罪之意思，具有司法警察权者复伺机逮捕，系以不正当手段入人于罪，尚难遽认被陷害教唆者成立犯罪。至刑事侦查技术上所谓之"钓鱼"者，则指对于原已犯罪或具有犯罪故意之人，司法警察于获悉后为取得证据，以设计引诱之方式，佯言与之为对合行为，使其暴露犯罪事证，待其着手于犯罪行为之实行时，予以逮捕、侦办者而言。后者因犯罪行为人主观上原即有犯罪之意思，倘客观上又已着手于犯罪行为之实行时，自得成立未遂犯，与"陷害教唆"情形迥然有别。(2009 年台上字第 6897 号)

［例如➡甲为配合警方之诱捕行动，拨打乙之行动电话，佯称购毒，乙基于意图营利之决意，将其原本供自行施用之海洛因 1 包持往约定地点交货，尚未交付，即为警当场查扣。则乙原本即具有贩毒营利之意思，纵系遭警设计诱捕致事实上不能完成买卖，然客观上既已着手于售卖之行为，应以贩卖第一级毒品未遂罪论处。］

◆"刑法"制造毒品罪，其既、未遂之区别，应以法规范所禁制之目的为准，凡所制出之客体，已达致法规范所不允许之功能、效用者，即为充足，属于既遂。本件查获之物品中既已呈现晶体沉淀物状态，并检出第二级毒品甲基安非他命成分，显已达纯化结晶步骤，而获含有甲基安非他命之制成品，即臻制造既遂之阶段。……上述 4 次转让禁药甲基安非他命之时间并非于密切接近之时地实行，且每次行为皆可独立成罪，自应按照其行为之次数，一罪一罚。(2012 年度台上字第 3272 号)

◆"刑法"上之未遂犯，必须已着手于犯罪行为之实行而不遂，始能成立，此在"刑法"第 25 条第 1 项规定甚明，同法第 222 条之强制性交罪，为第 221 条之加重条文，自系以对于男女以强暴、胁迫、恐吓、催眠术或其他违反其意愿之方法而为性交，为其犯罪行为之实行，至该条第1项各款所列情形，不过为犯强制性交罪之加重条件，如仅着手于该项加重条件之行为而未着手强制性交，仍不能以加重强制性交罪之未遂犯论。（2013年度台上字第3748号）

［例如⇨甲于事发时，系伴称腰痛，委请成年人A女开启其大货车后车厢门，入内拿取欲托还之物，因见A女尚有戒心，即称"一起上去拿"，A女于甫进后车厢处，瞥见甲作势将后车厢门关闭，立即坐于后车厢入口处，并将双脚放置于车身外，甲竟以其手肘抵住A女，欲将之强行推入后车厢，并取出客观上足对人之生命、身体构成威胁之凶器美工刀，恫吓A女"信不信我会杀了你"，A女趁隙倏然跃下车，因以右手推开上诉人，遭美工刀划伤手指，甲之犯行尚不能论处加重强制性交罪之未遂犯。］

◆上诉人系基于强制性交之犯意，不顾A女之推拒而出手抚摸A女之胸部，因A女一直闪躲，差点跌下沙发，上诉人始罢手而未得逞。而单纯抚摸胸部虽属猥亵行为，但在行为人意图对被害人强制性交之场合，其出手强行抚摸被害人胸部之举动，与其强制性交之目的密不可分，为强制性交之前阶段行为，应属于强制性交犯罪构成要件之一部分。上诉人既系基于强制性交之犯意而出手抚摸A女之胸部，自应认其已着手实行强制性交构成要件之行为。从而，上诉人已着手实行强制性交犯罪构成要件之行为，因A女一直闪躲差点跌下沙发，上诉人始罢手而未得逞，就此部分论以强制性交未遂罪，经核于法尚无违误。（2014年度台上字第809号）

法律座谈

◉法律问题一：甲意图为自己不法之所有，基于窃盗之犯意，侵入乙之住宅2楼，再由该宅翻入隔壁丙宅2楼，甫进入尚未着手寻找及翻动财物，即被埋伏守候之屋主丙逮捕，甲是否成立窃盗未遂之罪名？

讨论意见：

甲说：仅成立侵入住宅罪，理由如下：

1. "最高法院" 1948年渝上字第54号判例："'刑法'上之未遂犯，必须已着手于犯罪行为之实行而不遂，始能成立，此在'刑法'第25条第1项规定甚明。同法第321条之窃盗罪，为第320条之加重条文，自系以窃取他人之物为其犯罪行为之实行。至该第1项各款所列情形，不过为窃盗罪之加重条件，如仅着手于该项加重条件之行为，而未着手搜取财物，仍不能以本条之窃盗未遂罪论……"是依此判例之见解，以着手搜取财物始为窃盗罪之着手，某甲仅侵入住宅，尚不成立窃盗未遂之罪名。

2."最高法院"1939年沪上字第8号判例："上诉人侵入某公司内，既未着手于客观上可认为窃盗行为之实行，纵其目的系在行窃，仍难论以窃盗未遂之罪。至被害人已就上诉人之侵入行窃依法告诉，其无故侵入他人建筑物部分，虽在告诉范围之内，亦只能依'刑法'第308条第1项适用同法第306条第1项处断。"

3. 日本大审院（昭）21年11月27日判决："窃盗犯如寻觅搜索窃盗之目的物者，即为窃盗之着手，虽其结果因未发现目的物而未完成其窃取之行为，然实以构成窃盗未遂罪，而窃盗未遂罪之构成，则不问其未发现目的物系由于目的物之不存在？亦系由于其他任何之原因？"

4. 如认为于侵入住宅时，即为窃盗之着手，然此在理论上将招致奇异之结论，例如以窃盗为目的，于侵入住宅后改变其意思而在室内行凶杀人者，必须认为窃盗未遂与杀人既遂之并合罪。反之，如以杀人为目的而侵入住宅后改变意思行窃者，必须论以杀人未遂与窃盗既遂之并合罪矣！此种违反常识之结论，则可知此一见解之不妥当。

5. 如认侵入住宅即为窃盗之着手，则以杀人、强制性交、强盗为目的，而侵入住宅，即应论以杀人、强制性交及强盗未遂之罪名，足认此一见解极不妥当。

6. 日本刑法学者岛田博士认为，仅侵入他人住宅，犹不能认为开始实现窃盗构成事实之行为，何时始为开始手？此应视客观的行为发展之过程而定……至少亦应至寻觅所窃取之物之程序，而犯意已被客观化时，始能视为着手。

乙说：成立窃盗未遂之罪名，其理由如下：

1. 某甲先爬上邻宅2楼，再由邻宅翻入某乙住处，由某甲如此大费周章之行为，客观上绝非仅欲侵入他人住宅，已足以显示其目的在于窃盗，且若非某乙实时发觉，某甲可立即窃取财物，而在短时间内达到窃盗之目的，故某甲在侵入某乙住宅后，即已对某乙之财产法益构成直接之危险，应认某甲已着手窃盗之犯行。

2. 窃盗系以和平方式取得他人财产之占有，是某甲于侵入住宅后，随时可顺手取得某乙之财物，不须判入其他行为，而杀人，强盗及强制性交罪，客观上尚需介入其他暴力，与窃盗罪之犯罪型态迥然不同，是甲说以如认侵入住宅即为窃盗之着手，则以杀人、强制性交、强盗为目的，而侵入住宅，即应论以杀人、强制性交及强盗未遂之见解，显然犯了逻辑推理上之错误。

3. 如以窃盗之构成要件在类型上解为包括侵入此住宅者，则无须以侵入住宅与窃盗作为牵连犯，而为单纯窃盗一罪，在此场合，可谓侵入住宅行为之本身，即为窃盗之着手。

4. 行为人侵入住宅后，既已开始着手实行破坏他人对其财物之支配力之行为，并将直接导致其所预计之窃取行为之发生，自得认定已着手实行，而成立窃盗未遂之罪名。

5. "最高法院"认为着手翻动财物，始认为系着手之见解，殊不足以保护被害人财产之安全，且与一般人之法律感情不合，自有未洽。

结论：多数赞成乙说。

台湾"高等法院"检察署研究意见：采甲说。

"法务部"检察司研究意见：同意台高检研究意见，以甲说为当。

◉法律问题二：甲以营利之概括犯意购入海洛因，而后连续贩卖之，嗣警方查获吸毒者乙，始由乙于警局制作笔录时供出上情，旋由警方责由乙以甲之呼叫器连络甲佯称欲购买毒品，甲应允，随后在双方约定之地点为警查获甲，则甲为警查获时之行为应论以何罪？

讨论意见：

甲说：甲为警查获时之贩卖行为应论以贩卖毒品未遂罪。

甲为警查获之贩卖行为，因系警方诱致犯罪，虽已着手实施贩卖行为，惟乙并无买受之意，双方就价金亦未达成合意，且海洛因亦未交付，自属未遂阶段。

乙说：甲为警查获时之贩卖行为应论以贩卖毒品既遂罪。

甲既以贩卖之图利意图而贩入海洛因，其贩入时即已成立贩卖毒品之既遂，自不能以出售乙时为未遂再论以贩卖毒品未遂罪。

初步研讨结果：实务采乙说，理论上以采甲说为合理，多数采甲说。

审查意见：同意初步研讨结果采甲说。盖甲虽已着手于出卖行为之意思表示，然乙则无买受之真意，其双方意思既未合致，自属贩卖未遂。

研讨结果：照审查意见通过。

◉法律问题三：某甲持伸缩槟榔刀1把前往某乙之槟榔园内窃割某乙之槟榔，某甲甫将1苟槟榔割落于槟榔园之地上，尚未拾取之际，即为园主某乙逮获，问某甲之窃盗行为系既遂或未遂？

研讨意见：

甲说：某甲虽将某乙槟榔割下，惟掉落在某乙之槟榔园地上，仍在某乙实力支配之下，某甲既未拾取，则该苟槟榔尚未置于某甲之实力支配之下，其行为应属未遂。（1963 年台上字第 1436 号判例参照）

乙说：槟榔果实原系长在槟榔树上，某甲将之割下，虽仍掉落在某乙之槟榔园内，然已改变原有之支配状态，脱离某乙之实力支配，而置于某甲可随时支配之状态下，应属窃盗既遂。（1960 年台上字第 939 号判例参照）

研讨结果：多数采乙说。

台湾"高等法院"研究意见：某甲所窃之槟榔，既经割下掉落在地上，不得谓非已移入于自己实力可随时支配之状态下，其窃盗行为即已完成，应属窃盗既遂，同意乙说。至甲说所引"最高法院"判例，其意旨与本问题尚有差异，并予叙明。

◉法律问题四：某甲意图窃取某丙住处内之财物，于某日中午 12 时，以万能钥匙插入某丙住宅大门之钥匙孔，正欲开启大门时，为警查获。另某乙意图窃取某丁停放在屋外之小客车右前座置物箱内财物，正以万能钥匙插入该车右前车门钥匙孔，欲开启车门时，为警查获。某甲、某乙是否构成犯罪？

讨论意见：

甲说："刑法"上之未遂犯，必须已着手于犯罪行为之实行而不遂，始能成立。本件某甲尚未进入某丙住处内搜取财物，某乙则尚未进入某丁车内搜取置物箱内之财物，难认某甲、某乙已着手实施窃盗行为。其等前揭行为仅系窃盗之预备行为，"刑法"对于预备窃盗并无处罚明文，是某甲、某乙之行为并不构成犯罪（参考"最高法院"1938 年沪上字第 54 号、1939 年沪上字第 8 号判例）。

乙说：某甲、某乙目的系在行窃，且其等行为于客观上可认为已着手于窃盗行为之实行而不遂，均应论以窃盗未遂罪。

丙说：某甲之行为仅系窃盗之预备行为，并不构成犯罪，某乙之目的系在行窃，且其行为于客观上可认为已着手于窃盗行为之实行而不遂，故应论以窃盗未遂罪。

审查意见：依题旨所示，2 例皆出以钥匙欲启门进入行窃财物，殊不宜因其为住宅或汽车而异其犯罪类型之评价。虽然当前窃盗猖獗，人人侧目，求为严治，以儆宵小。然在相类之"最高法院"1938 年沪上字第 54 号判例尚属有效之当前，上述 2 例难谓为已着手于窃盗行为之实行而不遂。是以采甲说为当。惟 1986 年法律座谈会刑事类第 34 号相类于本题某乙事例之提案，系采乙说及丙说，认为已着手于窃盗犯行之实行而不遂。

研讨结果：采丙说。

"司法院"刑事厅研究意见：同意研讨结果。

◎法律问题五：某甲至某庙参拜，见该庙内钱箱内有钱，乃至附近寻获砖头1块，思将该钱箱砸毁而将钱窃取之，双手高举正待砸下，经庙祝发现，大喊"干什么"，乃止，问甲所为有无刑责？

讨论意见：

甲说：某甲涉犯窃盗未遂罪嫌。

乙说：某甲尚未至窃盗着手程度，应不构成窃盗未遂罪嫌。

丙说：某甲是否涉犯窃盗或未遂刑责，应视该钱箱已否入于某甲之实力支配为断，如该钱箱已经移动其位置，或经隐匿在某甲实力支配之下，自应论以窃盗既遂，否则某甲仍不负刑责。

结论：多数赞成丙说。

审查意见：拟采乙说。

座谈会研讨结果：同意审查意见。

"法务部"检察司研究意见：参照"最高法院"1941年上字第684号判例意旨，"'刑法'第25条所谓已着手于犯罪行为之实行，系指对于构成犯罪要件之行为，已开始实行者而言"。题示某甲之所为，既未达于窃盗着手之阶段，"刑法"亦无窃盗预备犯之处罚明文，自难令负刑责。

◎法律问题六：甲久已蓄意抢夺1部出租车。某日趁搭出租车时，意图为自己不法所有，持刀抵住司机乙之脖子，令其无法抗拒而交付车子，甲旋自行开车，并令乙坐于驾驶座旁，嗣驶至中途，经警察局维安小组查获。问甲之犯行系既遂抑未遂？

讨论意见：

甲说（既遂说）：乙既系不能抗拒而交付车子，且甲又坐于车驾驶座，足可支配该车，应认甲之行为已达既遂程度。

乙说（未遂说）：乙虽系因不能抗拒而交付车辆，惟其仍在车内，尚难谓非其该车已丧失管理支配地位，应认甲所为仍系未遂阶段。

结论：多数采甲说。

台湾"高等法院"审核意见：同意甲说。某甲持刀抵住出租车司机某乙之脖子，使其无法抗拒而将其出租车交付某甲自行开出租车，命某乙坐其身旁，该车完全由其支配，其犯罪行为应属既遂。

"司法院"刑事厅研究意见：同意台湾"高等法院"审核意见。

◎法律问题七：甲久已谋划抢出租车。某日趁搭出租车时，在车内持刀抵住司机某乙之脖子，并趁乙无法抗拒时捆绑其手脚后，将乙置于后座，嗣甲欲坐上驾驶座启动车子时，维安小组据报赶到，当场抓获甲，问甲所为系既遂抑未遂？

讨论意见：

甲说（既遂说）：乙既被捆绑手脚而无法抗拒，即已丧失其对该出租车之支配力，应认甲之行为已达既遂程度。

乙说（未遂说）：乙虽手脚被捆绑，惟甲尚未发动车子完全支配该车时，即遭逮获，其所为尚在未遂阶段。

结论：多数采甲说。

台湾"高等法院"审核意见：同意甲说。某甲久已谋划抢出租车，于某日搭乘出租车时在车内持刀抵住某乙之脖子，使其无法抗拒，捆绑其手脚，并将某乙置于该车之后座，该出租车已完全由某甲支配，其犯罪行为亦已达既遂之程度。

"司法院"刑事厅研究意见：同意台湾"高等法院"审核意见。

法谚

38. 遇有疑义，以比较宽大而便利的推定为优先。

Nobiliores et benigniores praesumptiones in dubiis sunt praeferendae.

In case of doubt, the more generous and more favorable presumptions are to be preferred.

第二十六条 不能未遂

①行为不能发生犯罪之结果，又无危险者，不罚。

条理析释

本条将原为一般未遂犯之处罚效果，改列于第25条第2项，以专条规范其成立要件与处罚效果，保留不能未遂犯之成立要件与处罚效果，使本条成为规范不能未遂犯之专条，以符立法之体例。

修正前"刑法"第26条规定："未遂犯之处罚，得按既遂犯之刑减轻之。但其行为不能发生犯罪之结果，又无危险者，减轻或免除其刑。"现行"刑法"第26条则修正为："行为不能发生犯罪之结果，又无危险者，不罚。"此即学理上所谓之不能犯，以行为不能发生犯罪之结果，又无危险为要件。惟修正前"刑法"所谓之"不能犯"，系采处罚主义，仅应减轻或免除其刑而已。而现行"刑法"则基于谦抑思想、法益保护之功能及未遂犯之整体理论，改采不罚主义，显对行为人有利，惟在适用上，为严守罪刑法定之原则，并符合人民之法律感情，解释上自不宜扩张。

不能未遂犯之"不能发生犯罪之结果"，系指该犯罪行为"绝对不能发生犯罪之结果"，与普通未遂犯之"未发生犯罪之结果"，则指该犯罪行为"可能发生犯罪之结果，但因故而未发生"。彼等二者之行为人外部之恶性表现虽然相同，但在客观上则有不能与可能发生结果之区别。

本条规定行为不能发生犯罪之结果，又无危险者，不罚。故不能未遂，系指行为人主观上已着手于犯罪之实行，但客观上其行为未至侵害法益，且又无危险者；其虽与一般障碍未遂同未对法益造成侵害，然须并无侵害法益之危险，始足当之。而有无侵害法益之危险，应综合行为时客观上通常一般人所认识及行为人主观上特别认识之事实（例如：行为人自信有超能力，持其明知无杀伤力，但外观完好，足使一般人均误认有杀伤力之手枪杀人）为基础，再本诸客观上一般人依其知识、经验及观念所公认之因果法则而为判断，既非单纯以行为人主观上所认知或以客观上真正存在之事实情状为基础，更非依循行为人主观上所想象之因果历程（例如：误认食用砂糖，可致人于死亡）判断认定之。若有侵害法益之危险，而仅因一时、偶然之原因，致未对法益造成侵害，则为障碍未遂，而非不能未遂。（例如：某甲基于杀人故意，手持具有杀伤力之枪支，对玻璃窗内之某乙射击，子弹造成8厘米强化玻璃明显弹着痕迹，不论其所击发之子弹是否可以射穿该玻璃门，纵因某乙住宅设有之强化玻璃门，使某甲之枪击行为未造成某乙死亡，亦仅系障碍未遂，而非不能未遂。）

所谓"不能发生结果"，系指绝无发生结果之可能而言，此与"未发生结果"系指虽有发生之可能而未发生者不同，亦即前者绝无发生之可能，为不能犯，后者虽有发生之可能而未发生，为一般未遂犯；至"无危险"则指行为而言，危险之有无，以客观之具体事实认定之。倘非出于行为人之严重无知，而行为人之行为复足以造成一般民众之不安，自非"无危险"，尚难认系不能犯。

例如：甲着手改造之枪支系仿转轮枪外型制造之玩具手枪，其枪管已贯通，没有阻铁，且非塑胶材质，枪身为合金材质（有"内政部"警政署刑事警察局枪弹鉴定书可稽），而该枪支经鉴定结果，虽击锤施力机构故障且欠缺击锤正面撞铁零件及弹轮悬吊轴杆，不能发射子弹，无杀伤力，然若能修复并补实零件后，完整组合及操作使用，依其结构及材质强度，能发射适合其使用具有杀伤力之土造子弹，则甲既知以锉刀将该玩具手枪内之阻铁去除，贯通枪管，自属着手改造，亦显非出于行为人之严重无知，而甲所改造之玩具转轮枪，虽因击锤施力机构故障且欠缺击锤正面撞铁零件及弹轮悬吊轴杆，不能发射子弹而未制成有杀伤力之枪支，但依一般客观上之观察，倘能修复并补实零件后完整组合及操作使用，依其结构及材质强度，非无制成能发射适合其使用具有杀伤力之土造子弹之可能，其行为自足以造成一般民众之不安，难谓法益无受侵害之可能，自有危险性，亦非所谓之"不能犯"。

"刑法"所谓"不能犯"（或不能未遂），系指已着手于犯罪之实行，而不能发生犯罪之结果，且无危险者而言。亦即犯罪之不完成，系由于行为之性质上无结果实现之可能性，不能发生法益侵害或未有受侵害之危险，始足当之。倘行为人有犯罪之故意，并已着手实行，其犯罪之不完成系由于外部障碍所致，自不能谓系不能犯。

例如：甲既收受枪座（含枪身）、滑套、枪管、弹匣、击锤、滑套组铁、枪机座、击锤座、枪管底座、板机框、弹匣释放纽、活动板、枪机细部零组件（土造金属枪管固定销 2 个）、土造金属扳、机击锤连动杆（3 支）、金属插销（2 支）、土造金属击锤簧顶（3 支）等枪炮弹药之主要组成零件，并着手实行制造可发射子弹具杀伤力之枪、弹，复经乙、丙 2 人指导甲制造枪、弹之技术，仅因目前持有之工具过于简便，及所持有之扣案物品现况，不足以组合成机械性能良好具有杀伤力之枪、弹，而无法顺利制造枪、弹既遂，然甲之行为客观上尚非完全无危险性，其所为之行为应属障碍未遂，而非不能未遂。（2013 年度台上字第 4464 号参照）

实务判解

◆"刑法"第 26 条但书所谓不能发生犯罪之结果，即学说上所谓不能犯，在行为人方面，其恶性之表现虽与普通未遂犯初无异致，但在客观上则有不能与可能发生结果之分，未可混为一谈。（1959 年台非字第 26 号）

◆"刑法"第 26 条但书所谓不能发生犯罪之结果者，即学说上所谓之不能犯，在行为人方面，其恶性之表现虽与普通未遂犯初无异致，但在客观上则有不能与可能发生结果之分，本件原判决对于上诉人邱某某抢夺部分，既于事实认定被害人翁某某已预先调包，故上诉人抢夺所得为石头 1 袋而非黄金等情。而理由内亦说明上诉人邱某某意欲抢夺黄金，因被害人事先防范换装石头，未达目的，而又无危险，显属不能犯，自应依"刑法"第 26 条但书减免其刑，乃原判决竟以普通未遂犯处断，自属不合。（1981 年台上字第 7323 号）

[编按➡本判例经"最高法院"95 年第 16 次刑事庭决议，自 2006 年 7 月 1 日起不再援用。理由为"法律已修正，本则判例不合时宜，不再援用"。为使学习者得以确认本则判例之意旨与内容，特登载之。前揭情节，亦应依"一般未遂犯"处罚之。本则判例在实务上经常被引用，并为重要考试之命题根据。]

◆"刑法"第 26 条规定行为不能发生犯罪之结果，又无危险者，不罚。故不能未遂，系指已着手于犯罪行为之实行，但其行为未至侵害法益，且又无危险者而言；其虽与一般障碍未遂同未对法益造成实质侵害，然必须并无侵害法益之危险，始足当之。而有无侵害法益之危险，应综合行为时客观上通常一般人所认识及行为人主观上特别认识之事实为基础，再本诸客观上一般人依其知识、经验及观念所公认之因果法则而为判断，既非单纯以行为人主观上所认知或以客观上真正存在之事实情状为基础，亦非依循行为人主观上所想象之因果法则判断认定之。若有侵害法益之危险，而仅因一时、偶然之原因，致未对法益造成侵害，则为障碍未遂，而非不能未遂。（2011 年台上字第 5663 号）

[例如➡甲、乙既已着手实行制造甲基安非他命犯罪之行为，且依其使用之"去假（甲）麻黄（硷）"等原料仍有产制出甲基安非他命之可能，纵因原料、设备不足、技术欠缺，或遭警查获等一时偶发之因素，致未克其功，亦仅属障碍未遂，而非不能未遂。]

◆以不能犯而言，"刑法"第 26 条规定："行为不能发生犯罪之结果，又无危险者，不罚。"即因行为人虽已将其主观恶意表现于外，而有可议，但客观上对于其行为对象之客体，绝无可能发生行为人所希望之实害或危险，又对于整体之法秩序，亦不致产生不安或干扰，"刑法"乃予容忍，不加处罚。"刑法"第 173 条第 1 项之放火烧毁现有人所在之建物罪，属抽象危险犯，行为人一旦有该行为，立法上即拟制具有危险性，不以发生实害为必要，罪已成立，仅既、未遂有别而已。原判决依凭现场勘验结果，认汽油弹丢掷点目前仍存白色痕迹，距窗缘仅 72 公分，陈姓少年当时显有可能将汽油弹丢掷入窗户内，自不能以事后未造成伤亡结果，而认属不能犯。（2012 年度台上字第 4182 号）

◆所谓"危险"，不能纯以法益是否受损为唯一标准，如行为人所为引起群众之不安，造成公共安宁之干扰，并动摇公众对法秩序有效性之信赖，破坏法和平性者，亦系有危险。即此处所谓之"危险"，包含对于公共秩序及法秩序之危险，始不致过度悖离人民之法感情。本件上诉人与陈某某等人斗殴争执后，随即取出枪支，拉上滑套，并将枪口对着陈某某之腹部射击（上诉人坦承有扣扳机），枪支内之子弹虽因故而未能击发，但此为一时、偶然地未能有效击发（上诉人坦承枪支可以射击，并曾试射），一般人立于行为当时观之，已足使陈某某或社会大众胆颤心惊，引起群众不安，难谓为无危险。原判决因认本件系障碍未遂，而非不能犯，自亦不能指为违法。（2012 年度台上字第 4645 号）

法律座谈

法律问题： 被告甲手持黑星手枪 1 支，见警员乙前来追缉，即以杀人之意思，对警员乙高喊："给你死！给你死！"等语，并以手中所持之手枪，连续朝警员乙头部，扣击板机 2 下，欲杀害警员乙，惟因子弹 3 颗放置于裤袋内，忘未上膛，致警员乙幸免于死，嗣经警当场逮获甲，并从其身上搜扣该手枪 1 支及子弹 3 颗，移由检察官起诉，其杀害警员乙未遂部分，究系杀人之障碍未遂犯，或不能犯？

讨论意见：

甲说： 按不能犯系指"行为不能发生犯罪之结果，又无危险者，不罚"。此为"刑法"第 26 条所明定。本件甲虽手持黑星手枪 1 支，腰际并插左轮手枪 1 支及裤袋内放置有手枪子弹 3 颗，惟其子弹并未上膛，纵甲有杀人之意思而扣板机 2 次，惟在客观上，显不能发生死伤结果，又无危险，揆诸前开"刑法"第 26 条之规定，应系杀人之不能犯。

乙说： 查被告甲既以杀人之意思，对警员乙高呼："给你死！给你死！"等语，并以手持黑星手枪朝警员乙之头部，扣板机 2 次，其主观上，已有杀人之犯意，即有形式的危险性，虽因子弹未上膛，而未发生警员乙死亡之结果，惟其犯罪结果之不能发生，即系由于未装填子弹上膛之意外障碍，甲因误用空枪，以射击警员乙，究难谓无实质的危险性，甲应依杀人之障碍未遂犯论处。

初步研讨结果： 多数采乙说。

审查意见： 按不能犯依"刑法"第 26 条规定，除其行为不能发生犯罪之结果外，尚须又"绝对"无危险性者，始得法意。本件甲以杀人之意思，持手枪对警员乙头部连开 2 枪，只以其忘记将裤袋内子弹装入枪膛，致警员得免于难，则某甲之行为不能谓在客观上无危险性，依照上开说明，与不能犯之要件不合，应以乙说为当。（参照"最高法院"1941年上字第2671号判例）。

研讨结果：照审查意见通过。

法谚

39. 一行为得为善恶两可之解释时，法律上宁采善之解释。

In facto quod se habet ad bonum et malum, magis de bono, quam de malo lex intendit.

In an act or deed which admitis of being considered as both good and bad, the law intends more from the good than from the bad.

40. 法律有时睡眠，但并不是死亡。

Dormiunt aliquando leges, nunquam moriuntur.

Laws sometimes sleep, but never die.

41. 省略规定之事项，应认为有意省略。

Casus omissus pro omisso habendus est.

A case which is omitted is purposely omitted.

42. 大额包括小额。

Majori summae minor inest.

In the greater sum the less is included.

第二十七条　中止未遂与准中止未遂

①已着手于犯罪行为之实行，而因己意中止或防止其结果之发生者，减轻或免除其刑。结果之不发生，非防止行为所致，而行为人已尽力为防止行为者，亦同。

②前项规定，于正犯或共犯中之一人或数人，因己意防止犯罪结果之发生，或结果之不发生，非防止行为所致，而行为人已尽力为防止行为者，亦适用之。

条理析释

中止犯之成立，以已着手于犯罪之实行因己意中止者为要件。所谓着手，必须从客观方面认可其实行行为已经开始者而言，若实行行为未曾开始，而其所为尚系着手以前之准备行为，只能谓之预备。如有预备罪之犯罪，于预备中因行为人之任意不再进行，按诸一般法理，中止未遂以着手为先决条件，预备尚未着手以前，自无中止之可言，若该犯罪之预备行为，至可以成立之程度，而无相当于中止减免之规定，自不得因行为人之任意不再进行而获邀减免，是此情形，"刑法"上如设有处罚预备罪之规定，仍应依预备之本罪论科，实无中止犯之适用。

准中止未遂犯之立法意旨，系因行为人已着手于犯罪行为之实行终了（或未了）时，而于结果发生前，已尽防止结果发生之诚挚努力，惟其结果之不发生，事实上系由于其他原因所致者，因其防止行为与结果不发生之间，虽并无因果关系存在，固与以自己之行为防止结果发生之中止犯不同，惟就行为人衷心后悔，对结果之发生已尽其防止能事之观点而言，并无二致。为鼓励犯人于结果发生之先尽早改过迁善，中止犯之条件允宜放宽，爰参考德国刑法第 24 条（1）之立法例，增列"结果之不发生，非防止行为所致，而行为人已尽力为防止行为者，亦同"。使准中止犯亦能适用减免其刑之规定。

例如：甲基于杀死乙之犯意，电邀乙至郊外小木屋谈判，佯言交还债款，于乙抵达后，即手持尖刀朝乙之头部及胸部、腹部刺杀 5 刀，致乙身受颈静脉撕裂、左肩肌肉撕裂、右上腹深及腹腔等之伤害。甲见乙失血过多，体力不支倒地，甲心生悔意，出于己意而中止杀人犯意，并即以行动电话召来救护车。但于甲暂时离屋前往路口等候救护车时，乙自行爬出小木屋，巧遇路过且具有医护能力之登山客丙，丙即施以紧急救护，并由相反方向将乙送至附近医院治疗，终能保住其生命。甲于救护车到达后，快步引路回到小木屋，却已不见乙之踪迹，经救护人员多方查询联系，得知乙业经他人救治且未发生死亡之结果，则甲之行为符合"准中止未遂"之要件。

"刑法"对于共同正犯及共犯相互间之中止未遂，原无明文规定，惟实例及解释则予承认。如"司法院"院字第 785 号解释"共同正犯、教唆犯、从犯须防止结果发生，始能依中止犯之例处断"。关于共同正犯及共犯成立中止犯，仅因己意中止其犯罪行为即足成立中止犯，抑须进而防止结果之发生，始成立中止犯，则实例态度并不一致。德国刑法第 24 条（2）规定"因己意而防止犯罪之完成"，即采"须进而防止结果之发生，始成立中止犯"之立法例。日本实例亦采同一见解。我国实务上判解则由仅须"以己意而中止"即可依中止犯之例处断，进而认为须"防止结果发生之效果发生"，始可依中止犯之例处断。

　　基于中止犯既为未遂犯之一种，必须犯罪之结果尚未发生，始有成立之可言。共同正犯及共犯中止之情形亦同此理，即仅共同正犯之一人或数人或教唆犯、帮助犯自己任意中止犯罪，尚未足生中止之利益，必须经其中止行为，与其他人犯施以实行之障碍，或有效防止其犯罪行为结果之发生，或劝导正犯全体中止。再者，犯罪之未完成，虽非由于中止者之所为，只须行为人因己意中止而尽防止犯罪完成之诚挚努力者，仍足认定其成立中止犯，增订第2项规定，以杜疑义。

　　例如：甲、乙、丙3人基于共同窃盗之犯意，相约至丁宅行窃，3人分别于客厅着手搜括丁家财物之际，甲忽见丁及其亲人合影之照片，内心感到愧疚而自然形成金盆洗手之决意。此时，如果甲未将其中止之决意告知乙、丙，即径自离开丁宅，或甲将自己决意中止之意思明确告知乙、丙之后，才自行退出，而乙、丙2人仍不为所动，继续行窃得手后才离去。前述2种情况，甲虽有意中止窃盗行为，但未能防止结果之发生，且于着手之后才与乙、丙脱离，其仍应负加重窃盗既遂罪之责，尚无中止未遂之适用。倘若甲于上述情节中，告知乙、丙之后，乙、丙2人亦同感羞愧而中止，或被甲强力制止，或甲以手机向警方报案，迫使乙、丙放弃继续窃盗空手而归。此时，甲除因己意而中止窃盗行为外，更具有防止结果发生之效果，即得依中止未遂之宽典处断。

　　"刑法"第27条之中止未遂，系指行为人非因其本身意思以外之自然事实或他人行为，亦非因外界障碍之影响，依一般经验法则，通常并无期待其中止犯罪之实行或防止犯罪结果之可能性，而竟本于己身之自由意思，任意中止犯罪之实行或防止犯罪结果发生之情形，始足当之。

　　例如：甲、乙2人犯意联络，共同持枪强盗被害人丙、丁之财物得逞后，因遭乙所持枪支走火击伤之突发事故，致未继续对其余被害人强盗取财，则甲停止此部分犯罪行为之实行，显系因外界障碍影响出于不得已之行为，与本于自由意思而任意中止之中止未遂不同，自无中止未遂减免其刑规定之适用。

　　中止犯仍为未遂犯之一种，必须犯罪之结果尚未发生，始有成立之可言。共同正犯之一人或数人虽已中止其犯罪行为，尚未足生中止之利益，必须经由其中止行为，予其他共犯以实行之障碍；或劝导正犯全体中止；或有效防止其犯罪行为结果之发生；或其犯罪行为结果之不发生，虽非防止行为所致，而行为人已尽力为防止行为者，始能依中止未遂之规定减轻其刑。

例如：甲、乙、丙3人合意共同制造第二级毒品安非他命，甲虽仅参与制造安非他命之第1阶段后，即因故自行离开制毒工厂，然共同正犯乙、丙则仍依原犯罪计划，继续制造完成安非他命，乙、丙之行为已达制造第二级毒品既遂罪，则甲亦应成立制造第二级毒品既遂罪。

"刑法"上所谓中止未遂，系指行为人已着手于犯罪之实行，因自己之意思而中止进行；或虽已实行，而以己意防止其结果之发生，因之未发生犯罪之结果者而言。是行为人若已着手于犯罪之实施，且其行为已有发生结果之危险，而于结果尚未发生前，纵因己意而消极中止其犯行，然未积极采取防果行为，而系另由第三人为防果之行为，致未发生结果者，仍属因外力介入而致犯罪未遂之普通未遂即障碍未遂，而与中止未遂有间。

例一：甲系于对被害人乙为强盗行为时，因证人丙之突然出现而放弃犯行，显系受此超过其预期之外界事物突发状况影响，致其遂行强盗犯行之困难度增加所致，并非出于自由意志而中止，应属障碍未遂，而与中止未遂有间。

例二：甲持锐利无比之小型菜刀，连续挥刺被害人乙之颈部、胸腹部等足以致命之部位多刀，并致眼球掉出，其于已着手实行杀人之行为后，见被害人乙之眼球掉出，因己意中止杀人行为，嗣后并嘱旁人联络救护车，防止被害人死亡结果之发生，为中止未遂犯，应依法减轻或免除其刑。

例三：甲于某日凌晨4时许，在其住宅酒后与同居人乙发生争吵后，竟基于放火烧毁现供人使用住宅之犯意，着手将汽油桶内之汽油泼洒于屋内客厅，并以打火机点燃，借火力传导于前开住宅以燃烧，嗣甲见已生燃烧，为避免烧及乙，乃叫乙赶快离开火场，并本于中止之意思，在消防队尚未到达前，即以灭火器将火熄灭，防止火势延烧，使上开住宅未丧失其效用。则甲所为符合"刑法"第27条第1项之规定，得减轻或免除其刑，如法院认以减刑为适当者，得减其刑至三分之二。

例四：甲与乙为兄弟，2人与母亲丙同住。某日23时40分许，甲饮酒后回家，与母亲丙发生争执。乙适于屋内削水果，听见屋外之争执声，遂手持水果刀出门查看，发现丙倒卧地上，认定为甲将母亲推倒，遂与甲发生争执而顿萌杀人之犯意，持该水果刀，接续朝甲之颈部、胸部、腹部刺杀9刀，致甲受有多处之伤害。乙见甲不支倒地后，心生悔意，出于己意中止杀人行为，并即至邻人丁家中，委请丁拨打"119"电话，请求救护车前来救护，并因而防止甲死亡结果发生之事实，显见行为人乙主观上，在无任何通常障碍事由介入之情况下，出于己意自行中止杀人之犯意并防止结果之发生，属于"刑法"中止未遂之情形。

"刑法"第 27 条第 1 项所称"防止结果之发生"系指行为人实行犯行，而有结果发生之危险者，因己意而为诚挚努力，积极尽力防止结果发生（2013 年度台上字第 5029 号）。因此，行为人纵使于发生交通事故后，有当场委请其母亲拨打 119 或 110 报警及通知救护车到场，但其并未进一步参与救助之行为，亦难认系已达积极尽力防止结果发生之程度，自与本条第 1 项所谓"防止其结果之发生"不合。

实务判解

◆中止犯以犯罪已着手为前提，"刑法"第 41 条规定甚明，阴谋预备，其程度在着手以前，自不适用中止犯之规定，如犯有预备或阴谋罪之犯罪，于预备或阴谋中中止进行，法无处罚明文，应不为罪。（1932 年院字第 785 号）

［编按➡本解释之"'刑法'第 41 条"，系指 1928 年之旧"刑法"条文，即为现行"刑法"第 27 条。］

◆中止犯之成立，以已着手于犯罪之实行因己意中止者为要件，所谓着手，必须从客观方面可以认其实行行为已经开始者而言，若实行行为未曾开始，而其所为尚系着手以前之准备行为，只能谓之预备，除"刑法"上有处罚预备罪之规定，得依预备罪论科外，实无中止犯之可言。（1933 年上字第 980 号）

◆原判决认被告系听从某某等邀约前往掳人，行至中途即行折回，是其行为尚未达于着手实行之程度，原判决依掳人勒赎之中止犯处断，自属于法有违。（1934 年非字第 4 号）

◆杀人之帮助犯，欲为有效之中止行为，非使以前之帮助全然失效或为防止犯罪完成之积极行为不可，如属预备犯，则其行为之阶段，尚在着手以前，纵因己意中止进行，仍与"刑法"第 27 条所定已着手之条件不合，自应仍以杀人预备罪论科。（1943 年上字第 2180 号）

◆"刑法"第 27 条中止犯之减轻，以已着手于犯罪之实行，而因己意中止其结果之发生者为限。上诉人持刀杀妻时，既因其妻呼救，并逃往邻家，惊动其兄及四邻，始弃刀向警自首，则其当时并非因己意中止犯罪甚明，自无本条之适用。（1959 年台上字第 415 号）

◆依原判决所记载之事实，认定上诉人着手实施杀人行为后，乃中止杀意,并嘱案外人某甲将被害人送医急救,防止死亡结果之发生,依此情形,自属中止未遂,第一审误认为障碍未遂,适用"刑法"第26条前段,显系用法错误。(1977年台上字第662号)

[编按➡本则判例之"'刑法'第26条前段",系指2005年修正前之"刑法"条文,即为现行"刑法"第25条第2项后段。]

◆学理上所谓之中止犯,系指已着手于犯罪行为之实行,因己意中止或防止其结果之发生者而言,此观"刑法"第27条之规定自明。从尤某之陈述,可见当时上诉人系看到告诉人已因伤晕倒在地上,及有路人拨119电话报警,方跑回其车内,驾车离去。并非因己意而中止其犯罪行为。则原判决认系障碍未遂,依"刑法"第25条第2项规定而减轻其刑,所适用法则并无不当。(2001年台上字第1460号)

◆中止犯之成立,以已着手于犯罪之实行,而因己意,主动自发中止其犯罪行为之实施,或防止其结果之发生为要件,本件依原判决所认定之事实,上诉人系以打火机点燃室内弹簧床上之棉被后,方拨打行动电话连络其姊廖某某,告知家中起火,廖某某转知其母何某某报警派员灌救,始未烧煅其住宅等情,可见上诉人已着手于犯罪行为之实行,然未主动自发中止其犯罪行为之实施,或设法先自行灌救,防止其结果之发生,而系待至何某某报警派员灌救得宜,始未烧毁其住宅,核属障碍未遂,原判决未依中止犯论拟,适用法则洵无违误。(2003年台上字第6519号)

◆按中止犯之成立,以已着手于犯罪行为之实行,因己意中止或防止其结果之发生为要件。倘事前同谋或参与犯罪之预备行为,但于着手于犯罪行为之实行前,中止其共同犯罪之意思,亦未参与犯罪行为之实行,除另有处罚阴谋犯或预备犯之规定,应依该规定论处外,要无成立中止犯之可言。(2006年台上字第3251号)

[例如➡甲虽与乙、丙及丁共谋杀害戊,向其家属诈财,乃邀约戊至"某某撞球场",介绍戊与乙、丙、丁认识,但旋即心生悔意,借词离去,中止共同杀人、诈财之犯意联络。事后3个月,乙等人始另行再邀约戊至国外旅游,取得其信任后,再于返国次日予以诱杀,足见甲系在乙、丙、丁3人着手杀戊之前,中止共同杀人、诈财之犯意联络,嗣后亦未分担任何犯罪行为之实行,应仅止于杀人之预备阶段,不成立杀人之中止未遂,亦无防止其结果发生之义务。]

◆所谓"中止犯",必以行为人已着手于犯罪行为之实行,而因己意中止或防止犯罪结果之发生,始能成立。倘系由于外界之障碍事实,行为

人受此心理压力而不得不中止者，即非出于自由意志而中止，自非中止犯。（2009 年台上字第 6805 号）

[例如➡甲持刀强盗时，见药房老板娘乙于柜台后方拨打电话，旋即出言阻止其报警，并为等待拿取财物而与乙及药房助手丙僵持不下，俟丙向甲表示并未管理钱财，无钱可给等语后，甲始退出药房逃离现场，而未得逞。则甲既因怀疑乙已以电话报警，且拒不交付财物，始悻然离开现场，显系由于外界之障碍事实，甲受此心理压力而不得不中止，即非出于自由意志而中止，自无成立中止犯之可言。]

◆"刑法"第 27 条第 1 项后段规定，"结果之不发生，非防止行为所致，而行为人已尽力为防止行为者"之准中止犯，所称已尽力为防止行为，乃依当时情况，行为人因衷心后悔，已诚挚努力，积极尽其防止之能事，而实行与有效防止结果行为，具有相当性之行为而言。亦即，至少须为与自己防止其结果之发生，可同视程度之努力者，始克相当。倘行为人仅消极停止其犯罪行为，并容忍外力之介入，致未发生结果；或其防止结果行为，尚有未尽，而系因外力之介入，致未发生结果者，仍属障碍未遂，非准中止未遂。上诉人甲于点燃汽油后，并未将被害人乙救出火场，反而将之推向床铺，且于乙之身体正在燃烧中，竟不顾其死活，径自逃离房间。甲于被烧伤逃离后，虽向邻居呼救，但于邻人前来救火时，仍在一旁"骂脏话"，并未参与救助乙之行为。嗣邻人于扑灭火势后，始发现乙倒卧在房间内，已奄奄一息。本件上诉人甲之情形，即显然与"行为人已尽力为防止行为"之要件不符。（2009 年台上字第 7359 号）

◆"刑法"第 27 条第 1 项前段规定"已着手于犯罪行为之实行，而因己意中止或防止其结果之发生者，减轻或免除其刑"。依此规定，中止犯必以行为人已着手于犯罪行为之实行，因己意中止或防止全部犯罪结果之发生，始能成立。倘行为人于实行犯罪行为，且其所为之犯罪行为已发生一定之犯罪结果后，仅消极停止其犯罪行为，并未为防止结果发生之积极作为，仅因其已经实行之犯罪行为，因其他因素未能发生预期犯罪结果者，仍属障碍未遂，非中止未遂。（2010 年台上字第 1573 号）

[编按➡甲基于杀人及妨害公务之犯意，持枪接续朝警员乙射击数枪，其中 2 枪并致乙受有下巴及下颈部枪伤，右手臂枪伤合并肱骨开放性粉碎性骨折，尺神经受损，惟乙中枪后并未倒地，甲即因己意而中止对乙枪杀之行为等情。如果属实，则甲于朝乙接续射击数枪后，其实行之犯罪行为已经完成，即使乙未因而发生死亡之结果，则甲虽未再接续枪击乙，亦难

认与"因己意中止"之情形，在法律上为相同之评价。甲对乙之射击行为
是否符合中止未遂或仅止于障碍未遂，其判断之关键仍应究明：（1）甲停
止继续枪击乙之后，有无积极防止犯罪结果发生之相关作为；（2）乙受伤
后系如何送医；（3）乙是否因甲之防果行为而未发生死亡之结果等情状，
予以综合审认。如仅以甲并未再接续枪击乙而形式上已具"自行中止"之
外貌，即遽认甲符合中止犯之要件。]

◆"刑法"上所谓中止未遂，依"刑法"第 27 条第 1 项前段之规定，
系指行为人已着手于犯罪之实行，而因己意中止或防止其结果之发生，因
之未发生犯罪之结果而言。倘行为人已着手于犯罪行为之实行，并有发生
犯罪结果之危险，而于结果尚未发生前，仅因己意消极停止犯罪行为，然
未采取防止结果发生之积极行为，而系另有第三人之行为，致未发生犯罪
结果，仍属因外力介入而致犯罪未遂之普通未遂即障碍未遂，而非中止未
遂。（2010 年台上字第 3838 号）

[编按➡甲于已着手杀伤被害人乙之后，不能确知乙是否伤重死亡之
际，甲自行罢手离开，已难认甲有自己中止杀人行为之意思；甲亦无防止
被害人乙死亡结果发生之积极行为，乙系由路人丙送医治疗，始幸免于
难，甲所为即不属中止未遂。]

◆犯罪之未遂，有"未了未遂"与"既了未遂"之区别。"未了未
遂"，系指行为人着手于犯罪行为之实行，而未完成实行行为；"既了未
遂"，系指行为人着手于犯罪行为之实行后，虽已完成实行行为，但尚未
发生结果。两者于中止犯之适用，在"未了未遂"之情况，行为人只须消
极放弃实行犯罪行为，即可成立中止犯；而在"既了未遂"之情形，行为
人除中止外，尚须积极地防止结果发生，始能成立中止犯。"刑法"第 27
条第 1 项前段所定"已着手于犯罪行为之实行，而因己意中止者"，系指
"未了未遂"之情形；所定"已着手于犯罪行为之实行，而防止其结果之
发生者"，则指"既了未遂"之情形。倘行为人已着手于犯罪行为之实行，
并有发生犯罪结果之危险，而于结果尚未发生前，仅因己意消极停止犯罪
行为，然未采取防止结果发生之积极行为，而系另有第三人之行为，致未
发生犯罪结果，仍属因外力介入而致犯罪未遂之普通未遂即障碍未遂，而
非中止未遂。（2011 年台上字第 6535 号）

◆中止未遂与障碍未遂之区别，在于行为人实行犯罪行为后之中止行
为是否出于自由意志，为决定中止未遂与障碍未遂之区分标准，若行为人
非因受外界事务之影响而出于自由意志，自动终止犯罪行为或防止其结果

之发生，无论其终止系出于真心悔悟、他人劝说或自己感觉恐被发觉、时机尚未成熟，只须非因外界事务之障碍而使行为人不得不中止者，均为中止未遂；反之，倘系由于外界之障碍事实，行为人受此心理压力而不得不中止者，即非出于自由意志而中止，则属障碍未遂。（2012 年度台上字第 3444 号）

[例如➡甲于侵入乙女住处后，已着手对乙女强制性交行为之实行，其嗣后停止对乙女继续实行强制性交之行为，乃因乙女为维护名誉奋力拒却与持续反抗，方见无法得逞遂不得不放弃，并非甲出于己意而中止，仍应属障碍未遂，非中止未遂，自不得适用"刑法"第 27 条中止未遂之规定减轻或免除其刑。]

◆"刑法"第 27 条第 1 项前段规定"已着手于犯罪行为之实行，而因己意中止或防止其结果之发生者，减轻或免除其刑"。依此规定，中止犯必以行为人已着手于犯罪行为之实行，因己意中止或防止全部犯罪结果之发生，始能成立。倘行为人已实行犯罪行为，且其所为之犯罪行为已发生一定之犯罪结果后，仅消极停止其犯罪行为，并未为防止结果发生之积极作为，只因其已经实行之犯罪行为，因其他因素未能发生预期犯罪结果者，仍属障碍未遂，非中止未遂。（2013 年度台上字第 2962 号）

[例如➡甲于基于杀人之犯意，持水果刀刺杀乙之左腹部，致其受有左腹部腹壁裂伤合并小肠穿孔及腹内出血，并脏器外溢时，即已着手实行杀人之犯罪行为，且已造成乙受有上开伤势（如未经及时救治，将会死亡）之犯罪结果。嗣甲虽因乙之哀求，而未再持续加害乙，并将手机交予乙，然此仅系消极停止犯罪行为，其并未为报警、通知救护车或将乙送医等防止结果发生之积极作为。而乙系因于甲离去后，以手机向丙求援，经丙赶赴现场并报警及通知救护车，实时将乙送医急救等因素，始未发生死亡之结果。揆诸上揭说明，甲自属障碍未遂，而非中止未遂。]

法律座谈

法律问题：某甲如犯"有处罚阴谋或预备犯"之犯罪，于阴谋或预备中，中止进行，究应如何论拟？

讨论意见：

甲说：中止犯以犯罪已着手为前提，阴谋、预备，其程度在着手以前，如于阴谋、预备中，中止进行，法无处罚明文，应不为罪（1932 年院字第 785 号解释参照）。

　　乙说：中止犯之成立，以已着手于犯罪之实行，因己意中止者为要件，所谓着手，必须从客观方面可以认其实行行为已经开始者而言，若实行行为未曾开始，而其所为尚系着手以前之阴谋或预备，除"刑法"上有处罚阴谋或预备罪之规定，得依阴谋或预备罪论科外，实无中止犯之可言（1933 年上字第 980 号判例参照）。

　　丙说：按中止犯系以犯罪已着手为前提，阴谋、预备，其程度系在着手以前，自不适用中止犯之规定；故某甲纵于完成阴谋或预备行为后，因己意中止，而未达于着手之阶段，仍无中止犯规定之适用；惟某甲之阴谋，预备行为，依题旨所示，既有处罚之规定，自应依法论以该项阴谋或预备罪；倘该罪并无处罚阴谋或预备犯之规定，因法无处罚明文，自不为罪。

　　结论：采乙说。

　　台湾"高等法院"审核意见：同意采乙说。

　　"司法院"刑事厅研究意见：原研讨结果及台湾"高等法院"审核意见采乙说，核无不合，惟丙说与乙说似无不同，并此叙明。

法谚

43. 自然法不可变。

Jura naturae sunt immutabilia.

The laws of nature are unchangeable.

44. 衡平法帮助不知，不帮助不注意。

Equitas ignorantiae opitulatur, oscitantiae non item.

Equity assists ignorance, but not carelessness.

45. 法律应着眼于频频发生事件而制定，不应着眼于不能预测之事件而制定。

Jura constitui oportet, in his quae ut plurimum accidunt, non quae ex inopinato.

46. 事实之不知，可以原谅（抗辩）；法律之不知，不可以原谅（抗辩）。

Ignorantia facti excusat, ignorantia juris non excusat.

Ignorance of the fact excuses; ignorance of the law does not excuse.

第四章　正犯与共犯

第二十八条　共同正犯
①二人以上共同实行犯罪之行为者，皆为正犯。

条理析释

本条原规定"实施"一语之行为态样，实务上秉持"司法院"1942年院字 2404 号解释之意旨，认其系涵盖阴谋、预备、着手、实行概念在内（即承认阴谋共同正犯、预备共同正犯），解释上包括"共谋共同正犯"、"阴谋共同正犯"与"预备共同正犯"，基于近代"刑法"之个人责任原则及人权保障之思想，认为预备犯、阴谋犯因欠缺行为之定型性，处罚预备犯、阴谋犯更为例外（未遂犯）之例外，更有沦于为处罚意思、思想之虞，有违近代刑法重视客观之犯罪行为之基本原理（行为刑法），而且预备犯、阴谋犯又无中止未遂之适用，实有悖于平等原则，且与一般国民感情有违。故将"实施"一语，修正为"实行"，将"阴谋共同正犯"与"预备共同正犯"排除本条之适用。

至于"共谋共同正犯"之部分，则依"实质客观说"或"行为（犯罪）支配理论"承认共谋共同正犯之概念，及德国、日本等国之立法例，亦肯定共谋共同正犯之存在。我国实务对于共同正犯与帮助犯之区别标准，则采"以自己共同犯罪之意思，实施构成要件之行为者，为正犯；以自己共同犯罪之意思，实施构成要件以外之行为者，亦为正犯；以帮助他人犯罪之意思，实施构成要件之行为者，亦为正犯；以帮助他人犯罪之意思，实施构成要件以外之行为者，始为从犯（帮助犯）"之立场（主观客观择一标准说），均肯定"共谋共同正犯"之存在。

犯罪之行为，系指发生"刑法"效果之意思活动而言；自其发展过程观之，乃先有动机，而后决定犯意，进而预备、着手及实行。次按犯罪型态有 1 人单独为之者，有 2 人以上为之者；依行为时"刑法"第 28 条规定"2 人以上共同实行犯罪之行为者，皆为正犯"。其参与犯罪构成要件之行为者，固为共同正犯；至于以自己共同犯罪之意思，事先同谋，而由其中一部分人实施犯罪之行为者，亦为共同正犯，对于全部行为所发生之结果，亦同负责任（"司法院"释字第 109 号参照），此即学理所称之"共谋共同正犯"。因此，2005 年 2 月 2 日修正公布，自 2006 年 7 月 1 日起施行之"刑法"第 28 条虽将"实施"修正为"实行"，排除"阴谋共同正犯"与"预备共同正犯"，仍无碍于"共谋共同正犯"之存在。故参与共谋者，其共谋行为，应属犯罪行为中之一个阶段行为，而与其他行为人之着手、实行行为整体地形成一个犯罪行为。

共同正犯，乃系在合同意思范围以内，各自分担犯罪行为之一部，互相利用他人之行为，以达其犯罪之目的，故各共同正犯者间，非仅就其自己实施之行为负责，并应在犯意联络之范围内，对于其他共同正犯所实施之行为，亦共同负责。

共同正犯之成立，祗须具有犯意之联络，行为之分担，既不问犯罪动机起于何人，亦不必每一个阶段犯行，均经参与。是共同实行犯罪行为，在合同意思范围内，各自分担犯罪行为之一部，相互利用他人之行为以达其犯罪之目的者，应对于全部所发生之结果共同负责。

例如：甲、乙 2 人共同基于"刑法"第 201 条第 1 项之伪造有价证券罪之犯意联络，甲提供空白本票，乙伪造该本票，甲、乙 2 人仍应成立共同正犯。

"刑法"上之间接正犯，系利用他人之无责任能力、无犯罪故意或阻却违法等行为，以实行自己所欲实现之犯罪行为；虽利用者与被利用者并未共同实行犯罪之行为，但被利用者无异为利用者使用之犯罪工具，被利用者不负罪责，而利用者应与直接正犯负同一罪责。

例一：甲系配合警方及检察官之指示行事，并无与乙共同运输及私运海洛因进口之犯意，其行为应符合"毒品危害防制条例"第 32 条之 1、第 32 条之 2 所定之阻却违法事由（控制下交付），乙利用甲具备阻却违法之事由以实行自己所欲实现之犯罪行为，自应成立间接正犯。

例二：甲将乙交付之装有手枪、子弹之防 X 光袋放入行李箱内，送进搭乘某荣航空班机货舱载运回台，在关口被查获。因其仅系利用自己搭乘之班机货舱载运而已，仍属自己所实施之犯罪行为，与利用无责任能力或无犯罪意思者，实现犯罪事实之情形有别。不得认甲系以托运方式由不知情之某荣航空班机货舱代为运输，而论以间接正犯。

共同正犯间之意思联络，原不以事前参与谋议，数人间直接发生者为限，凡基于同一犯罪目的，于犯罪行为持续进行之各阶段中，以自己共同犯罪之意思参与，不以数人间直接发生者为限，而为间接之联络者，亦包括在内。

例一：甲与乙共同谋议贿选，由甲交付贿赂与乙进行贿选行为，乙再指示丙与丁期约贿选，丁复与戊期约贿选，乙并将 5000 元之贿赂交付丁，则丙、丁均系基于使甲当选而为贿选行为之同一犯罪目的下，于贿选行为进行之各阶段中，以自己共同犯罪之意思而参与，并均已分担实施期约贿赂之构成要件行为，丙、丁 2 人与甲虽无直接之意思联络，仍均属共同正犯。

例二：甲分别邀请乙、丙犯罪，虽乙、丙间彼此并无直接之联络，亦无碍于其为共同正犯之成立。

"刑法"上之帮助犯，系指以帮助之意思，对于正犯资以助力，而未参与实施犯罪之行为者而言，如就构成犯罪事实之一部已参与实施，即属共同正犯。

例三：购买毒品者甲拨打电话向乙洽购海洛因毒品时，丙不但有接听电话，并依约代乙将毒品交付购买者甲 2 次之事实，丙之此等行为已属贩卖毒品构成要件之一部行为，应论以贩卖第一级毒品之共同正犯，非仅止于帮助乙贩卖毒品而已。

行为人如以自己参与犯罪之意思，共同实行犯罪构成要件之行为，无论系居于主要下手实行之角色地位，或仅为配角地位而提供协助，或从旁监督进行共同犯罪之计划，均应成立共同正犯，而非单纯之帮助犯。

例如：甲于乙、丙制造安非他命时，负责自基隆运送盐酸麻黄素约 100 公斤至嘉义，并在该第 1 阶段制毒租屋处停留，依丙指示将盐酸麻黄素倒入桶内，并负责将蓄电池及微电脑充电器连接电风扇而供电，以吹散该阶段制毒所生之臭气。嗣复驾车搭载丙，运送已完成第 1 阶段制毒程序之物料，至高雄第 2 阶段制毒租屋处，亦在该处停留达 25 天之久，显系知情而共同参与制毒。不得仅因甲矢口否认犯罪，供称："伊只负责载货并看管，以赚取日酬 2500 元，既不知上揭 2 处在制造安非他命，亦未给予丙协助，虽在第 1 处所，依丙指示，将盐酸麻黄素倒入桶内，然因丙注入药水，伊受不了异味，旋即离去。在第 2 处所，则系应乙要求，留下打扫环境，整理现场，均纯属不知内情而遭利用。"等语之辩解，即得依帮助犯之例处断。

"刑法"之共同正犯，系以行为人间具有犯意联络、行为分担，即克当之。以贩卖毒品罪为例，举凡看货、议价、洽定交易时地、送货、收款等作为，皆属贩卖行为之部分举动，为该犯罪构成要件以内之行为，一旦参与、分担，应成立共同正犯。就贩卖毒品行为言，既查严、罪重，且不敢亦无法公然从事客观上之犯罪目的，并非必须多次作为始克达成，于一般生活中，亦难认持续贩卖毒品乃属常态，社会通念尤难容许一再违犯，一向采取从严禁毒态度之立法者，更无将之特别归类为包括一罪之设计原意，自应依一般法律适用原则，以一行为一罪一罚处遇之。（2013 年度台上字第 5189 号判决参照）

多数人出于自己共同犯罪之意思，彼此分工协力共同实现犯罪行为，互为补充而完成犯罪，即多数行为人基于犯意联络与行为分担者，为共同正犯，学说上称之为"功能性的犯罪支配"；在功能性犯罪支配概念下，多数人依其角色分配共同协力参与构成要件的实现，其中部分行为人虽未参与构成要件行为之实行，但其构成要件以外行为对于犯罪目的实现具有不可或缺之地位，仍可成立共同正犯。（2012 年度台上字第 5199 号判决参照）

共同正犯之成立，祇须具有犯意之联络，行为之分担，既不问犯罪动机起于何人，亦不必每一阶段犯行，均经参与，凡相互利用他人之行为，以达成其犯罪之目的者，即应对于全部发生之结果，共同负责。且意思之联络并不限于事前有所谋议，即仅于行为当时，基于相互之认识，以共同犯罪之意思参与者，亦无碍于共同正犯之成立。且其表示之方法，不以明示通谋为必要，即相互间有默示之合致，亦无不可。

例如：甲明知乙、丙 2 人欲前去向丁索讨电动玩具机台，仍驾车搭载共同前往，嗣见乙、丙分持改造手枪威胁被害人丁，乙并以枪支敲击丁头部，甲竟未加阻止或即离开，反而提议让丁签下本票，并一同强押被害人丁上车，由其驾车载至汽车旅馆，复持针筒作势要对丁注射，以逼使还债，则甲与乙、丙 2 人，对于持有改造手枪及强押被害人之行为，彼此间自难谓无犯意联络及行为分担，因而论以共同正犯，自无不合。

"刑法"上之共同正犯，虽应就全部结果负其责任，但科刑时仍应审酌"刑法"第 57 条各款情状，为各被告量刑轻重之标准，并非必须科以同一之刑。

例如：法院依认定之事实，共同正犯甲、乙 2 人之犯罪情节，明显轻重有别，而竟判决量处同一之刑，又未说明其 2 人应受相同刑罚评价之理由，难谓与罪刑相当原则无违。

正犯是指在犯罪活动中，居于重要地位者，可以掌握犯罪是否发动及如何进行；共犯则为透过正犯而侵害法益之人，包括教唆犯及帮助犯。

正犯与帮助犯之区别，系以其主观之犯意及客观之犯行为标准，凡以自己犯罪之意思而参与犯罪，无论其所参与者是否犯罪构成要件之行为，皆为正犯；其以帮助他人犯罪之意思而参与犯罪，其所参与者，如系犯罪构成要件之行为，亦为正犯，如系犯罪构成要件以外之行为，则为帮助犯。而所谓参与构成要件以外之行为系指其所参与者，非直接构成犯罪事实之内容，但足以助成其所欲实现之犯罪事实发生之行为而言。

例一：行为人自承有帮忙买便当，负责看门挡人，亦参与清洗制造用锅子，并从毒品制告者获得安非他命，其行为已属参与犯罪构成要件之实施，自属共同正犯。

例二：甲明知乙之强盗计划，仍与乙共同前往案发现场，并应乙之请，佯装看货，让乙有持刀自后对丙施暴之机会，且于事后驾驶乙所有之小客车接应乙逃离现场，其虽未下手实行强盗行为，然已参与负责其余事前准备及实行强盗后支援逃亡工作，使乙强盗计划完整实行，则甲以共同犯罪之意思谋议于前，并分工犯罪构成要件外之行为，仍应负共同正犯之责。

例三："刑法"上之强盗罪，以施用强暴、胁迫等手段而夺取或使人交付财物为构成要件，并以实施强暴、胁迫等行为，作为判断强盗着手之标准。若甲仅在乙、丙着手实施强盗犯行前，驾车尾随丁之小货车，并离小货车停车处 30 公尺附近停车，让乙、丙下车强盗。则甲并未参与强盗罪构成要件之行为，而甲于乙提议强盗后，随即调转车辆方向，由后尾随被害人之小货车至戊住处附近，让乙、丙 2 人下车强盗等举动，固得采为不利甲之认定，但仍应详查厘清甲究以自己犯罪之意思参与，抑以帮助他人犯罪之意思而为之，始得论处甲为共同正犯或是帮助犯。

例四：甲、乙、丙 3 人，见丁女深夜独行，即共萌邪念，相互谋议将丁女强拉上车，使之不能抗拒而为猥亵之行为，虽甲实际上仅负责开车，尚未实施猥亵被害人，但既谋议在先，开车疾驶于后，则对于乙之沿途强制猥亵行为，仍应负共同正犯之罪责。

共同正犯在犯意联络范围内之行为，应同负全部责任。惟加重结果犯，以行为人能预见其结果之发生为要件，所谓能预见乃指客观情形而言，与主观上有无预见之情形不同，若主观上有预见，而结果之发生又不违背其本意时，则属故意范围；是以，加重结果犯对于加重结果之发生，并无主观上之犯意可言。从而共同正犯中之一人所引起之加重结果，其他之人应否同负加重结果之全部刑责，端视其就此加重结果之发生，于客观情形能否预见；而非以各共同正犯之间，主观上对于加重结果之发生，有无犯意之联络为断。（2013 年度台上字第 5274 号判决参照）

共同正犯中之一人所引起之加重结果，其他正犯于客观上能预见时即应就该加重结果共同负责，不以正犯间主观上对于加重结果之发生有犯意联络为必要。

例一：甲与乙 2 人或徒手或持坚硬之物，共同殴击丙受伤倒地，造成皮下出血肿大及硬脑膜出血之伤势，终因脑损伤不治死亡。系在合同意思范围内，相互利用他人之行为，以达其犯罪之目的，虽各人只分担犯罪行为之一部，仍应对于全部所发生之结果共同负责；不因甲、乙实际实施之伤害行为与丙致死之伤害部位有无关系，而解免其共同正犯之刑责，应成立伤害致人于死罪之共同正犯。

例二："毒品危害防制条例"第 4 条之运输毒品罪，并不以两地间毒品直接搬运输送移转存置于特定地点为限，其以迂回、辗转方法，利用不相同之运输工具、方法，将毒品移转运送至终极之目的地者，亦包括其各阶段之运输行为，均在运输毒品罪之内，所以参与运输毒品中之任何一个阶段之行为人，均应对全部犯罪事实，负共同正犯之责。

侵入室内窃盗者，于尚未得财之际，因被事主发觉，而由窃盗之犯意变更为强盗之犯意，其在外把风者，对于强盗行为因无意思之联络，不算入强盗之共犯，此种情形系指各该共犯于犯罪之初，本无强盗之犯意者而言。倘共犯之间，自始即基于强盗之犯意，而侵入者又于被事主发觉后，已实施强暴、胁迫行为，致使被害人不能抗拒，而强取财物，其在外把风者，仍应负共同强盗罪责。

例如：甲、乙、丙 3 人共同以犯强盗罪之意思，组成强盗集团。甲于乙、丙进入丁宅强盗财物时，甲仅在外面负责把风，事成之后并朋分赃物，仍无碍于成立强盗罪之共同正犯。

意欲犯罪之人，不亲自实施犯罪行为，而利用不知情或无刑事责任能力之人或动物，以实施其所意欲之犯罪行为者，无异将该不知情之人等充为犯罪之工具，虽行为人未亲自实行犯罪行为，仍应负正犯之刑事责任（学理上称为间接正犯）。行为人虽仅实施犯罪行为之一部，而未完成其犯罪行为，但若其利用不知情之第三人接续实施以完成其所意欲之犯罪行为者，亦属间接正犯，自应就其自己及该不知情之第三人所实施之全部犯罪行为负正犯之刑事责任。

　　共同正犯，在主观上须有犯意联络，而此所称犯罪之意思联络，固不以明示为必要，即相互间有默示之合致，亦属之。然所谓默示之合致，必须由其行为或其他客观情事，他人可以推知其有同意之表示始可，单纯之无异议或未加制止，尚不能遽认有默示之合致。若行为人主观上无犯意联络，仅事后参与处分赃物，无论是否成立其他罪名，要难论以共同正犯。

　　"刑法"第28条之共同正犯，系指2人以上，基于共同之行为决意，彼此有犯意之联络与行为之分担，共同实行犯罪构成要件之事实而言。而所谓共同之行为决意，乃指行为人之间，出于特定犯罪之故意，依彼此间之谋议或计划，经由相互间之作用，所成立之共同一致之犯意。若仅系对他人之犯罪计划予以单方面之支持或同意，则非属之。

　　例如：甲、乙2人分别出资新台币240万元、60万元，由乙持300万元，向丙贩入海洛因10两，甲分得8两、乙分得2两。若甲、乙2人系基于共同犯意之联络，依双方出资之比例出售谋利，则成立共同正犯；倘甲、乙2人并无分别出资，再按约定比例分账之犯意，而系自始即本于各自独立营利之意图，仅因货源相同，故推由乙前往丙之处所取得，再依出资金额取得各自贩入部分，则甲、乙2人即无共同正犯之适用。

　　刑之量定，为求个案裁判之妥当性，法律赋予法院裁量之权。"刑法"上之共同正犯，应就全部犯罪结果负其责任，系基于共同犯罪行为，应由正犯各负全部责任之理论而来，于科刑时则仍应审酌"刑法"第57条所列各款情状，分别情节，为各被告量刑轻重之标准。共同正犯间固非必须科以同一之刑，但个案裁量权之行使，自应受比例原则及平等原则之拘束，俾符合罪刑相当，使罚当其罪，轻重得宜。如共同正犯间之量刑轻重相差悬殊，于公平原则有悖，当非持法之平，其刑之量定即难谓为适法。

　　例如：甲、乙、丙3人合意共同强盗丁之财物，将丁诱至乙之租屋处，予以捆绑，令其交付财物。丁反抗并咬伤甲且出口辱骂，甲、乙、丙3人乃另起杀人之犯意联络，由丙以黑色胶带，甲以黄色胶带分别缠绕、封住丁之口、鼻部，致其因呼吸道受阻不能呼吸，当场在乙租屋处窒息死亡。乙并未分担以胶带缠绕足以戕害剥夺被害人生命法益之实行行为，法院却判处乙死刑，褫夺公权终身；甲、丙判处无期徒刑，褫夺公权终身。对此共同正犯间刑之量定，即有轻重失衡彼此相差悬殊之违失，不得谓符合罪刑相当之原则。

实务判解

◆现行"刑法"关于正犯、从犯之区别，本院所采见解，系以其主观之犯意及客观之犯行为标准，凡以自己犯罪之意思而参与犯罪，无论其所参与者是否犯罪构成要件之行为，皆为正犯，其以帮助他人犯罪之意思而参与犯罪，其所参与者，苟系犯罪构成要件之行为，亦为正犯，必以帮助他人犯罪之意思而参与犯罪，其所参与者又为犯罪构成要件以外之行为，始为从犯。（1936年上字第2253号）

[编按➡基于本判例之意旨，行为人所参与者虽系犯罪构成要件以外之行为，然如系基于共同行为决意，而与其他共同实施犯罪行为之人，各自分担犯罪行为之一部，纵其所为非属构成要件行为，亦应对于全部发生之结果共同负责，均属共同正犯。]

◆"刑法"第28条所谓实施，系指犯罪事实之结果直接由其所发生，别乎教唆或帮助者而言，即未着手实行前犯阴谋预备等罪，如有共同实施情形，亦应适用该条处断。至实行在现行"刑法"上乃专就犯罪行为之阶段立言，用以别乎阴谋预备着手各阶段之术语。（1942年院字第2404号）

◆教唆犯系指仅有教唆行为者而言，如于实施犯罪行为之际，当场有所指挥，且就其犯罪实施之方法，以及实施之顺序，有所计划，以促成犯罪之实现者，则其担任计划行为之人，与加工于犯罪之实施初无异致，即应认为共同正犯，而不能以教唆犯论。又如在正犯实施前曾参加计划，其后复参加构成犯罪事实之一部者，即属分担实施之犯罪行为，亦应认为共同正犯，而不能以帮助犯论。（1956年台上字第473号）

◆共同正犯之所以应对其他共同正犯所实施之行为负其全部责任者，以就其行为有犯意之联络者为限，若他犯所实施之行为，超越原计划之范围，而为其所难预见者，则仅应就其所知之程度，令负责任，未可概以共同正犯论。（1961年台上字第1060号）

◆以自己共同犯罪之意思，参与实施犯罪构成要件以外之行为，或以自己共同犯罪之意思，事先同谋，而由其中一部分人实施犯罪之行为者，均为共同正犯。解释理由书如下：共同正犯，系共同实施犯罪行为之人，在共同意思范围内，各自分担犯罪行为之一部，相互利用他人之行为，以达其犯罪之目的，其成立不以全体均行参与实施犯罪构成要件之行为要件；参与犯罪构成要件之行为者，固为共同正犯；以自己共同犯罪之意思，参与犯罪构成要件以外之行为，或以自己共同犯罪之意思，事前同谋，而由其中一部分人实行犯罪之行为者，亦均应认为共同正犯，使之对于全部行为所发生之结果，负其责任。本院院字第 1905 号解释，系指事前同谋，事后得赃，推由他人实施，院字第 2030（1）号解释，系谓事前同谋，而自任把风，皆不失为共同正犯。院字第 2202 号解释前段所谓警察巡长与窃盗串通，窝藏赃物，并代为兜销，应成立窃盗共犯，如系以自己犯罪之意思，并参与其实施，则属窃盗共同正犯。上述 3 号解释，虽因声请内容不同，而释示之语句有异，但其旨趣，则无二致。应并指明。（1965 年释字第 109 号）

◆被告既与行将杀人之某甲共同将被害人拉出殴打，并于其拟逃之际，自后抱住不放，便于某甲下手刺杀，自难辞其行为分担之责，纵其意在帮忙，但其参与犯罪分担，既已达犯罪构成要件之行为，仍应论以共同杀人之正犯，而非帮助犯。（1976 年台上字第 590 号）

◆上诉人等 4 人同时同地基于同一原因围殴被害人等 2 人，其中 1 人因伤致死，当时既无从明确分别围殴之对象，显系基于一共同之犯意分担实施行为，应成立共同正犯，并同负加重结果之全部罪责。（1980 年台上字第 1931 号）

◆共同正犯之意思联络并不限于事前有所谋议，即仅于行为当时有共同犯意之联络者，亦属之，且其表示之方法，亦不以明示通谋为必要，即相互间有默示之合致，亦无碍于共同正犯之成立。（1984 年台上字第 1886 号）

◆"刑法"分则或"刑法"特别法中规定之结伙 2 人或 3 人以上之犯罪，应以在场共同实施或在场参与分担实施犯罪之人为限，不包括同谋共同正犯在内。大法官会议释字第 109 号解释将"同谋共同正犯"与"实施共同正犯"并包括于"刑法"第 28 条之"正犯"之中，但此与规定于"刑法"分则或"刑法"特别法中之结伙犯罪，其态样并非一致。（1987 年台上字第 7210 号）

◆共犯在学理上，有"任意共犯"与"必要共犯"之分，前者指一般原得由 1 人单独完成犯罪而由 2 人以上共同实施之情形，当然有"刑法"总则共犯规定之适用；后者系指须有 2 人以上之参与实施始能成立之犯罪而言。且"必要共犯"依犯罪之性质，尚可分为"聚合犯"与"对向犯"，其 2 人以上朝同一目标共同参与犯罪之实施者，谓之"聚合犯"，如"刑法"分则之公然聚众施强暴、胁迫罪、参与犯罪结社罪、轮奸罪等是，因其本质上即属共同正犯，故除法律依其首谋、下手实施或在场助势等参与犯罪程度之不同，而异其刑罚之规定时，各参与不同程度犯罪行为者之间，不能适用"刑法"总则共犯之规定外，其余均应引用"刑法"

第 28 条共同正犯之规定。而"对向犯"则系 2 个或 2 个以上之行为者，彼此相互对立之意思经合致而成立之犯罪，如贿赂、赌博、重婚等罪均属之，因行为者各有其目的，各就其行为负责，彼此间无所谓犯意之联络，苟法律上仅处罚其中部分行为者，其余对向行为纵然对之不无教唆或帮助等助力，仍不能成立该处罚行为之教唆、帮助犯或共同正犯，若对向之 2 个以上行为，法律上均有处罚之明文，当亦无适用"刑法"第 28 条共同正犯之余地。（1992 年台非字第 233 号）

◆按被告事前共谋犯罪或参与预备犯罪之行为，但于即将开始实施犯罪行为尚未着手之际，因反悔而拒绝参与实施犯罪之行为，并以行动阻止其他人实施犯罪之行为；纵其阻止行动无效，其他人仍下手实施犯罪行为而发生犯罪之结果，惟被告于其他人即将开始实施犯罪行为尚未着手之际，既已无与之共同犯罪之意思，亦未参与实施犯罪之行为，除法律有处罚该罪之阴谋或预备犯之规定，应论以该罪之阴谋犯或预备犯外，尚不能遽依该罪之共同正犯论拟。（2005 年台上字第 3515 号）

[例如➡甲于事前虽曾与乙共谋以泼洒硫酸毁坏丙女容貌，并购买硫酸 1 瓶及塑胶手套 1 盒备供犯罪使用，但于到达现场准备下手实施犯罪行为之际，甲因见丙女携同幼童在旁，顿生恻隐之心乃反悔拒绝行凶，而乙见丙女即将走入屋内，即先行下车，甲虽在后拉了乙一把，惟未致防止重伤害结果之发生，乙仍将硫酸朝丙女之脸部泼洒，使丙女受有化学性灼伤。则甲事前虽曾共谋对丙女为重伤害，并已为预备犯罪之行为，但其于即将开始实施犯罪行为尚未着手之际，因反悔而拒绝实施犯罪之行为，并以行动阻止乙实施该项犯罪之行为；虽其阻止行动无效，乙仍下手对丙女泼洒硫酸而使丙女受重伤，但甲于乙即将着手对丙女泼洒硫酸之前，既已无与之共同重伤害丙女之意思，亦未参与重伤害行为之实施，而"刑法"重伤害罪亦无处罚阴谋犯或预备犯之规定，依上说明，自不能遽论以该罪之共同正犯。]

◆间接正犯乃以自己犯罪之意思，利用无责任能力、无犯罪意思或他人欠缺违法性之行为者，实现犯罪事实之谓。其被利用者须有意思能力，如系支配无意思能力者之举动，以遂行其犯罪，则为亲自犯罪，属单独正犯，而非间接正犯。（2005 年台上字第 6403 号）

◆共同正犯在犯意联络范围内之行为，应同负全部责任。惟加重结果犯，以行为人能预见其结果之发生为要件，所谓能预见乃指客观情形而言，与主观上有无预见之情形不同，若主观上有预见，而结果之发生又不违背其本意时，则属故意范围；是以，加重结果犯对于加重结果之发生，并无主观上之犯意可言。从而共同正犯中之一人所引起之加重结果，其他之人应否同负加重结果之全部刑责，端视其就此加重结果之发生，于客观情形能否预见；而非以各共同正犯之间，主观上对于加重结果之发生，有无犯意之联络为断。又"刑法"第 277 条第 2 项前段伤害致人于死之罪，系因犯伤害罪致发生死亡结果而为加重其刑之规定，依同法第 17 条之规定，固以行为人能预见其结果发生时，始得适用，但伤害行为足以引起死亡之结果，如在通常观念上不得谓无预见之可能，则行为人对于被害人之因伤致死，即不能不负责任。（2006 年台上字第 4178 号）

◆共同正犯应就全部犯罪结果共负责任，故正犯中之一人，其犯罪已达于既遂程度者，其他正犯亦应以既遂论科。又中止犯仍为未遂犯之一种，必须犯罪之结果尚未发生，始有成立之可言。共同正犯之一人或数人虽已中止其犯罪行为，尚未足生中止之利益，必须经由其中止行为，予其他共犯以实行之障碍；或劝导正犯全体中止；或有效防止其犯罪行为结果之发生；或其犯罪行为结果之不发生，虽非防止行为所致，而行为人已尽力为防止行为者，始能依中止未遂之规定减轻其刑。（2007 年台上字第 2883 号）

◆2 人以上共同实行犯罪之行为者，"刑法"第 28 条所以规定皆为正犯，系因正犯被评价为直接之实行行为者，基于共同犯罪之意思，分担实行犯罪行为，其一部实行者，即应同负全部责任之理由。学理上所称之相续共同正犯（承继共同正犯），固认后行为者于先行为者之行为接续或继续进行中，以合同之意思，参与分担实行，其对于介入前先行为者之行为，苟有就既成之条件加以利用而继续共同实行犯罪之意思，应负共同正犯之全部责任。但结合犯或行为时修正前"刑法"之连续犯、牵连犯，本系合并数个独立犯罪或结合成一罪，或以一罪论或从一重处断。如后行为者介入前，先行为者之行为已完成，又非其所得利用者，自不应令其就先行为者之行为，负其共同责任。本件依原判决所采上诉人等于第一审隔离讯问所为证词，上诉人等似仅于肖某某绳勒被害人后，因听命于肖某某而参与搬运、遗弃尸体之行为，则上诉人等苟系于肖某某完成杀人行为后，始参与后续之犯行，得否径论杀人部分之共同正犯，须视渠等是否自始即与肖某某之杀人计划有犯意联络并参与行为分担而定。（2008 年台上字第 5288 号）

◆"把风"一词，并非法律上之用语，供述笔录虽有"把风"用词之记载，但行为人是否构成犯罪，仍应视其有无以自己共同犯罪之意思及所参与者是否系犯罪构成要件行为以为断，如系以自己共同犯罪之意思而参与犯罪，无论其所参与者是否系犯罪构成要件之行为，均为共同正犯；如非以自己共同犯罪之意思而参与，苟已参与犯罪构成要件事实之一部，分担部分犯罪之实行，仍属共同正犯之范畴；至非以自己共同犯罪之意思而参与犯罪构成要件以外之行为，另视其有无以帮助他人实行犯罪之意思而定，如其意在助成他人犯罪之实行，则仍应成立帮助犯，否则即无由成立帮助犯之余地；另非以自己共同犯罪之意思，且无任何参与行为，应不成立犯罪，自不因供述笔录有"把风"用词之记载而论处其罪刑。（2009 年台上字第 2780 号）

◆犯罪态样，依其犯罪性质可分为"共同正犯"与"对向犯"，所谓"对向犯"系指 2 个或 2 个以上之行为人彼此相互对立之意思经合致而成立犯罪，其等彼此间无所谓犯意联络，因行为者各有其目的，各就其行为负责，并无成立共同正犯之余地。（2012 年度台上字第 2481 号）

◆共同实行犯罪行为之人，在合同意思范围以内，各自分担犯罪行为之一部，相互利用他人之行为，以达其犯罪之目的者，即应对于全部所发生之结果，共同负责，不问犯罪动机起于何人，亦不必每一阶段犯行，均经参与。又关于犯意联络，不限于事前有所协议，其于行为当时，基于相互之认识，以共同犯罪之意思参与者，亦无碍于共同正犯之成立。且数共同正犯之间，原不以直接发生犯意联络者为限，即有间接之联络者，亦包括在内。（2012 年度台上字第 4182 号）

［例如➡甲、乙因商业竞争，产生严重冲突，甲有意对乙之住宅放火，即联络友人丙共同谋议，由甲指定犯罪之时地与方法，并提供地图、制作汽油弹之方法及金钱，再由丙交给丁、戊 2 位少年前往乙宅共同放火，则甲、丙业已参与犯罪之谋议，并分担部分之行为，而相互利用他人之行为，以达其犯罪之目的，则无论渠等彼此间谋议之具体态样为何，甲、丙与共犯少年丁、戊之间，均应成立共同正犯。］

◆学说所称"己手犯"，系指某些犯罪，在性质上必须具有某种特定身分或关系之人，直接亲自实行构成要件行为，始能成立该犯罪之正犯。正犯以外之人虽可对之加工而成立该罪之帮助犯或教唆犯，但不得为该罪之间接正犯或共同正犯，亦即该罪之正犯行为，唯有借由正犯一己亲手实行之，他人不可能参与其间，纵有犯意联络，仍非可论以共同正犯，如伪证罪即是。"医师法"第 28 条第 1 项前段之犯罪，以未具有合法医师资格，为犯罪构成要件之一，并非以因身分或其他特定关系而成立之犯罪，自非借由正犯一己亲手实行之己手犯，依上开说明，自得成立共同正犯。（2012 年度台上字第 5863 号）

◆"刑法"之相续共同正犯，基于凡属共同正犯对于共同犯意范围内之行为均应负责，而共同犯意不以在实行犯罪行为前成立者为限，若了解最初行为者之意思，而于其实行犯罪之中途发生共同犯意而参与实行者，亦足成立；故对于发生共同犯意以前，其他共同正犯所为之行为，苟有就既成之条件加以利用而继续共同实行犯罪之意思，则该行为即在共同意思范围以内，自应共同负责。（2013 年度台上字第 1358 号）

[例如➡甲为诈骗集团老板，提供信用卡内码给车头乙伪造完成信用卡，再由乙，督同旗下车手丙、丁前往商家盗刷，取得商品后，交由销赃者戊变卖获取现金共同朋分。自甲提供内码资料给乙伪造信用卡，再由丙、丁盗刷及戊销赃变现等犯罪阶段以观，缺乏任一阶段之行为人参与，即无法取得犯罪所得以满足任一阶段行为人之利益。故各阶段行为人显为相互利用他人之行为，以达犯罪之目的。纵下游之车手丙、丁或销赃者戊，或不识上游老板甲，而与甲无直接之犯意联络；又车头乙并不识销赃者戊，亦无直接之犯意联络，但透过甲之居间联系，而得彼此互通有无，相互利用，故各该行为人均应成立本罪之共同正犯。]

◆共同正犯因为在意思联络范围内，必须对于其他共同正犯之行为及其结果负责，从而在刑事责任上有所扩张，此即"一部行为，全部责任"之谓。而此意思联络范围，亦适为"全部责任"之界限，因此共同正犯之逾越（过剩），仅该逾越意思联络范围之行为人对此部分负责，未可概以共同正犯论。至于共同正犯意思联络范围之认定，其于精确规划犯罪计划时，固甚明确，但在犯罪计划并未予以精密规划之情形，则共同正犯中之一人实际之犯罪实行，即不无可能与原先之意思联络有所出入，倘此一误差在经验法则上系属得以预见、预估者，即非属共同正犯之逾越。盖在原定犯罪目的下，只要不超越社会一般通念，赋予行为人见机行事或应变情势之空间，本属共同正犯成员彼此间可以意会属于原计划范围之一部分，当不以明示为必要。（2013 年度台上字第 3664 号）

◆"贪污治罪条例"第 6 条第 1 项第 4 款之图利罪，因公务员不待他人意思之合致或行为之参与，其单独一人亦得完成犯罪，故非属学理上所谓具有必要共犯性质之"对向犯"，自不得引用"对向犯"之理论而排除共同正犯之成立。公务员与无公务员身分之人，如具有犯意联络、行为分担，共同对于该公务员主管之事务，图无公务员身分者（即图利之对象）之不法利益并因而使其获得利益，依"贪污治罪条例"第 3 条及"刑法"第 28 条、第 31 条第 1 项之规定，自得成立图利罪之共同正犯。此为"最高法院"最近一致之见解。（2014 年度台上字第 1365 号）

◆假冒检警电话诈骗之犯罪形态，自刊登广告、招揽人员担任车手、司机、把风工作、拨打电话实施诈骗、制作伪造之公文书及特种文书、指示被害人提领款项、推由担任车手之成员交付伪造之公文书与被害人、取赃分赃等阶段，乃系需由多人缜密分工方能完成之集团性犯罪，本件上诉人在共犯向被害人收取诈欺款项时，分别担任招募车手、把风、驾车接应等分工，其所为虽均属诈欺取财、伪造文书构成要件以外之行为，然其最终目的，系欲促使集团能够顺利完成诈欺取财，再从中获取利润、赚取报酬之行为，显系以自己犯罪之意思共同参与该集团之犯罪运作甚明，自应论以正犯。且按共同正犯之意思联络，不限于事前有所协定，其于行为当时，基于相互之认识，以共同犯罪之意思参与者，亦无碍于共同正犯之成立；意思之联络并不限于事前有所谋议，即仅于行为当时有共同犯意之联络者，亦属之，且其表示之方法，亦不以明示通谋为必要，即相互间有默示之合致，亦无不可。（2014 年度台上字第 2214 号）

◆共同实行犯罪行为之人，在合同意思范围以内，各自分担犯罪行为之一部，相互利用他人之行为，以达其犯罪之目的者，即应对于全部所发生之结果，共同负责。另共同正犯之一员于实行犯罪之初，主观上与其他共同正犯间已有犯意联络及行为分担，果依原计划进行，对于结果可认有因果关系（可独立发生犯罪结果），纵该共同正犯在行为与结果之因果关系联络中，经司法警察（官）、检察事务官或检察官查获并遭法院羁押，如未中断犯意仍继续彼等原有犯意联络，藉由其他共同正犯实行犯罪，其他共同正犯仍依其等原有犯意赓续实行犯罪，除因该共同正犯被查获后坦承犯行因而防止结果发生，中止犯罪；或因其被查获致其他共同正犯均无法遂行犯罪发生结果；或在前行为与结果之因果关系联络持续中，有其他独立之原因力介入，该介入之原因力与前行为并非相因而生，因其介入而独立发生结果，或因前行为而生后行为，后行为介入前行为与结果间，而对于结果可独立发生因果关系，因该介入之原因力继起因果关系后发生结果，原有之因果关系为之中断；或共同正犯之一员于行为后因其他条件之介入而发生结果，该结果并非行为当时所能预期其结合，则现实所发生之结果，与前行为人之行为，即非相当条件，而无因果关系，更无所谓中断

之问题，均毋庸对其结果负既遂责任外，仍应就发生犯罪之全部结果，负共犯之责。（2014年度台上字第2570号）

法律座谈

◎法律问题一：甲、乙、丙3人于某旅社房间内，由甲提供海洛因自行施打1针，并为乙施打1针，丙则自行施打1针，甲、乙、丙3人是否均为共同正犯？

研究意见：

关于共同正犯，我国判例原采犯罪共同说，即以犯罪为本位，指数人共同实施特定之犯罪之义（1957年台上第1304号判例即采此说）。惟解释例，则改采意思主体共同说，认共犯，乃团体现象之1种，盖社会现象之发生，有由于数人之共同行为者，此项共同现象，在"刑法"上则为共犯，因之，通谋者既具有共同之意思，虽未参加实施犯罪之行为，而由其中一人实施之者，仍应共同负责（1965年释字第109号解释承认共谋共同正犯）。按大法官会议所为解释，具有统一解法律之效力，是关于共同正犯之解释，自应以上开解释例为准据。准此，是否为共同正犯，应以行为人之主观意思为定，甲、乙、丙3人既有犯意连络，纵其中之乙并无施打行为，仍无碍于共同正犯之成立。

◎法律问题二：甲、乙2人共同教唆丙杀人，甲、乙2人是否有"刑法"第28条之适用？

讨论意见：

甲说：教唆行为不限于一人单独为之，如数人以共同之犯意共同对他人教唆犯罪，则为共同教唆犯，"刑法"上对此虽无规定，但其性质与共同正犯之观念相同，自可准用共同正犯之规定，本题甲、乙间具有意思之联络，应有"刑法"第28条之适用①。

乙说："刑法"第28条所谓之共同正犯，以2人以上共同实施犯罪行为为条件，教唆犯则系教唆他人实施犯罪行为，与共同实施之正犯有别，2人以上共同教唆，虽应就教唆行为共同负责，仍不适用"刑法"第28条之规定（"最高法院"1936年上字第6616号判决）。

初步意见：拟采甲说。

---

① 参见韩忠谟：《刑法原理》（1978年2月），第279页。

审查意见：采乙说①。

研讨结果：照审查意见通过（参照"司法院"院字第 2404 号解释）。

"司法院"刑事厅研究意见：同意研讨结果。

◉法律问题三：甲、乙父子 2 人共同在路旁公共场所摆设摊位，由甲做庄，乙佯装赌客招引路人前来赌博财物，警察查获时，正有路人丙、丁与乙在摊位上押注参赌，问乙构成何罪？与甲是否为共同正犯？

研讨意见：

甲说：乙虽佯装赌客与甲赌博财物，惟彼等间并无赌博犯意，而系共同招揽路人赌博财物之犯意，是乙虽构成"刑法"第 266 条第 1 项有犯意联络行为分担应为共同正犯。

乙说：乙既与路人丙、丁均押注参赌，则其应构成"刑法"第 266 条第 1 项罪嫌，但与甲、丙、丁间之关系为必要共犯。

结论：采甲说：

台"高检"研究意见：赞同原结论，采甲说。

"法务部"检察司研究意见：同意原研讨结论，以甲说为当。

◉法律问题四：甲欲开设赌场，以每日新台币 5000 元代价向乙租用其住宅为场所，甲召集赌徒抽头营利，问甲、乙间犯罪关系如何？

讨论意见：

甲说：甲、乙间有犯意联络，行为分担，且乙之犯罪能否成立亦以甲有否赌博抽头为准，2 人间应成立"刑法"第 28 条之共同正犯。

乙说：乙图利者为租金，甲意图为赌博抽头，犯意各别，2 人各负单独正犯之责。

丙说：甲是意图抽头为正犯，乙是意图收取租金，但明知是甲利用房屋为赌场，故为帮助犯。

结论：拟采甲说。

研讨结果：设甲已召集赌徒，赌博抽头营利，则采甲说。若尚未实施，应属预备行为，即不能成罪。因题意谓"某甲欲开设赌场……"也。

"司法院"刑事厅研究意见：依题意，甲已召集赌徒赌博抽头图利，而乙收取之租金每日新台币 5000 元，金额之巨，殊难谓为一般正常之租金，如甲、乙间已有犯意之联络与行为之分担，以甲说为当。

---

① 参见陈朴生：《刑法总论》，第 174～175 页。

◉**法律问题五**：联锁人犯，相约乘隙同时带锁脱逃，应属同时犯，或共同正犯？

讨论意见：

甲说："刑法"上之脱逃罪，以依法逮捕或拘禁之人用不法行为回复其自由而脱离公力监督为成立要件，上述人犯，系各自乘隙脱离公力监督，仅因联锁关系同时行动，并无共同行为，故其属于同时犯，应无疑问。

乙说：联锁为法定戒具之一种，其作用即在防止受刑人脱逃（参见"监狱行刑法"第22条）故2人联锁后非有共同行动，即难遂其脱逃目的，上述人犯既相约脱逃，即属以合同之意思，互相利用而为脱逃行为，应按共同正犯论处为当。

审查意见：拟采乙说。

研讨结果：采乙说。

◉**法律问题六**：在赌博性电动玩具店内受雇为打扫、搬运电动玩具、插、拔电源等工作之杂役，及记账、兑换硬币之会计，应论以共同正犯或帮助犯？雇主如成立普通赌博罪或常业赌博罪，杂役、会计之罪责有无不同？

讨论意见：

甲说：雇主成立普通赌博罪时，杂役、会计应论以该罪之共同正犯。如雇主成立常业赌博罪时，杂役、会计若赖其薪资以维生，亦成立常业赌博罪之共同正犯，若杂役、会计未赖其薪资以维生，则仅成立常业赌博罪之帮助犯。查题示杂役、会计之行为，乃系以电动玩具为赌博之必要行为，为赌博罪构成要件之一部分，故如雇主成立普通赌博罪，杂役、会计应论以共同正犯。惟若雇主成立常业赌博罪，因常业赌博罪，系以赌博之收入赖以维生为其构成要件，为另一犯罪类型，与普通赌博罪有别，故如杂役、会计亦赖其薪资以维生，则亦应与雇主成立常业赌博罪之共同正犯，否则仅成立常业赌博罪之帮助犯。

乙说：不论雇主成立普通赌博罪或常业赌博罪，杂役、会计均成立帮助犯。查电动玩具赌博，系雇主利用电动玩具与赌徒赌博，题示杂役、会计之工作，仅是完成赌博行为前后之帮助行为，并非赌博行为之本身，故仅是帮助犯，非共同正犯。

审查意见：依个案具体事实认定（即参与赌博罪构成要件之行为者为共同正犯，以帮助他人犯罪之意思而参与犯罪构成要件以外之行为者始为从犯）。

研讨结果：照审查意见通过。

"司法院"刑事厅研究意见：同意研讨结果。

第二十九条　教唆犯及其处罚

①教唆他人使之实行犯罪行为者，为教唆犯。

②教唆犯之处罚，依其所教唆之罪处罚之。

条理析释

教唆犯如采共犯独立性说之立场，实侧重于处罚行为人之恶性，此与现行"刑法"以处罚犯罪行为为基本原则之立场有违。更不符合现代刑法思潮之共犯从属性思想，故改采德国刑法及日本多数见解之共犯从属性说中之"限制从属形式"。依限制从属形式之立场，共犯之成立系以正犯行为（主行为）之存在为必要，而此正犯行为则须正犯者（被教唆者）着手于犯罪之实行行为，且具备违法性（即须正犯行为具备构成要件该当性、违法性），始足当之，至于有责性之判断，则依个别正犯或共犯判断之，并原条文第3项失败教唆及无效教唆之处罚，将教唆犯之要件修正为"教唆他人使之实行犯罪行为者，为教唆犯"，亦即被教唆者未产生犯罪决意，或虽生决意却未实行者，教唆者皆不成立教唆犯。

教唆犯经修正采共犯从属性说之立场，则其处罚之效果，仍维持"教唆犯，依其所教唆之罪处罚之"之规定，在适用上以被教唆者着手实行，且具备违法性后，教唆者始成立教唆犯。而成立教唆犯后之处罚，则依教唆犯所教唆之罪（如教唆杀人者，依杀人罪处罚之）。至于应适用既遂、未遂何者之刑，则视被教唆者所实行之构成要件事实既遂、未遂为断。

被教唆者之犯罪与教唆者所教唆之行为抽象一致，仅具体之方法、手段不同者，教唆者仍应负其教唆之责。例如：甲纵仅直接教唆乙使丙受重伤及枪杀丁，并未直接对戊有教唆行为，亦未就丙明示采泼硫酸方式为之，然上开事项仅属被教唆之乙实施犯罪之具体方法、手段，是乙既因甲之教唆而邀同戊参与，并对丙采泼硫酸方式重伤之，及购买枪、弹射杀丁，均未逾越甲原教唆范围，甲仍应负教唆犯之责。

"刑法"上之帮助犯，系指以帮助之意思，对于正犯资以助力，而未参与实行犯罪之行为者而言，如以共同犯罪之意思，虽参与构成要件以外之行为，仍属共同正犯；又如正犯原无犯罪意思，因教唆者之教唆始起意实行犯罪行为，虽教唆者于教唆后，复资以助力帮助其实行行为，其帮助行为，应为教唆行为所吸收，教唆者仍成立"刑法"第 29 条之教唆犯。

例如：甲积欠乙及丙共约 8 万元，乙介绍甲为丙至泰国运输海洛因入台，丙除提供机票费、饭店费及旅费外，并允可免除前揭欠款。甲供称："伊起初系先认识乙，乙要叫伊去泰国拿东西，就带伊去丙那边，他们共同商议要伊去带毒品，伊去泰国后，实际上系 2 个人都有联络，只是第 2 天以后伊就联络不到丙，所以在第 2 天之后是透过乙联络云云。"则本案之甲原无运输及走私毒品之犯意，乃因乙之唆使并诱之以利而决意为之，倘乙系以自己共同犯罪之意思为之者，即应成立共同正犯；若乙仅基于帮助之意思而为之时，仍应以教唆犯处断。

所谓教唆犯，系指教唆原无犯罪意思之他人，使之萌生犯罪之意思，进而实行犯罪之情形而言，因造意引发他人产生犯意而犯罪，就惹起犯罪之角度观察，与正犯之间，具有一定程度之从属性，但若被教唆者实际上并不成立犯罪（例如无效教唆或失败教唆），则教唆者之教唆行为，无何作用，乃不加非难，亦不成立犯罪，"刑法"第 29 条修正意旨说明甚详。再学理上另有所谓"陷害教唆"者，则指司法警察人员，只因认为他人有犯罪之嫌疑，却苦无证据，遂设下计谋，使该他人果然中计、从事犯罪之行为，然后加以逮捕，倘事后查明，该他人其实原无犯罪之意思，纯因司法警察或其相关人员之唆使，始萌生犯意、实行犯罪，形同遭受陷害，为维护司法之纯洁及公正性，当予禁止，且不应令其人负犯罪之刑责；此与司法警察人员对于原有犯意之人，运用搜证之技巧，以"钓鱼"方式，使之上、现形，以便利用其再为犯罪之机会，将之逮捕，即学理上所称之"机会教唆"或"钓鱼式侦查"之情形有别。然而无论陷害教唆或机会教唆，均仅系对于该客观上实行犯罪之行为人，应否课以刑责及犯罪遂行之程度等问题而为探讨，无关司法警察有无刑责。进一步言，纵然司法警察采行陷害教唆之办案方式，有害司法正义，但因不具有自己犯罪或和他人共同犯罪之意思，尚不构成间接正犯或共同正犯，且因被教唆者不会成立犯罪，司法警察亦无成立教唆犯之余地；至于是否应负行政责任或因其他犯罪情事，须负其他刑责，乃属另一问题。（2013 年度台上字第 317 号判决参照）

实务判解

◆教唆他人犯罪后，又进而实施犯罪行为者，其教唆行为已为实施行为所吸收，应以实施正犯论。（1933 年上字第 681 号）

◆"刑法"上之教唆犯，以对于本无犯罪意思之人，唆令决意实施犯罪，为其本质。如对于已经决意犯罪之人，以帮助之意思，资以物质上或精神上之助力，而助成其犯罪之实施者，不过成立从犯，固无教唆之可言。又假使他人犯罪虽已决意，仍以自己犯罪之意思，就其犯罪实行之方法，以及实施之顺序，对之有所计划，以促成犯罪之实现者，则其所计划之事项，已构成犯罪行为之内容，直接干预犯罪之人，不过履行该项计划之分担而已，其担任计划行为者，与加工于犯罪之实施，初无异致，即应认为共同正犯，亦不得以教唆犯论。（1935 年上字第 890 号）

◆犯人自行隐避，在"刑法"上既非处罚之行为，则教唆他人顶替自己以便隐避，当然亦在不罚之列。（1935 年上字第 4974 号）

◆"刑法"第 28 条之共同正犯，以 2 人以上共同实施犯罪行为为条件，教唆犯则系教唆他人实施犯罪行为，与共同实施之正犯有别，2 人以上共同教唆，虽应就教唆行为共同负责，仍不适用第 28 条之规定。（1936 年上字第 6616 号）

[例如⇨甲、乙 2 人共同基于教唆杀人之犯意联络，约定由乙找寻杀手，乙于是以电话约丙碰面后，乙唆使丙接受以 250 万元之代价杀害丁，双方经过讨价还价后，同意以 300 万元杀害丁，双方并议定由甲出钱，丙负责杀人。丙接受甲与乙杀人之委托后，即依约将丁杀害。此种案情，甲、乙 2 人均有教唆之行为，皆应就教唆行为负其责任，但并无"刑法"第 28 条共同正犯之适用。]

◆某甲原无杀父之意，某乙教唆毒杀后，复送给毒药，并又催促实施，则某乙前之教唆与后之催促，系一个教唆行为，其送给毒药之帮助行为，在教唆之后，应为教唆行为所吸收，自应以教唆杀人论科。（1957 年台上字第 831 号）

◆结婚为男女当事人二人之行为，不容第三人分担实施。父母同意其子女重婚，并为主婚，既非分担实施重婚行为，亦非以自己共同重婚之意思而参与（重婚行为除当事人外非第三人所能参与犯罪），只是对其子女之重婚行为，事前事中予以精神上之助力，仅能构成重婚罪之帮助犯，如子女原无重婚之意思，则父母之造意可构成重婚之教唆犯，而不成立共同正犯。（1978 年第 10 次刑事庭决议）

◆本件王某原无伪造支票之犯意，上诉人苏某供给空白支票与王某，教唆王某伪造印章使用。是其行为，系教唆王某伪造支票。其教唆王某伪造印章，在用以伪造支票，应为犯罪行为之一部，即应论以教唆伪造

有价证券罪。（1981 年台上字第 6854 号）

◆教唆犯并非共同正犯，上诉人夫妻如属共同教唆伪证，应就教唆行为共同负责，无适用"刑法"第 28 条规定之余地，原判决主文揭示上诉人共同教唆伪证字样，并于结论栏引用"刑法"第 28 条，殊嫌错误。（1984 年台上字第 2616 号）

◆"刑法"第 29 条业于 2005 年 2 月 2 日修正，2006 年 7 月 1 日起实施，教唆犯已改采共犯从属性说之立场，须被教唆者着手实行犯罪行为，且具备违法性后，教唆者始成立教唆犯。（2007 年台上字第 6958 号）

◆所谓陷害教唆，系指行为人原不具犯罪之故意，纯因司法警察之设计教唆，始萌生犯意，进而实施犯罪构成要件之行为者而言，因其手段显然违反"宪法"对于基本人权之保障，且已逾越侦查犯罪之必要程度，对于公共利益之维护并无意义，故否定其因此取得之证据资料有证据能力。至警方对于原已具有犯罪故意并已实施犯罪行为之人，以所谓钓鱼之侦查技巧搜证，既无碍于行为人基本人权之保障，对于犯罪侦防及社会秩序之维护，复有正面之效果，倘其取得证据资料并未违背法定程序，自应认其有证据能力。（2008 年台上字第 1786 号）

◆按"刑法"上之伪证罪，不以结果之发生为要件，一有伪证行为，无论当事人是否因而受有利或不利之判决，均不影响其犯罪之成立。而该罪所谓于案情有重要关系之事项，则指该事项之有无，足以影响于裁判之结果而言。被告在诉讼上固有缄默权，且受无罪推定之保障，不须举证证明自己无罪，惟此均属消极之不作为，如被告积极教唆他人伪证，为自己有利之供述，已逾越上揭法律对被告保障范围。"最高法院"1935 年上字第 4974 号判例谓"犯人自行隐避，在'刑法'上既非处罚之行为，则教唆他人顶替自己，以便隐避，当然亦在不罚之列"。乃针对"刑法"第 164 条第 2 项顶替罪所作之解释，尚不得比附援引，藉为教唆伪证罪之免责事由。（2008 年台上字第 2162 号）

◆现行"刑法"第 29 条关于教唆犯之规定，已改采共犯从属性说之立场，须被教唆者着手实行犯罪行为，且具备违法性后，教唆者始成立教唆犯。对照"刑法"第 29 条修正前"被教唆人虽未至犯罪，教唆犯仍以未遂犯论"之规定，系采共犯独立性说立场，侧重于处罚教唆犯之恶性，显然有别。因此，倘被教唆者未产生犯罪决意，或虽生决意却未实行者，皆不成立教唆犯。（2011 年台上字第 4914 号）

◆教唆他人使之实行犯罪行为者，为教唆犯。教唆犯之处罚，依其所教唆之罪处罚之，"刑法"第29条第1项、第2项分别定有明文。又被告在自己的刑事案件接受审判，不可能期待其为真实之陈述，以陷自己于不利地位之诉讼结果。故被告在自己的刑事案件中为虚伪之陈述，乃不予处罚。惟此期待不可能之个人阻却责任事由，仅限于被告自己为虚伪陈述之情形，始不为罪；如被告为求脱罪，积极教唆他人犯伪证罪，除将他人卷入犯罪之外，法院更可能因误信该证人经具结后之虚伪证言而造成误判之结果，严重侵犯司法审判之公正性，此已逾越法律赋予被告单纯为求自己有利之诉讼结果而得采取之诉讼上防御或辩护权之范围，且非国民道德观念所能容许，依一般人客观之立场观之，应得合理期待被告不为此一犯罪行为，而仍应论以教唆伪证罪。(2014年度台上字第1625号)

　　[例如➡甲既教唆乙于案件审理中为伪证行为，其行为已与教唆伪证罪之构成要件该当，自应论以教唆伪证罪刑。其与"最高法院"1935年上字第4974号判例谓"犯人自行隐避，在'刑法'上既非处罚之行为，则教唆他人顶替自己，以便隐避，当然亦在不罚之列"，乃针对"刑法"第164条第2项顶替罪所作之解释。从本罪之构成要件以观，犯人自行隐避本即不成立犯罪，故教唆顶替者依"刑法"第29条第2项规定之反面解释，自亦不成立犯罪。但被告虚伪陈述不一定即不成立伪证罪，法院依"刑事诉讼法"第287条之1及之2规定，就被告本人之案件，以裁定分离调查共同被告时，该共同被告准用有关人证之规定。倘该共同被告依证人规定具结，且未拒绝证言而就自己之犯罪事实为虚伪陈述，则仍有伪证罪之适用。是顶替罪与伪证罪之构成要件，在本质上原有不同，尚不得比附援引，藉为教唆伪证罪之免责事由。]

法律座谈

◉**法律问题一：** 甲教唆乙窃取他人财物，事后甲与乙分受赃物，或向乙买受赃物。甲除成立教唆窃盗罪外，应否另论赃物罪？

研讨意见：

甲说： 只成立教唆窃盗罪。

按教唆犯依其所教唆之罪处罚之，"刑法"第29条第2项定有明文。又窃盗罪之成立，原以不法取得他人财物为要件，教唆行窃而收受所窃之赃，其受赃行为当然包括于教唆窃盗行为之中，不另成立收受赃物罪名，"最高法院"着有1939年上字第2708号判例可资参照。同理，教唆窃盗后，故买该窃盗犯窃得之赃物，亦不另成立故买赃物罪。

乙说：另成立故买赃物罪，不成立收受赃物罪。

按事前教唆他人窃取财物，事后分受赃物，依"最高法院"前引判例所示，固仅论以教唆窃盗罪，不另论收受赃物罪；惟如教唆窃盗复故买赃物，则不应为相同之认定（"最高法院"1996 年度台上字第 595 号判决参照）。本件甲教唆乙窃取他人财物，事后向乙买其窃得之赃物，自应另论故买赃物罪。

丙说：应依甲教唆乙窃盗时之犯意范围而决定如何论罪。

1. 甲教唆乙窃盗之时，如已存心分受赃物，则甲系为自己不法所有之意思而参与乙窃盗之犯行，应成立窃盗罪之共谋共同正犯，其事后分受赃物，当然不另论罪。

2. 甲于教唆窃盗之时，如系存心故买赃物，因甲尚非为自己不法所有之意思而加工于乙窃盗之犯行，除成立教唆窃盗罪外，应另成立故买赃物罪。因上开 2 罪之犯意同时发生，且有方法结果之牵连犯关系，应从一重处断。

3. 甲教唆乙窃盗之时，如未存心分受赃物或故买赃物，于事后始起意分受赃物或故买赃物者，除成立教唆窃盗罪外，应另论收受赃物或故买赃物之罪，而且以上二罪应并合处罚。

结论：多数采甲说。

台湾"高等法院"研究意见：无论收受或故买赃物，均属窃盗之处分行为，均包括于不法取得他人财物之窃盗行为之中，自不另成立收受赃物或故买赃物罪，同意原座谈结论采甲说。（1997 年 5 月"司法院"（86）厅刑一字第 23586 号）

◉法律问题二：甲教唆乙杀害丙以报前仇，乙允其所请，前往商店购买凶刀 1 把及头套 1 个准备杀人，随即为警查获，试问甲是否成立预备杀人罪之教唆犯？（台湾"高等法院"因应"刑法"施行座谈会第 29 号）

讨论意见：

甲说：甲不成立预备杀人罪之教唆犯。

理由：

1. 修正"刑法"第 29 条第 1 项规定："教唆他人'使之实行'犯罪行为者，为教唆犯。"依修正理由之说明："修正后之教唆犯改采德国刑法及日本多数见解之共犯从属性说中之'限制从属形式'，共犯之成立系以正犯行为（主行为）之存在为必要，而此正犯行为则必须正犯者（被教唆者）着手于犯罪之实行行为，且具备违法性（即须正犯行为具备构成要件该当性、违法性)，始足当之。"如被教唆者虽生决意却未实行者，教唆者并不成立教唆犯。本题甲教唆乙杀害丙以报前仇，乙允其所请，前往商店购买凶刀1把及头套1个准备杀人，惟并未着手"杀人罪之实行行为"，故甲并不成立预备杀人罪之教唆犯。

2. "刑法"第271条第3项虽设有预备杀人罪之规定，但甲是教唆乙犯杀人罪，并非教唆乙犯预备杀人罪，故甲仍不成立预备杀人罪之教唆犯。

3. "实行行为"之概念须具备以基本构成要件为基础之行为类型性，始有其实质性，因预备犯乃属欠缺类型性之行为，若亦肯定其"实行行为性"，则实行行为之概念，将明显成为空洞无实质内容之概念；从而"刑法"第29条第1项"使之实行"之规定，应以着手实行之实行行为为限，并不包括预备罪。

4. 预备罪，可分为从属的预备罪(例如：杀人罪或强盗罪之预备罪等)与独立的预备罪(例如："刑法"第199条伪造通用货币预备罪等)，前者，系属于无定型之行为，是以无法肯定该预备罪之教唆犯，至于后者，由于该预备行为已经被类型化(构成要件化)而有其定型性，因此得肯定该预备罪之教唆犯。如题旨所示，本题乙所犯成立"刑法"第271条第3项、第1项之预备杀人罪，系从属的预备罪，并无教唆犯之问题，故甲不成立预备杀人之教唆犯。

乙说：甲成立预备杀人罪之教唆犯。

理由：修正"刑法"第29条第1项规定："教唆他人'使之实行'犯罪行为者，为教唆犯。"其中"使之实行"一词，于解释上应包括"阴谋"、"预备"在内，是以被教唆者虽仅止于阴谋或预备阶段，但法律有处罚阴谋或预备之行为时，被教唆者成立阴谋罪或预备罪，教唆者亦应成立阴谋罪或预备罪之教唆犯，是以如题旨所示，甲教唆乙杀害丙以报前仇，乙允其所请，前往商店购买凶刀1把及头套1个准备杀人，随即为警查获，乙成立"刑法"第271条第3项、第1项预备杀人罪，甲亦应成立预备杀人罪之教唆犯。甲说拘泥于文义，不知阴谋犯、预备犯亦属于犯罪行为之1种，自有不当。

研究意见：采甲说。

〔编按⇨教唆犯修正前，"最高法院"1975年度第7次刑事庭会议曾有决议与本座谈问题极为类似，其法律问题及研究意见如下：

法律问题("刑法"修正前)：甲教唆乙持刀至丙家杀丙，乙行至半路，即被警查获，致未达成杀丙之目的，已被判处预备杀人罪刑确定，对甲究应以教唆杀人未遂罪论？抑应以教唆预备杀人罪？

会议决议：现行"刑法"对教唆犯系采独立处罚主义，故"刑法"第29条既规定"教唆犯，依其所教唆之罪处罚之"。又规定"被教唆人虽未致犯罪，教唆犯仍以未遂犯论。但以所教唆之罪有处罚未遂犯之规定者，为限"。甲教唆乙持刀至丙家杀丙，乙行至半路，即被警查获，致未达杀丙之目的，被教唆人乙虽被判处预备杀人罪确定，但教唆犯甲系教唆乙杀人，并非仅教唆乙预备杀人，乙之被判处预备杀人罪，于教唆犯甲无涉，其未达成杀人之目的，实与"未至犯罪"无殊，故应依"刑法"第29条第3项论甲以教唆杀人未遂。]

[编按➡本决议已于2006年8月22日经"最高法院"2006年度第16次刑事庭会议决议第9则，以因法律业已修正，删除第3项"被教唆人虽未至犯罪，教唆犯仍以未遂犯论"。本则决议自2006年7月1日起，不再供参考。]

◉法律问题三：某甲教唆某乙为自己之刑事案件伪证。某乙伪证罪成立，某甲是否亦构成教唆伪证罪？

讨论意见：

甲说：教唆犯之成立应就教唆行为自身之性质决定之，而不能以被教唆者之行为为准。某甲为避免自己犯罪，教唆某乙伪证，为自己脱罪，乃人性防御之本能。其行为欠缺期待可能性，应不构成犯罪。

乙说：教唆犯依其所教唆之罪处罚之，"刑法"第29条第2项定有明文。被教唆人某乙既成立伪证罪，教唆犯某甲自应成立教唆伪证罪。否则，被教唆人某乙犯罪，而始作俑者某甲反而不构成犯罪，显失公平。

审查意见：教唆犯之成立，应就教唆行为自身之性质决定之，而不能以被教唆者之行为为准，犯人不据实陈述其犯罪行为，在"刑法"上并无处罚之规定。某甲教唆某乙为自己之刑事案件伪证，其目的在脱免自己之刑责，当在不罚之列，应不构成犯罪（参阅"最高法院"1935年上字第4974号判例），采甲说。

研讨结果：多数采乙说。

"司法院"刑事厅研究意见：查犯人为虚伪之陈述在"刑法"上并非处罚之行为，某甲教唆某乙为自己之刑事案件伪证，旨在脱免自己之罪责，参照"最高法院"1935年上字第4974号判例意旨"犯人自行隐避，在'刑法'上既非处罚之行为，则教唆他人顶替自己以便隐避，当然亦在不罚之列"，则某甲为脱免自己之刑责教唆某乙为自己之刑事案件伪证，亦应在不罚之列，宜采甲说。

[编按⇨"最高法院"1935年上字第4974号判例意旨业经2008年台上字第2162号及2014年度台上字第1625号刑事判决指明"顶替罪与伪证罪之构成要件，在本质上原有不同，尚不得比附援引，藉为教唆伪证罪之免责事由"。请参阅本条所选录之实务判解。]

◎**法律问题四**：被告张三、李四均为警员，明知王五意图使梁二逃避刑事追诉，而出面顶替，由张三制作笔录，李四则告知王五应如何应讯，制作警讯笔录，且中途以电话询问梁二经营电动玩具赌博经过各情，被告2人是否成立共犯"刑法"第213条之公务员登载不实罪？

讨论意见：

甲说：成立"刑法"第213条之公务员登载不实罪及第134条、第164条之公务员假借职务上之方法帮助顶替罪之共犯，二罪有方法结果之牵连关系，应从一重之公务员登载不实罪处断。

理由："刑法"第213条犯罪处罚，原系以保护公文书之正确性为目的，所谓明知不实事项而登载，只需登载之内容失真出明知，并不问失真情形为全部或一部，仅亦不问其所以失真系出于虚增或故减（参照"最高法院"1955年台上字第387号判例）。警员侦查犯罪所制作之警讯笔录，逼公务员职务上所掌理之公文书，被告二人既明知经营电动玩具赌博者为梁二，而非王五，竟基于帮助顶替之故意，假借职务上之机会，将虚构之事实登载于警讯笔录，应成立"刑法"第213条之公务员登载不实罪及第134条、第164条之公务员假借职务上之方法帮助顶替罪之共犯，二罪有方法结果之牵连关系，应从一重之公务员登载不实罪处断。

乙说：仅成立"刑法"第164条帮助顶替罪。

理由：犯罪嫌疑人对警员之讯问，并无据实陈述犯罪事实之义务，纵所言出于虚构，亦仅能就犯罪嫌疑人所虚构之事实登载于职务上所掌理之公文书罪。综上所述，被告不成立"刑法"第213条之公务员登载不实罪。被告二人既有帮助王五顶替梁二之意图，自应成立"刑法"第164条帮助顶替罪。

审查意见：采乙说，但应依"刑法"第134条加重其刑。

决议：增加丙说，多数采丙说。

丙说：成立"刑法"第213条及第164条教唆顶替罪，二罪为牵连犯，应从较重之公务员登载不实罪处断。

理由：按警员于侦查被告时，所制作之警讯笔录，仍渠本诸侦查罪之职责，依职权为调查犯罪之所制作之文书证据，属公务员依法令所作之文书，非仅系被告自述状之代笔人，而从张三、李四等2位警员，既明知实际经营电动玩具者为梁二，非王五，竟虚构王五经营电动玩具之事实，与王五共同完成虚伪不实之警讯笔录，自应与王五共同成立"刑法"第213条之公务员职务上登载不实罪责。此与警察主观上确信王五顶替他人犯罪，而客观上，该顶替人实际上并未与警察共同虚构顶替警讯笔录者有别。

又按顶替罪属亲手犯，他人无法与之共同成立顶替罪共同正犯，故张三、李四在公务员职务上所掌公文书为虚伪登载之伪造文书，纵有犯意联络行为分担，以助成王五顶替罪行，仍不构成顶替罪之共同正犯。再顶替行为之完成，除了须出面承认自己系犯罪行人外，尚须承认被顶替人之犯罪情节，本件王五之出面顶替，虽系单纯受梁二唆使而为，非因张三、李四等2位警员唆使而顶替，惟因张三及李四对被顶替人梁二之犯罪情节部分，系由李四向梁二询问后，再由李四唆使王五应如何虚构犯罪事实，以应张三之侦讯，仍制作完成本件王五顶替梁二犯罪之警讯笔录，助成王五顶替梁二之犯罪行为，核张三、李四等2人所为，业同时兼有帮助及教唆王五他人顶替犯罪之故意，依共犯竞合时，独立性共犯优于从属性共犯之法理，本件被告张三、李四另应再成立教唆顶替罪，非仅成立帮助顶替罪。再被告张三、李四所犯"刑法"第213条之公务员于职务上所掌公文书登载不实罪，与教唆顶替二罪间，有方法目的之牵连关系，为牵连犯，应从一重之公务员登载不实罪论处。

台湾"高等法院"检察署研究意见：多数采丙说。

"法务部"检察司研究意见：同意台湾"高等法院"检察署研讨意见，以丙说为当。惟自2006年7月1日起，"刑法"牵连犯具有裁判上一罪之效果废止后，应改依数罪并罚之列处断之。

法谚

47. 新的法律规范将来之事物，不规范过去之事物。（法律不溯及既往）

Nova constitution futuris formam imponere debet non praeteritis.

A new law ought to impose form on what is to follow,

not on the past.

48. 专门用语（术语）应依专家之定义而说明之。

Vocabula atrium explicanda sunt secundum definitions prudentum.

Terms of arts are to be explained to the definition of the learned or skilled.

49. 普通用语应依普通之意思而解释。

Verba generalia keneraliter sunt intelligenda.

General words are to be generally understood.

第三十条　帮助犯及其处罚

①帮助他人实行犯罪行为者，为帮助犯。虽他人不知帮助之情者，亦同。

②帮助犯之处罚，得按正犯之刑减轻之。

条理析释

帮助犯之性质原依实务及学说多数见解，系采共犯从属性说之立场，然在解释上，亦滋生共犯独立性说与从属性说之争，现行法认帮助犯应采共犯从属性说之"限制从属形式"，使教唆犯及帮助犯之从属理论一致，以杜疑义。

基于教唆犯之理论，既改采从属性说中之"限制从属形式"，本条亦将"从犯"一语亦配合修正为"帮助犯"，以符本意，且将第1项前段之文字，修正为"帮助他人实行犯罪行为者，为帮助犯"，并明示帮助犯之成立，亦以被帮助者着手犯罪之实行，且具备违法性为必要。至于被帮助者是否具备"有责性（罪责）"，皆不影响帮助犯之成立。因此，如被帮助之人未满14岁，或有第19条第1项之情形而不罚，依帮助犯之限制从属形式，仍得依其所帮助之罪处罚之。由于帮助犯之不法内涵轻于正犯、教唆犯，在处罚效果上，仍维持"得减轻其刑"之规定。

帮助犯之成立，主观上行为人须有帮助故意，客观上须有帮助行为，意即需对于犯罪与正犯有共同之认识，而以帮助之意思，对于正犯资以助力，而未参与实施犯罪之行为者而言。换言之，"刑法"上之帮助犯，乃对于犯罪与正犯有共同之认识，而对于正犯资以助力，却未参与实施犯罪之行者而言。如未参与实施犯罪构成要件之行为，且系出于帮助之意思提供助力，即属帮助犯，而非共同正犯。

例如：甲基于帮助之犯意，提供账户存折、提款卡及密码予乙恐吓丙等3名被害人汇款至前揭账户内，再由乙提领花用，甲并无证据证明有参与恐吓取财犯行之构成要件行为，则甲所为仅系犯"刑法"第346条第1项、同法第30条之帮助恐吓取财罪，尚难以共同正犯论处。

"刑法"上之帮助犯，系指以帮助之意思，对于正犯资以助力，而未参与实行犯罪构成要件之行为者而言。如就构成犯罪事实之一部，已参与实行，即属共同正犯。

例如：某甲坦承协助某乙接听电话及帮忙收取贩毒之款项，并将贩毒获利转交某乙，而卖方交付毒品与买方或向买方收取贩毒之款项，系属犯罪构成要件之行为，某甲负责接听电话及帮忙收取贩毒价金，显已参与犯罪构成要件之行为，自应成立共同正犯。

"税捐稽征法"第43条第1项所称之"帮助犯第41条之罪"，为特别法明定以帮助犯罪为构成要件之犯罪类型，亦为"税捐稽征法"特别规定，属于一独立之犯罪型态，性质上乃系实施犯罪之正犯，与"刑法"上帮助犯之具绝对从属性不同，不必有"正犯"之存在亦能成立。"刑法"第275条第1项"教唆或帮助他人使之自杀"之"加工自杀罪"，亦属独立之犯罪态样，不必引用教唆犯或帮助犯之条文。

按"刑法"上之帮助犯，系对于犯罪与正犯有共同之认识，而以帮助之意思，对于正犯资以助力，未参与实施犯罪之行为。例如：甲仅为乙所雇佣之人，执行交寄广告传单及幸运袋，并未直接参与策划实施，或与被害人联络，或指定汇款账户等符合诈欺犯行之构成要件行为，则甲系以帮助正犯乙之犯意而为，系属帮助犯，而非共同正犯。

帮助犯之帮助行为，虽包括积极与消极2种行为在内，然必有物质或精神上之助力予正犯之实施犯罪之便利时，始得谓之帮助。

例如：甲为出租车司机，明知乙、丙及丁等人共谋私运自泰国运输第一级毒品海洛因入台，仍驾驶其所有之出租车搭载乙等人往返机场，并于乙携毒入关时，尚未领取货品时开车前往接送。如果甲虽明知乙等人正在进行犯罪，但仅以单纯载客收费之意执行其业务行为，仍难遽论甲帮助运输第一级毒品海洛因罪刑；若甲明知乙之犯罪，免费提供交通工具，予以快速机动之帮助，或在出租车内讨论案情，而表示肯定支持之意思，始得依帮助犯处断之。

学理上所称"帮助未遂"，系指帮助犯之未遂犯而言，因该帮助者之助力行为，对于正犯之着手实行行为或其结果之发生，不生助益作用，属无效之帮助，缺乏危害性，故基于谦抑原则，"刑法"不予非难，未若"刑法"修正前第29条第3项对教唆犯之未遂犯设有独立处罚规定。至以帮助他人犯罪之意思，于正犯着手实行前或实行中或结果发生前，提供犯罪构成要件行为以外之助力，倘于通常情况下，确足致犯罪结果易于发生，只因正犯本身因素之障碍而未遂者，"刑法"仍予非难，该帮助之人依正犯从属性原则，应成立正犯犯罪未遂之帮助犯。是究属帮助犯之未遂犯或未遂犯之帮助犯，端以帮助者之助力行为，在客观上是否确能给予正犯有效之助益，作为其区别标准。

例如：甲开车帮助制造毒品之正犯乙、丙、丁等人逃离现场，又帮助搬运制成之半成品"卤水"，在客观上自足认甲之行为属于制造毒品成功之助力，嗣因遭破获，致无法完成毒品制造行为而已，应论以帮助制造毒品未遂罪。

"刑法"之帮助犯，系指帮助他人犯罪之人。即他人已决意犯罪之后，始以犯罪意思助成其犯罪之实现，或予以物质上之助力，或予以精神上之助力者皆是；帮助行为之性质，为援助或便利他人犯罪，俾易完成。于此，帮助犯除须认识正犯已具实施犯罪之故意外，且须认识自己之行为系在帮助正犯犯罪，更须认识正犯之犯罪行为，因自己之帮助可以助成其结果而决定帮助之故意；又帮助犯以加功于他人之犯罪，以利其实行为特质，其有别于教唆犯者，乃帮助犯并非为他人创造犯意，而系于他人已决意犯罪之后，予以助力，至其帮助行为系事前帮助或事中帮助则非所问；又其中之事前帮助，即事前从犯，系指于正犯决意犯罪之后，实施犯罪之前予以帮助而言，此与对于尚未决意犯罪之人而为唆使其产生犯罪之决意，或使具不确定犯意之人坚定其犯罪之决意，以促成其为犯罪行为之教唆犯迥然不同；复按帮助犯帮助行为之方式，固无限制，包括积极之作为及消极之不作为，其中消极之不作为，必须在法律上有防止他人为犯罪行为之义务，竟违反防止义务，能防止而故意不予防止，以助成他人犯罪结果之发生，始负不作为帮助犯刑责，若于他人实施犯罪之际，袖手旁观，单纯以消极态度不予阻止，并无便利正犯实施犯罪之行为者，即不能遽论以帮助犯。

例如：甲于乙、丙2人决意强盗丁住宅赌场之前，以电话告知乙、丙称："丁住宅3楼有人聚赌。"嗣后乙、丙乃起意强盗该赌场财物，则甲电话中之告知，系属乙、丙决意强盗之前，唆使并创造乙、丙强盗决意之教唆行为，而非系乙、丙决意强盗之后，实施强盗行为前通风报信之帮助行为。至于案发时，甲目睹经过情形，眼见丁、戊被押，却不发声呼救或拦阻，而急于离开现场，甲此种显然消极的不作为，法律上并无防止之义务，不足以成为正犯犯罪结果之原因力。惟若甲系于乙、丙2人合意强盗丁之财物之后，得知丁宅有人聚赌，而以电话告知乙、丙时，则甲所为应属乙、丙决意强盗之后，实施强盗行为前通风报信之帮助行为。

"刑法"上之帮助犯，系指以帮助之意思，对于正犯资以助力，而未参与实施犯罪之行为者而言，如就构成犯罪事实之一部，已参与实施即属共同正犯。又如在正犯实施前曾参加计划，其后复参加构成犯罪事实之一部者，即属分担实施之犯罪行为，亦应认为共同正犯，而不能以帮助犯论。

例一：甲及乙共同起意贩卖海洛因，乃由甲以电话联络友人丙寻找买家，乙负责向上手取货。经丙找到买主丁后，4人相约见面，商谈海洛因交易事宜。甲于乙取得货源后，随即共同携带海洛因驱车前往约定之交易场所拟与买主丁为交易。甲所为系已着手参与贩卖罪之犯罪构成要件行为，并有犯意之联络及行为之分担，自应成立共同正犯，而无帮助犯之适用。

例二：甲在泰国清迈某饭店内向乙购买毒品海洛因后，使用乙先前提供油纸、保鲜膜及保险套，依其所教导之夹藏方式，将毒品海洛因逐层包装成丸状，再由乙将毒品从甲之肛门塞进直肠，以此方式夹带搭机运输入台。则乙之作为，应难谓仅止于运输毒品犯罪构成要件以外之行为，纵其犯意仅在予正犯以助力，仍得谓属共同正犯之范畴。

"刑法"上之帮助他人犯罪，系就他人之犯罪加以助力，而使其易于实施，非以帮助行为与犯罪结果之发生有直接因果关系为必要。

例如：甲、乙、丙3人组成诈骗集团，长期委请丁帮助刊登内容不实之诈骗广告，虽然戊、己等人系因接获"某众国际法律事务所"之公函而受到甲、乙、丙所组集团之诈骗，丁仍不得徒以被害人戊、己等人并非直接因其所刊登之广告而受到诈骗，即认丁刊登广告之行为未就甲、乙、丙诈骗集团之诈欺犯行提供助力，而非"刑法"上之帮助行为。

帮助犯之成立，系以帮助之意思，对于正犯资以助力，而未参与实行犯罪构成要件之行为，故行为人主观上认识被帮助者正欲从事犯罪或系正在从事犯罪，而其行为足以帮助他人实现犯罪构成要件者，即具有帮助故意。（2012年度台上字第3797号判决参照）

例如：甲知悉乙为贩毒集团之成员，且曾多次分别亲身驾车或将车借予乙贩卖毒品，甲亦坦承依惯例或彼等间之默契，于其出借车辆或搭载乙外出贩卖毒品后，乙均会给予1包海洛因或现金作为代价。因此，甲将车辆借予乙使用，就该交通工具将供犯罪者实现犯罪构成要件行为所使用（即贩卖毒品），当有预见之可能。甲系成年人，高中肄业，曾有毒品前科，社会经验非浅，其虽未参与贩卖毒品构成要件之行为，惟依其智识及经验，对于所提供之车辆，将遭乙作为贩卖毒品犯行之交通工具，应有所认识，且可预见其发生，其提供车辆予乙使用，则对于该交通工具供乙实行贩卖毒品构成犯罪事实之发生，自不违背其本意。亦即甲纵无帮助乙贩卖海洛因之直接故意，然其于出借之初应有预见乙借车之目的可能系从事贩售毒品之不法行为，而其为图得事后无偿之毒品使用，仍基于帮助贩卖毒品之不确定故意，将其自小客车借予使用，该当贩卖第一级毒品之不确定故意帮助犯。

实务判解

◆在犯罪者实施犯罪行为前有所参与，其参与者之行为究竟认为从犯之行为，抑应认为共同正犯之行为，应视下列情形而定：（1）他人已决意犯罪，如以犯罪意思助成其犯罪之实现者，或与以物质上之助力（如贷与凶器而为有形之帮助行为），或与以精神上之助力（如颂扬犯罪行为或预祝其犯罪成功而为无形之帮助行为），皆为从犯，他人犯罪虽已决意，若以犯罪意思促成其犯罪之实现，如就犯罪实行之方法犯罪实施之顺序而有所表示，应认为共同正犯，不能认为从犯，盖在如斯情形之下，其表示之意见已构成犯罪者实施犯罪行为之内容，不啻加工于犯罪之实现也。（2）上述之"助成"及"促成"情形，应以程度之高低（程度高为正犯，程度低为从犯）及其行为是否构成实施犯罪行为之内容为标准。（1935年总会决议第12则）

◆从犯之帮助行为，虽兼积极、消极两种在内，然必有以物质上或精神上之助力予正犯之实施犯罪之便利时，始得谓之帮助。若于他人实施犯罪之际，仅以消极态度不加阻止，并无助成正犯犯罪之意思，及便利其实施犯罪之行为者，即不能以从犯论拟。（1938年上字第2766号）

◆"刑法"第28条之共同正犯，系指2人以上共同实施犯罪之行为者而言，帮助他人犯罪，并非实施正犯，在事实上虽有2人以上共同帮助杀人，要亦各负帮助杀人责任，仍无适用该条之余地。（1944年上字第793号）

◆"刑法"上之帮助犯，系指以帮助之意思，对于正犯资以助力，而未参与实施犯罪之行为者而言，如就构成犯罪事实之一部，已参与实施即属共同正犯。上诉人既于他人实施恐吓时，在旁助势，拦阻被恐吓人之去

路，即已分担实施犯罪行为之一部，自系共同正犯，原判决以帮助犯论拟，非无违误。（1960 年台上字第 77 号）

◆"少年事件处理法"第 85 条规定成年人帮助未满 18 岁之人犯罪，加重其刑，业已排除适用"刑法"第 30 条帮助犯得减轻其刑之规定。（1979 年台上字第 2961 号）

［编按➡自 2011 年 11 月 30 日公布施行"儿童及少年福利与权益保障法（原'儿童及少年福利法'）"之后，该法第 112 条第 1 项即为"少年事件处理法"第 85 条之特别规定。对于成年人教唆、帮助或利用儿童或少年犯罪或与之共同实施犯罪或故意对其犯罪者，均加重其刑至二分之一。］

◆"刑法"关于正犯、帮助犯之区别，系以其主观之犯意及客观之犯行为标准，凡以自己犯罪之意思而参与犯罪，无论其所参与者是否犯罪构成要件之行为，皆为正犯，其以帮助他人犯罪之意思而参与犯罪，其所参与者，苟系犯罪构成要件之行为，亦为正犯。如以帮助他人犯罪之意思而参与犯罪，其所参与者又为犯罪构成要件以外之行为，则为从犯。至于事前同谋，事后分赃，并于实施犯罪之际，担任在外把风，显系以自己犯罪之意思而参与犯罪，即应认为共同正犯，"司法院"院字第 2030 号解释可供参照。（2006 年台上字第 3886 号）

◆刑事法上所谓"包庇"，系指对于他人之犯罪行为，加以包容庇护，以排除外来之阻力，使该行为人顺利遂行其犯罪行为，而不易被发觉而言，性质上为帮助犯之另一种独立处罚规定。通常情形，倘帮助犯进而参与犯罪构成要件之实行者，其帮助行为即为实行行为所吸收，应论以实行正犯，乃因帮助犯之处罚，得按正犯之刑减轻之，正犯之刑责重于帮助犯之故。……亦即"包庇"各该犯罪者，其法定刑均较正犯为重，乃因公务员包庇犯罪，"其恶性至为重大"，故应科以较重之刑。因此，公务员"包庇"他人犯罪，进而参与犯罪构成要件之实行者，即应综观整个犯罪行为过程，论以较重之"包庇"罪，不能仅论以较轻之所包庇之罪。否则情节较重之包庇且参与犯罪实行者，其处罚反而轻于单纯之包庇者，显然轻重失衡。（2009 年台上字第 157 号）

◆"刑法"上所谓帮助他人犯罪，系指就他人之犯罪加以助力，使其易于实行之积极或消极行为而言，故必在他人实行犯罪行为前或实行中，予以助力者，始足当之。若于他人犯罪完成后始予帮助，即学说上所谓"事后帮助"，因已无从就他人之犯罪予以助力，使其易于实行，故除法律

别有处罚规定，应依其规定论处罪刑外，尚难以帮助犯之罪责相绳。（2010 年台上字第 2043 号）

◆帮助犯系从属于正犯而成立，并无独立性，且其应负之责任，以对于正犯所实行之犯罪行为有所认识为必要；若正犯所犯之事实，超过帮助者认识之范围时，则就该超过部分，其事前既不知情而无犯意，自不负帮助之责。（2012 年度台上字第 3452 号）

[例如➡甲虽自始即知悉乙有抢银行之念头，案发之前且亲眼看见乙更换车牌、背着袋子、穿戴假发及鸭舌帽等动作，而知悉乙行抢之企图，仍然答应驾车停留在"某某火锅店"旁等候接应乙，其后更搭载乙驶离现场。但甲并不知道乙所背之袋子里面装有何种器械，乙亦未向甲告知其袋内装有瓦斯枪等凶器，即不得以乙强盗银行时携带瓦斯枪等凶器应成立加重强盗罪，遽论甲为加重强盗罪之帮助犯，甲所为应仅成立普通强盗罪之帮助犯。]

◆"刑法"上帮助犯，系指于他人实行犯罪前或实行之际，基于帮助之意思，故意予以便利或协助，以利其犯罪之实行者而言。是帮助犯须对正犯之犯罪事实、犯罪之实行及其本人之行为将有助于正犯犯罪之遂行等 3 项具有认识，并决意为之，始能成立。从而其所应负帮助犯罪之责任，亦以与正犯有同一认识之事实为限；若正犯所为之犯行，已逸出其认识之范围，则帮助者就此部分事前既不知情，自毋庸负责。（2013 年度台上字第 3129 号）

第三十一条　正犯或共犯与身分之关系

①因身分或其他特定关系成立之罪，其共同实行、教唆或帮助者，虽无特定关系，仍以正犯或共犯论。但得减轻其刑。

②因身分或其他特定关系致刑有重轻或免除者，其无特定关系之人，科以通常之刑。

条理析释

本条原规定"因身分或其他特定关系成立之罪，其共同'实施'或教唆帮助者，虽无特定关系，仍以'共犯'论。衡情而论，无身分或特定关系之共同正犯、教唆犯，或帮助犯，其可罚性应较有身分或特定关系者为轻，不宜同罚。乃配合现行"刑法"之修正，将第 1 项内之"实施"修正为"实行"、"共犯"修正为"正犯或共犯"外，并增设但书规定得减轻其刑，以利实务上之灵活运用。

例如：成年人甲与少年乙基于犯意之联络，由甲在乙服务之卖场处购买日常用品，再经少年将部分货品以未刷条形码机结账，径由甲携出该卖场，而得不法利益 448 元，足生损害于该卖场店。乙所为犯"刑法"第 342 条第 1 项为他人处理事务，意图为自己不法之利益，而为违背其任务之行为，致生损害于本人之财产罪，甲与少年乙就上开犯行，有犯意联络及行为分担，均系共同正犯。背信罪系因身分关系而成立之罪，其共同实行者虽无此项身分，依"刑法"第 31 条第 1 项之规定仍以正犯论处。则甲虽不具负责处理顾客购物结账事务职员之身分，惟与有此身分之少年乙共同实行本罪，依"刑法"第 31 条第 1 项之规定，仍应以正犯论。甲既为成年人而与未满 18 岁之少年乙共同实行上开犯罪，应依"儿童及少年福利法"第 70 条（于 2011 年 11 月 30 日修正为"儿童及少年福利与权益保障法"第 112 条）第 1 项前段规定加重其刑，且此项规定为"少年事件处理法"第 85 条第 1 项之特别规定，依后法优于前法，特别法优于普通法之法律适用法则，自应优先于"少年事件处理法"适用。（台湾桃园地方法院 2008 年易字第 828 号参照）

"贪污治罪条例"第 4 条第 1 项第 2 款藉势或藉端勒索财物罪，其所谓"藉势"勒索财物，须行为人"凭借权势、权力"，以恫吓或胁迫之手段，使人畏惧而交付财物；另"藉端"勒索财物，则为"假藉端由"，以恫吓或胁迫之手段，使人畏怖而交付财物，二者构成要件有别。

例如：派出所警员甲、乙见工地时有雇用之砂石车并排临时停车，乃藉此端由加以取缔，再要求捐助款项，如有不从即暗示要马上停工，显然就是"藉端"。而被告甲、乙 2 人并非经某某派出所授权对外筹募款项，复无法律上之理由却要求被害人付款赞助自强活动，显然就是"勒索"，且所用之手段确足以使承包商担心无法顺利完成而使人心生畏布，核被告甲、乙所为系"犯贪污治罪条例"第 4 条第 1 项第 2 款、第 2 项藉端勒索财物未遂罪，另丙虽非公务员，然基于为具公务员身分之甲、乙传话、联络之意思，而为构成要件之行为，亦核系藉端勒索财物未遂罪，并依"刑法"第 31 条第 1 项规定，应仍以正犯论。

因身分或其他特定关系成立之罪，无身分或特定关系之人本无成立该犯罪之余地，惟如其与有身分或其他特定关系之人共同实行、教唆或帮助者，依"刑法"第 31 条第 1 项之规定，仍以正犯或共犯论。而"期货交易法"第 112 条第 5 款之未经许可，擅自经营期货经理事业、期货顾问事业罪，并非因身分或其他特定关系，始能成立之罪，自毋庸援引适用"刑法"第 31 条第 1 项资为论以共同正犯之法律依据。

本条第 1 项所定"因身分或其他特定关系成立之罪，其共同实行、教唆或帮助者，虽无特定关系，仍以正犯或共犯论"。其事例如下：甲为警察分局之侦查员，乙为其布建之第三人（网民），2 人共同向甲之刑事责任区内之特种行业索贿得手，乙原无公务员之身分，本不能为渎职罪之犯罪主体，但因乙与甲共同实行而成立违背职务收贿罪之共同正犯。其判决书主文应为如下之记载"甲、乙共同对于违背职务之行为收贿，甲处有期徒刑某年，乙处有期徒刑某年"。

至于同条第 2 项"因身分或其他特定关系致刑有重轻或免除者，其无特定关系之人，科以通常之刑"之事例如下：甲与乙共同杀死乙之父亲丙，乙应依"刑法"第 272 条第 1 项杀直系血亲尊亲属论罪处刑，甲虽为共同正犯，但因无身分关系，仍应适用"刑法"第 30 条第 2 项论以普通杀人之刑。其判决书主文应记载为"甲共同杀人，处有期徒刑某年。乙共同杀直系血亲尊亲属，处无期徒刑，褫夺公权终身"。

实务判解

◆"刑法"第 31 条第 2 项非仅为无特定关系之人定科刑之标准，即论罪亦包括在内，不能离而为二，此细绎该条项规定之意旨自明。被害人原非上诉人之直系血亲尊亲属，并无"刑法"第 272 条之身分关系，纵上诉人对于该被害人之直系血亲卑亲属教唆其杀害，或与之共同实施杀害，不得不负共犯责任，但应仍就其实施或教唆之情形，适用"刑法"第 271 条第 1 项，论以普通杀人之教唆或正犯罪刑，不能论以杀直系血亲尊亲属之罪，而科以普通杀人罪之刑。（1938 年上字第 1338 号）

◆"刑法"第 336 条第 2 项之罪，以侵占业务上所持有之物为其构成要件，即系因其业务上持有之身分关系而成立之罪，与仅因身分关系或其他特定关系而致刑有重轻之情形有别。因而无业务关系之人，与有业务关系者共同侵占，依同法第 31 条第 1 项规定，仍应以业务上侵占之共犯论。（1939 年上字第 2536 号）

◆"刑法"第 31 条第 1 项与第 2 项所规定之情形，迥不相同。前者非有某种身分或其他特定关系不能构成犯罪，故以身分或其他特定关系为犯罪构成条件，后者不过因身分或其他特定关系为刑罚重轻或应否免除其刑之标准，质言之，即无身分或其他特定关系之人，亦能构成犯罪，仅以身

分或其他特定关系为刑罚重轻或应否免除其刑之条件。（1939 年上字第 3441 号）

◆"刑法"第 272 条第 1 项之杀直系血亲尊亲属罪，其罪质本与杀人相同，仅以所杀者系犯人直系血亲尊亲属之故，致有此加重其刑之规定，故常人与之共犯，在常人仍应科通常之刑。上诉人某乙系被害人某甲之子，与其叔父某丙殴杀某甲，固应成立上开条项之罪，至某丙对于某甲并无该条项所定身分关系，原审论某丙以帮助杀直系血亲尊亲属罪，自属错误。（1944 年上字第 1666 号）

◆因身分或其他特定关系，致刑有重轻或免除者，其无特定关系之人科以通常之刑，"刑法"第 31 条第 2 项规定甚明。上诉人与已定谳之财务股长某甲，虽应以共同正犯论，但上诉人既无特定身分关系，依照前开规定，只应科以通常之刑，原判决未将上诉人与某甲分别科刑，适用法律，仍嫌未洽。（1954 年台上字第 782 号）

◆共犯中之林某乃某全公司仓库之库务人员，该被盗之酱油，乃其所经管之物品，亦即基于业务上关系所持有之物，竟串通上诉人等乘载运酱油及味精之机会，予以窃取，此项监守自盗之行为，实应构成业务上侵占之罪，虽此罪系以身分关系而成立，但其共同实施者，虽无此特定关系，依"刑法"第 31 条第 1 项规定，仍应以共犯论。（1981 年台上字第 2481 号）

◆"刑法"上之身分主要可分构成身分与加减身分，前者指构成要件上之身分，以具一定身分为可罚性基础者，如公务员贪污之各种犯罪所规定之身分（学理上称之为纯正身分犯），其共同实行、教唆或帮助者，虽无特定身分，依"刑法"第 31 条第 1 项规定，仍以正犯或共犯论，仅得减轻其刑；后者以具一定身分为刑之加重减轻或免除原因者称之，如杀直系血亲尊亲属罪所定之身分（学理上称之为不纯正身分犯），其无特定身分之人，依"刑法"第 31 条第 2 项之规定，科以通常之刑。（2013 年度台上字第 1203 号）

[例如➡"银行法"第 125 条之 2 第 1 项乃以具有"银行负责人或职员"为犯罪成立之特别要素，自属学理上之纯正身分犯；而第 2 项乃以行为人已具有银行负责人或职员之身分，因"人数"达 2 人以上为量刑之加重规定，与"银行负责人或职员"之身分无涉，自非学理上所称"不纯正身分犯"。]

◆故意犯之成立，系以行为人具有意思能力作为基础，自然人既已死亡，即无意思能力，就其生前与他人共同实行之犯罪，虽可认定彼此间之意思联络，但于其死亡之后，相关之他人纵系依原订之共同犯罪计划继续进行，已难再谓彼此之间仍然存有犯意联络，此于身分犯之结果犯情形尤然。（2013年度台上字第2415号）

[例如➡逃漏税捐罪，系属身分犯，又为结果犯，纳税义务人（行为人）生前虽有伙同他人逃税之计划，未及实行完了，人已先死，己身不能成立该罪，非纳税义务人之余伙，纵然续行未了事务，仍无从附丽，无依"刑法"第31条第1项论以共犯之余地。]

◈"刑法"第31条第1项前段之规定，限于因身分或其他特定关系成立之罪，其无身分等特定关系之人与有身分等特定关系之人共同实行犯罪，或教唆、帮助有身分等特定关系之人犯罪者，始有其适用。"刑法"第215条之业务登载不实文书罪，固属因从事业务之身分关系成立之罪，然"刑法"第216条、第215条之"行使"业务登载不实文书罪之成立，并不以行为人具有从事业务之身分为必要。是以无从事业务之身分者与具有从事业务之身分者共同实行犯罪，依"刑法"第28条之规定，成立共同正犯，并无援引"刑法"第31条第1项前段之规定，论以共同正犯之必要。又修正前"刑法"第340条之常业诈欺罪，并非因身分或其他特定关系成立之罪，并无适用"刑法"第31条第1项前段之规定，论以共同正犯可言。（2013年度台上字第3456号）

[例如➡甲并无从事医疗业务之身分，其与有从事医疗业务之身分之乙及"某某医院"人员共犯"行使"业务登载不实文书罪及诈欺取财罪，即无"刑法"第31条第1项前段"论以共同正犯"之适用。]

法律座谈

◉**法律问题一**：甲与大型卖场之收银员乙，基于共同犯意之联络，由甲至该卖场选取价值新台币（下同）2000元之货品后，经由收银员乙之柜台结账，而由乙输入价格仅200元之其他低价品价格条形码后，向甲收取200元，将该物品交予甲携出。问甲、乙所犯何罪？

讨论意见：

甲说：甲、乙共犯背信罪。甲与大型卖场之收银员乙共谋，约定由甲选取较多或较高价值货品后，经由乙之收银柜台结账，乙则以多报少，将2000元货品结账为200元图利。因甲、乙共同意图不法利益，责由受雇于大卖场之收银员乙违背其任务之行为，致损害于大卖场之利益，自构成"刑法"第342条第1项之背信罪。至于甲虽无受委任之身分关系，因与有身分关系之乙共犯，均应成立共同正犯。

乙说：甲、乙共犯窃盗罪。大卖场除收银员外，尚有其他管理安全人员负责监管场内物品安全，甲、乙基于意图为共同不法所有之犯意联络，乘卖场监督人员不注意之机会，窃取物品，应成立窃盗罪。而其以低价物品结账，不过在掩饰其窃行，不影响窃盗罪责之成立。

丙说：甲、乙共犯业务侵占罪。乙于执行收银业务时间，亦属卖场物品之持有人，竟以以多报少之结账方式，图谋财物，亦即易持有为所有，将该等物品侵吞入己，应成立"刑法"第336条第2项业务侵占罪。而甲虽无业务身分关系，与有身分关系之乙有犯意联络，均为共同正犯。至其结账行为，乃为掩饰其侵占犯行之弥缝行为，不影响业务侵占罪之成立。

初步研讨结果：采甲说。

审查意见：采修正甲说。

修正甲说：甲、乙共犯背信罪。

收银员乙对大卖场货品没有持有关系，甲与大型卖场收银员乙共谋，约定由甲选取较多或较高价值货品后，经由乙之收银柜台结账，乙则以多报少，将2000元货品结账为200元图利。因甲、乙共同意图不法利益，责由受雇于大卖场之收银员乙违背其任务之行为，致损害于大卖场之利益，自构成"刑法"第342条第1项之背信罪，又另成立"刑法"第215条之罪，所犯2罪依数罪并罚之例处断之。至于甲虽无受委任之身分关系，因与有身分关系之乙共犯，均应成立共同正犯。

研讨结果：照审查意见通过。

（台湾"高等法院"暨所属法院2000年法律座谈会刑事类提案第6号）

◉**法律问题二**：里长乙就里民甲请求证明之文书（违章建筑之期间）明知其内容记载不实，竟盖用里办公处之戳记及里长签名名章，该里长乙，与里民甲，应各负何刑责？

讨论意见：

甲说：甲使乙出具不实之证明书，甲负"刑法"第214条以明知不实之事项使公务员登载不实之刑责，乙负"刑法"第213条，明知不实之事项登载于职务上所掌之公文书之罪责。

乙说：该证明书为甲所制作，甲已参与实施行为，依"刑法"第31条第1项之规定，虽无公务员之身分，既已共同实施，仍应按共同正犯论处，即甲、乙应共负"刑法"第213条之刑责。

丙说：按"刑法"第 10 条第 3 项规定，称公文书者，谓公务员职务上所制作之文书，乙虽为里长，其证明范围自治法令采列举之规定，其列举之项目内并无该项"违章建筑期间"，因之，该项证明书，自非里长职务上所制作之公文书。自难依"刑法"第 213 条论处，从而乙依法不负"刑法"第 213 条刑责，应谕知无罪，甲亦无刑责之可言。

丁说：该里长所出具之证明书虽不能谓"刑法"第 213 条之公文书，但仍其有"刑法"第 212 条，关于其他相类之证书之性质，乙应负该条刑责，依乙说之理由，甲应负共犯责任。

戊说：该里长所出具之证明书，既无公文书之性质，亦无"刑法"第 212 条文书性质之可言，其本质乃系私人性质之证明，乃私文书之性质，私文书纵登载不实，"刑法"无处罚之规定，自不为罪，乙虽盖里长之小方章，因其有使用之权，亦非盗盖公印之问题，甲请求乙为私人性质之证明，虽该证明书为其所书就后请里长盖章，自不犯罪。

研究结果：采甲说。

"法务部"检察司研究意见：原提案研讨果采甲说，不无斟酌余地，盖"刑法"第 214 条之使公务员登载不实罪，以行为人利用公务员之不知其不实而使之登载于所掌之公文书，始为相当，若公务员明知其不实，而受人串使为不实之登载者，应与串使人共同负"刑法"第 213 条罪责，本问题既认里长乙为公务员，就里民甲请求证明之文书为其职务上所掌之文书，且又明知请求证明之事项系属虚伪，仍为不实之登载，则该里民甲与里长乙，已有犯意之联络，某甲虽无公务员身分，依"刑法"第 31 条第 1 项之规定，仍与某乙同负"刑法"第 213 条之共同正犯责任，故以采乙说为当。

第五章　刑

第三十二条　刑之种类
①刑分为主刑及从刑。

条理析释

刑罚者，系为制裁行为人之犯罪行为，对其实施刑法之手段。台湾地区"刑法"将刑罚分为主刑与从刑两种，主刑乃能独立宣告之刑罚，又称为本刑，既得单独宣告，亦得与从刑并科，惟主刑除有特别规定之外，对于同一犯罪，仅得单科 1 种，而排斥其他主刑之适用；从刑则为附随于主刑而宣告之刑罚，亦称附加刑，除有特别之规定外，应附于主刑而宣告，不得单独科处。

刑罚适用之阶段，首为"刑法"分则各本条或特别"刑法"所规定之法定刑，次为经"刑法"或特别"刑法"所定之加重或减轻事由所产生之处断刑，再次为裁判上实际量定之宣告刑。所谓处断刑，即在特定之刑事案件中，依法律所定之事由，修正法定刑而得处断之刑罚。是处断刑仍属广义之法定刑范围，乃抽象的存在；至于宣告刑则指法官就具体犯罪在法定刑或处断刑范围内所定具体之刑。

依"行政罚法"第 26 条乃基于"一事不二罚"之法理，经由立法程序确立应以刑罚优先为原则，避免行为人承受过度且重复之处罚。故"行政罚法"中关于"刑事法律"处罚之范围自应采取实质认定，凡刑事实体法或程序法中所规定客观上剥夺行为人生命、自由、财产权利，主观上亦因制裁之严厉性、痛苦性，其强度足以造成心理强制而间接达成矫正教化目的之处遇手段，皆应纳入其中，而不以形式上符合"刑法"第 32 条至第 34 条所定主刑及从刑种类者为限。

所谓"从刑附属于主刑"原则，系指从刑应与主刑一并于判决主文内宣告之，不得单独或裂割宣告而言，并非指从刑必须一律适用与主刑相同之法律。故被告行为后若宣告其从刑所适用之法律有变更者，仍应依"刑法"第 2 条第 1 项之规定，选择适用其中最有利于被告之法律，并不受其主刑所适用法律之拘束，亦无所谓从刑应一律附随主刑适用相同法律之问题。

实务判解
◆刑罚者，乃对犯罪行为之制裁方法，其种类不外乎"刑法"第33条所定之主刑，及同法第34条规定之从刑，纵令为弥补刑罚之不足，亦只有辅助上开制裁以护卫社会安全之保安处分而已，刑事判决，自应受上开范围之限制。刑罚复可分为一般刑罚与行政刑罚，前者，通常是就违反社会性之犯罪行为，基于防卫社会与矫治教化为目的所施以之制裁；后者，则系基于行政政策上之考量，对违反"行政法"上之义务行为，以前揭"刑法"所定主刑及从刑之刑名加以制裁，此类处罚，属于刑罚之性质，应由刑事法院依刑事诉讼程序处理之。至行政罚，乃就违反"行政法"上义务之行为，本于维持行政秩序之目的，由该管主管机关以"刑法"刑名以外之方法予以处罚，其种类繁多，常见之拘留、罚锾、罚役、没入、勒令歇业、禁止发行、限期改善、勒令恢复原状等皆属之。足见行政刑罚与行政罚，二者性质有别，不容混淆。(2000年台非字第87号)

第三十三条　主刑之种类及范围
①主刑之种类如下：
一、死刑。
二、无期徒刑。
三、有期徒刑：二月以上十五年以下。但遇有加减时，得减至二月未满，或加至二十年。
四、拘役：一日以上，六十日未满。但遇有加重时，得加至一百二十日。
五、罚金：新台币一千元以上，以百元计算之。

条理析释
死刑，是国家剥夺犯罪人生命法益之刑罚，亦称为生命刑；无期徒刑、有期徒刑及拘役，均属拘禁犯罪人于一定处所，限制其身体自由之刑罚，皆属自由刑之性质；罚金、没收、追征、追缴或抵偿等4种刑罚，则为命令犯罪人缴纳一定数额之金钱，或将与犯罪有关之所有物强制转移为政府所有之刑罚，或应没收之财物无法执行时，则以追偿征缴之方式，依该财物之价值折算金额，令其缴纳，均属于财产刑之范围；褫夺公权者，系指剥夺犯罪者在公法上所得享有之法定权利之刑罚，分为终身褫夺及定期褫夺 2 类，于褫夺公权期间，仅得经由"赦免法"第 6 条程序准予恢复其公权，又称为能力刑、资格刑或名誉刑。

人民身体之自由与生存权应予保障，乃为"宪法"第 8 条、第 15 条所明定；惟刑罚权之实现，对于特定事项而以特别"刑法"规定特别之罪刑所为之规范，倘与"宪法"第 23 条所要求之目的正当性、手段必要性、限制妥当性符合，即与比例原则无违。死刑之存在，就现阶段之刑事政策而言，与其说是一种报应主义之产物，毋宁说是对于某种特别犯罪，实现理性正义的需求，并为维护社会秩序或增进公共利益所必要。

由于死刑乃剥夺犯罪行为人之生命权，一经宣告确定及执行，即无回复可能，基于对生命价值、生命权及人道之基本尊重，强盗杀人者固往往恶性重大，然现今刑罚个别处遇制度非只在满足以往"以牙还牙"、"以眼还眼"之应报观念，尤重在其"教育"之功能，立法者既未将强盗杀人罪之法定刑定为唯一死刑，而将无期徒刑列为选科之刑罚，其目的即在赋予审判者能就个案情状，审慎酌定，俾使尚有教化迁善可能之犯罪行为人保留一线生机。法官在谕知死刑之判决前，除应就个案整体观察，审酌"刑法"第 57 条所列举科刑轻重之事项外，亦应审酌其他一切情状，例如：穷凶极恶，泯灭天良，行为人事后对于犯行是否犹未真诚坦白，无后悔实据，确未能加以教化迁善，以及从主观恶性与客观犯行加以确切考量，何以必须剥夺其生命权，使与社会永久隔离之情形，加以说明外，并须就犯罪详予叙明，以昭慎刑。避免有失衡平，以及是否确为罪无可逭，非执行死刑不足以实现理性正义，并为维护社会秩序或增进公共利益所必要，并应于判决内说明其理由，始为适法。

例如：甲、乙 2 人共同谋议策划狙杀丙之过程中，甲虽基于主导地位，恶性固属非轻，然其并无前科记录，亦未实际参与实行杀人，且获案之初，于警询、侦查中复曾自白犯行，则其是否毫无教化可能，而有必剥夺其生命权，使其与社会永久隔离之必要，实应审慎予以斟酌，不宜轻率判处死刑。应就无期徒刑，或 10 年以上有期徒刑之范围内适度科刑。

"刑法"分则各罪所列之法定刑，凡规定科处有期徒刑者，规范其对法定刑期间之型态有 3 种：

其一，系将该罪法定刑之最高度刑与最低度刑分别明示规定，使行为人一目了然。例如：处 3 年以上 10 年以下有期徒刑者属之（第 221 条第 1 项之强制性交罪）。

其二，仅对该罪法定刑之最高度刑予以明定，而将其最低度之刑隐藏不予明示。例如：处 5 年以下有期徒刑者是（第 210 条之伪造私文书罪），于此种情形，其有期徒刑之最低度刑即为 2 个月。

其三，则为仅将该罪法定刑之最低度刑予以明定，而未明文揭示其罪之最高度刑。例如：处 5 年以上有期徒刑者是（第 328 条第 1 项之强盗罪），此际之最高度刑则为 15 年。

本条将拘役之单位修正为日，使之与有期徒刑以月为单位有所区隔；将罚金修正提高为新台币 1000 元以上，且为计算之便宜，避免有零数之困扰，一并规定以百元计算，以符实际。至于分则各条中仍以原定之银元为单位，实务上运作时，应依"刑法施行法"第 1 条之 1 之规定，分别视条文制定之年度而提高其倍数为 30 倍或 3 倍，而成为以新台币为货币单位之罚金数额。

实务判解

◆"刑法"分则各条所定处某刑或某刑云云，系予法院以选择适用刑罚之权，若非有并科之规定，不得就一罪而宣告两种主刑。（1933 年非字第 135 号）

原判科被告以拘役，既未认定有加重本刑之原因，即应在 2 月未满之限度以内处断，乃竟谕知拘役 2 月，显与"刑法"第 33 条第 4 款之规定相违背。（1946 年非字第 2 号）

◆裁判确定后另犯他罪，不在数罪并罚规定之列，业经本院释字第 98 号解释阐释在案，故裁判确定后，复受有期徒刑之宣告者，前后之有期徒刑，应予合并执行，不受"刑法"第 51 条第 5 款但书关于有期徒刑不得逾 20 年之限制。至"刑法"第 33 条第 3 款但书乃系就实质上或处断上一罪之法定刑加重所为不得逾 20 年之规定，与裁判确定后另犯他罪应合并执行之刑期无关，本院院字第 626 号解释有关第 5 部分，已无从适用。受前项有期徒刑之合并执行而有后悔实据者，其假释条件不应较无期徒刑为严，宜以法律明定之。（1986 年释字第 202 号）

◆刑罚系对犯罪行为人之生命、自由与财产之拘束、剥夺，行为人所受之刑罚，应与法律所保护之利益，及行为人侵害该法益之程度相当，始符比例原则。死刑乃刑罚之最严厉手段，犯罪行为纵属重大，倘未侵害生命法益，亦未造成实害，且行为人仍有再教育、再社会化之可能，遽以死刑论科，即与刑罚之本旨不符。（2005 年台上字第 1066 号）

◆公司为法人，公司负责人为自然人，二者在法律上并非同一人格主体。公司负责人为公司之代表，其为公司所为行为，应由公司负责。故公司负责人为公司以不正当方法逃漏税捐，因纳税义务人为公司，其所触犯"税捐稽征法"第 41 条之罪之犯罪或受罚主体，仍为公司，而非公司负责人，仅因公司于事实上无从担负自由刑之责任，基于刑事政策上之考量，同法第 47 条第 1 款将纳税义务人之公司应处徒刑之规定，转嫁于公司负责人。是公司负责人依该条款而适用徒刑之处罚，乃属代罚之性质，并非因其本身之犯罪而负行为责任。（2009 年台上字第 6180 号）

◆依"司法院"释字第 687 号解释，就"公司法"规定之公司负责人应处以刑罚之理由，于解释理由书中揭示"无责任即无处罚之'宪法'原则"，必以公司负责人有故意指示、参与实施或未防止逃漏税捐之行为，致使短漏税捐之结果时，始有依该条应受刑事处罚之余地。因此，本院以往关于公司负责人依"税捐稽征法"第 47 条处刑系基于所谓"转嫁代罚性质"等意旨之判例，业经本院于 2011 年 6 月 14 日 2011 年度第 5 次刑事庭会议决议不再援用。而公司负责人需有故意指示、参与实施或未防止逃漏税捐之行为，始依该条应受刑事处罚。（2014 年度台上字第 2282 号）

法谚

50. 专门用语应依专门之意思而解释。

Verba artis ex arte.

Terms of art ought be explained from the art.

51. 死啃条文之解释，其毒如蛇。

Viperina est exposition quae corrodit viscera textus.

An interpretation which eats out the bowels of the text is like a snake.

第三十四条 从刑之种类

①从刑之种类如下：

一、褫夺公权。

二、没收。

三、追征、追缴或抵偿。

条理析释

"毒品危害防制条例"第19条所定："犯第4条至第9条、第12条、第13条或第14条第1项、第2项之罪者，其供犯罪所用或因犯罪所得之财物，均没收之，如全部或一部不能没收时，追征其价额或以其财产抵偿之。"性质上系没收之补充规定。其属于本条所定没收之标的，如得以直接没收者，判决主文仅宣告没收即可，不生"追征其价额"或"以其财产抵偿之"问题，须没收之标的全部或一部不能没收时，始生"追征其价额"或"以其财产抵偿之"选项问题。而"追征其价额"或"以其财产抵偿之"系属两种选项，分别系针对现行货币以外之其他财产与现行货币而言，如不能没收之没收标的系现行货币者，因价值确定，判决主文直接宣告"以其财产抵偿之"即可。惟对于现行货币以外之其他财产，甚至如其他国家之货币，则因其实际价值不确定，判决主文则须宣告"追征其价额"，且既已宣告"追征其价额"，即无不能执行之情形，倘嗣后追征其金钱价额，不得结果而须以其财产抵偿者，要属行政执行机关依强制执行法律之执行问题，纵未于判决主文宣告，亦不能指为判决违背法令。

本条第3款增订追征、追缴或抵偿之规定，除原"刑法"分则之渎职罪（第121条、第122条、第131条）及妨害投票罪（第143条）中已订有追征之规定外，并参酌"贪污治罪条例"第10条、"组织犯罪防制条例"第7条、"毒品危害防制条例"第19条等立法例。按价额之追缴、追征或抵偿之规定为现今刑事法制所承认之从刑，且德国及日本立法例亦设有相类之规定，乃于"刑法"总则中明文增订之。

实务判解

◇没收，系属从刑之一种，于裁判时并宣告之，但违禁物得单独宣告没收，"刑法"第34条第2款、第40条定有明文，兹所谓裁判，包括科刑之判决及免刑之判决在内（免除其刑者，仍得专科没收），而有罪之判决书应在判决理由内记载认定事实之证据及理由，免除其刑者亦应记明其理由，"刑法"第39条、"刑事诉讼法"第310条第1款、第4款亦有明文，又单独宣告没收，如案件未经起诉，应由检察官声请法院以裁定为之，若已经起诉，被告不成立犯罪而未宣告没收者，亦应由检察官声请法院裁定没收。（1991年台上字第955号）

◇没收为从刑，依主从不可分之原则，应附随紧接于主刑之下而同时宣告；又共同正犯因相互间利用他人之行为，以遂行其犯意之实现，本于责任共同之原则，有关没收部分，对于共犯间供犯罪所用之物，自均应为没收之谕知。惟帮助犯仅系对于犯罪构成要件以外行为为加工，并无共同犯罪之意思，自不适用该责任共同原则，对于正犯所有供犯罪所用之物或犯罪所得之物，亦为没收之谕知。（2002 年台上字第 5583 号）

◆"贪污治罪条例"第 10 条第 1 项、第 2 项规定："犯第 4 条至第 6 条之罪者，其所得财物应予追缴，并依其情节分别没收或发还被害人；前项财物之全部或一部无法追缴时，应追征其价额，或以其财产抵偿之。"此乃指被告犯上开法条规定之罪，所得之财物，俱应予追缴，不容其获取不法利得，而辱官箴。并将因犯贪污罪取得之财物，依被害人之有无而分别谕知发还被害人或没收。其认应发还被害人者，尤应确认是否属"被害人"，此为当然之前提条件。交付贿赂之行为，纵行贿人系对公务员之职务上行为为之，不成立行贿罪，但此种玷辱公务员应公正、廉洁执行职务之违背公序良俗行为，自不在法律保护范围，倘犹认其仍属被害人，岂非变相鼓励？自与制定"贪污治罪条例"旨在严惩贪污，澄清吏治之立法本旨有违。是以对公务员职务上行为交付贿赂之人，不能认属被害人，其所交付之贿赂应予没收，不得发还之。（2003 年台上字第 5053 号）

◆公务员经办公用工程，收取回扣罪，其交付回扣之人纵系对公务员职务上之行为为之，不成立交付回扣罪，但此种玷辱公务员应公正廉洁执行职务之违背公序良俗行为，自不在法律保护范围之内，倘犹认其属被害人，岂非变相鼓励贪污？自与制定"贪污治罪条例"旨在严惩贪污，澄清吏治之立法本旨有违。是以对公务员经办公用工程，交付回扣之人，不能认属被害人，其所交付之回扣应予没收，不得发还。（2004 年台上字第 5421 号）

［编按➡贿赂与回扣，系属不同之内涵，前者系指公务员对于其职务上或违背其职务之行为，而要求、期约或收受他人之金钱或得以金钱计算之财物，"刑法"及"贪污治罪条例"均有规定；而回扣则专指"贪污治罪条例"第 4 条第 1 项第 3 款之公务员对于建筑或经办公用工程或购办公用器材、物品，浮报价额、数量而收取之款项。2008 年台上字第 1817 号判决就"回扣"与"贿赂"所为之解释为：所谓"回扣"与"贿赂"，虽均属对公务员之不法原因为给付，但前者系指公务员就应付给之建筑材料费、工程价款或购办费用，向对方要约，提取一定比率或扣取其中一部分，图为自己不法之所有而言；后者则系指对于公务员之职务行为或违背

职务行为，给付具有一定对价关系之金钱或可以金钱计算之财物等不法报酬而言。]

法律座谈

法律问题：甲、乙2人共犯伪造币券，所用之器械原料，已先在某甲被判罪刑内为没收之谕知，嗣后对某乙之有罪判决，应否再行谕知没收？

讨论意见：

甲说：扣案供伪造币券所用之器械原料，虽已在共犯某甲被判罪刑内为没收之谕知，但此种没收之谕知，对于某乙部分，仍不失为从刑，故仍应谕知没收（"最高法院"1968年度台上字第2237号判决参照）。

乙说：既于某甲被判罪刑内，已先为没收之谕知，似不宜在某乙之有罪判决，再行谕知没收，以免重复，但于判决理由可予简要说明，否则如共犯有数十人之多，于先后判决时，均须于各该判决谕知没收，实嫌赘累，且为某乙有罪判决时，某甲部分有已判决确定早经依判处分没收者，此际再行谕知没收，似无必要。

研讨结果：采甲说。

第三十五条　主刑之轻重标准

①主刑之重轻，依第三十三条规定之次序定之。

②同种之刑，以最高度之较长或较多者为重。最高度相等者，以最低度之较长或较多者为重。

③刑之重轻，以最重主刑为准，依前二项标准定之。最重主刑相同者，参酌下列各款标准定其轻重：

一、有选科主刑者与无选科主刑者，以无选科主刑者为重。

二、有并科主刑者与无并科主刑者，以有并科主刑者为重。

三、次重主刑同为选科刑或并科刑者，以次重主刑为准，依前二项标准定之。

条理析释

本条在实务上之适用情形，分别规定如下：

1. 各罪法定刑之重轻，应以最重主刑为准，依第1项、第2项之标准定其轻重。

2. 如二罪之最重主刑相同，而不能依第1项、第2项之标准定其重轻者，如一罪有选科主刑者，他罪并无选科主刑者，则以无选科主刑者为重。

3. 如二罪之最重主刑相同，而不能依第 1 项、第 2 项之标准定其重轻者，如一罪有并科主刑者，他罪并无并科主刑者，则以有并科主刑者为重。

4. 如二罪之最重主刑相同，而其次重主刑同为选科刑或并科刑者，以次重主刑为准，依第 1 项、第 2 项之标准定其重轻。

因此，加重窃盗罪（6 月以上 5 年以下有期徒刑）重于伪造私文书罪（5 年以下有期徒刑），而伪造私文书罪重于诈欺取财罪（5 年以下有期徒刑、拘役或科或并科 1000 元以下罚金），但诈欺取财罪则重于普通窃盗罪（5 年以下有期徒刑、拘役或 500 元以下罚金）。

再者，若依本条规定比较之后，仍无从论定何者为重罪时，实务上尚有下列判解可供参酌：

1. 非告诉乃论之罪重于告诉乃论之罪。

2. 非"刑法"第 61 条之罪重于"刑法"第 61 条之罪。

3. 侵害国家法益之罪重于侵害社会法益之罪重于侵害个人法益之罪。

4. 侵害个人之人格权法益之罪重于侵害个人之财产权法益之罪。

5. 个人之生命法益重于身体健康法益重于人身行动自由法益，重于名誉、信用及秘密之法益。

6. 个人之财产法益部分，则掳人勒赎之犯罪情节重于强盗重于抢夺重于窃盗之性质。

7. 既遂罪重于未遂罪；未遂罪重于预备罪；预备罪重于阴谋罪。

8. 实行正犯重于教唆犯；教唆犯重于帮助犯。

实务判解

◆"刑法"第 342 条第 1 项之罪，与第 335 条第 1 项之罪，本刑轻重虽属相等，然依同法第 61 条第 3 款规定，第 335 条第 1 项之罪，得免除其刑，而第 342 条第 1 项之罪则否，是第 342 条第 1 项之背信罪，情节实重于第 335 条第 1 项之侵占罪。（1942 年上字第 1732 号）

◆"刑法"第 210 条之伪造私文书罪，其法定本刑为 5 年以下有期徒刑，而第 335 条第 1 项之侵占罪，其法定本刑为 5 年以下有期徒刑、拘役或科或并科 1000 元以下罚金，二罪之法定最高本刑固同为有期徒刑 5 年，而伪造私文书罪之法定最低本刑则为有期徒刑 2 月，侵占罪之法定最低本刑则为罚金刑，依"刑法"第 35 条第 2 项规定，应以"刑法"第 210 条之伪造私文书罪为重，自应依该罪论处，乃原判决竟依较轻之同法第335条第1项侵占罪论科，自有判决适用法则不当之违法。（1996年台非字第235号）

◆"刑法"第55条规定："一行为而触犯数罪名者，从一重处断。"同法第35条第2项规定："同种之刑，以最高度之较长或较多者为重，最高度相等者，以最低度之较长或较多者为重。"本件原判决认定被告一行为触犯"国家安全法"第5条之1第1项及"刑法"第111条第1项之罪；经查"国家安全法"第5条之1第1项规定之法定刑为："5年以下有期徒刑或拘役，得并科新台币1百万元以下罚金。""刑法"第111条第1项规定之法定刑为："5年以下有期徒刑。"两相比较，自以"刑法"第111条第1项之刑为重，原判决竟依较轻之"国家安全法"第5条之1第1项处断，有适用法则不当之违法。（2004年台上字第4955号）

◆"刑法"第134条前段之规定，属"刑法"分则之加重，系就犯罪类型变更之个别犯罪行为，予以加重处罚，而成立另一独立之罪，其法定刑应按原犯罪行为该当法条所定法定本刑加重二分之一之结果计之。同法第56条规定连续犯得加重其刑至二分之一，则属"刑法"总则之加重，适用于一般犯罪，其加重仅处断刑之范围伸长而已，法定本刑并未改变，二者究有不同。而牵连犯比较罪之重轻，系以所犯法条之本刑为标准；"刑法"第210条、第216条之伪造私文书、行使伪造私文书罪，法定本刑均为5年以下有期徒刑，依"刑法"第134条前段加重结果，其最重本刑伸长为7年6月有期徒刑，而"刑法"第213条公务员登载不实罪之法定本刑则为7年以下有期徒刑，两相比较，自以前者之罪为重。（2005年台上字第4721号）

法律座谈

法律问题："刑法"第320条之窃盗罪（5年以下有期徒刑、拘役或500元以下罚金）与同法第210条伪造私文书罪（5年以下有期徒刑），何者为重？

研究意见：按比较同种之刑之重轻，应先比较其最高度之较长或较多，重轻相等时，再比较其最低度之较长或较多（"刑法"第35条第2项）。再者，有选科主刑者与无选科主刑者，以无选科主刑者为重（"刑法"第35条第3项第1款）。现行"刑法"第210条及第320条，其最重本刑虽均为5年有期徒刑，但前者之最轻本刑为2月有期徒刑，而后者之最轻本刑则为 1 元罚金，故应以后者之刑为轻。因此，第 210 条伪造私文书罪重于第 320 条之窃盗罪。如遇二罪法定刑之最重本刑相同，如一罪有并科主刑，另一罪无并科主刑时，以有并科主刑者为重（"刑法"第 35 条第 3 项第 2 款）。兹举例如下：

例一：甲罪为 5 年以下有期徒刑，乙罪为 5 年以下有期徒刑、拘役或 500 元以下罚金，则甲罪重于乙罪。

例二：甲罪为 5 年以下有期徒刑、拘役或 500 元以下罚金，乙罪为 5 年以下有期徒刑、拘役或科或并科 500 元以下罚金，则乙罪重于甲罪。

例三：甲罪为 5 年以下有期徒刑，乙罪为 5 年以下有期徒刑、拘役或科或并科 500 元以下罚金，则甲罪重于乙罪。

法学名言

1. 淮南子《主术训》：夫权衡规矩，一定而不易，不为秦、楚变节，不为胡、越改容，常一而不邪，方行而不流。一日刑之，万世传之，而以无为为之。

（编按 ⇨ 刑者，型也。）

2. 管子：法立令行，则民之用者众矣，法不立令不行，则民之用者寡矣。

3. 韩非子《有度篇》：刑过不避大臣，赏善不遗匹夫。

4. 尸文子《大道上》：法行于世，则贫贱者不敢怨富贵，富贵者不敢陵贫贱，愚弱者不敢冀智勇，智勇者不敢鄙愚弱。

5. 司马光《无刑录》：愚以为法者，天下之公器也，惟善持法者，亲疏如一，无所不行，则人莫敢有所恃而犯之也。

6. 牛希济《刑论》：刑罚之用盖将以革人之心，劝之于善，所以小罪轻刑，以正其失；大罪重罚，以励其众。

（编按 ⇨ 刑罚之用，在于革人心，劝于善。）

第三十六条　褫夺公权之内容

①褫夺公权者，褫夺下列资格：

一、为公务员之资格。

二、为公职候选人之资格。

条理析释

本条修正时，将原第 3 款之行使选举、罢免、创制、复决 4 权之资格，不分犯罪情节、犯罪种类，齐头式的剥夺人民选举权之行使，与受刑人之再社会化目的有悖，迭遭质疑其与预防犯罪之关系。为兼顾预防犯罪及受刑人再社会化之理想，将选举、罢免、创制、复决等参政权行使之限制，视个别情形移列于"公职人员选举罢免法"规范等，以与"宪法"第 23 条以法律限制基本权利行使之必要性、比例原则相契合。

"公职人员选举罢免法"第 14 条业于 2009 年 5 月 27 日公布修正施行。前者修正为"地区人民，年满 20 岁，除受'监护宣告'尚未撤销者外，有选举权"。后者则修正为"……年满 20 岁，除受'监护宣告'尚未撤销者外，有选举权"。均已配合现行"刑法"第 36 条之规定，删除对于人民选举权之限制。

"刑法施行法"第 2 条规定："'刑法'第 2 条第 1 项但书，适用旧'刑法'、'刑律'，或其他法令时，其褫夺公权之资格，应依'刑法'第 36 条规定。"

实务判解

◇公务员依刑事确定判决受褫夺公权刑之宣告者，虽同时谕知缓刑，其职务亦当然停止。（1959 年释字第 84 号）

◇台湾地区领导人依"宪法"第 40 条及"赦免法"第 3 条后段规定所为罪刑宣告无效之特赦，对于已执行之刑，不生溯及既往之效力。其经宣告褫夺公权者，自赦免令生效之日起，回复其公权。至因有罪判决确定而丧失之公职，有向将来回复之可能者，得由当事人声请主管机关，依有关法律处理之。（1991 年释字第 283 号）

古代的酷刑

五刑是中国古代 5 种刑罚之统称，在不同时期，5 种刑罚的具体所指并不相同。

在西汉文帝前，五刑指墨、劓、刖、宫、大辟；隋唐之后，五刑则指笞、杖、徒、流、死。一般将前者称为"奴隶制五刑"，后者称为"封建制五刑"。五刑是对中国古代刑罚的部分概括，并不代表全部刑罚制度。

墨，又称黥，在受刑者面上或额头刺字，并染上墨。

劓，割去受刑者的鼻子。

刖，夏称膑，周称刖，秦称斩趾。斩掉受罚者左脚、右脚或双脚。有另外说法，称膑是去掉膝盖骨。

宫，又称淫刑、腐刑、蚕室刑，割去受罚者的生殖器。

大辟，即死刑，分为戮、烹煮、车裂、枭首、弃市、绞、凌迟等。

杖，用粗荆条拧成的刑具抽打受刑者的背、臀和腿。也分 5 等，分别为：60 次、70 次、80 次、90 次及 100 次。

徒，强制犯人劳役。亦分 5 等，分别为：1 年，1 年 6 月，2 年，2 年 6 月，3 年。

流，将犯人流放到边疆，不准回乡。

死，隋废斩，隋唐死刑一般为绞。宋后加凌迟。明斩首复见于律。

城旦春是中国秦代、汉代时期的一种刑罚，属于徒刑。

城旦是针对男犯人的刑罚，其意思是"治城"，即筑城。

春是针对女犯人的刑罚，其意思是"治米"，即春米。男女差役的分别却并非一成不变，而是可以因应情况而调整的。在汉文帝刑罚改革以前，城旦春是无期徒刑；改革后，刑期最高为 6 年。

第三十七条　褫夺公权之宣告

①宣告死刑或无期徒刑者，宣告褫夺公权终身。

②宣告一年以上有期徒刑，依犯罪之性质认为有褫夺公权之必要者，宣告一年以上十年以下褫夺公权。

③褫夺公权，于裁判时并宣告之。

④褫夺公权之宣告，自裁判确定时发生效力。

⑤依第二项宣告褫夺公权者，其期间自主刑执行完毕或赦免之日起算。但同时宣告缓刑者，其期间自裁判确定时起算之。

条理析释

本条修正时，将原第 2 项规定对宣告 6 月以上有期徒刑者，法院可依其裁量，宣告有期褫夺公权部分，参酌当前司法实务之常例，除如"贪污治罪条例"第 17 条及"公职人员选举罢免法"第 113 条第 3 项等特别法明定者外，尚非多见。虽不宜将上述宣告刑之下限作大幅度的提高，惟按宣告 6 月以上未满 1 年有期徒刑者，犯罪情状多属轻微，并无褫夺公权之必要。特将其宣告刑下限由 6 月酌改为 1 年。

本条第 2 项所谓"依犯罪之性质认为有褫夺公权之必要者"，系指行为人所为之犯罪情节具有丧失廉耻，以及其他情形认为有必要者而言。系属法院之相对宣告权，是否于裁判时并为宣告，端视法院依犯罪之性质认其有无必要而为之。但对于绝对褫夺公权之特别条文，具有优先适用之强制效力，上揭 3 种特别法均规定如下："犯……之罪，宣告有期徒刑以上之刑者，并宣告褫夺公权。"

宣告死刑或无期徒刑者，宣告褫夺公权终身。褫夺公权之宣告，自裁判确定时发生效力。因此，受无期徒刑宣告之人，于判决确定在监服刑之时起，即不得行使其公权，纵使依法假释离开监狱回归社会，在其残余之刑期间，甚至于假释期满未撤销假释，而视该无期徒刑执行完毕者，其褫夺公权之期间仍及于终身。死刑判决确定后，因非常上诉或其他原因而暂缓执行者，亦属无公权之人。至于受有期褫夺公权之宣告者，其于刑罚执行中，其公权虽尚未被剥夺，但事实上其身体自由已受国家依法予以限制，无法自由进出监狱而行使之。故实务上遇有选举时，仍将受短期自由刑之人列入选举人名册，以符法制。此种参政权尚未被剥夺时，即限制公民依法行使之缺憾，或可经由日后改采"不在籍投票制"之方式因应之。

实务判解

◎褫夺公权为从刑之一种，应随主刑宣告，如系数罪并罚内有褫夺公权必要者，须于分别宣告主刑之下一并宣告褫夺公权，再定其应执行之主从各刑，若仅于定执行刑时载明褫夺公权若干年，应认褫夺公权未经合法宣告。（1954 年台非字第 45 号）

◎本院院解字第 3534 号解释所称"免除其刑"，系指因赦免权作用之减刑而免除其刑者而言，不包括其他之免除其刑在内。（1972 年释字第 133 号）

［编按➡"司法院" 1947 年院解字第 3534 号解释内容如下："刑法"第 47 条所谓赦免，系指特赦及免除其刑者而言，不包括大赦在内。至罪犯经依罪犯赦免减刑令赦免，既系大赦，自不生累犯问题。］

◎"刑法"第 37 条第 1 项规定，宣告死刑或无期徒刑者，宣告褫夺公权终身。系采必宣告主义，并无被告为本地区人或地区外之别。（2003 年台上字第 6577 号）

法律座谈

法律问题：地区外之人在地区内犯罪，经法院判处死刑或无期徒刑者，应否宣告褫夺公权终身？

讨论意见：

甲说：应为宣告。

依"刑法"第 37 条第 1 项规定，宣告死刑或无期徒刑者，宣告褫夺公权终身，并无地区内外之别，且该条项之规定，法官无自由审酌之权，必须依法宣告之。又目前公营事业，聘请外人充任技术人员者，比比皆是，自有宣告之必要。

乙说：不应宣告。

依"刑法"第 36 条列举之各款，褫夺公权：

一、为公务员之资格。

二、公职候选人之资格。

地区外之人并无上开资格，倘予宣告，亦无实益。

研讨结果：采甲说。

"司法院"刑事厅研究意见：同意研讨结果。

古代的酷刑

城旦舂：秦代分为斩黥城旦舂、黥劓城旦舂、斩城旦舂、黥城旦舂、完城旦舂、系城旦舂 6 种；汉代分为斩城旦舂、黥城旦舂、完城旦舂、系城旦舂 4 种；汉文帝以后分为髡钳城旦舂、完城旦舂 2 种。城旦舂之服刑者要筑城、舂米外，还要兼及田间劳动、手工业劳动（如青铜器制作）等。一般来说，城旦（男性）较舂（女性）的工作量大。

斩黥城旦舂：是无期徒刑和肉刑的结合。城旦舂是徒刑，斩是切掉左脚趾（如左脚趾已被斩，再斩右脚趾），黥是在脸上刻字。是死刑、宫刑以下最严重的判罚。

黥劓城旦舂：是无期徒刑和肉刑的结合。城旦舂是徒刑，黥是在脸上刻字，劓是切掉鼻子。

斩城旦舂：是无期徒刑和肉刑的结合。城旦舂是徒刑，斩是切掉左脚趾（如左脚趾已被斩，再斩右脚趾）。

黥城旦舂：是无期徒刑和肉刑的结合。城旦舂是徒刑，黥是在脸上刻字。

第三十八条　没收物

①下列之物没收之：

一、违禁物。

二、供犯罪所用或犯罪预备之物。

三、因犯罪所生或所得之物。

②前项第一款之物，不问属于犯罪行为人与否，没收之。

③第一项第二款、第三款之物，以属于犯罪行为人者为限，得没收之。但有特别规定者，依其规定。

条理析释

所谓违禁物，系指依法令之规定，禁止行为人制造、运输、贩卖、持有或转让之物而言。

例如：毒品、枪砲、弹药、刀械等属之。另外，"刑法"分则中亦有特别规范之违禁物，凡条文中订有"不问属于犯人与否，没收之"者即是，例如：伪造、变造之通用货币、纸币、银行券，减损分量之通用货币及意图供伪造货币罪之器械原料等，现行"刑法"特设类此规定者，计有第200条（伪造货币罪）、第205条（伪造有价证券罪）、第209条（伪造度量衡罪）、第219条（伪造文书印文罪）、第235条（妨害风化罪）、第265条（鸦片罪）、第266条（赌博罪）及第315条之3（妨害秘密罪）等犯罪类型。至于违反"行政法"之禁止规范而制造、运输、贩卖或持有等物，称之为"查禁物"，例如："社会秩序维护法"第22条第1项第2款定有明文。

犯罪所得以属犯罪行为人者为限，得没收之。惟是否为行为人所有，并非仅以形式上观之，若该犯罪所得形式上虽非行为人所有，惟有证据足认实际上系行为人所有者，亦得没收。所称因犯罪所得之物，系以实际所得者为限，苟无所得或尚未取得者，即无从为没收追缴之谕知。至于所得之物，其范围则兼及动产与不动产均属之。

查获之伪药或禁药，没入销毁之，"药事法"第79条第1项没入销毁之规定，系列于"药事法"第8章"稽查及取缔"内，而非列于第9章之"罚则"，其性质应属行政秩序罚，属行政机关依行政程序科罚之权限，法院自不得越权于判决内谕知没入销毁。扣案之物尚未经主管机关依上开规定没入销毁，惟该等物品部分系被告仿冒美商公司等商标专用权人商标之商品，不问属于犯人与否，均应依"商标法"第83条之规定宣告没收。

供犯罪所用之物成为没收客体之事例如下：甲、乙、丙等3人，以不特定之组合方式，以小客车为目标，携带客观上足以对人之生命、身体、安全构成威胁，具有危险性之凶器六角扳手及十字起子，以破坏车锁、行李箱、车窗等方式，连续窃取被害人之财物。按十字起子属凶器之一种，以十字起子破坏车锁、行李箱、车窗方式，窃取被害人之财物，应依"刑法"第321条第1项第3款携带凶器窃盗罪处断。十字起子则需以砂轮机磨平或磨尖之方式，始能破坏车锁、行李箱、车窗，达到行窃之目的，该砂轮机即系供窃盗所用之器具，与行窃过程自有直接之关联性。依上述犯罪过程观之，行为人等系利用砂轮机，将十字起子磨平或磨尖方式破坏车子以行窃财物，则扣案之砂轮机1台，同系供犯罪所用之器具之一，予以宣告没收，不得误认该砂轮机与本件犯罪无直接关系，而不予宣告没收。

至于"以属于犯罪行为人者为限，得没收之"。此所谓之"犯罪行为人"，包括正犯与共犯在内。如前例所示，共同正犯3人携带凶器窃盗罪，虽仅甲、乙2人曾携至现场使用，但丙及丁均为窃盗罪之共同正犯，而六角扳手5支及十字起子1支，分为甲及丙所有，则应将属于共同正犯关系之人所有，且供犯罪所用之行窃工具予以宣告没收。

刑罚法令关于没收之规定，兼采职权没收主义与义务没收主义。职权没收，系指法院就属于被告所有，供犯罪所用、供犯罪预备或因犯罪所得或因犯罪所生之物，仍得本于职权斟酌是否宣告没收，例如"刑法"第38条第1项第2款、第3款、第3项前段等规定属之。义务没收，则又可分为绝对义务没收与相对义务没收。前者指凡法条有："不问属于犯罪行为人与否，没收之。"之特别规定者属之，法院就此等物品是否宣告没收，无斟酌余地，除已证明灭失者外，不问属于犯罪行为人与否或有无查扣，均应宣告没收，例如"刑法"第38条第1项第1款、第2项、第200条、第205条、第209条、第219条、第266条第2项、"毒品危害防制条例"第18条第1项前段等规定属之；后者则系指供犯罪所用、预备用或因犯罪所得，以属于被告所有者为限，始应予以没收，例如"毒品危害防制条例"第19条第1项前段是。

本条第1项第2款及第3项规定，供犯罪所用或供犯罪预备之物，而属于犯罪行为人者，得没收。其立法意旨系在于防杜再犯及征收不法利得，以防卫社会安全、维持正义。至其物之没收与否，审判法院固得自由裁量，但财产权乃"宪法"所保障之人民基本权利，自有比例原则之适用。是对于非专供犯罪所用之物，是否允宜没收，即应本其立法目的，依一般社会通念，受比例原则之支配，而审慎决定，非许裁判者滥权恣意擅断，否则当有法则适用不当之违法。

例如：法院欲将犯罪行为人平日代步之奔驰自小客车，以杀人弃尸罪并宣告没收，则应衡诸社会一般通念，足可认为该车系专供杀人犯罪所用之物，并符合比例原则时，始得依上揭"刑法"规定予以宣告没收。其他诸如供赌博所用之场所，供搬运赃物之船只，供藏放违禁物之一般货柜，使用窃电为能源之家庭电器等，亦有相同之性质。

再者，供犯罪所用之物，因"供"字系指积极性之行为，应限于故意之犯罪，不包括过失犯而言。因此，不得对驾车不慎撞死路人之自小客车谕知没收，惟故意以自己之车辆供为犯杀人罪之工具，而逐行杀人之行为者，实务上认仍得没收。但"毒品危害防制条例"第19条第3项明定："犯第4条（制造、运输、贩卖各级毒品或施毒器具罪）之罪所使用之水、陆、空交通工具没收之。"此为绝对义务没收之例，且为"刑法"之特别规定，自有优先强制适用之效力。

"刑法"第38条第1项第2款所定得没收之供犯罪所用或犯罪预备之物，必与犯罪有直接关系，且属于犯罪行为人者始足当之。所谓供犯罪所用之物，系指直接供实行犯罪构成要件行为所用之物；所谓供犯罪预备之物，系指供犯罪之用所预备之物，而尚未使用之情形而言。（2012年度台上字第2481号判决参照）

毒品之外包装有防止毒品裸露、逸出及潮湿之功用，并便于携带及运输，其系供贩卖、运输、寄藏或持有毒品所用之物，至为显然。如其外包装可与毒品析离者，自应依"毒品危害防制条例"第19条第1项规定谕知没收。

例如：被告持有被查扣之第二级毒品安非他命，依"内政部"警政署刑事警察局鉴定书记载，认其验前总毛重645.88公克（包装塑料袋总重约21.52公克）。既可分离秤重，则其外包装应属可与毒品析离。对于包裹毒品之外包装部分，应另依该条例第19条第1项规定为没收，而并与查获之毒品同依第18条第1项前段规定谕知没收销毁。

共同正犯之犯罪所得，因系合并计算，且于全部或一部无法追缴时，应追征其价额，或以其财产抵偿之，为避免执行时发生重复没收之情形，故各共同正犯之间系采连带没收主义，于裁判时仅谕知连带没收，不得就全体共同正犯之总所得，对各该共同正犯分别重复谕知没收；此与罚金刑应分别谕知、分别执行者不同。

例如：甲、乙2人共同贩卖毒品所得70万元，事后虽查明甲分得50万元、乙仅分得20万元，应对甲、乙2人谕知连带没收，而不得为分别没收之谕知。

"刑法"第38条第1项第3款规定："因犯罪所得之物得宣告没收，以该所得之物属于犯罪行为人所有为限。"此观诸同条第3项之规定甚明，则第三人若对该物在法律上仍得主张权利者，该物即不在得没收之列。所谓"属于犯罪行为人"，系指犯罪行为人对之享有所有权，且无他人对于该物得主张法律上之权利者而言，倘该物原属被害人所有而为犯罪行为人因犯罪而取得，该被害人既仍得对之为法律上权利之主张，自难认该当于"属于犯罪行为人所有"之要件，不能予以宣告没收。

例如：甲、乙2人利用伪卡共同诈购财物之案件中，虽诈得之扩大机、光盘机、除湿机、计算机、电视机、洋酒等物，均属甲犯罪所得之物，惟其中计算机、电视机部分，已经证人（被害商家人员）丙陈明，则代为垫付货款之发卡银行，或负责收集单据之收单银行，或未收得货款之被害商家，均可能就上揭诸物主张权利，法院即不得径行谕知没收。

实务判解

◆违禁物固不问属于犯人与否均应没收，而该物苟系属于第三人所有，则其是否违禁，即应视该第三人有无违禁情形为断，故犯人虽系违禁持有，而所有之第三人如系经合法允许持有者，仍不在应行没收之列。上诉人某甲所持有之军用枪弹，既系向某乙等托词借得，纵令该上诉人用以犯罪，而原主某乙等是否具有违禁情形，尚属不明，即难遽予没收。（1940年上字第1527号）

◆赌博场所不能视为供犯罪所用之物予以没收。（1948年院解字第4045号）

◆"刑法"第38条第1项第2款所定得没收之供犯罪所用或供犯罪预备之物，必于犯罪有直接关系者，始属相当。（1962年台非字第13号）

◆上诉人系台湾地区公路局第一区工程处派驻台北县华中大桥管理站之站务员，其侵占公务上所持有之105元，虽属因犯罪所得之物，但华中大桥管理站仍保有该物之所有权，其所有权并不属于上诉人，不在得宣告没收之列，原审遽依"刑法"第38条第1项第3款谕知没收，自系适用法律不当。（1980年台上字第3699号）

◆违禁物固不问属于犯人与否，均应没收，但该物苟系属于第三人所有，则其是否违禁，即应视该第三人有无违禁情形为断。故犯人虽系违禁持有，而所有之第三人如系经合法允许持有者，仍不在应行没收之列。本件上诉人所窃得之雷管虽属违禁物，但原所有人系经允准持有供其砍伐林班之用，并非未受允准亦无正当理由持有。依照上开说明自不在没收之列，原判决遽行谕知没收，显属于法有违。（1982 年台上字第 754 号）

◆没收为从刑之一种，依主从不可分原则，应附随于主刑而同时宣告之，除有罪，免刑等判决，于裁判时并宣告外，如谕知无罪之判决，既无主刑，从刑亦无所附丽，故案内之违禁物，应另依"刑法"第 40 条但书由检察官声请单独宣告没收。（1989 年台非字第 72 号）

◆犯"妨害国币惩治条例"之罪者，其伪造之币券，不问属于犯人与否，没收之，该条例第 6 条定有明文，此系"刑法"第 38 条之特别规定，采义务没收主义，凡属伪造之币券，如不能证明已不存在，即在必须没收之列，不以业经扣案为必要。（2004 年台上字第 5281 号）

◆没收含有保安处分之性质，在剥夺犯罪者因犯罪而取得之财产上利益，以遏止犯罪，与罚金属刑罚之性质有别，故对于各共犯应采连带没收主义，不得就全体共犯之总所得，对于各共犯重复谕知没收。（2005 年台上字第 7421 号）

◆按"刑法"第 38 条第 1 项第 2 款所称"供犯罪预备之物"，系指以供实施犯罪构成要件之行为之用为目的所预备之物，而尚未使用者。申言之，乃以供预备犯特定罪之目的所用之物，而属于犯罪实施中或犯罪实施前，所预备者而言。此项物件，并非犯罪构成要件应具备而不可或缺者，与"刑法"上处罚预备行为之独立罪所用之构成物，系属供犯罪所用之物者有别，故"供犯罪预备之物"之没收，并不以法律有明文处罚预备犯者为绝对必要。（2006 年台上字第 2050 号）

［例如➡国民身分证、驾驶执照、识别证等复印件及邮局存折封面复印件，虽均无伪造或变造迹象，但确系供犯人预备犯罪之物，即属没收之客体。不得另持法律并未处罚伪造或变造私文书、特种文书之预备犯罪行为，而认不得对上揭文书复印件宣告没收。］

◆"刑法"第 38 条第 1 项第 2 款所定得没收之供犯罪所用或犯罪预备之物，必于犯罪有关系者，始属相当。故没收之物与犯罪行为之关联性，须于有罪之判决中有具体之记载，方足资为适用法律之根据。（2006 年台上字第 6377 号）

◆"刑法"第 38 条第 1 项第 2 款之没收"供犯罪所用或犯罪预备之

物"，其所谓"供犯罪所用之物"，系指为实行犯罪构成要件行为时所现实使用之物，另"供犯罪预备之物"，则指以供实行犯罪构成要件行为之用为目的所预备之物，而未于实行犯罪行为时使用者而言。又制造、运输、贩卖毒品者，其供犯罪所用之物，均没收之，为"毒品危害防制条例"第19条第1项所明定，上开规定，系"刑法"第38条第1项第2款、第3项但书所指之特别规定，采义务没收主义，其对于制造、运输、贩卖毒品供犯罪所用之物之没收，固应优先适用，如系供犯罪预备之物，则应回归"刑法"之适用，依"刑法"第38条第1项第2款之规定没收之，方为适法。（2008年台上字第918号）

◆没收在立法上属于从刑之一种，"刑法"除违禁物应强制没收，采义务没收主义外，其余则采职权没收主义，即没收与否，审理之法院本有裁量之权。又行动电话手机与SIM卡系独立的2个物体，SIM卡可以插在不同之手机上使用，故手机上之SIM卡不以与手机同一人所有为限。则手机上之SIM卡应否没收，事实审法院本有自由裁量之权。纵扣案之SIM卡2张属于上诉人所有，原判决未予调查而不予宣告没收，仍无违法可言。（2008年台上字第1862号）

◆没收物之执行完毕与没收物之不存在，并非一事，因犯罪依法必须没收之物，虽已于共同正犯中1人之确定判决谕知没收，并已执行完毕，对于其他共同正犯之判决，仍应宣告没收，盖因此种没收之谕知，对于嗣后判决之共同正犯，仍不失为从刑，且在必须没收之列。倘以该没收物已因其他共同正犯判决谕知没收确定，并经执行完毕为理由，而不为没收之谕知，于法即有未合。（2010年度台上字第1160号）

[例如➡警方在桃园国际机场海关办公室，自甲身上查获夹藏于其游泳裤内之毒品海洛因，而该海洛因与泳裤，分别系甲与乙共同私运进口之毒品及供藏放、运输该毒品所用之物，依"毒品危害防制条例"第18条第1项、第19条第1项规定，均应没收。不得以该毒品及泳裤业于甲被诉共同运输第一级毒品之另案中，业经分别谕知没收销毁及没收，并已因执行完毕而不存在，而不再对乙为没收或销毁之谕知。]

◆共同正犯因相互间利用他方之行为，以遂行其犯意之实现，故非仅就自己实行之行为负其责任，并对该犯罪构成要件要素有犯意联络范围内，对于他正犯所实行之行为，亦应共同负责。而他正犯持有犯罪工具虽另犯他罪，因非属犯罪构成要件要素，已超逸犯意联络之范围，固不负共同正犯责任，惟对于他正犯持以供犯罪所用之物，本于责任共同原则，如

合于没收之规定，亦应为没收之谕知。（2012 年度台上字第 4554 号）

　　[例如➡甲与乙系基于使丙受重伤之犯意联络，纵甲系以所携带之枪、弹犯案为乙所不知，乙因欠缺共同非法持有枪、弹之犯意，不得以违反"枪砲弹药刀械管制条例"之罪相绳，惟该枪、弹既属正犯甲供犯罪所用之物，则亦应于乙所犯罪名项下并谕知没收。]

　　◈子弹未经许可，不得无故持有，固属"刑法"第 38 条第 1 项第 1 款之违禁物，然子弹如经鉴定机关试射，因不再具有子弹之功能，已非违禁物，不能适用"刑法"第 38 条第 1 项第 1 款规定宣告没收。（2013 年度台上字第 4464 号）

　　[例如➡同一判决理由说明：扣案之子弹（半成品）6 颗，均系非制式金属弹壳；弹壳 6 颗，2 颗系已击发之口径 9mm（9×19mm）制式弹壳，4 颗系已击发之非制式金属弹壳。虽非属枪砲弹药主要组成零件，惟该等物品既经共同正犯甲、乙等 2 人交予丙，且系供丙制造可发射子弹具有杀伤力之枪、弹所用之物，则依"刑法"第 38 条第 1 项第 2 款之规定，该等物品均应予以宣告没收；与其另载述：扣案之子弹 1 颗，认系口径 9mm 制式子弹，经检视，底火皿具撞击痕迹，经试射，可击发，认具杀伤力，经鉴定试射后仅余弹壳，失去子弹之效能，已非属违禁物，不予宣告没收。经核于法并无不合，亦无相互矛盾之处。]

法律座谈

　　◉**法律问题一**：在电力公司供电线路上，私接电线引入室内，装插头使用电锅烧饭，其使用之电锅，为被告所有，是否可认为供犯罪所用之物予以没收？

　　讨论意见：

　　甲说：该电锅系窃电后所使用之工具，非供窃电所用之物，不能没收（台湾"高等法院"1968 年上诉字第 263 号判决采此见解）。

　　乙说：按窃电行为，固于私接电线时，即可成立，但嗣后使用电锅，实为其犯罪之目的，而实际上，于其使用电锅时，始有窃取电流可言，故应认为该电锅亦为供犯罪所用之物，如为被告所有，得予没收。

　　研讨结果：采甲说。

　　◉**法律问题二**：伪造文书罪之假文书，已因新修正"刑法"第 38 条第 1 项第 3 款明文规定"因犯罪所生之物"得为没收（新修正"刑法"第 38 条第 1 项第 3 款立法说明参照），则假文书上印文、署押部分，应否依

"刑法"第219条规定宣告没收？

讨论意见：

甲说（肯定说）：按伪造之印章、印文或署押，不问属于犯人与否，没收之，"刑法"第219条定有明文，此为同法第38条有关没收之特别规定，故伪造之假文书，虽依新修正"刑法"第38条第1项第3款规定宣告没收，其上之印文、署押部分仍应依"刑法"第219条规定，宣告没收。

乙说（否定说）：伪造之假文书如依新修"刑法"第38条第1项第3款之规定没收，其上伪造之印文、署押部分，因文书既已没收，印文、署押即属伪造文书之一部分，已因文书之没收而包括在内，自毋庸另为没收之谕知，否则即有重复没收之违误。

初步研讨结果：拟采乙说。

审查意见：增列丙说，采丙说。

丙说：因犯罪所生之物，乃以属于犯罪行为人者为限，始得没收。如伪造、变造之文书，属于犯罪行为人所有，该假文书依"刑法"第38条第1项第3款没收时，文书上伪造之印文、署押已包括在内，即毋庸重复没收。如假文书已行使而非属于犯罪行为人所有，即不得没收，此时伪造之印文、署押自应依"刑法"第219条没收。

研讨结果：照审查意见通过，采丙说。

◉法律问题三：甲购毒饵1包，拟供寒冬毒杀他人家犬出售图利。某日，将毒饵置放于路边，用以毒狗，经将某乙所饲之狼犬1只毒杀，正着手窃取，即被乙发觉，报警将甲缉获，毒饵亦被警扣案随案移送，乙对毒狗部分不提告诉，则毒饵可否没收？

讨论意见：

甲说：毒饵系某甲供毒狗，以达盗窃目的之用，与窃盗要难谓无直接关系，其既系供犯罪所用之物，且为被告所有，依法应可没收。

乙说：某甲以毒饵杀狗，系构成毁损罪，仅为便利行窃之方法行为，毁损部分既未经被害人告诉，依法不得置议，扣案之毒饵1包，系供犯毁损所用之物与窃盗罪成立之要件，无直接关系依法不得没收（参见"最高法院"1980年台上字第384号判决）。

结论：多数赞成甲说。

研究结果：某甲购毒饵1包用以毒狗，经将某乙所饲养之狼犬毒杀，正着手窃取，被警查获，所余毒饵亦被扣案一并移送，该扣案之毒饵既系某甲为便于窃盗而毒杀狗只之用，其与窃盗行为难谓无密切关系，自属供犯窃盗所用之物，如为被告所有，纵某乙对某甲毒杀狼犬之毁损罪未经提出告诉，依法仍可宣告没收。以甲说为当①。

◎法律问题四：甲窃取乙之金项链1条，持往银楼变卖，并将所卖得之价金用以购买机车，法院应否将该机车宣告没收。

讨论意见：

甲说：没收之物，应指原物。如原物全部或一部不能没收者，除得追缴其价额（"刑法"第121条第2项）或其他特别规定外，不得为没收之对象，本题甲所购买之机车因非犯罪直接所得之物，法院自不得宣告没收（参阅院解字第2140号）。

乙说：因赃物变得之财物，以赃物论，"刑法"第349条第3项定有明文。机车既为甲变卖金饰之价款所购买，自为赃物，法院得予宣告没收。

讨论结论：均赞成甲说。惟理由应修改如下：金项链为甲行窃所得，以之变得之财物固为赃物，然非甲所有。依"刑法"第38条第3项规定，犯罪所得之物以属于犯人者为限始得没收，该变得之机车既非甲所有，自不得没收。

台湾"高等法院"检察署研究意见：同意原讨意结论。

"法务部"检察司研究意见：参照"最高法院"1951年台非字第5号判例，法院不得将赃物予以没收。以原讨论结论为当。

◎法律问题五：甲预备强盗财物，事先准备以其所有之尖刀1把，作为犯罪之工具，于着手之前，在途中即被警查获，并将该尖刀扣押，该尖刀究应依"刑法"第38条第1项第2款"供犯罪所用之物"，抑依同款"供犯罪预备之物"之规定，予以宣告没收？

讨论意见：

甲说：该尖刀为某甲所有，"刑法"第328条第5项有处罚强盗罪之预备犯，该尖刀乃法律上处罚预备行为之独立罪所用之构成物，属于供犯罪所用之物，应依"刑法"第38条第1项第2款"供犯罪所用之物"之规定，予以宣告没收。

乙说：该尖刀系某甲预备强盗所准备之物，属于供犯罪预备之物，既属某甲所有，应依同款"供犯罪预备之物"之规定，谕知没收。

审查意见：是否为供犯罪所用之物，应以该物已否使用为准，尖刀为

---

① 参见陈朴生：《刑法实用》，第239页见解。

某甲作为犯罪之工具，在途中即被查获应依"刑法"第 38 条第 1 项第 2 款供犯罪预备之物之规定谕知没收，拟采乙说。

研讨结果：照审查意见通过。

"司法院"刑事厅研究意见：同意研讨结果。

◉**法律问题六**：甲携带自有之万能锁匙 1 把前往乙宅行窃。因乙宅大门未上锁，故未使用该万能锁匙即登堂入室，窃得财物。乙发现后，至厨房持自有之菜刀 1 把准备追杀，乃未着手而甲已逃至门外，为巡逻之警察逮获。甲、乙均被侦查起诉。问上开万能锁匙及菜刀，究系为"刑法"第 38 条第 1 项第 2 款所称供犯罪预备之物？抑为供犯罪所用之物？

讨论意见：

甲说：法律上有处罚预备犯之规定者，始有供犯罪预备之物。因此某甲所有万能锁匙为供犯罪所用之物，某乙所有菜刀则为供犯罪预备之物。

乙说：是否为供犯罪所用之物，应就被告所成立之罪名观察决定，已供该罪犯罪行为所用者，为供犯罪所用之物，未供该罪犯罪行为所用者，为供犯罪预备之物，万能锁匙未供窃盗罪所用，系犯罪预备之物，菜刀已供预备杀人所用，为供犯罪所用之物。

丙说：是否为供犯罪所用之物，应就被告所成立之罪名观察决定，旨在供该罪犯罪行为所用者，即为供犯罪所用之物，万能锁匙旨在用于窃盗，菜刀旨在用于预备杀人，故均为供犯罪所用之物。

丁说：是否为供犯罪所用之物，应以该物已否使用为准。万能锁匙与菜刀均尚未使用，均为供犯罪预备之物。

审查意见：拟采乙说。

研讨结果：采丁说。

"司法院"刑事厅研究意见：同意研讨结果。

法律问题七：以帮助他人犯罪之意思，提供赌具给他人在公共场所赌博财物之帮助犯，其当场查获之赌具，应依何法条谕知没收？如何适用条文？

讨论意见：

甲说："刑法"第 266 条第 2 项为同法第 38 条之特别规定，不问属于犯人与否正犯或从犯，只要是当场赌博之器具，即应依该条项规定，谕知没收。

乙说：就帮助犯而言，既未参与实施犯罪行为，则针对正犯没收之规定，即无适用于帮助犯之余地，帮助犯仅在处刑方面，依正犯之刑减轻耳。从而对帮助犯提供当场赌博器具谕知没收时，即不能援引对正犯没收之规定，自应适用"刑法"第38条第1项第2款，谕知没收。

审查意见：拟采甲说。

研讨结果：照审查意见通过。

"司法院"刑事厅研究意见：同意研讨结果。

第三十九条 专科没收

①免除其刑者，仍得专科没收。

条理析释

没收系为从刑之一种，原应附随主刑而为宣告，以供附俪。惟主刑依法经免除而不存在时（如"刑法"第61条、第288条第3项等），为使原应没收之物得以合法宣告，避免对社会秩序或公共安全滋生危险性之物件仍为犯罪人所用，本条乃明定"免除其刑者，仍得专科没收"以资适用。另，违禁物或专科没收之物，亦得依第40条之规定，单独宣告没收。

实务判解

◆"刑法"第61条所规定，得专科没收之物已送审判者，无论被告成罪与否，均应于判决内为没收之宣告，如未宣告，则由检察官声请法院以裁定没收之。（1933年抗字第171号）

第四十条 没收之宣告

①没收，除有特别规定者外，于裁判时并宣告之。

②违禁物或专科没收之物得单独宣告没收。

条理析释

赌资与赌具如非属违禁物者，不得予以单独宣告没收。因此，警察人员于公共场所或公众得出入之场所取缔民众聚赌，赌徒四散逃逸而遗留现场之赌资（现金、支票）、赌具（象棋、扑克牌）非属违禁物品，自不得单独宣告没收。

本条所称"专科没收之物"，系指于"刑法"分则或特别"刑法"订有"……不问属于犯人与否，没收之"之明文规定者而言，例如：第200条之货币罪、第205条之有价证券罪、第209条之度量衡罪、第219条之文书印文罪、第 235 条之风化罪、第 265 条之鸦片罪、第 266 条之赌博罪及"毒品危害防制条例"第 18 条之毒品器具等物品，虽非法定之违禁物，然其性质究不宜任令在外流通，乃明定为得单独宣告没收之列。

依"主从不可分"原则，在主刑依"毒品危害防制条例"而宣告时，其从刑始得依该条例而宣告。主刑未依"毒品危害防制条例"而宣告时，从刑只得依"刑法"而单独宣告。兹违禁物单独宣告没收时，既依"刑法"第 40 条第 2 项之规定，并非依"毒品危害防制条例"第 18 条之规定，当然仅得宣告"没收"，无从逾越法条之规定而宣告"没收销毁之"。

违禁物或得专科没收之物，若案件经不起诉或缓起诉，声请法院以裁定没收之，系检察官之职权，则检察官就扣押物是否系得专科没收之物或违禁物，自有调查之责，待认定系得专科没收之物或违禁物，始得依职权向法院声请以裁定没收之。检察官不得未经调查送验，即遽认扣押物系违禁物，而径依职权向法院声请以裁定没收。

实务判解

◆违禁物固不问属于犯人与否均应没收，而该物苟系属于第三人所有，则其是否违禁，即应视该第三人有无违禁情形为断，故犯人虽系违禁持有，而所有之第三人如系经合法允许持有者，仍不在应行没收之列。上诉人某甲所持有之军用枪弹，既系向某乙等托词借得，纵令该上诉人用以犯罪，而原主某乙等是否具有违禁情形，尚属不明，即难遽予没收。（1940 年上字第 1527 号）

◆没收于裁判时并宣告之，故没收之物，不特须于犯罪事实中有具体之记载，并应于主文内详加宣示，方足以为执行时之根据。（1962 年台上字第 866 号）

◆没收为从刑之一种，依主从不可分原则，应附随于主刑而同时宣告之，除有罪、免刑等判决，于裁判时并宣告外，如谕知无罪之判决，既无主刑，从刑亦无所附丽，故案内之违禁物，应另依"刑法"第 40 条第 2 项由检察官声请单独宣告没收。（1989 年台非字第 72 号）

法律座谈

法律问题：伪造之新台币，检察官声请单独宣告没收，应否允许？

讨论意见：

甲说： 违禁物并非以政府明令禁止者为限。有"司法行政部"1955

年 2 月 22 日台（44）令参字第 980 号令可按，"最高法院" 亦复持此见解（1956 年台非字第 9 号判决参照）。伪造之货币系专供犯行使伪造货币罪之用而制造者。因禁止流通即应视为违禁物品。又扣押物未经依法没收者，即应发还，如该项伪造新台币一经流入他人之手殊难谓无再被行使之虞。是伪造之新台币自应允准检察官依 "刑法" 第 200 条之规定声请专科没收。

乙说：按违禁物系指法令禁止持有之物，"刑法" 上之伪造货币罪章及相关规定，均无处罚持有伪造新台币之罪，伪造之新台币自非违禁物，检察官应不得依 "刑法" 第 40 条但书之规定，声请单独宣告没收；又得依 "刑法" 第 200 条没收之伪造纸币，以构成分则第 12 章所定各罪之伪造纸币为限，否则该伪造之纸币即不得适用该条没收之（1941 年上字第 2014 号判例参照），故检察官就伪造之新台币依各该条声请单独宣告没收，亦不应允许。

审查意见：拟采乙说。

研讨结果：照审查意见通过（院解字第 2169 号解释参照）。

"司法院" 刑事厅研究意见：同意研讨结果。

古代的酷刑

完城旦春：是一种作为正式刑罚的无期徒刑。完，身体完整之意，用以区别于同时服肉刑的城旦春服刑者。完城旦春之服刑者累犯耐罪，会被追加黥刑，变成黥城旦春。

系城旦春：是一种作为附加刑的有期徒刑。系城旦春可以是对累犯者追加的附加刑，也可以是对初犯者判处的附加刑。通常附加于耐隶臣妾之上，而不会附加于耐鬼薪白粲和耐司寇之上。一般来说，当犯人已经被判耐隶臣妾，而服刑期间逃亡或犯耐罪，会被追加判罚系城旦春的徒刑。

髡钳城旦春：刑期 6 年的有期徒刑，并且同时要受髡刑和钳刑。髡，剃头之意。钳，用铁圈束脖子之意。刚开始废除肉刑后，是死刑以下的最高刑罚，但后来在此之上出现了流刑、徒刑，并慢慢演变成隋代、唐代的 "死、流、徒、笞、杖" 的刑罚体制。

枷项是将犯人绑在衙门前或市中心示众的一种刑罚，若枷的重量过高，很容易会令受刑者死亡，所以枷项不但是酷刑，还是一种死刑。

枷原本应用于农业社会中，用以击打堆于禾场上的稻谷，时至今日，枷依然有人使用。后来，枷应用于刑罚上，早在周时，枷开始出现在刑罚之中，《周易·噬嗑》书中曾经提到，"何校灭耳"，注解中说："校，枷也，罪重械其首也。"当中的何校就是枷项。另外，《晋书·石勒载记》中又说并州刺史东瀛公马腾于山东捕捉胡人为奴，卖给富贾，以作军费之用。被捕获的2个胡人以枷锁在一起，当中后赵开国君石勒就在其中。

第四十条之一 追征、追缴或抵偿之宣告

①法律有规定追征、追缴或抵偿者，于裁判时并宣告之。

条理析释

本条系因应新法将"追征、追缴或抵偿"等3种刑罚增列从刑之范围，乃参酌第40条第1项之立法例，明定应于裁判时并宣告之。

追征、追缴或抵偿系以法律之规定，将犯罪所得收归国家所有，除"刑法"分则之渎职罪、妨害秩序罪外，尚可见诸"公职人员选举罢免法"、"洗钱防制法"、"毒品危害防制条例"、"贪污治罪条例"及"组织犯罪防制条例"等特别刑事法之规定，为避免因该犯罪所得不符"刑法"第38条没收之规定，致使行为人仍得于判决确定后享受其犯罪之不法获利，故有自犯罪者强制收回之必要。惟无论追征、追缴或抵偿，其所得均来于自他人，为符法律保留原则，自应以法律明定，始得以追征、追缴或抵偿之方式，将其所得收归国家所有。

第四十一条 易科罚金

①犯最重本刑为五年以下有期徒刑以下之刑之罪，而受六月以下有期徒刑或拘役之宣告者，得以新台币一千元、二千元或三千元折算一日，易科罚金。但易科罚金，难收矫正之效或难以维持法秩序者，不在此限。

②依前项规定得易科罚金而未声请易科罚金者，得以提供社会劳动六小时折算一日，易服社会劳动。

③受六月以下有期徒刑或拘役之宣告，不符第一项易科罚金之规定者，得依前项折算规定，易服社会劳动。

④前二项之规定，因身心健康之关系，执行显有困难者，或易服社会劳动，难收矫正之效或难以维持法秩序者，不适用之。

⑤第二项及第三项之易服社会劳动履行期间，不得逾一年。

⑥无正当理由不履行社会劳动，情节重大，或履行期间届满仍未履行完毕者，于第二项之情形应执行原宣告刑或易科罚金；于第三项之情形应

执行原宣告刑。

⑦已缴纳之罚金或已履行之社会劳动时数依所定之标准折算日数，未满一日者，以一日论。

⑧第一项至第四项及第七项之规定，于数罪并罚之数罪均得易科罚金或易服社会劳动，其应执行之刑逾六月者，亦适用之。

⑨数罪并罚应执行之刑易服社会劳动者，其履行期间不得逾三年。但其应执行之刑未逾六月者，履行期间不得逾一年。

⑩数罪并罚应执行之刑易服社会劳动有第六项之情形者，应执行所定之执行刑，于数罪均得易科罚金者，另得易科罚金。

条理析释

易刑处分者，系指对于宣告之刑罚，因具有特定之原因，而不适于执行时，改以其他刑罚或处分代替原宣告刑罚之执行之谓。"刑法"定有易科罚金、易服社会劳动、易服劳役及易以训诫等4种，易刑处分系基于事实之需要，由检察官执行刑罚权时，变通原法院宣告刑罚之执行方式，其替代之处分纵然执行完毕，亦不影响原宣告刑罚之存在与法律效果。

易科罚金之要件，系犯最重本刑为5年以下有期徒刑以下之刑之罪，而受6月以下有期徒刑或拘役之宣告，如为受6月以下有期徒刑之宣告而易科罚金者，于执行完毕后5年内故意再犯有期徒刑以上之罪时，仍符合累犯之适用；若受拘役之宣告而易科罚金者，于执行完毕后5年内故意再犯有期徒刑以上之罪时，即不符合累犯之适用。

本条所称犯最重本刑为5年以下有期徒刑之刑之罪者，系指法定最重本刑而言，并不包括依总则加重或减轻情形在内（院解字第3755号解参照）。

"刑法"及其特别法有关加重、减轻或免除其刑之规定，依其性质，可分为"总则"与"分则"2种。其属分则性质者，系就其犯罪类型变更之个别犯罪行为予以加重或减免，使成立另一独立之罪，其法定刑亦因此发生变更之效果；其属总则性质者，仅为处断刑上之加重或减免，并未变更其犯罪类型，原有法定刑自不受影响。此关乎"刑法"第41条、"刑事诉讼法"第376条第1款等法律之适用，自应加以辨明。"刑法"第172条就犯伪证罪、诬告罪，于裁判或惩戒处分确定前自白者，应减轻或免除其刑之规定，虽列于"刑法"分则编，且系就个别之特定犯罪行为而设，然其立法目的与自首规定雷同，系在借此优惠，鼓励行为人及时悔悟，并早日发现真实，节省诉讼劳费，避免审判权遭受不当之侵害，此一规定，既未变更其犯罪类型，自属相当于"总则"之减免其刑规定，其原有法定刑并不因此而受影响。则犯"刑法"第168条之伪证罪，其法定刑为7年以下有期徒刑，纵行为人于所伪证之案件裁判确定前自白，经依同法第172条规定减轻其刑，并宣告6个月以下有期徒刑者，仍无同法第41条谕知易科罚金标准之适用。因此，被告犯伪证罪，纵于该案裁判确定前自白，经依法减轻其刑，将所犯该罪之法定本刑变更为有期徒刑5年以下，而量处有期徒刑3个月，亦不得援引本条规定，谕知易科罚金之折算标准（2006年台上字第4927号参照）。

"刑法"虽有易科罚金之规定，但随着贫富差异，易科罚金制度造成无钱易科罚金者只能入监服刑之不公平现象，无法有效避免短期自由刑之流弊，可见易科罚金制度仍有其不足之处，有必要设置替代措施作为罚金之易刑处分。劳动或服务虽非有形财产，但亦具有经济价值，外国之"社区服务"（community service）制度，即系以提供劳动或服务作为一种刑罚或刑罚之替代措施。不仅可避免短期自由刑之流弊，减缓监狱拥挤问题，同时借由劳务或服务之提供，可反馈社会，让犯罪者有更多复归社会之机会。乃参酌外国社区服务制度及我国现行缓刑及缓起诉处分附带义务劳务制度，增定社区服务制度，替代短期自由刑之执行，并定名为"社会劳动"，以彰显其属于刑罚之易刑处分，具有处罚性质，用以区别其与缓刑及缓起诉处分附带义务劳务之不同。易服社会劳动执行完毕者，其所受宣告之刑，亦以已执行论。

实务判解

◆被告所犯伤害直系血亲尊亲属身体罪，经加重结果，其最重本刑已逾3年，即不得适用"刑法"第41条易科罚金，原判决于依同法第280条加重第277条第1项之刑，论处被告徒刑后，仍予谕知易科罚金，显属违法。（1960年台非字第52号）

◆"刑法"第280条规定，对于直系血亲尊亲属犯第277条之罪者，加重其刑至二分之一，系明示必应加重处罚，并非得由法院自由裁量，仍具有法定刑之性质，其加重结果，最重本刑既已超过3年有期徒刑，自不得依同法第41条易科罚金。（1962年台非字第71号）

［编按➡本号判例意旨在于，"刑法"分则之加重，具有法定刑之性质，法院应依其加重后之刑度，供为是否得谕知易科罚金之准据。目前易

科罚金之先决要件已调整为"犯最重本刑为 5 年以下有期徒刑以下之刑之罪",因此就本判例及前揭判例之情节而言,仍属得易科罚金之范围。]

◆2005 年 2 月 2 日修正公布之"刑法"第 41 条第 2 项,关于数罪并罚,数宣告刑均得易科罚金,而定应执行之刑逾 6 个月者,排除适用同条第 1 项得易科罚金之规定部分,与"宪法"第 23 条规定有违,并与本院释字第 366 号解释意旨不符,应自本解释公布之日起失其效力。(2009 年释字第 662 号)

[编按➡"刑法"第 41 条业于 2009 年 12 月 30 日经"立法院"遵循本号解释意旨修正施行,明定数罪并罚之数罪均得易科罚金或易服社会劳动,其应执行之刑逾 6 月者,亦得易科罚金或易服社会劳动。数罪均得易科罚金者,适用"刑法"第 41 条第 1 项之规定。数罪均得易服社会劳动者适用"刑法"第 41 条第 2 项至第 4 项及第 7 项之规定。此外,"刑法"第 50 条亦于 2013 年 1 月 23 日修正公布,落实司法院释字第 662 号解释意旨。]

法学名言

1. 韩非子《心虔篇》:法与时转则治,治与世宜则有功。……时移而治,不易而乱。

2. 孔子《论语》:古之知法者,能省刑,本也;今之知法者,不失有罪,末矣。

3. 孔子《论语》:今之听狱者,求所以杀之;古之听狱者,求所以生之;与其杀不辜,宁失其罪。

4. 沈颜《象刑解》:夫法过峻则犯者多,犯者多则刑者众,刑者众则民无耻,民无耻则虽日劓之刖之笞之扑之而不为畏也。

(编按➡无耻不畏刑。舜禹之代,象刑而人不敢犯。言象刑者,以赭以墨,染其衣冠,异其服色,凡为三等。及秦法苛虐,方用肉刑。锯凿箠朴,楚毒毕至,而人犯愈多,俗益不治。)

5. 韩忠谟《刑法原理序》:国家之治乱,政事之隆污,安所系乎?曰:系于法而已。法者所以纳民于轨物之中,使之从善去恶,禁暴诘奸,信赏必罚,其收效至速,其功用甚宏,诚拨乱反正之具也。

(编按➡刑之功用在拨乱反正。)

第四十二条　易服劳役

①罚金应于裁判确定后二个月内完纳。期满而不完纳者，强制执行。其无力完纳者，易服劳役。但依其经济或信用状况，不能于二个月内完纳者，得许期满后一年内分期缴纳。迟延一期不缴或未缴足者，其余未完纳之罚金，强制执行或易服劳役。

②依前项规定应强制执行者，如已查明确无财产可供执行时，得径予易服劳役。

③易服劳役以新台币一千元、二千元或三千元折算一日。但劳役期限不得逾一年。

④依第五十一条第七款所定之金额，其易服劳役之折算标准不同者，从劳役期限较长者定之。

⑤罚金总额折算逾一年之日数者，以罚金总额与一年之日数比例折算。依前项所定之期限，亦同。

⑥科罚金之裁判，应依前三项之规定，载明折算一日之额数。

⑦易服劳役不满一日之零数，不算。

⑧易服劳役期内纳罚金者，以所纳之数，依裁判所定之标准折算，扣除劳役之日期。

条理析释

易服劳役为易刑处分之一种，系指以服一定之劳动而代替罚金之执行。凡受罚金之宣告者，应于裁判确定后 2 个月内完纳，但对于经济之弱势者，设有分期付款或易服劳役之补救方式。受罚锾之裁决者，系属行政罚之性质，不得依本条易服劳役。易服劳役以新台币 1000 元、2000 元或 3000 元折算 1 日。其标准由法院依行为人之经济资力为审酌之首要因素，至于其犯罪行为之各种情状，系属法院量刑时之准据。易服劳役之执行，仍应由检察官指挥入监为之，惟依"刑事诉讼法"第 480 条第 1 项之规定，应与处徒刑或拘役之人犯分别执行，实质上具有限制人身自由之性质，而且现行法屡屡大幅提高罚金刑之数额，如以最高新台币 3000 元折算 1 日为例，若受罚金新台币 365 万元宣告时（此于毒品、枪炮、走私、洗钱、贪污或组织犯罪等犯罪，系仅属中度之刑罚），其须折抵之劳役日数即为 1216.6 日（余数不算，约 3 年 4 月），已较短期自由刑之处罚为重，故罚金总额折算逾 1 年之日数者，以罚金总额与 1 年之日数比例折算。即将新台币 365 万元分配于 365 日，每日之劳役代价即为台币 1 万元。

如以罚金总额与 1 年之日数比例折算时，其执行期间折算方式，应以日数计算执行 365 日为准。与其执行期间遇有大月、小月或是闰年、平年无关，此与"民法"第 123 条第 2 项之规定，并不相同。

另外，因应目前恶性之经济犯罪时有所闻，诸如"银行法"、"金控法"、"信用合作社法"、"信托业法"、"保险法"、"票券金融法"及"证券交易法"等相关金融法律之罚金刑常有高达数千万元或上亿元之金额，如仍受限于易服劳役不得逾 1 年之规定，实难解决高额罚金刑易服劳役之折算标准，乃分别增订"犯本法之罪，所科罚金达新台币 5000 万元以上而无力完纳者，易服劳役期间为 2 年以下，其折算标准以罚金总额与 2 年之日数比例折算；所科罚金达新台币 1 亿元以上而无力完纳者，易服劳役期间为 3 年以下，其折算标准以罚金总额与 3 年之日数比例折算。（以'银行法'第 136 条之 2 为例，'信用合作社法'第 48 条之 2 亦为相同之规定）"之特别规定，而优先适用之。

本条乃换刑处分之一种，系以服劳役代替罚金之执行。法人为社会组织体，与自然人有别，事实上无法服劳役以代替罚金之执行，故"刑法"第 42 条易服劳役之规定，与法人本质不合，不能予以适用。

例如：某某股份有限公司系法人，因违反"劳动检查法"，经依同法第 34 条第 2 项之规定判处罚金新台币 8 万元，并谕知缓刑，此部分固无违背法令之可言。但对于事实上无法服劳役之被告某某公司，即不得再依"刑法"第 42 条第 3 项，并为谕知"如易服劳役，以新台币 1000 元折算 1 日"始能避免适用法则不当之违法。

实务判解

◆"刑法"第 41 条之易科罚金，第 42 条第 2 项之易服劳役，其折算 1 日之原定金额，如依戡乱时期罚金罚锾裁判费执行费公证费提高标准条例提高 2 倍，应为以 3 元、6 元或 9 元折算 1 日。（1967 年释字第 121 号）

◆按 2006 年 7 月 1 日修正公布施行之"刑法"第 2 条第 1 项规定，行为后法律有变更者，适用行为时之法律。但行为后之法律有利于行为人者，适用最有利于行为人之法律，系采从旧从轻之原则。而所谓"法律有变更"，系指足以影响行为之可罚性范围及其法律效果之法律修正而言，易科罚金、易服劳役之折算标准及其期限涉及裁量权之行使，系属科刑规范事项，其折算标准于裁判时并应于主文内谕知，与一般纯属执行之程序有别，是如新旧法对易科罚金、易服劳役之折算标准及期限各有不同时，自应依上开规定，比较适用最有利于行为人之法律。又行为后法律有变更，比较裁判前之法律孰为有利于行为人时，应就罪刑有关之一切情形，比较其全部之结果，而为整个之适用，不能割裂而分别适用有利益之条文。固有1938年上字第2615号判例可资参照，但此之所谓不能割裂适用，系指与罪刑有关之本刑而言，不包括易刑处分，事关刑罚执行之易刑处分仍应分别适用最有利于行为人之法律。易言之，倘所处之主刑同时有徒刑、拘役易科罚金、罚金易服劳役之情形时，关于易科罚金、易服劳役部分应分别为新旧法有利不利之比较，依"刑法"第2条第1项从旧从轻原则定其易刑之折算标准。（2007年台非字第85号）

第四十二条之一　罚金易服社会劳动

①罚金易服劳役，除有下列情形之一者外，得以提供社会劳动六小时折算一日，易服社会劳动：

一、易服劳役期间逾一年。

二、入监执行逾六月有期徒刑并科或并执行之罚金。

三、因身心健康之关系，执行社会劳动显有困难。

②前项社会劳动之履行期间不得逾二年。

③无正当理由不履行社会劳动，情节重大，或履行期间届满仍未履行完毕者，执行劳役。

④社会劳动已履行之时数折算劳役日数，未满一日者，以一日论。

⑤社会劳动履行期间内缴纳罚金者，以所纳之数，依裁判所定罚金易服劳役之标准折算，扣除社会劳动之日数。

⑥依第三项执行劳役，于劳役期内纳罚金者，以所纳之数，依裁判所定罚金易服劳役之标准折算，扣除社会劳动与劳役之日数。

条理析释

罚金为一种财产刑，以直接对受刑人之财产执行为原则。惟对于无财产可缴纳或执行者，有必要设置替代措施做为罚金之易刑处分。"刑法"第42条虽规定有易服劳役之制度，但须入监执行，且不论是监内或监外作业，受刑人仍在监狱之监控之下，属于一种机构内之处遇方式，然对于多数罚金刑之受刑人而言，提供劳动服务替代罚金之执行即为已足，并无一定使之入监执行必要。德国刑法对于无法缴纳罚金者，规定系以自由刑替代，惟为避免入监执行短期自由刑所生之诸多问题，复规定得以自由劳动取代自由刑。

经参酌德国之立法例与第 41 条增订徒刑、拘役易服社会劳动之立法意旨，增订得以提供社会劳动替代罚金所易服之劳役，将社会劳动作为罚金易服劳役后之再易刑处分，使无法缴纳罚金者，得以提供社会劳动之方式，免予入监执行罚金所易服之劳役。惟考量特别法就高额罚金易服劳役之期限订有可逾 1 年之特别规定，此种情形若准许易服社会劳动，不仅与国民法律感情不符，减弱罚金刑之吓阻作用，同时期限过长造成履行困难，故排除易服劳役期限逾 1 年案件之适用。又对于应执行逾 6 月有期徒刑所并科之罚金刑，由于所应执行者已非 6 月以下之短期刑，且须入监执行，犯罪情节较为严重，多属枪砲或毒品案件，且其执行，除完纳罚金之外，多以易服劳役接续徒刑之执行。是考量社会之接受度及社会劳动执行面之困难度，亦不宜给予社会劳动，故亦将之排除适用。

社会劳动可以提供之劳动服务内容多元广泛，包括清洁整理、居家照护、弱势关怀、净山净滩、环境保护、生态巡狩、社区巡守、社会服务、文书处理、交通安全以及其他符合公共利益之无酬劳动服务皆属之。易服社会劳动制度不仅可避免短期自由刑的流弊，对政府而言，可舒缓监狱拥挤问题、避免增（扩）建监狱、节省矫正费用、减少国家财政负担，对社会而言，社会劳动人从监禁的消费者变成提供劳动服务的生产者，创造产值，造福邻里，反馈社会，对社会劳动人而言，可毋庸入监执行，维持既有的工作与家庭生活，为政府、社会及犯罪者三赢的制度。"法务部"已研拟相关配套措施、规划教育训练，各地方法院检察署亦积极开发执行机关（构）、营销劳动人力、规划广泛多元的服务选项，期使制度能稳健上路，顺利运作（2009 年 6 月 15 日"法务部"新闻稿参照）。

法律座谈

法律问题： 受刑人甲前因窃盗、抢夺等案应执行有期徒刑 3 年，后接续执行侵占罪罚金 3000 元之罪，其就单科罚金之罪声请易服社会劳动，得否准许？

研究意见： 应准许易服社会劳动。

理由： 按"刑法"第 42 条之 1 第 1 项规定："罚金易服劳役者，除有下列情形之一者外，得以提供社会劳动 6 小时折算 1 日，易服社会劳动：一、易服劳役期间逾 1 年。二、应执行逾 6 月有期徒刑并科之罚金。三、因身心健康之关系，执行社会劳动显有困难。"是罚金刑因属财产刑，以执行财产为目的，与矫正教化无涉，只是单纯的财产刑之替代处分，与易服社会劳动为自由刑之易刑处分之立法目的不同，故无所谓"难收矫正之效"的问题，故如无上述 3 款所列情形，就单科罚金刑部分，应准予易服社会劳动。

第四十三条　易以训诫

①受拘役或罚金之宣告，而犯罪动机在公益或道义上显可宥恕者，得易以训诫。

条理析释

易以训诫者，系行为人受拘役或罚金之宣告，而犯罪动机在公益或道义上显可宥恕者，以训诫之方式代替原宣告之拘役或罚金，而予以执行之谓。行为人之犯罪情节是否符合易以训诫之要件，由法院依职权裁判，如准予易以训诫者，应于判决书之主文上谕知，例如："某某某当场激于义愤而伤害人之身体健康，处拘役 20 日，易以训诫。"易以训诫，应由检察官依"刑事诉讼法"第482条之规定执行之。至于执行之方法，则由检察官斟酌情形，以言词或书面为之。训诫执行完毕者，其所受宣告之刑，以已执行论。

"刑法"第43条所定得易以训诫之情形，纯属审判上所应斟酌之事项，与同法第41条所定得易科罚金之条件，即执行时是否"难收矫正之效或难以维持法秩序者"，仍得由检察官认定者不同，故若原确定判决未为易以训诫之谕知，检察官即应依判决执行，不得径为易以训诫之执行，或为被告向法院声请为易以训诫之裁定。

实务判解

◆训诫之方式，法无明文规定，应由检察官斟酌情形，以言词或书面行之。（1935 年院字第 1350 号）

第四十四条　易刑处分之效力

①易科罚金、易服社会劳动、易服劳役或易以训诫执行完毕者，其所受宣告之刑，以已执行论。

条理析释

本条为易刑处分之效力，即国家刑罚权之行使并未依原宣告之刑罚为之，但已依法产生执行完毕之法律效果。若原宣告之刑为有期徒刑之自由刑，虽更易为财产罚或劳动刑而替代之，仍视为有期徒刑业已执行完毕，5年以内故意再犯有期徒刑以上之罪者，符合累犯成立之要件。若原宣告者为拘役之自由刑，而易科罚金或社会劳动执行完毕者，事后再犯任何之罪者，即与累犯之成立要件不符。

实务判解

◇依"刑法"第44条所定易科罚金执行完毕者，其所受宣告之刑以已执行论。（1963年台上字第1303号）

第四十五条　刑期之计算

①刑期自裁判确定之日起算。
②裁判虽经确定，其尚未受拘禁之日数，不算入刑期内。

条理析释

本条刑期之计算，系指自由刑之刑期为限，死刑、罚金均与刑期无关。原则上须为裁判确定后且受拘禁者属之，若于裁判确定前受公权力合法之拘禁者，仅得依第46条之规定折抵刑期，而与无期徒刑就刑期之计算，或与假释之期间计算息息相关。

本条系刑期之始点计算规定，而刑期之终点则规定于"监狱行刑法"第83条，明定执行期满者，应于其刑期终了次日午前释放之，使受刑人于刑期执行期满后，未经法定程序仍受拘禁，侵害其人身自由，有违正当法律程序，且所采取限制受刑人身体自由之手段亦非必要，业经大法官于2010年5月14日以释字第677号解释为抵触"宪法"第8条及第23条之规定，与本解释意旨不符部分，应自2010年6月1日起失其效力。有关机关应尽速依本解释意旨，就受刑人释放事宜予以妥善规范。相关规定修正前，受刑人应于其刑期终了当日之午前释放。

实务判解

◇某甲先后犯子、丑2罪，均处有期徒刑，惟丑罪先经三审确定，子罪尚在三审上诉中，当丑罪执行时，应自丑罪羁押开始之日起，至该案确

定时为止，计抵丑案之刑期，在丑罪以前，因子罪羁押之日数，仍应于子罪执行时计抵。(1937 年院字第 1610 号)

第四十六条　羁押日数之折抵

①裁判确定前羁押之日数，以一日抵有期徒刑或拘役一日，或第四十二条第六项裁判所定之罚金额数。

②羁押之日数，无前项刑罚可抵，如经宣告拘束人身自由之保安处分者，得以一日抵保安处分一日。

条理析释

经宣告拘束人身自由之保安处分（例如强制工作、强制治疗等），受处分人亦失去其自由，在性质上与刑罚相近，如于执行前曾受羁押，而无刑罚可抵者，显于受处分人不利，特增订羁押之日数亦得折抵拘束人身自由之保安处分所执行之日数，以保障受处分人之权益，并解决实务上之困扰。但不得以"拘束人身自由之保安处分"折抵有期徒刑或拘役，或第42 条第 6 项裁判所定之罚金额数。

裁判确定前之羁押与有期徒刑之执行，其性质并不相同，而本条规定："裁判确定前羁押之日数，以 1 日抵有期徒刑或拘役 1 日……"乃就裁判确定前之羁押与有期徒刑或拘役之执行，故必待所宣告之有期徒刑或拘役于应执行时经检察官指挥执行，始有折抵日数之可言。

裁判确定前羁押之日数，只得依本条折抵有期徒刑或拘役之日数，无期徒刑则不在适用之列，实务上应另依第 77 条第 3 项"无期徒刑裁判确定前逾 1 年部分之羁押日数，算入已执行之期间内"之规定核算刑期之执行期间。

至于被告经法官签发鉴定留置票而执行鉴定留置者，其经过之期间视为羁押之日数，"刑事诉讼法"第 203 条之 4 定有明文，自得适用本条之规定，发生羁押日数之折抵效力。

实务判解

◆"刑法"第 46 条所谓裁判确定前羁押之日数，系指因本案所受羁押之日数而言，若因他案而受羁押，即不得移抵本案之刑罚。(1940 年声字第 30 号)

◆战争罪犯在国外拘禁期间，虽因罪嫌而受拘禁，仍不得于执行时依

法折抵刑期。（1948 年院解字第 3862 号）

　　◆裁判确定前羁押之日数，以 1 日抵有期徒刑 1 日，"刑法"第 46 条前段固有明文，惟可以折抵之羁押，必以本案之羁押方足相当。苟在他案羁押或执行刑期或矫正处分中，为本案之审理而向他案执行机关借提，既属他案之羁押或执行刑期或矫正处分，并非本案之羁押，借提期间羁押之日数，无折抵本案徒刑之可言。（1978 年台抗字第 303 号）

第六章　累　犯

第四十七条　累犯之定义及其效力

①受徒刑之执行完毕，或一部之执行而赦免后，五年以内故意再犯有期徒刑以上之罪者，为累犯，加重本刑至二分之一。

②第九十八条第二项关于因强制工作而免其刑之执行者，于受强制工作处分之执行完毕或一部之执行而免除后，五年以内故意再犯有期徒刑以上之罪者，以累犯论。

条理析释

累犯之加重，系因犯罪行为人之刑罚反应力薄弱，需再延长其矫正期间，以助其重返社会，并兼顾社会防卫之效果。采用累犯制度之国家以大陆法系之日本、法国、奥地利及瑞士等国刑法均定有明文，台湾地区自仍宜维持现行体制，视行为人恶性之程度酌予量处适当之刑。

犯罪行为人之再犯系出于故意者，固有适用累犯加重规定之必要；惟若过失再犯者，因难据以确认其刑罚反应力薄弱，故宜以劝导改善等方式，促其提高注意力以避免再犯，而不宜遽行加重其刑。因此，后所犯罪应限制以故意再犯者为限，方成立累犯。

保安处分本有补充或代替刑罚之功用，为配合第 98 条第 2 项增订强制工作处分与刑罚之执行效果得以互代，采用窃盗犯赃物犯"保安处分条例"第 7 条之立法体例，于本条增订拟制累犯之规定，以资周延。

本条第 1 项所称"受徒刑之执行完毕"者，包括受有期徒刑或无期徒刑之执行完毕者均属之。有期徒刑之执行完毕又分为原刑执行完毕与易刑执行完毕两种模式。因此，有期徒刑之执行于期满出狱者，或执准经假释出狱而于假释期间未经撤销假释者，均属原则执行完毕。至于易刑执行者，亦可分为易科罚金，或易服社会劳动两种替代模式，如执行完毕者，其所受宣告之刑以已执行论。所以，受徒刑之宣告而仍在监狱服刑中，或假释人仍在假释之残刑期间，甚至缓刑期间之受判决人，其所宣告之刑均尚非执行完毕。反之，受 6 月以下有期徒刑之宣告而以易刑替代执行完毕者，即属受徒刑之执行完毕之范围。

本条第 1 项所谓"赦免"，经"司法院"院解字第 3534 号解释系指"特赦及免除其刑者"而言，不包括大赦在内。其所称免除其刑，系指基于"赦免权作用"之减刑而免除其刑而言。其他如"刑法"第 23 条但书、第 24 条第 1 项但书、第 27 条等所规定之免除其刑，既非基于赦免权之作用而系应依"刑事诉讼法"谕知免刑之判决，并无徒刑之执行，与累犯之构成要件无关，自不包括在内。

前科者，系指曾受科刑判决确定者而言。而累犯者，系指受徒刑之执行完毕后，5 年以内，故意再犯有期徒刑以上之罪者而言。行为人前所犯罪之前科有合于累犯之要件者，其后所犯罪即应依法加重；若其前科与累犯之要件不该当者，则仍得成为法院从重量刑时之法定参考。

所谓初犯者，系指无犯罪前科者而言；所谓再犯者，系指有犯罪前科，但不合"刑法"第 47 条之规定者而言。"行刑累进处遇条例施行细则"第 8 条第 2 项、第 3 项分别订有明文。再犯之通常意义，系指 1 人先后犯 2 次之罪，如从宽解释，为 1 人先后犯 2 次以上之罪，不仅指 2 犯，即 3 犯、4 犯、5 犯……均包括在内。再犯者，专指不合"累犯加重要件"之 2 次以上之犯罪者。关于再犯认定之资料，不仅以各该案之刑事判决书为依据，凡直接调查、间接调查、台湾"高等法院"检察署资料，以及军法、外国法院之裁判书类，或由军法机关、外交途径所得之犯罪资料（上开裁判、资料均以确定者为限）等，均可作为再犯认定之依据。

实务判解

◆被告前犯诈欺罪，经判处有期徒刑 2 个月，宣告缓刑 2 年，于缓刑期内又复共同行窃，固应构成"刑法"第 320 条第 1 项之窃盗罪，惟被告前犯之诈欺罪，虽判处徒刑，但同时宣告缓刑，并未送监执行，自不能谓为累犯。（1936 年非字第 105 号）

◆累犯之成立，以曾受有期徒刑之执行完毕，或受无期徒刑或有期徒刑一部之执行而赦免后，5 年以内再犯有期徒刑以上之罪为要件，故尚在徒刑执行中更犯有期徒刑以上之罪者，即不得依累犯之例论科。（1940 年上字第 258 号）

◆"刑法"第 47 条所谓赦免，系指特赦及免除其刑者而言，不包括大赦在内。至罪犯经依罪犯赦免减刑令，赦免既系大赦，自不生累犯问题。（1947 年院解字第 3534 号）

◆大赦有消灭罪刑之效力，故犯罪经大赦后，不但赦免其刑，并应视与未犯罪同，被告某甲前虽曾因窃盗案被判罪刑，但既邀赦免而归于消灭，则其以后之犯罪，自不发生累犯问题。（1948 年非字第 40 号）

◆被告第 1 次被处窃盗罪刑，既于 1948 年 5 月 16 日执行期满出狱，截至其于 1954 年 8 月 25 日第 3 次行窃时，已在届满 5 年之后，与累犯要件不合，纵第 2 次于 1952 年 8 月间行窃，曾被判处有期徒刑 8 月，谕知缓刑有案，但因缓刑而未执行，亦与其第 3 次之犯罪无累犯可言，原判决竟认为累犯加重其刑，原审复予维持，显属违法。（1954 年台上字第 434 号）

◆"刑法"上累犯罪之成立，以再犯有期徒刑以上之罪为要件，被告于前犯诈欺罪，判处徒刑执行完毕后，5 年以内犯"刑法"第 337 条所定专科罚金之罪，自不生累犯之问题。原判决竟再依累犯之例加重其刑处断，显有违误。（1957 年台上字第 490 号）

◆"刑法"第 47 条所谓加重本刑至二分之一，祗为最高度之规定，并无最低度之限制，法院于本刑二分之一以下范围内，如何加重，本有自由裁量之权，自不能以原判决仅加重其本刑十分之一，并未加重至二分之一，而再予减轻二分之一为不当。（1958 年台上字第 1004 号）

◆"刑法"第 346 条第 1 项之恐吓罪，其最轻本刑为 6 个月以上，原判决既认上诉人为累犯，适用"刑法"第 47 条论处，而未遂部分，又未依同法第 25 条第 2 项减刑，其主文谕知处有期徒刑 6 个月，显未依累犯之例加重其刑，不无违误。（1958 年台上字第 1499 号）

◆本院院解字第 3534 号解释所称"免除其刑"，系指因赦免权作用之减刑而免除其刑者而言，不包括其他之免除其刑在内。（1972 年释字第 133 号）

◆"刑法"第 47 条所谓"受有期徒刑之执行完毕"，包括假释后依同法第 79 条第 1 项前段规定，"有期徒刑所余刑期内未经撤销假释者，其未执行之刑，以已执行论"在内。（2004 年台非字第 278 号）

◆累犯之成立，依"刑法"第 47 条规定，以受有期徒刑之执行完毕，或受无期徒刑或有期徒刑一部之执行而赦免后，5 年以内再犯有期徒刑以上之罪为要件。又少年受"少年事件处理法"第 29 条第 1 项之转介处分执行完毕后，或受保护管束或刑之执行完毕或赦免 3 年后，或受不付审理或不付保护处分之裁定确定后，视为未曾受各该宣告，同法第 83 条之 1 第 1 项定有明文。因此，少年如受有期徒刑之执行完毕，或受有期徒刑一部之执行而赦免，3 年后再犯有期徒刑以上之罪者，因视为前未曾受各该刑

之宣告，即无累犯加重其刑之适用。(2005 年台非字第 197 号)

◆受有期徒刑之执行完毕，或受无期徒刑或有期徒刑一部之执行而赦免后，5 年以内再犯有期徒刑以上之罪者，始为累犯，此观"刑法"第 47 条之规定自明。又被告犯应并合处罚之数罪，经法院分别判处有期徒刑确定，并依检察官之声请，以裁定定其数罪之应执行刑确定，该数罪是否执行完毕，系以所定之刑是否全部执行完毕为断。其在未裁定前已先执行之有期徒刑之罪，因嗣后合并他罪定应执行刑之结果，检察官所换发之执行指挥书，系执行应执行刑，其前已执行之有期徒刑部分，仅应予扣除，不能认为已执行完毕。(2005 年台非字第 249 号)

◆按犯罪系由行为人以单一行为接续进行，纵令在犯罪完毕以前，其各个举动已与该罪之构成要件相符，但在行为人主观上，各个举动不过为其犯罪行为之一部分，在"刑法"评价上，应合为包括之一行为论以接续犯。次按行为时"刑法"第 47 条规定，曾受有期徒刑之执行完毕，5 年以内再犯有期徒刑以上之罪者，为累犯，加重其刑至二分之一；则接续犯者，仅须其一部行为系在另一犯罪所处有期徒刑执行完毕后 5 年以内者，仍该当于该条所定累犯加重之要件。(2006 年台上字第 7346 号)

法律座谈

◉法律问题一：甲平日游手好闲，无所事事，1994 年 1 月 5 日在自宅内，竟意图供行使之用，伪造张三名义之面额新台币 50 万元之支票 1 纸，存放家内，欲俟机使用。惟于同年 2 月 1 日中午，因在乙之超级商店购物，乘隙窃取手表 1 个，被法院判处有期徒刑 2 个月确定，于同年 7 月 10 日执行完毕，出狱返家，即于翌 (11) 日，持上开伪造之支票 1 张，向丙汽车股份有限公司行使，购得汽车 1 辆，嗣经该公司发觉支票系伪造，提出告诉，甲应否论以累犯？

讨论意见：(1994 年 4 月 13 日"司法院"(84) 厅刑一字第 07260 号)

甲说：甲意图供行使之用，伪造张三名义所签发，面额新台币 50 万元之支票 1 张，系犯"刑法"第 201 条第 1 项之伪造有价证券罪，其复持上开伪造之支票行使，向丙汽车股份有限公司购买汽车 1 辆，被发觉，另触犯同法第 201 条第 2 项之行使伪造有价证券罪，惟其低度之行使行为，应为高度之伪造行为所吸收，应仅论以伪造有价证券罪，甲虽于 1994 年 2 月 1 日中午，窃取乙之手表 1 个，经判处有期徒刑 2 个月确定，并于同年 7 月 10 日执行完毕，翌日再犯行使伪造有价证券罪，惟该行使部分既被伪造有价证券罪吸收，不另论罪，即不应再依"刑法"第 47 条规定，论以累犯。

乙说：查受有期徒刑之执行完毕，或受无期徒刑或有期徒刑一部之执行而赦免后，5 年以内，再犯有期徒刑以上之罪者为累犯，加重其本刑至二分之一，"刑法"第 47 条定有明文，本件甲于所犯窃盗罪，经判处有期徒刑 2 个月确定执行完毕后，翌日复持先前自行伪造之支票行使，虽该低度之行使行为，为高度之伪造行为所吸收，而应仅论以窃盗罪行为前所犯之伪造有价证券罪，惟其既于窃盗罪之有期徒刑 2 个月执行完毕后，复持以行使而犯罪，显见其对刑罚之反应力薄弱，应适用"刑法"第 47 条累犯规定，加重其刑。

审查意见：采乙说。

研讨结果：仍采乙说，惟认甲所犯窃盗罪，经判处有期徒刑 2 个月执行完毕后，于翌日复持先前所伪造之支票行使，虽其行使之低度行为，为高度之伪造行为所吸收，但其既于窃盗罪之有期徒刑 2 个月执行完毕后而犯罪，显见其对刑罚之反应力薄弱，应适用"刑法"第 47 条规定，论以意图供行使之用，而伪造有价证券累犯，并加重其刑。

"司法院"刑事厅研究意见：同意研讨结果。

◉法律问题二：甲犯伤害罪，被处有期徒刑 3 个月，如易科罚金以 30 元折算 1 日确定，1991 年 5 月 1 日经准易科罚金，同日上午 11 时缴清罚金后，旋于同日下午 5 时又犯抢夺罪，是否构成累犯？（台湾"高等法院" 1991 年法律座谈会）

研究意见：

甲说：依"刑法"第 47 条规定，受有期徒刑之执行完毕，或受无期徒刑或有期徒刑一部之执行而赦免后，5 年以内再犯有期徒刑以上之罪者，为累犯。本件甲犯伤害罪被处有期徒刑 3 个月，于 1991 年 5 月 1 日经准易科罚金，并于同日上午 11 时缴清罚金时，即为受有期徒刑之执行完毕，其于同日下午 5 时，再犯有期徒刑以上之抢夺罪，揆诸上开规定，自应以累犯论。

乙说：按以时定期间者，实时起算；以日、星期、月或年定期间者，其始日不算入，"民法"第 120 条第 1 项、第 2 项定有明文。依同法第 119 条规定意旨，上开规定于"刑法"亦准用之。"刑法"第 47 条之规定，系以年定构成累犯之期间，并非以时定期间，故应认为从受有期徒刑之执行完毕，或受无期徒刑、或有期徒刑一部之执行而赦免之翌日算起，5 年以内再犯有期徒刑以上之罪者，始构成累犯。再参诸"刑事诉讼法"第349条前段有关上诉期间为10日，自送达判决后起算之类似规定，其上诉期间亦系从送达判决之翌日开始计算，并非自送达判决当日实时起算。则本件甲应自缴清罚金之翌日即1991年5月2日开始计算构成累犯之期间，其于1991年5月1日下午5时犯抢夺罪，尚不构成累犯。

审查意见：按"刑法"第47条规定，受有期徒刑之执行完毕，或受无期徒刑或有期徒刑一部之执行而赦免后，5年以内再犯有期徒刑以上之罪者，为累犯。甲犯伤害罪，经法院判处有期徒刑3个月，于执行完毕后，5年以内再犯有期徒刑以上之抢夺罪，自应构成累犯，采甲说。

研讨结果：照审查意见通过。

"司法院"刑事厅研究意见：同意研讨结果。

第四十八条 裁判确定后发觉累犯之更定其刑

①裁判确定后，发觉为累犯者，依前条之规定更定其刑。但刑之执行完毕或赦免后发觉者，不在此限。

条理析释

判决确定后，始发觉被告为累犯者，除其发觉已在刑之执行完毕或赦免后之情形外，得由该案犯罪事实最后判决法院之检察官，依"刑法"第48条前段及"刑事诉讼法"第477条第1项之规定，声请该管法院依累犯加重其刑之规定，以裁定更定其刑，重新为加重刑度之量定，且其效力及于被告，应依更定后之刑度执行；若依非常上诉程序救济，因原错误判决尚非不利于被告，非常上诉判决仅得将原判决关于违背法令部分撤销，不得另行判决，其效力不及于被告；从而法院于审判时，或因卷证资料未能考见被告为累犯，于判决确定后，始行发觉其为累犯，或其发觉非在刑之执行完毕或赦免后，既合于累犯更定其刑之条件，即应循声请该管法院裁定更定其刑之程序为之，不得依非常救济程序提起非常上诉，必也确已无从声请法院裁定更定其刑者，方予以审酌有无以统一法令解释与适用为目的予以提起非常上诉之必要。

实务判解

◆更定其刑之裁定，附随于原确定判决而存在，原确定判决，除主刑经更定后有变更外，其余部分并不因之动摇。从刑部分既不在更定之列，

即毋庸于更定其刑之裁定内重予宣告。（1980 年第 12 次刑事庭决议）

◆裁判确定后发觉为累犯，依"刑法"第 48 条前段及"刑事诉讼法"第 477 条规定，以裁定更定其刑时，其行刑权之时效期间，应自原裁判确定之日起算。但其刑则以裁定所更定者为准。（1984 年第 7 次刑事庭决议）

◆有罪判决确定后，检察官发见为累犯，依"刑法"第 48 条规定，声请更定其刑，系以主刑漏未依同法第 47 条累犯加重其刑至二分之一为声请之范围。至于，确定判决主文谕知之从刑及其他部分，例如没收、缓刑、保安处分等是，因非声请更定之范围，即令有违法之情形存在，如合于非常上诉之条件者，应另以非常上诉救济之，尚非可依更定其刑之裁定程序予以救济而将之撤销。（1990 年台非字第 146 号）

第四十九条　累犯适用之除外
①累犯之规定，于前所犯罪在地区外法院受裁判者，不适用之。

条理析释
1999 年 10 月 2 日公布修正之"军事审判法"，有关第三审上诉程序，依上诉原因，分别由司法审判机关之"最高法院"或"高等法院"审理，依本条自应适用累犯加重之规定；反观依军法受裁判者，则排除累犯适用之规定，则将发生同一案件视被告是否提起第三审上诉，而发生是否适用累犯加重规定之歧义结果，为求司法、军事审判程序中，适用法律之一致，删除本条关于"依军法"受裁判者不适用累犯之规定。

"刑法"第 49 条业于 2006 年 7 月 1 日修正施行，修正前之"刑法"第 49 条规定，累犯之规定，于前所犯罪依军法受裁判或于地区外法院受裁判者，不适用之。而修正后之"刑法"第 49 条则已删除"依军法"受裁判者不适用累犯之规定。因此，前曾受军法裁判并已执行完毕之行为人，而于执行完毕后之 5 年内再犯有期徒刑以上之罪者，依修正后"刑法"第 49 条之规定，将军法审判并执行完毕亦纳入"刑法"第 47 条第 1 项所称之"受徒刑之执行完毕"，即应构成累犯。

本条排除前所犯罪系受地区外法院之裁判效果，其精神与本法第 9 条所蕴含之法理系出同脉，均显示司法权独立自主之基本特性。

实务判解
◆"刑法"第 49 条所称依军法受裁判，凡前所犯罪系受军法机关裁判

者，皆属之，不以犯罪之性质及裁判适用之实体法为准。（1945 年院解字第 2957 号）

［编按➡本则解释于"刑法"第 49 条修正，删除"依军法"受裁判者不适用累犯之规定之后，应已无适用上之疑义。所以，前犯之罪系受军法审判时，后犯之罪系受司法审判或军法审判者，均有累犯之适用；而前犯之罪为司法审判时，后犯之罪为军法审判者，亦有累犯之适用。］

◆修正前"刑法"第 49 条原规定："累犯之规定（指同法第 47 条、第 48 条），于前所犯罪依军法或于地区外法院受裁判者，不适用之"，于 2005 年 2 月 2 日修正删除其中关于"依军法"受裁判者部分，并于 2006 年 7 月 1 日施行。修正前"刑法"第 49 条累犯之规定，于前所犯罪依军法受裁判者，不适用之，此于前犯数罪定执行刑案件，其中一罪系受军法裁判者亦然。盖数罪之合并定执行刑，既无从严予区分各罪分别于何时执行完毕，自应为被告作有利之解释。是于"刑法"第 49 条修正前，被告所犯数罪，经裁定定执行刑，并执行完毕，其中一罪若系受军法裁判，纵于执行完毕后 5 年内再犯本罪，仍无累犯之适用。（2013 年度台上字第 3748 号）

第七章　数罪并罚

第五十条　数罪并罚之要件

①裁判确定前犯数罪者，并合处罚之。但有下列情形之一者，不在此限：

一、得易科罚金之罪与不得易科罚金之罪。

二、得易科罚金之罪与不得易服社会劳动之罪。

三、得易服社会劳动之罪与不得易科罚金之罪。

四、得易服社会劳动之罪与不得易服社会劳动之罪。

②前项但书情形，受刑人请求检察官声请定应执行刑者，依第五十一条规定定之。

条理析释

本条于 2013 年 1 月 23 日修正公布，为使原数罪并罚规定未设限制，造成并罚范围于事后不断扩大有违法安定性，为明确数罪并罚之适用范围，特增订第 1 项但书规定之 4 种例外情形，避免因不得易科罚金之罪与得易科罚金之罪合并，造成得易科罚金之罪无法单独易科罚金，自宜将两者分开条列。故于第 1 项将易科罚金与易服社会劳动之罪，分别列举得易科、不得易科、得易服与不得易服等不同情形之合并，以作为数罪并合处罚之依据。

本次修法同时增订第 2 项，规范第 1 项但书情形之执行方式，由受刑人请求检察官声请定应执行刑者，依第 51 条有关数罪并罚之方法所规定之情形，以作为定执行刑之准则。

2009 年 6 月 19 日"司法院"释字第 662 号解释文意旨：2005 年 2 月 2 日修正公布之现行"刑法"第 41 条第 2 项，关于数罪并罚，数宣告刑均得易科罚金，而定应执行之刑逾 6 个月者，排除适用同条第 1 项得易科罚金之规定部分，与"宪法"第 23 条规定有违，并与本院释字第 366 号解释意旨不符，应自本解释公布之日起失其效力。而"司法院"释字第 366 号（1994 年 9 月 30 日）解释文则为：裁判确定前犯数罪，分别宣告之有期徒刑均未逾 6 个月，依"刑法"第 41 条规定各得易科罚金者，因依同法第 51 条并合处罚定其应执行之刑逾 6 个月，致其宣告刑不得易科罚金时，将造成对人民自由权利之不必要限制，与"宪法"第 23 条规定未尽相符，上开"刑法"规定应检讨修正。对于前述因并合处罚所定执行刑逾 6 个月之情形，"刑法"第 41 条关于易科罚金以 6 个月以下有期徒刑为限之规定部分，应自本解释公布之日起，至迟于届满 1 年时失其效力。

因此，于数得易科罚金之罪及数得易服社会劳动之罪并罚，且应执行刑逾 6 个月时，仍得易科罚金或易服社会劳动，与"刑法"第 41 条第 8 项之规定相呼应。至于"得易科罚金之罪与不得易科罚金但得易服社会劳动之罪并罚且应执行刑逾 6 月者"，将产生不得易科罚金之遗漏。

刑法学理上所称之"集合犯"，系指立法者在犯罪构成要件所描述或预设之该当行为，本即具有不断反覆实施之特性而言，例如"经营"、"收集"、"常业"等犯行，自其构成要件之描述，本即有反覆①为同一行为之意义。申言之，"集合犯"系一种犯罪构成要件类型，立法者针对特定刑罚规范之构成要件，已预设该项犯罪本身系持续实行之复次行为，具备反覆、延续之行为特征，而其个别行为具有独立性而能单独成罪，乃将之总括或拟制成一个犯罪构成要件之"集合犯"行为；此种犯罪以反覆实行为典型、常态之行为方式，具侵害法益之同一性（即侵害单一之法益），在"刑法"评价上为单数之构成要件行为，且行为人主观上系出于单一或概括之犯意，因而仅包括成立一罪（法定的接续犯）。

学理上所称"集合犯"之职业性、营业性或收集性等具有重复特质之犯罪均属之。而所谓之接续犯，系指数个在同时同地或密切接近之时地，侵害同一法益之行为，因各举动之独立性极为薄弱，社会通念认为无法强行分开，乃将之包括视为一个行为之接续进行，给予单纯一罪之"刑法"评价。

例如，"医师法"第 28 条所谓之"医疗业务"，系指以医疗行为为职业者而言，乃以延续之意思，反覆实行同种类之行为为目的之社会活动，当然包含多数之行为，是该条所谓之执行医疗业务，立法本旨即包含反覆、延续执行医疗行为之意，故纵多次为众病患为医疗行为，虽于各次医疗行为完成时，即已构成犯罪，然于"刑法"评价上，则以论处单纯 1 罪之集合犯为已足。

---

① 此外"反覆"同"反复"，下同。——编者注

"集合犯"与"接续犯"之区别，在于接续犯所适用之构成要件行为，并不具反覆实行之特质，非属立法规范所定之构成要件类型，但因个案情节具有时间及空间之紧密关联特性，故亦包括的论以一罪（自然的接续犯）。故是否集合犯之判断，在主观上应视其反覆实行之行为是否出于行为人之一个单一或概括之决意而为，在客观上则应斟酌法律规范之本来意涵、实现该犯罪目的之必要手段、社会生活经验中该犯罪必然反覆实行之常态等事项，并秉持刑罚公平原则，加以判断，俾与立法意旨相契合。

因此，倘多次之数行为，各该当于同一犯罪构成要件，但因系于同一时、地或甚为密切接近之时、地所为，且侵害同一法益，依社会健全通念，咸认其各举动之独立性极为薄弱，视为一个行为较为合理，使各举动构成单一之犯罪行为，给予一个法律评价，为学理上所称之接续犯。

例如：以数个杀人动作，在客观上难以切割之时、地，追杀同一被害人；或在同一仓库，接连窃取物品。若多数之数行为，亦各该当于同一犯罪构成要件，然各行为间具有时间或空间上之差距者，依社会通念认为已各有独立性时，则与接续犯有别。

"刑法"上接续犯之成立，以数行为于同时同地或密切接近之时地实行，且侵害同一法益为前提，若所侵害者非同一人身法益，自无由成立接续犯。若行为人所犯之重伤害行为已侵害分属被害人2人不同之法益，即与接续犯之要件不合。

集合犯之行为人于实行犯罪之初，主观上纵有持续多次实行犯罪之概括决意，然于遭司法警察官、检察事务官或检察官查获之际，其对尔后将遭法院羁押或获准具保，得否依其主观上原有之决意，延续实行集合犯罪之客观行为，因失其自主性而无从预知，是其主观上之概括决意与客观上之集合行为，皆因遭查获而中断。纵依事后之客观情况，行为人仍得以再度实行犯罪，亦与查获前之犯罪行为间，已难谓系出于同一之概括决意。且犯行既已遭查获，依社会通念，亦期其因此将自我检束而不再犯，乃竟重蹈前非，自难以认应评价为一罪系属适当。

"最高法院"于连续犯规定删除后，关于某些具有持续、反覆为之特质的犯罪，其多次行为应如何改用集合犯或接续犯处理予以论罪，以免过度评价，选择最有可能被认为是集合犯的施用毒品罪提会讨论，将包括集合犯、接续犯、一罪一罚在内的4种见解并列，于2007年8月21日作成2007年第9次刑事庭决议认为，若符合接续犯要件，即论以一罪，若不符合，则一罪一罚，不采集合犯之见解。

前揭决议作成之后，对于施用毒品罪之案件，"最高法院"各庭即秉持该决议意旨判决之。但对于贿选罪之多次分向多人之买票行为，就其在"刑法"罪行之性质认定时，究系集合犯或是接续犯或应以数罪并罚予以判决，先后曾有不同之见解。

例一（接续犯说）：数行为于同时同地或密切接近之时、地实行，侵害同一之法益，各行为之独立性极为薄弱，依一般社会健全观念，在时间差距上，难以强行分开，在"刑法"评价上，以视为数个举动之接续施行，合为包括之一行为予以评价，较为合理者，属接续犯（2009 年度台上字第 928 号判决参照）。本案经发回更审再上诉时，"最高法院"以 2009 年度台上字第 5887 号判决驳回而确定，其就贿选罪之行为认定之法理如下："'公职人员选举罢免法'第 99 条第 1 项投票行贿罪，其犯罪主体并不以候选人为限。主张该罪系集合犯之主要理由，在于行为人常须反覆买至足够当选之票数，但犯罪型态千变万化，候选人以外之人基于特定因素，单独替候选人买票者，不乏其例，此种候选人完全不知情之案例，即无买票者必须反覆买至足够让候选人当选之票数可言。"此外，该罪之犯罪构成要件为："对于有投票权之人，行求期约或交付贿赂或其他不正利益，而约其不行使投票权或为一定之行使……"从上述文义观之，尚难凭以认定立法者于制定法律时，即已预定该罪当然涵盖多数反覆实行之贿选行为在内。此与实务上所承认之集合犯，如"刑法"第 196 条第 1 项收集伪造货币罪之"收集"（本含有反覆为同一行为之意义），系从犯罪构成要件之文义上判断，即足认立法者本即预定该犯罪涵盖多数反覆实行之行为者，迥然不同。

例二（集合犯说）：贿选买票，依通常社会经验，恒需分别对多数有投票权人同时或先后进行多次同种类之贿选买票行为，始有可能获得足以影响投票结果之票数。否则若仅对单一有投票权之人实行 1 次贿选行为，显然无从达到其犯罪之目的，故该罪在客观上自以反覆或延续实行犯罪构成要件之行为为常态，而依此项犯罪特质，应足资判定立法者于制定该罪之构成要件中，原即预定有数个同种类之贿选行为将反覆实行，其中每一次个别之贿选行为均能单独成罪，但该罪反覆实行之复次贿选行为，仅侵害单一之选举法益，在"刑法"评价上应为单数之构成要件行为。而就行为人犯该罪之目的而言，系就某次特定选举，预期以贿选之方式影响该次选举之结果，使特定之（1 位或多位）候选人当选或不当选，而为达此犯罪之目的，既需分别对多数有投票权人同时或先后进行多次贿选买票行为，故其主观上显系以单一或概括之决意，而反覆实行其贿选之行为，显已具备学理上"集合犯"之各项特质。故综合该罪规定之本来意涵、构成要件特质、侵害法益之单复、行为人犯罪之决意、目的及刑罚之公平原则以观，就特定选举而言，行为人为达其影响选举结果之同一目的所为先后或反覆多次之贿选行为，于"刑法"评价上自应论以"集合犯"一罪，始为适当。至不同选举之贿选行为，应属各别犯意，自非同一"集合犯"之范畴。（2009 年度台上字第 3093 号判决参照）

因此，"最高法院"为使此一争议获得共识，于 2010 年 6 月 29 日公布 2010 年第 5 次刑事庭决议认为，"刑法"于 2005 年 2 月 2 日修正公布（2006 年 7 月 1 日施行）删除连续犯规定之同时，对于合乎接续犯或包括的一罪之情形，为避免刑罚之过度评价，已于立法理由说明委由实务以补充解释之方式，发展接续犯之概念，以限缩数罪并罚之范围。而多次投票行贿行为，在"刑法"删除连续犯规定之前，通说系论以连续犯。鉴于公职人员选举，其前、后届及不同公职之间，均相区隔，选举区亦已特定，以候选人实行贿选为例，通常系以该次选举当选为目的。是于删除连续犯规定后，苟行为人主观上基于单一之犯意，以数个举动接续进行，而侵害同一法益，在时间、空间上有密切关系，依一般社会健全观念，难以强行分开，在"刑法"评价上，以视为数个举动之接续实行，合为包括之一行为予以评价，较为合理，于此情形，即得依接续犯论以包括之 1 罪。否则，如系分别起意，则仍依数罪并合处罚，方符立法本旨。

此外，以下 4 例亦可增加实务上判断毒品犯罪之性质与罪数：

例一：被告每隔两三日，于密切接近之时地，施用海洛因多次，显见确系出于反覆、延续施用海洛因之单一行为决意而为，在行为概念上，其多次施用海洛因之行为，应评价认系包括一罪之集合犯，较符合社会通念及刑法学理，因予论处施用第一级毒品罪刑。（2007 年度台非字第 328 号判决参照）

例二：上诉人另于 2007 年 2 月 20 日施用海洛因，经检察官移送并办部分，与其于 2006 年 7 月 30 日所为本件施用海洛因犯行，时间相距六七个月之久，显系分别起意为之，自非起诉效力所及，无从并予审理，则无违误。（2007 年度台上字第 5356 号判决参照）

例三：上诉人先后 2 次贩卖毒品之行为，时间相隔近 2 个月之久；犯罪地点一在彰化县田中镇，一在南投县竹山镇，相距甚远，似不具有时、空上之密切关系。原判决未就上开 2 次贩卖毒品海洛因之行为，如何依社会通念，应认以包括一罪之集合犯处断较为合理，详予阐析论叙其认定之理由。遽以上诉人上开 2 次贩卖毒品之行为，于客观上应认为符合一个反覆、延续性之行为观念，认应仅成立包括的一罪，同有判决理由不备之违误。（2008 年度台上字第 1827 号判决参照）

例四：被告于 2006 年 10 月间，意图营利贩卖第一级毒品海洛因之犯意，向绰号"阿沧"之不详姓名、年籍成年男子贩入海洛因后，于 2006 年 12 月 21 日下午 4 时许、同日下午 7 时许，先后各以 1 包 1000 元之价格，贩卖海洛因各 1 包予徐某某、林某某各 1 次等行为，认系属集合犯。惟依"毒品危害防制条例"第 4 条第 1 项贩卖第一级毒品罪所规定之构成要件本来意涵，何以能认定立法者本即预定该罪之本质，必有数个同种类行为反覆实行之集合犯行？原判决未予说明，已嫌理由不备。（2009 年度台上字第 7513 号判决参照）

为使警察人员于侦办各类刑事案件时，能对集合犯之概念能更为清晰体认，在办理刑案移送作业时，得以更翔实引用正确法条，兹再举数则简例如下：

例一：行为人施用毒品之原因不一而足，其多次施用毒品之行为，未必皆出于行为人之一个犯意决定；且观诸品"危害防制条例"第 10 条第 1 项、第 2 项施用毒品罪之构成要件文义衡之，实无从认定立法者本即预定该犯罪之本质，必有数个同种类行为而反覆实行之集合犯行，故施用毒品罪，应非集合犯之罪。行为人在"刑法"修正施行前后均有施用毒品犯行，其在"刑法"修正前之施用犯行，应视其施用次数及是否基于概括犯意，而分别论罪或适用修正前连续犯之规定论以一罪，其在"刑法"修正施行后之施用犯行，应一罪一罚，并与修正前之施用毒品犯行，数罪并罚，合并定其应执行刑。

例二：就贩卖毒品行为言，既查严、罪重，且不敢亦无法公然从事客观上之犯罪目的，并非必须多次作为始克达成，于一般生活中，亦难认持续贩卖毒品仍属常态，社会通念尤难容许一再违犯，一向采取从严禁毒态度之立法者，更无将之特别归类为包括一罪之设计原意，自应依一般法律适用原则，以一行为一罪一罚处遇之。

例三："森林法"所规定之森林主产物，系指生立、枯损、倒伏之竹木及残留之根株、残材；副产物指树皮、树脂、种实、落枝、树叶、灌藤、竹笋、草类、菌类及其他主产物以外之林产物。被告之窃取森林主产物之犯行，系于接近之时间内于同地实施，应认其所侵害系同一法益，各行为间独立性极为薄弱，且系出于同一目的。依一般社会健全观念，在时间差距上，难以强行分开，应视为数个举动之接续施行，应为接续犯以一罪予以评价。

例四：被告未经主管机关许可，擅自使用未经核准之调频 9X.5 兆赫无线电频率播送广播节目，其行为未干扰无线电波之合法使用，系犯"电信法"第 58 条第 2 项之非法使用无线电频率罪。且查被告擅自"使用"无线电频率之犯行，从"文义解释"，虽无从认定具有反覆、延续实行之特征，但参酌实际生活上犯罪的典型实施型态，殊难想象只"使用"一次，应认含有反覆、延续实施同一行为之罪质，故其于一段时间内数次播送节目之行为，原即属反覆使用无线电频率之犯行，应属包括 1 罪。

例五："著作权法"第 91 条第 3 项"意图销售而擅自以重制于光盘之方法侵害他人之著作财产权罪"，及同法第 91 条之 1 第 3 项前段"明知系侵害著作财产权之光盘重制物而散布罪"，并未规定须反覆实行始得成立，实无从凭以认定立法者本即预定该 2 项犯罪之本质，必有数个同种类行为，而反覆实行。况重制或散布一次与重制或散布多次同视，均论以一罪，无异变相鼓励侵害他人之著作财产权，恐非社会通念所能接受。（2009 年台上字第 4236 号参照）

例六：诈骗集团所犯之罪行，被害人数 18 人，汇款高达 80 次，此种异时、异地且异其对象之诈欺取财行为，依社会通念，尚难将之视为 1 个行为之接续进行，给予单纯一罪之"刑法"评价。

例七：期货交易员以经营同一事业之目的，在同一时期内多次或反覆经营"期货交易法"内之事业行为，在"刑法"评价上自应仅成立集合犯一罪，而不得遽以数罪并罚之例处断之。

例八：被告违反"证券交易法"第 44 条第 1 项后段"非证券商不得经营证券业务"之规定，违者应依同法第 175 条处以 2 年以下有期徒刑、拘役或科或并科新台币 180 万元以下罚金。但违反上揭所示"证券业务"之规定，其本质上即有集合犯反覆继续之行为性质，不另论以连续犯。

例九：甲伪以乙之名义，利用他人之计算机及电信拨接账号 cectw2，借由（03）0000000 号之电话，于某日"17 时 11 分 04 秒至 19 时 29 分 06 秒"拨接上网，从事散布文字毁损乙名誉之行为，则甲在极短时间内密接之散布行为所施行之犯行，在主观上，系基于单一之决意，于着手实施犯罪后，仍接续其犯行，而其各个举动均为其犯罪行为之一部分，在"刑法"评价上，系以合为包括之一散布行为予以评价，不得全部径依连续犯论处。

例十：甲参与之制造毒品行为，第 1 次系在 2007 年 3 月，于花莲县玉里镇之养鸡工寮内，第 2 次系在同年 4 月至 8 月间，另觅屏东县满州乡山区某处，再转台南县南化乡某工寮，复改至同县龙崎乡山区乙提供之工寮进行，且 2 次均已制成"卤水"，第 2 次之半成品亦非第 1 次半成品之继续作品，衡诸社会客观通念，自难认为接续犯之单一犯意。

例十一："刑法"第 216 条、第 210 条之行使伪造私文书罪，依吾人一般生活经验及社会通念，并无必须多次伪造私文书后持以行使，始得成立，亦无从凭以认定立法者本即预定该犯罪之本质，必有数个同种类行为，而反覆实行。如认甲于 2006 年 9 月 1 日、2007 年 3 月 2 日之 2 次行使伪造私文书犯行，系于紧接期间内以相同之方式进行，且在后之行使伪造文书犯行系为增加前次犯行借款之额度，显具有反覆、延续实行之特征，在行为概念上，应评价认系包括一罪之集合犯，论以一罪，则有适用法则不当之违误。（2012 年度台上字第 2494 号判决参照）

例十二：接续犯乃指行为人之数行为，于同一或密切接近时、地实行，侵害同一法益，而其各行为之独立性极为薄弱，依一般社会健全观念，难以强行分开，且在"刑法"评价上，以视为数个举动之接续作为，合为包括之一行为，较为合理而言。甲前后两次对乙女为强制性交行为，间隔有 6 小时之久，并非难以区隔，难认系于同一或密切接近时、地实行之接续行为，应认两次强制性交犯行，系出于个别满足性欲之犯意，且两次行为态样亦不相同，应予分论并罚，甲所为并非接续犯一罪。（2012 年度台上字第 4301 号判决参照）

例十三：甲自某某年 4 月间起至某某年 12 月被查获时止，多次反覆媒介使成年女子杨某某、叶某某、段某某及未满 18 岁之乙女与男客为性交易行为，并认甲反覆、延续性媒介同一女子为性交易部分，其行为之独立性较为薄弱，依社会通念，在"刑法"评价上均仅各成立一罪，即以数个举动之接续实行合为包括之一行为予以评价，而分别成立一罪。然对于其分别媒介不同女子及未满 18 岁之甲女为性交易行为部分，则认为行为可分而具有独立性，因而将甲上诉人反覆多次媒介杨某某、叶某某、段某某与男客为性交易部分，依 3 次包括行为予以评价，每一包括行为成立一罪，而论以图利媒介性交罪 3 罪；另就其反覆多次媒介乙女与男客为性交部分，以一个包括行为予以评价，而论以一个图利媒介未满 18 岁之人为性交易罪，自形式上观察，于法尚无不合。不得认甲反覆多次媒介杨某某、叶某某、段某某与男客为性交易行为均应全部依"集合犯"论以实质一罪，再与媒介未满 18 岁之乙女部分系属一行为，依"刑法"第 55 条想象竞合犯规定，从一重论以意图营利而媒介，使未满 18 岁之人为性交易一罪论处。（2013 年度台上字第 2095 号判决参照）

实务判解

◆裁判确定后另犯他罪，不在数罪并罚规定之列，虽缓刑期内更犯者，其所科之刑亦应于缓刑撤销后合并执行。（1962 年释字第 98 号）

◆"刑法"第 55 条所谓一行为触犯数罪名，就故意犯而言系指对于该数罪同时有各别之犯意而藉一个行为以达成之而言，若对于另一犯罪系临时起意，而行为亦不止一个，或基于同一之犯意而行为又先后可分，即非"刑法"第 55 条上段之想象竞合犯，应为数罪并罚，或"刑法"第 56 条之连续犯。（1981 年台上字第 1971 号）

◆"刑法"上之接续犯，系指以单一行为，经数个阶段，持续侵害同一法益而言。被告于窃取第 1 张空白支票后，非但已予伪造，并经持以行使，其伪造有价证券之行为，业已完成，嗣因李某某发觉支票印鉴模糊，交还被告予以撕毁丢弃，于 1 星期后，又再窃取第 2 张空白支票，另行伪造行使，应已侵害两个社会法益，自属两个单一之犯罪，二者之间，殊无接续关系之可言，原判决就此两个单一之犯罪，依接续关系，论以一罪，其法律见解，自属可议。（1981 年台上字第 2898 号）

［编按➡本则判例保留，"应注意'刑法'已修正，删除连续犯之规定"。］

◆所谓继续犯，系以一个行为持续地侵害一个法益，其特性则仅属一个行为，不过其不法之状态，系在持续状态中而言，上诉人等既先变造公文书行使后，复伪造公文书行使，其犯罪行为显然不祇一个，原判决以继续犯之理论，认为仅成立一罪，其法律上之见解，显有不当。（1982 年台上字第 1027 号）

◆"刑法"上之吸收犯，系指犯罪之性质上，其罪名之观念中当然包含他行为者而言，亦即所发生之数个犯罪事实之间，依犯罪之性质及一般日常生活之经验判断，一方可以包含于他方犯罪观念之中，遂径行认定一方之罪，而置属于实行阶段性之他方于不论；其中吸收犯中之高度行为吸收低度行为，系以犯罪行为之发展，依其在"刑法"上之评价程度，得分为若干阶段，即循序而进之行为，其前行之低度行为不外使后行之高度行为易于实现，则后行之高度行为内容，实已涵盖低度行为之结果，故高度行为当然吸收低度行为，其前后行为，在形态上虽属分别独立，但从同一法益之侵害观点而言，具有必然之附随关系，亦即具有阶段之贯通性，禁止为双重评价而应为单一之评价，若数个事实行为，犯意各别，被害法益不同，既无阶段贯通之附随关系，自不生后行为吸收前行为之关系，应视行为人主观之犯意而分别论以连续犯或数罪并罚。(2004 年台上字第 6502 号)

◆2005 年 2 月 2 日修正公布之"刑法"第 41 条第 2 项，关于数罪并罚，数宣告刑均得易科罚金，而定应执行之刑逾 6 个月者，排除适用同条第 1 项得易科罚金之规定部分，与"宪法"第 23 条规定有违，并与本院释字第 366 号解释意旨不符，应自本解释公布之日起失其效力。(2009 年释字第 662 号)

◆行为人基于同一犯罪之目的，以单一行为之数个举动接续进行，而实现一个犯罪构成要件，并侵害同一法益者，应属接续犯。例如行为人为达一个诈欺取财新台币 100 万元之目的，而对同一被害人多次实行诈术之行为，应成立接续犯 1 罪，而不能论以数罪 (2009 年台非字第 232 号)。

[例如➡甲明知其双眼视力经矫正后并未达人寿保险契约所约定视力障碍之程度（即万国视力表 0.02 以下），意图诈领人寿保险金，竟故意隐瞒实情，使不知情之医师陷于错误而开立甲双眼病变，视力不良等不实内容之诊断证明书 1 份予甲。甲即持前述不实之诊断证明书，以双眼全盲为由，先后于 2007 年 2 月 4 日、7 月 31 日向某某人寿保险公司申请理赔保险金 200 万元；嗣经上开保险公司委托征信社调查结果，发现甲行动自如，双眼并未全盲，乃向警方报案，致甲诈欺取财未能得逞，而构成诈欺取财未遂罪。甲为达到领同一笔保险理赔金 200 万元之目的，而先后向保险公司实行 2 次诈欺取财未遂之行为，自应论以接续犯一罪。]

◆观诸"毒品危害防制条例"第 10 条第 1 项施用第一级毒品罪之犯罪构成要件，立法者显未预定有数个同种类之行为将反覆实行，且上诉人如原判决事实所示施用海洛因及甲基安非他命各一次之时间截然可分，施用方法系分以针筒注射及烧烤吸取烟雾方式为之，手段核属相异，主观上亦无从认系出于一次之决意，或同时以一行为为之，依社会通念，当以评价为数罪始较适当，方符刑罚公平原则。(2010 年度台上字第 1788 号)

◆诈欺犯罪后，为掩饰犯罪而伪造及行使伪造私文书，与伪造及行使伪造私文书以遂行诈欺之情形，迥有区别。后者固可认诈欺与伪造、行使伪造私文书行为间具有方法或结果之牵连关系，而成立"刑法"修正前牵连犯，然前者之诈欺犯罪既已完成，所为伪造及行使伪造私文书另有目的，系掩饰所犯诈欺罪而为，即属另行起意犯罪，应分论并罚。（2010 年度台上字第 3745 号）

◆刑事法若干犯罪行为态样，本质上原具有反覆、延续实行之特征，立法时既予特别归类，定为犯罪构成要件之行为要素，则行为人基于概括之犯意，在密切接近之一定时、地持续实行之复次行为，倘依社会通念，于客观上认为符合一个反覆、延续性之行为观念者，于"刑法"评价上，即应仅成立一罪。学理上所称"集合犯"之职业性、营业性或收集性等具有重复特质之犯罪均属之，例如经营、从事业务、收集、贩卖、制造、散布等行为概念者是。（2006 年度台上字第 1079 号；2011 年度台上字第 5073 号；2011 年度台上字第 5169 号）

[例一➡"废弃物清理法"第 46 条第 1 项第 4 款之犯罪，系以未依同法第 41 条第 1 项规定领得废弃物清除、处理许可文件之人，作为犯罪主体，再依该第 41 条第 1 项前段以观，乃谓从事废弃物清除、处理业务者，应申请核发许可文件。是本罪之成立，本质上即具有反覆性，倘行为人基于概括之犯意，在密切接近之一定时间及空间内反覆从事废弃物之清除、处理，无非执行业务所当然，于行为概念上，应认为包括的一罪，无连续犯或并合论罪可言。]

[例二➡"废弃物清理法"第 46 条第 1 项第 3 款之犯罪，以未经主管机关许可，提供土地回填、堆置废弃物为构成要件。行为人如系基于概括或单一之犯意，于密接时间内，提供同一地点予他人反覆回填营建废弃物，依一般社会健全观念，似难强行区分为数行为，则在"刑法"评价上，则以集合犯或接续犯论以包括一罪较合理。]

◆"刑法"上所谓吸收，有指一罪所规定之构成要件，为他罪构成要件所包括，因而发生吸收关系者或一罪之低度行为为另一罪之高度行为所吸收之吸收犯两种。如意图供自己施用而持有毒品，进而施用，则其持有之低度行为，当然为高度之施用行为所吸收，不另论以持有毒品罪；惟如施用毒品者，另基于其他原因而单纯持有毒品，其单纯持有毒品之行为与施用毒品间即无高低度行为之关系可言，自不生吸收犯之问题。且施用行为而持有毒品，与因贩卖行为而持有毒品之行为，为不同之犯罪型态，而有不同之法律评价，故持有之低度行为被吸收，以高、低度行为之间具有垂直关系者为限，亦即施用行为与因施用而持有之间，或贩卖行为与因贩卖而持有之间，始有各自之吸收可言，非可任意扩张至其他同具持有关系之他罪犯行。本件上诉人于另案系为施用而持有甲基安非他命，核与本件上诉人系因意图贩卖而持有毒品不同，该施用毒品罪确定判决之效力，并不及于本件之意图贩卖而持有毒品行为，彼此间不生吸收关系。（2013 年度台上字第 3569 号）

◆"医师法"第 28 条所谓之"医疗业务"，系指以医疗行为为职业者而言，乃以延续之意思，反覆实行同种类之行为为目的之社会活动，当然包含多数之行为，是该条所谓之执行医疗业务，立法本旨即包含反覆、延续执行医疗行为之意，故纵多次为众病患为医疗行为，虽于各次医疗行为完成时，即已构成犯罪，然于"刑法"评价上，则以论处集合犯一罪为已足，原判决因就上诉人多次对 A1、A3、A4 之医疗行为，依集合犯之规定，论以一罪，并无不合。（2014 年度台上字第 10 号）

◆贩卖伪药之行为，在本质上并不具有反覆、延续实行之特征，依"药事法"第 83 条第 1 项之贩卖伪药、禁药罪之犯罪构成要件文义观之，实无从认定立法者本即预定各该犯罪之本质，必有数个同种类行为而反覆实行之集合犯行，自非集合犯。行为人基于各别之犯意，于不同之时空，分别贩卖伪药予许某某等人，其先后数行为，在客观上系逐次实行，侵害数个同性质之法益，其每一前行为与次行为，依一般社会健全观念，在时间差距上，可以分开，在"刑法"评价上，各具独立性，每次行为皆可独立成罪，自非接续犯或集合犯，而应按照其行为之次数，一罪一罚。（2014 年度台上字第 692 号）

法律座谈

法律问题：甲、乙系邻居，因故互殴，甲殴伤乙背部挫伤，丙上前拉架，甲又殴伤丙之臂部，甲殴伤乙、丙，应如何处断？

讨论意见：

甲说：甲原系殴乙，待丙来拉架时，显系另行起意，盖无从预期丙来拉架也，故甲应数罪并罚。

乙说：甲先后殴伤 2 人，要件相同，应为伤害罪之连续犯。

研讨结果：采甲说。

"司法院"刑事厅研究意见：同意研讨结果。

法学名言

1. 邓析子《无厚篇》：夫水浊，则无掉尾之鱼；政苛，则无逸乐之士。故令烦则民诈，政扰则民不定。

2. 方孝孺《深虑论》：智者立法，其次守法，其次不乱法。立法者，非仁义之道者不能；守法者，非知立法之意者不能；不知立法之意者，未有不乱法者也。

（编按➡方孝孺于江苏南京聚宝门外被处以腰斩（明史记载磔刑），时年46岁。行刑后，尚能以肘撑地爬行，以手沾血连书12个半的"篡"字才断气。妻子郑氏与2个儿子均上吊自杀，2个女儿则跳入秦淮河自尽。）

第五十一条　数罪并罚之方法

①数罪并罚，分别宣告其罪之刑，依下列各款定其应执行者：

一、宣告多数死刑者，执行其一。

二、宣告之最重刑为死刑者，不执行他刑。但罚金及从刑不在此限。

三、宣告多数无期徒刑者，执行其一。

四、宣告之最重刑为无期徒刑者，不执行他刑。但罚金及从刑不在此限。

五、宣告多数有期徒刑者，于各刑中之最长期以上，各刑合并之刑期以下，定其刑期。但不得逾三十年。

六、宣告多数拘役者，比照前款定其刑期。但不得逾一百二十日。

七、宣告多数罚金者，于各刑中之最多额以上，各刑合并之金额以下，定其金额。

八、宣告多数褫夺公权者，仅就其中最长期间执行之。

九、宣告多数没收者，并执行之。

十、依第五款至第九款所定之刑，并执行之。但应执行者为三年以上有期徒刑与拘役时，不执行拘役。

条理析释

并罚之数罪中，如其各罪所宣告之刑，有死刑及其他主刑者，仅就死刑予以执行。因此，此种死刑之执行刑所吸收者，为并合处罚各罪之宣告刑，包含死刑、无期徒刑、有期徒刑、拘役及罚金。而罚金刑，系剥夺犯罪行为人之财产法益，属于财产刑，其与死刑合并执行，并无困难；再者，"刑事诉讼法"第470条第3项规定，罚金得就受刑人之遗产执行，则死刑与罚金并予执行者，不论死刑先予执行或后予执行，均不影响罚金刑执行之可行性。另并合处罚之数罪中，如所宣告之最重刑为无期徒刑者，仍得并执行罚金刑，并无执行之困难。因此，增列罚金刑亦得并死刑执行之规定。

对于并罚之数罪，如系宣告多数之有期徒刑者，兼顾数罪并罚与单纯数罪之区别及刑罚衡平原则，其合并定应执行刑之上限，由不得逾20年调整为不得逾30年，以资衡平。

数罪并罚应执行者为有期徒刑与拘役时，因有期徒刑与拘役同属自由刑，拘役刑期颇短，如与较长之有期徒刑并予执行，实无意义可言，宜采吸收主义，不执行拘役。惟查有期徒刑之低度，遇有减轻时，可减至2月未满，而拘役遇有加重，或多数拘役定其应执行刑时，其高度可达120日，如彻底采用吸收主义，难保不发生以较短之有期徒刑（2月未满）吸收较长之拘役（120日）情事，亦失事理之平。为谋两者调和，经衡酌结果，认于3年以上有期徒刑与拘役并执行时，始宜采吸收主义，不执行拘役。但应执行者为3年未满有期徒刑与拘役时，则应一并执行，以收刑罚之功效。

裁判确定后另犯他罪，不在数罪并罚规定之列，故裁判确定后，复受有期徒刑之宣告者，前后之有期徒刑，应予合并执行，不受"刑法"第51条第5款但书关于有期徒刑不得逾30年之限制。至"刑法"第33条第3款但书乃系就实质上或处断上一罪之法定刑加重所为不得逾20年之规定，与裁判确定后另犯他罪应合并执行之刑期无关。

例一：甲犯强盗杀人罪，因自首而获判有期徒刑18年确定；又因他故再犯掳人勒赎罪，于取赎后而释放被害人，经判处有期徒刑15年确定；则甲所犯2罪并不符合数罪并罚之要件，更无第51条第5款但书"不得逾30年"之适用，甲应接续执行有期徒刑33年。

例二：乙因犯窃盗罪，判处有期徒刑8个月，经执行完毕，5年以内再犯遗弃无自救力之中风老父致重伤罪。乙所为成立"刑法"第294条第2项后段之罪，另有遗弃直系血亲尊亲属及累犯2个加重事由，其法定刑原为"3年以上10年以下有期徒刑"，经2次递加其刑之后（均以二分之一为例），其处断刑应成为"6年9月以上22年6月以下有期徒刑"，此时应受"刑法"第33条第3款但书"20年"之拘束，而无本条第5款但书所定"30年"之适用。

例三：甲于裁判确定前分别犯窃盗及恐吓2罪，经先后判处窃盗罪有期徒刑 6 个月，如易科罚金，以新台币 1000 元折算 1 日；恐吓罪有期徒刑 10 月，均经确定，而由检察官声请定其应执行之刑。依规定法院应在有期徒刑 6 个月以上 1 年 4 个月以下定其应执行刑，惟法院裁定竟定其应执行刑为有期徒刑 1 年 6 个月，自属违法。案经确定，且不利于被告，得以非常上诉，由"最高法院"将原裁定撤销，另行判决，以资纠正。

实务判解

◆数罪并罚案件，如有期徒刑、拘役、罚金各处其一时，当然并执行之，毋庸援用"刑法"第 51 条第 10 款，自不必于判决主文内标示。（1944 年院字第 2769 号）

◆数罪并罚，应于判决时，依"刑法"第 51 条各款，宣告其应执行之刑者，以其数个罪刑之宣告，系同一判决者为限。上诉人被诉相奸罪，早经判决确定，既非与和诱罪刑同时宣告，自应俟和诱罪刑确定后，由该案犯罪事实最后判决法院之检察官，依"刑事诉讼法"第 481 条之规定办理，原审法院径于和诱罪之判决内并合各该罪刑，定其应执行之刑，自非允洽。（1954 年台上字第 441 号）

◆数罪并罚应分别宣告其罪之刑，然后依法定标准定其应执行之刑，"刑法"第 51 条定有明文。所谓其罪之刑，包括主刑、从刑而言，固无论主刑、从刑，均须依其所犯之罪分别宣告后，再据以定其应执行之刑方为相当，原审关于没收贿赂新台币 900 元部分，不在其所犯之贿赂罪予以宣告，然后定其应执行之刑，而竟于定执行刑后，另行宣告没收，显属违法。（1964 年台上字第 1382 号）

◆数罪并罚，应依分别宣告其罪之刑为基础，定其应执行刑，此观"刑法"第 51 条规定自明，故一裁判宣告数罪之刑，虽曾经定其执行刑，但如再与其他裁判宣告之刑定其执行刑时，前定之执行刑当然失效，仍应以其各罪宣告之刑为基础，定其执行刑，不得以前之执行刑为基础，以与后裁判宣告之刑，定其执行刑。（1970 年台抗字第 367 号）

◆数罪并罚中之一罪，依"刑法"规定得易科罚金，若因与不得易科之他罪并合处罚结果而不得易科罚金时，原可易科部分所处之刑，自亦无庸为易科折算标准之记载。（1975 年释字第 144 号）

◆数罪并罚有二裁判以上者，固得依"刑法"第 51 条之规定定其应执行之刑，但须以裁判确定前为前提。倘若被告先后犯甲、乙、丙 3 罪，而甲罪系在乙罪裁判确定前所犯，甲、乙二罪均经判决确定，并已裁定定其应执行之刑，则丙罪虽在乙罪裁判确定前所犯，但因其在甲罪裁判确定之后，且乙罪既已与甲罪合并定其应执行刑，则丙罪即不得再与乙罪重复定其应执行之刑，祇能单独执行。（1983 年台非字第 47 号）

◆法律上属于自由裁量之事项，并非概无法律性之拘束。自由裁量系于法律一定之外部性界限内（以定执行刑言，即不得违反"刑法"第 51 条之规定）使法官具体选择以为适当之处理；因此在裁量时，必须符合所适用之法规之目的。更进一步言，须受法律秩序之理念所指导，此亦即所谓之自由裁量之内部性界限。关于定应执行之刑，既属自由裁量之范围，其应受此项内部性界限之拘束，要属当然。（1991 年台非字第 473 号）

[例如➡甲所犯 3 罪符合数罪并罚之要件，原依 1988 年"罪犯减刑条例"分别予以减刑后，定其应执行刑为有期徒刑 10 年 6 个月；其中 2 罪复合乎 1991 年罪犯减刑条例之要件，法院依检察官之声请予以减刑时，竟裁定与另外一罪定有期徒刑 10 年 8 个月为应执行刑，反较减刑前所定者为重，殊悖减刑之目的，自属违法。]

◆保安处分并非刑罚，故"刑法"之数罪并罚之观念，于保安处分并非当然有其适用，且"刑法"第 51 条对于宣告多数保安处分之执行并无规定，故遇有数罪并罚经宣告多数保安处分之情形，自应依"保安处分执行法"第 4 条之 1 第 1 项各款规定情形执行之，而无比照"刑法"第 51 条规定，另行定应执行之保安处分之必要。（2009 年台上字第 3939 号）

法律座谈

◉法律问题一：2005 年 2 月新修正"刑法"第 51 条第 10 款但书规定："但应执行者为 3 年以上有期徒刑与拘役时，不执行拘役。"适用时，是否包含单一有期徒刑与单一拘役并执行之情形？

讨论意见：

甲说：肯定说。

理由：因有期徒刑与拘役同属自由刑，拘役刑期颇短，如与较长之有期徒刑并与执行，实无意义可言，宜采吸收主义，且较有利于受刑人，另法律亦无明文禁止同属自由刑之有期徒刑与拘役不得定应执行刑，故该条但书适用时，亦应包含单一有期徒刑与单一拘役并执行之情形。

乙说：否定说。

理由：依"刑法"第 50 条之修正理由第 6 点说明：按数罪并罚，应执行者为有期徒刑与拘役（依现行第 10 款文字及其立法精神，当包括：多数有期徒刑与多数拘役经各别定执行刑后，应并执行者；多数有期徒刑经定执行刑，而与单一拘役应并执行者；多数拘役经定执行刑时是否包含单一有期徒刑与单一拘役定应执行刑而与单一有期徒刑应并执行者数种情形）时，宜采吸收主义，不执行拘役。亦即依上开立法理由说明，仅罗列：（1）多数有期徒刑与多数拘役；（2）单一有期徒刑多数拘役；（3）多数有期徒刑与单一拘役等3种并执行之情形，未包含单一有期徒刑与单一拘役并执行之情形，此乃"明示其一排除其他"，故该条但书适用时，应排除单一有期徒刑与单一拘役并执行之情形。

原提案机关决议：采乙说

台湾"高等法院"检察署审查意见：采甲说。

座谈会结论：采乙说。

"法务部"检察司研究意见：采甲说，理由修正如下：

新修正"刑法"第51条立法理由6固载明，"依现行第10款文字及其立法精神，当包括：多数有期徒刑与多数拘役，经各别定执行刑后，应并执行者；多数有期徒刑经定执行刑，而与单一拘役应并执行者；多数拘役经定执行刑而与单一有期徒刑应并执行者数种情形"等语，惟揆诸该条"因有期徒刑与拘役同属自由刑，拘役刑期颇短，如与较长之有期徒刑并予执行，实无意义可言，宜采吸收主义，不执行拘役"之立法精神，可认前开所列举之情形仅为例示规定，对于被告各别犯有期徒刑与拘役之罪，倘符合"刑法"第50条数罪并罚之要件，不论是否定执行刑，即均应采认上开立法理由所述之吸收主义，不执行拘役。否则多数有期徒刑及多数拘役经定执行刑者，可获邀上开宽典，反而单一有期徒刑及单一拘役而未定执行刑者，须全数执行，亦非事理之平。

◉法律问题二：甲于交通警员乙取缔其交通违规时，不服取缔，当场以秽语相辱骂，复出手殴打乙成伤（伤害部分未据告诉），问对甲应如何适用法律？

讨论意见：

甲说：某甲所为系犯"刑法"第140条第1项及第135条第1项之罪，但此2罪之犯罪构成要件，一为强暴胁迫，一为公然侮辱，2者行为可分，应依"刑法"第51条第5款并合处罚。

乙说：某甲不服警员乙取缔，当场予以辱骂，同时出手殴打乙身体成伤，显系基于1个妨害公务之犯意而发生，行为不可分，应依"刑法"第140条第1项、第135条第1项、第55条前段，从一重处断（请参阅"司法院" 1982 年 2 月刑事裁判指正第 1 辑第 79 页)。

　　审查意见：拟采甲说。

　　研讨结果：照审查意见通过。

　　"司法院" 第二厅研究意见：同意研结果采甲说，甲说中之 "公然侮辱" 似系 "当场侮辱" 之误。

　　◎法律问题三：甲犯杀人、窃盗 2 罪，经法院于判决主文谕知杀人罪处无期徒刑、褫夺公权终身，窃盗罪处有期徒刑 2 年，并于刑之执行前令入劳动场所强制工作，于定其应执行无期徒刑褫夺公权终身之外，可否并定其于刑之执行前令入劳动场所强制工作？

　　讨论意见：

　　甲说："刑法" 第 51 条第 4 款明定 "宣告最重之刑为无期徒刑者，不执行他刑。但罚金及从刑不在此限"。惟查，保安处分与刑罚之性质有异，不在该条款 "不执行他刑" 之列，仍应将强制工作列于执行刑无期徒刑褫夺公权终身之后。

　　乙说：被告既判处终身监禁，永久与社会隔离：实无再施以矫正处分之必要，于定其应执行无期徒刑褫夺公权终身之外，毋庸再定其强制工作之处分。

　　审查意见：拟采乙说。

　　查依 "刑法" 第 51 条第 4 款规定，不执行窃盗罪之有期徒刑 2 年，则附随窃盗罪而来之强制工作，似亦不应予以执行，且因无期徒刑，犯人将终身拘禁于监狱，在执行无期徒刑之前，犯人殊难保持身心正常状态，予以强制工作，亦不能达到矫治或感化犯人之目的。如果认为无期徒刑执行之后，仍有假释出狱之可能，但假释依 "刑法" 第 77 条规定，须有 "悔悔实据"，是假释出狱之犯人，业已迁善改过，已无再予强制工作之必要。

　　研讨结果：照审查意见通过。

古代的酷刑

　　虽然唐室对枷有文明的规条，但在武曌在位之时，她手下的酷吏如来俊臣等就发明了不少枷，由最重至最轻都各有名号，包括："求破家"、"求即死"、"死猪愁"、"反是实"、"实同反"、"失魂胆"、"着即承"、"突地吼"、"喘不来"、"定百脉" 合计共 10 个名号，而来俊臣就是经常以枷来对付政敌、反对他的朝臣和得到 "证供"，与来俊臣同是酷吏的索元礼发明了比 10 个枷更为厉害的刑具，他将受刑者的手加上枷，并于枷板上再加上一块砖，称为"仙人献果"，又设"玉女登梯"，让受刑者站在横木之上，并把受刑者身上的枷反方向的锁上，令枷较长的一端倾后，受刑者需要更大的力气去平衡自己和支持枷的重量，这往往都使受刑者消耗过度而死。

武则天退位后，手下的酷吏和 10 个的枷也被瓦解，但及后宦官专政，枷依照是常用的刑具。五代时，枷被沿用。宋朝初年，枷分为重 20 斤与重 25 斤 2 级，第 3 任皇帝赵恒接受了河北路刑狱陈纲的意见，增设 15 斤重的枷。

第五十二条 裁判确定后余罪之处理

①数罪并罚，于裁判确定后，发觉未经裁判之余罪者，就余罪处断。

条理析释

本条所谓未经裁判之余罪，系指数罪并罚案件，其余罪未裁判前，他罪业已裁判确定者而言。所谓之余罪，以犯罪发生时为准，凡犯罪发生时在裁判确定前者，均属数罪并罚之范围，与该犯罪于何时被发现无关，如已按本条之"余罪处断"者，则在数罪并罚之范围内，即存有 2 个以上之裁判，再适用第 53 条定其应执行之刑。

实务判解

◆所询情形，（某在甲地先犯甲罪，已起诉未判，在乙地后犯乙罪，已裁判确定未执行，应否并合论罪。）甲罪未裁判前，乙罪业已裁判确定，自应专就甲罪审断，合与乙罪原处之刑，依"刑法"第 70 条定其应执行之刑。（1932 年院字第 662 号）

［编按➡本解释之"'刑法'第 70 条"，系指 1928 年之旧刑法条文，即为现行"刑法"第 51 条。］

◆数罪并罚应依分别宣告其罪之刑为基础，定其应执行刑，此观"刑法"第 51 条规定自明，故 1 裁判宣告数罪之刑，虽曾经定其执行刑，但如再与其他裁判宣告之刑，定其执行刑时，前定之执行刑当然失效，仍应以其各罪宣告之刑为基础，定其执行刑，不得以前定之执行刑为基础，以与后裁判宣告之刑，定其执行刑。（1970 年台抗字第 60 号）

◆数罪之宣告刑出于 2 以上之科刑判决，而得并合处罚定其应执行刑者，以该数罪俱系在首先确定之科刑判决确定前所犯者为限；若其中某罪之犯罪时间已在首先确定之科刑判决确定之后，纵令系在其次确定之科刑判决确定之前，因其与首先确定之科刑判决确定前所犯之罪，已不合数罪并罚之规定，自无从合并定其应执行刑，而应单独执行。（1999 年台上字第 7381 号）

[例如➡甲系于 1989 年间犯伪造文书罪及诈欺罪，前者经判处有期徒刑 2 年，于 1990 年 11 月 28 日确定（下称第 1 罪），后者于 1993 年 3 月 19 日判处有期徒刑 1 年后确定（下称第 2 罪），该 2 罪刑嗣经裁定减刑为徒刑 1 年及 6 个月，并定应执行刑为 1 年 4 个月，于 1993 年 12 月 12 日执行完毕；上诉人又于 1992 年 4 月犯伪造文书罪经判处有期徒刑 2 年，于 1996 年 8 月 9 日确定（下称第 3 罪）。其第 3 罪既系在最先确定之第 1 罪科刑判决确定后所犯，依上揭说明，自无从与该科刑判决确定前所犯第 1 罪及第 2 罪并合处罚定应执行刑，而应单独执行。]

第五十三条　定应执行之刑

①数罪并罚，有二裁判以上者，依第五十一条之规定，定其应执行之刑。

条理析释

"刑法"有关定执行刑之规定，本即含有对受刑人为有利裁定之用意，此观"刑法"第 51 条第 5 款，宣告多数有期徒刑者，于各刑中之最长期以上，各刑之合并刑期以下，定其刑期之规定观之即明。如果法院以抗告人所犯各罪之宣告刑为基础，定其应执行刑，于法虽无不合，但更定其执行刑之结果，竟较未更定执行刑之前为不利于受刑人，则原裁定即难认为适当。

犯实质上数罪，其各罪既有独立性，原应就宣告之各罪刑分别执行，然刑罚之目的重在感化，苟能使犯人达到改过迁善之目的，基于刑罚经济之目的，并无就宣告之各刑一一执行之必要，故"刑法"采并合处罚制，至于执行刑期之长短，须斟酌犯罪之个数及各罪之情节轻重予以量定。

依"刑法"第 53 条及第 54 条应依"刑法"第 51 条第 5 款至第 7 款之规定，定其应执行之刑者，由该案犯罪事实最后判决之法院之检察官声请该法院裁定之，"刑事诉讼法"第 477 条第 1 项定有明文。

例如：受刑人甲所犯之三罪，其中关于窃盗部分系经"高等法院"判刑确定，揆诸首开规定，应由该"高等法院"检察署检察官声请该院裁定应执行刑，始为适法。不得以另二案系由地方法院判决确定，而径由该地方法院予以裁定。

数罪并罚，系以行为人在判决确定前犯数罪为要件，此观"刑法"第50条之规定自明。又"刑法"第53条所谓"数罪并罚，有二裁判以上者，依第51条之规定，定其应执行之刑"，系以二裁判以上所宣告之数罪，均在裁判确定前所犯为要件，若想象竞合犯一罪，虽其行为始于他罪判决确定前，但其行为终了之日已在他罪判决确定后者，因该罪与他罪已非裁判确定前所犯数罪，自无该条之适用。是数罪并罚，有二裁判以上者，固得定其应执行之刑，唯以裁判确定前所犯为前提，若于一罪之裁判确定后又犯他罪者，仅能并予执行，不能依"刑法"第51条定其应执行之刑。

实务判解

◆"刑法"第53条所谓数罪并罚，有二裁判以上者，依第51条之规定，定其应执行之刑，系指二以上之确定裁判，定其应执行之刑而言，如第一审判决所宣告之刑，一部分业经第二审判决予以撤销确定后，其经撤销之刑，自无合并其他刑罚，定其应执行刑之余地。（1956年台非字第66号）

◆抗告人所犯行贿罪之最重本刑。虽在3年以下，但其窃取森林主产物所犯"森林法"第50条之罪之最重本刑，则已超过3年，因并合处罚之结果，根本不得易科罚金，纵其因犯窃取森林主产物罪，所宣告之徒刑，经已执行完毕，亦与"刑法"第54条，及"司法院"院字第1304号解释所谓仅余一罪之情形迥然不同，仍应依同法第53条定其应执行之刑。（1958年台抗字第41号）

◆裁判确定后另犯他罪，不在数罪并罚规定之列，虽缓刑期内更犯者，其所科之刑亦应于缓刑撤销后合并执行。（1962年释字第98号）

◆定执行刑之立法意旨，一方面为执行刑之便利，他方面系为受刑人之利益，倘若被告先后犯甲、乙二罪，均得易科罚金，而其中一罪因行为在1993年2月5日罚金罚锾提高标准条例修正公布前，则定其执行刑为有期徒刑6个月以下，如得易科罚金，应择有利受刑人之折算标准。（1995年台非字第452号）

◆定应执行之刑，应由犯罪事实最后判决之法院检察官声请该法院依法裁定，不能因犯罪之一部分所科之刑业经执行完毕，而认检察官之声请为不合法，予以驳回。至已执行部分，自不能重复执行，应由检察官于指挥执行时扣除之，此与定应执行刑之裁定无涉。（1997 年台抗字第 472 号）

◆数罪之宣告刑出于二以上之科刑判决而得并合处罚定其应执行刑者，以该数罪俱系在首先确定之科刑判决确定前所犯者为限；若其中某罪之犯罪时间已在首先确定之科刑判决确定之后，纵令系在其次确定之科刑判决确定之前，因其与首先确定之科刑判决确定前所犯之罪，已不合数罪并罚之规定，自无从合并定其应执行刑，而应单独执行。（1999 年台上字第 7381 号）

◆依"刑法"第 51 条、第 53 条规定定应执行刑之裁定，与科刑判决具有相同效力，如发现有违背法令之情事，自得提起非常上诉。又按 2007 年"罪犯减刑条例"第 2 条第 2 项规定，假释中之人犯，于该条例施行之日起，视为已依第 1 项规定减其宣告刑，毋庸声请裁定减刑。而法律词语所谓之"视为"者，乃将具有类似性质，而实质不同之法律事实，基于公益之需要，以法律"拟制"方式强行规定，赋予相同法律效果之立法。故凡合于"视为"应具之要件事实者，即应适用其所拟制规定之法律效果。是依上开规定，"视为"减刑之案件，于检察官依减刑标准换算其减得之刑期后，即脱离该减刑条例之规范，使原宣告刑已变更为新之宣告刑。如原宣告刑已定其执行刑者，因据以定其应执行刑之宣告刑已经变更，自应声请另定其应执行之刑。（2008 年台非字第 232 号）

法学名言

1. 赵琛《刑法分则实用序》：明刑弼教，刑期无刑，为习刑法者所耳熟能详，尤须将法教刑三者呵成一气，始能收弼教无刑之效，刑法不在必重，而在乎必行，必行则虽不重而人肃，不行则虽重而人怠，且法令在简，简则明，行之在久，久则信，故唐明清律均行之 300 年上下，固无论矣。

2. 管子《法法篇》：虽有巧目利手，不如拙规矩之正方圆也。故巧者能生规矩，不能废规矩之正方圆。虽圣人能生法，不能废法而治国。

（编按⇨管子第 1 篇牧民，第 15 篇重令，法法第 16 篇，兵法第 17 篇。）

3. 孟子：徒善不足以为政，徒法不足以自行。

第五十四条　各罪中有受赦免时余罪之执行

①数罪并罚，已经处断，如各罪中有受赦免者，余罪仍依第五十一条之规定，定其应执行之刑，仅余一罪者，依其宣告之刑执行。

条理析释

按受刑人或其法定代理人或配偶，以检察官执行之指挥为不当者，得向谕知该裁判之法院声明异议，"刑事诉讼法"第484条定有明文；而裁判除关于保安处分者外，于确定后执行之；又依"刑法"第48条应更定其刑者，或依"刑法"第53条及第54条应依"刑法"第51条第5款至第7款之规定，定其应执行之刑者，由该案犯罪事实最后判决之法院之检察官，声请该法院裁定之。

实务判解

◆关于数罪并罚之裁判确定后，未经执行或执行尚未完毕，其中有一罪，因"刑法"不处罚其行为而免其刑之执行，设仍余数罪，应依"刑法"第54条及"刑事诉讼法"第481条之规定，声请该法院以裁定更定其刑，若仅余一罪，则依其宣告之刑执行。又牵连犯案件，轻罪之刑，已被重罪之刑吸收，如其处刑之重罪，因法律变更而不处罚，应径免其刑之执行。（1935年院字第1304号）

◆"刑法"第54条"赦免"二字，应包括大赦在内。（1935年民刑总会决议）

◆数罪并罚者，裁判确定前犯数罪者并合处罚之谓，其方法立法例上有并科、吸收、限制加重及折中（或称并用）4主义，台湾地区"刑法"第51条采折中主义，其第1、3、8款采吸收主义，第5、6、7款采限制加重主义，而第2、4款前段采吸收主义，后段采并科主义，本件依"刑法"第51条第4款前段"宣告之最重刑为无期徒刑者，不执行他刑"之规定，其应执行之刑为无期徒刑，并无再就"有期徒刑2年、6月、8月"部分，另依"刑法"第51条第5款定其应执行之刑之余地，而此乃法律之规定，自无就已请求之事项，未予裁判之违法可言，亦与"刑法"第51条第10款之规定无涉。又数罪并罚之各罪中，有因赦免而消灭其刑，如尚余数罪或一罪时，如何定其应执行之刑，"刑法"第54条有明文规定，并不因宣告之无期徒刑赦免后，其他多数有期徒刑有漏未执行之虞之情形发生。至于"刑事诉讼法"第459条系规定二以上主刑之执行顺序，限于非裁判确定前犯数罪之情形，与本件定应执行之刑之裁定无关，抗告意旨将之混为一谈，显系对于"刑法"有关数罪并罚之规定，有所误解。（1984 年台抗字第 552 号）

第五十五条 想象竞合犯

① 一行为而触犯数罪名者，从一重处断。但不得科以较轻罪名所定最轻本刑以下之刑。

条理析释

本条修正将牵连犯删除，其立法理由为：牵连犯之实质根据既难有合理之说明，且其存在亦不无扩大既判力范围，而有鼓励犯罪之嫌，实应予删除为当。至于牵连犯废除后，对于目前实务上以牵连犯予以处理之案例，在适用上，则得视其具体情形，分别论以想象竞合犯或数罪并罚，予以处断。再者，牵连犯与连续犯同属裁判上一罪，且实质上均有数个犯罪行为，前者系从一重处断，后者系以一罪论，此次"刑法"总则修正既已删除连续犯之规定，则对同有数个犯罪行为之牵连犯如仍维持从一重处断之规定，理论上即有矛盾；且考诸德、日立法例亦无牵连犯之规定，爰删除牵连犯之规定。

想象竞合犯，依原条文规定，应从一重处断。遇有重罪之最轻本刑较轻罪之最轻本刑为轻时，裁判者仍得在重罪之最轻本刑以上，轻罪之最轻本刑以下量定其宣告刑。此种情形，殊与法律规定从一重处断之本旨相违背，显不合理。爰参考德国、奥地利立法例，增设不得科以较轻罪名所定最轻本刑以下之刑之限制规定，以求量刑上之平允。

为避免上揭法院科刑时之偏失，本次修法增设但书。本条修正后，增订"不得科以较轻罪名所定最轻本刑以下之刑"之但书规定，此一科刑之限制，为法理之明文化，非属法律之变更（2006 年第 8 次刑事庭决议参照）。

本条所谓从一重处断，系以数罪名之法定刑轻重为准，即系以某一罪之法定刑与他罪名之法定刑比较，而从一法定刑较重之罪名处断之谓，至各该罪名是否另有总则上加重、减轻其刑之原因，系属别一问题，并不以此而使该条之比较轻重受其影响（1940 年上字第 843 号参照）。至于其刑之重轻，系依"刑法"第 35 条所订之标准认定之。

"刑法"上所谓法规竞合，系指同一犯罪构成要件之一个犯罪行为，因法规之错综关系，同时有数法条可以适用，乃依相关规定"特别法优先普通法适用原则"，及其他一般法理，择一适用之谓，其所侵害之法益为一个，本质上为一罪，仅属应适用法律间之竞合。想象竞合乃指一个行为实现数个犯罪构成要件，侵害数个法益，致有数个犯罪结果之发生，其本质上为数罪。

例如：私运管制毒品海洛因进口，系一行为同时触犯"毒品危害防制条例"第4条规定之运输毒品罪及"惩治走私条例"第2条第1项私运管制物品进口罪之二罪名，并依"刑法"第55条前段想象竞合规定，应从一重处断。至于海洛因则属于"刑法"鸦片罪及"毒品危害防制条例"所规定之相同物品，此部分即为法规竞合之范围，依特别之"毒品危害防制条例"优先"刑法"鸦片罪而适用之。

强盗罪除侵害财产法益外，兼对人身自由有所侵害，同时同地以同一强盗行为，强盗数人之财物者，应按被害人之人数计算罪名，而有想象竞合犯之适用；又同时同地以同一杀人行为（含复数动作之法律上一行为），杀害数人侵害数生命法益者，亦有想象竞合犯之适用。而强盗故意杀人为结合犯，属于实质一罪，倘同时同地以同一犯罪行为强盗数人之财物并故意杀数人者，自亦有想象竞合犯之适用。

例如：甲、乙2人同时同地，共同强盗丙、丁之财物，甲、乙2人分持刀器，一齐往丙、丁之身体乱砍，直至2人不动为止。则甲、乙2人之强盗杀人行为，应有想象竞合犯之适用。

行为人间有犯意之联络及行为之分担，彼此并有互相利用对方行为之情形，即为共同正犯，是共同实施之犯罪行为，系在合同意思范围内，相互利用他人之行为，以达其犯罪之目的，本即不必每一阶段均已参与，祇须分担犯罪行为之一部，即应对全部所发生之结果共同负责。是在犯罪行为有共同正犯之场合，共同正犯所实行之犯罪行为，倘遇有想象竞合犯之裁判上一罪时，应就各个共同正犯所实行之犯罪行为全部所发生之结果予以合并观察，倘全部所发生之结果有想象竞合犯之裁判上一罪时，即就共同正犯整体而为罪数之评价，不得仅单独就共同正犯中一人之行为，因无想象竞合犯之裁判上一罪竞合，予以割裂审查，即谓共同正犯整体亦无想象竞合犯之裁判上一罪竞合，否则即有失共同正犯应就全部所发生之结果负责之本质。

例如：甲与乙、丙、丁等4人共同基于意图贩卖第一级毒品海洛因、第二级毒品安非他命而营利之概括犯意，4人多次在不同之时间与地点，贩卖海洛因、安非他命之犯行，仅以甲所为系犯意、行为各属不同之数罪，所犯 2 罪名，系一行为同时触犯之，为异种想象竞合犯，应依"刑法"第 55 条规定，从一较重之贩卖第一级毒品罪处断。显然未就各个共同正犯所实行之犯罪行为全部所发生之结果予以合并观察，仅单独就共同正犯中一人之行为为共同正犯整体罪数之评价，显有违误。

以一行为而侵害数个相同之法益，触犯同种之数罪名者，乃学说上所谓之同种想象竞合犯，仍应依"刑法"第 55 条规定，从一重处断，不得仅论以单一犯罪。原判决认定甲与乙于同一时、地，对于被害人丙、丁 2 人强盗未遂，仍应依想象竞合犯处断，不得以单纯一强盗未遂罪论处失。

想象竞合犯系指行为人基于一个犯罪意思，出于一个犯罪行为，却导致侵害数个法益，成立数个罪名，国家刑罚权仅就犯罪均成立之数罪中，择其法定刑最高度之罪予以处断，而对于其他较轻度之数余罪认无再科处刑罚之必要，此种优美之立法实兼顾刑权之维护，与保障行为人免受数罪并罚之严苛制裁。惟此一良策历经司法实务长久之适用后，时有发生法院依想象竞合之例处断，而其量刑时所宣告之刑度，纵使较轻他罪之最轻刑度，仍属合法之裁判，实有违想象竞合犯从一重处断之原意。

例如：张三所为成立甲罪、乙罪之想象竞合犯，甲罪之法定本刑为 3 年以下 6 个月以上有期徒刑；乙罪为 5 年以下有期徒刑。经依比较后乙罪重于甲罪，但乙罪之最低本刑为 2 个月，法官却仍得在 2 个月到 5 年有期徒刑之间择定宣告刑，并无"不得低于 6 个月"之限制。

本次"刑法"修正时，将本条原规定想象上竞合犯仅受应从一重处断之规范，如遇有重罪之法定最轻本刑，较轻罪之法定最轻本刑为轻时，裁判者仍得在重罪之最轻本刑以上，轻罪之最轻本刑以下，量定其宣告刑之立法疏漏，采用德国及奥地利刑法所设"限制规定"之立法例，增订"不得科以较轻罪名所定最轻本刑以下之刑"之但书规定，以免科刑偏失。依增设本但书规定之精神，如所犯罪名在 3 个以上时，量定宣告刑，不得低于该重罪以外各罪法定最轻本刑中之最高者，此乃当然之解释。

例如：张三所为成立甲罪、乙罪、丙罪 3 罪之想象竞合犯，倘若甲罪之法定本刑为 3 年以上 12 年以下有期徒刑；乙罪为 5 年以上 10 年以下有期徒刑；丙罪则为无期徒刑或 1 年以上有期徒刑。经依第 35 条比较 3 罪之轻重为丙罪重于甲罪重于乙罪，法院从丙罪处断，虽然法官得先选科有期徒刑，而得于 1 年到 15 年之间，审酌第 57 条之情状依职权宣告，但依本条"限制原则（封锁作用）"之意旨，法院即不得科处未满 3 年（低于甲罪之最轻本刑）或未满 5 年（低于乙罪之最轻本刑）之刑。换言之，法院仅能于 5 年以上 15 年以下之范围宣告之。

[编按➡"行政罚法"第 24 条第 1 项"一行为违反数个行政法上义务规定而应处罚锾者，依法定罚锾额最高之规定裁处。但裁处之额度，不得低于各该规定之罚锾最低额"。即为类同性质之规定。再者，同条第 3 项规定："一行为违反'社会秩序维护法'及其他行政法上义务规定而应受处罚，如已裁处拘留者，不再受罚锾之处罚。"司法同仁亦应留意之。]

行为人着手于犯罪之实行，发生构成要件之结果后，倘行为人仍以其意志控制犯罪行为之继续进行，直至行为终止，犯罪始行终结者，谓之"继续犯"（如"刑法"第 302 条第 1 项之妨害自由罪），此与构成要件结果发生，犯罪即为既遂且亦同时终结，仅法益侵害状态仍然持续之"状态犯"（如"刑法"第 277 条第 1 项之伤害罪）有别。而继续犯之行为人在犯罪行为继续进行中，倘又实行其他犯罪行为，致数行为之部分行为两相重叠时，该数行为在法律上究应如何评价，学说上见解分歧。虽论者有谓祇须数行为之主要部分重叠，即应视为单一行为，而论以想象竞合犯云云；惟单纯借由部分行为之重叠，尚不足以评价为单一行为，必也继续犯之行为自始即以之为实行其他犯罪行为之手段或前提；或其他犯罪之实行，在于确保或维护继续犯之状态，始得评价为单一行为，而有想象竞合犯之适用。倘非如此，或其他犯罪之实行系另起犯意，利用原继续犯之状态而为，均难评价为单一行为；应认系不同之数行为，而以数罪论处。（部门 2013 年度台上字第 310 号判决参照）

强制使人性交或猥亵行为罪，依普通人一般生活经验及社会通念，并无必须多次强制性交或猥亵后，始得成立，亦无从凭以认定立法者本即预定该犯罪之本质，必有数个同种类行为，而反覆实行，社会通念尤难容忍一再违犯。如意图营利，违反被害外销妇女之意愿，强制使 A 女与男客性交十多次，猥亵行为数百次；B 女与男客性交十多次，猥亵行为多次；C 女与男客性交 2 次，猥亵行为多次犯罪之实行，依社会通念，实不宜认分别系数个举动之接续实行，合为包括评价各为一行为，各论以图利强制使人性交及图利强制使人猥亵之接续犯。（2013 年度台上字第 86 号判决参照）

"毒品危害防制条例"（以下简称毒品条例）之立法目的在肃清烟毒、防制毒品危害，维护国民身心健康，借以维持社会秩序及公共利益，乃立法者专对毒品贩卖、制造、运输、转让、施用、持有等特定事项以特别"刑法"规定特别之罪刑，在"刑法"分类上属辅"刑法"之刑事单行法，性质上为特别"刑法"。又"药事法"在管理药事，包含药物、药商、药局及其有关行政事项之管理，本属行政法，惟就伪药、禁药、劣药或不良医疗器材之制造、输入、贩卖、供应、调剂、运送、寄藏、牙保、转让、意图贩卖而陈列等特定重大违反事项，立法者另以附属方式为特别罪刑之制裁，在"刑法"分类上属辅"刑法"之附属"刑法"，性质上亦为特别"刑法"。从"刑法"分类以观，毒品条例与"药事法"均属特别"刑法"，两者间并无所谓普通或特别之关系，当无所谓"特别法优于普通法"原则之适用。(2014 年度台上字第 1268 号判决参照)

竞合理论，系指处理行为人之犯罪行为，所实现之数个构成要件之间，应如何适用法律之问题，于学说上所提出之解方案体系。日本学界则采一罪与数罪的罪数理论为准据。德国学界系以行为单数与行为复数为竞合理论之架构基础，以行为单数的判断为出发点，先研判行为人之犯罪行为是否属于"自然意义之一行为、法律的行为单数或是自然的行为单数"，如属于其中之一，则为行为单数，倘行为人只侵害一法益，则属法条竞合，如侵害二法益以上，则为想象竞合。如均不属之，则确定其为行为复数，倘行为人侵害同一法益，系属与罚之前行为或后行为，若侵害不同法益者，即为实质竞合之数罪并罚；至于与罚之前行为或后行为，系指行为虽为复数，但仅侵害同一法益，其类型与法条竞合之本质相同，为避免重复评价，而只适用其中之一法条。与罚之前行为在性质上与法条竞合之补充关系类似，例如"公务员先为要求、期约，再收受贿赂"；与罚之后行为则与法条竞合之吸收关系相近，例如"实行窃盗后，再将窃得之赃物毁损"。

法条竞合，系指行为人一行为实现数个犯罪构成要件，但只侵害一法益之情形。为了避免重复评价，只选择适用其中一构成要件即可完整评价其不法内涵，因此，其余法条即排斥不再适用。依各种法条竞合之关系，更可分为特别关系，补充关系，吸收关系或择一关系（尚有争议）。例如，不孝子女杀死其父母，仅论以杀害直系血亲尊亲属之罪，而不再论处普通杀人罪。

想象竞合，系指行为人基于一犯意，因一行为致侵害数法益，而触犯数罪名，本于各该法益均受"刑法"保护之规定，应认该数罪均属成立，惟考量行为人系仅实行一行为，不宜论处数个刑罚，因此，在法律上特别规定"从一重处断"，但法院判决书主文仍应将所涉之各罪名依序并列。

轻罪之封锁效力，法院对于想象竞合犯之裁判方式，"刑法"明定须从一重处断，原则上，只要依"刑法"第35条选择其中之重罪，即得在该罪之范围内，由法院审酌量刑。倘遇重罪之最低度刑却反而低于轻罪之最低度刑时，如仍然完全适用重罪之法定刑度量刑，将发生宣告刑比轻罪之最低度还低，则与想象竞合犯从一重处断之意旨不符。因此，规定"适用重罪结果不得轻于轻罪之最低刑"，此即轻罪之封锁效力。"刑法"采德国立法例，于"刑法"第55条后段增订"但不得科以较轻罪名所定最轻本刑以下之刑"，填补原想象竞合犯之缺陷。

实务判解

◆"刑法"第55条前段所谓一行为而触犯数罪名，系指所犯数罪名为一个犯罪行为之结果者而言，如果行为非仅一个，即与该条前段之规定无涉。（1941年上字第2271号）

◆上诉人枪击之目的，既在甲而不在乙、丙，则其枪击甲未中，应构成杀人未遂罪，其误将乙打伤丙打死，应分别构成过失伤害人及过失致人于死罪，依"刑法"第55条从一重论以杀人未遂罪，原判遽以杀人罪处断，自属违误。（1948年上字第2318号）

◆"刑法"第55条前段所称一行为而触犯数罪名，系指所犯数罪名出于一个意思活动，且仅有一个行为者而言，如其意思各别，且有数个行为，应构成数个独立罪名，不能适用第55条之规定。（1949年穗上字第128号）

◆"刑法"上所谓犯罪行为之吸收关系，系指其低度行为为高度行为所吸收（例如由收受伪造纸币器械原料而伪造纸币，其收受伪造纸币器械原料之低度行为，为伪造纸币之高度行为所吸收），或某种犯罪行为之性质或结果当然含有他罪之成分，自亦当然吸收者而言（例如行使伪造之纸币购买物品，既曰行使，当然冒充真币，则性质上含有诈欺之成分，已为行使伪造纸币所吸收）。被告等共同自外国输入海洛因而贩卖之，其输入与贩卖之各犯罪行为，彼此程度不相关联，本难谓有低度行为与高度行为之关系，而海洛因自外国输入，按其性质或结果，又非当然含有贩卖之成分，故两者之间祇能谓有"刑法"第55条之牵连犯关系，乃第一审判决误解其贩卖行为为输入行为所吸收，仅适用"刑法"第257条第3项处断，原判决仍予维持，于法殊难谓合。（1953年台上字第410号）

［编按⇨应注意"刑法"已修正，删除牵连犯之规定。］

◆"刑法"上伪造文书罪，系着重于保护公共信用之法益，即使该伪造文书所载名义制作人实无其人，而社会上一般人仍有误信其为真正文书之危险，仍难阻却犯罪之成立，况上诉人所伪造之机关现仍存在，其足生损害于该机关及被害人，了无疑义。原判决以其伪造后持以行使诈财，从一重论处行使伪造公文书罪刑，于法尚无违误。（1965 年台上字第 1404 号）

　　［编按➡应注意"刑法"已修正，删除牵连犯之规定。］

　　◆上诉人盗取陈某之印章交与不知情之李某，盖用于当收据用之"工资发放明细表"领款人陈某之盖章栏内，足以生损害于陈某，应成立伪造私文书之间接正犯。上诉人进而凭该"工资发放明细表"之盖章，以代收据，使李某发放陈某之工资，即已达于行使该文书之阶段。其伪造行为应为行使之高度行为所吸收。其盗用印章，系伪造私文书之部分行为，不另论罪。行使伪造私文书之目的，在于诈领工资，另成立诈欺罪，两罪有方法结果之牵连关系，应从一重之行使伪造私文书罪处断。（1980 年台上字第 696 号）

　　［编按➡应注意"刑法"已修正，删除牵连犯之规定。］

　　◆同时伪造同一被害人之多件同类文书或同一被害人之多张支票时，其被害法益仍仅一个，不能以其伪造之文书件数或支票张数，计算其法益。此与同时伪造不同被害人之文书或支票时，因有侵害数个人法益，系一行为触犯数罪名者迥异。（1984 年台上字第 3629 号）

　　◆"刑法"上所谓法规竞合，系指同一犯罪构成要件之一个犯罪行为，而因法规之错综关系，同时有数法条可以适用，乃依一般法理择一适用之谓。本件被告等将海洛因自曼谷输入台湾地区之一个行为，系属同时触犯构成犯罪要件不同之私运管制物品（毒品）进口，与运输毒品二罪，应依"刑法"第 55 条想象竞合之规定处断，原判决认系法规竞合，其法律之适用，显有未洽。（1984 年台覆字第 25 号）

　　◆将伪造证书复印或影印，与抄写或打字不同，其于吾人实际生活上可替代原本使用，被认为具有与原本相同之信用性。故在一般情况下可予以通用，应认其为与原本作成名义人直接所表示意思之文书无异。自非不得为犯"刑法"上伪造证书罪之客体。（1986 年台上字第 5498 号）

　　◆一行为而触犯数罪名者，为想象竞合犯，应从一重处断。又枪支必须子弹始能发挥作用，二者有密切关系，如同时制造手枪、子弹，即系以一行为而触犯数罪名，应从一重之制造手枪罪论处。原判决既于事实栏记载王某系同时制造手枪、子弹，惟又认所犯二罪犯意各别，而予分论并罚，自有未合。（2001 年台上字第 126 号）

　　◆想象竞合系指一行为侵害数法益而触犯数罪名，应从一重论处。其外形上具备数个构成要件，但包括作为一个构成要件加以评价，乃犯罪之并合，亦即犯罪之个数问题。而法规竞合则系同一构成要件，因法律规定之错综复杂，致同时有数法条可以适用，应择其一而排斥其他，为法条之并合，亦即法律适用之问题，二者概念不同。（2001 年台上字第 4176 号）

◆驾车肇事致人死伤而逃逸罪及遗弃无自救力之人罪，二者之构成要件不同，且所侵害之法益，前者为社会之公共安全，后者为个人之生命、身体之安全，亦属有间。本件被告驾车肇事，致被害人受伤成无自救力之人后，基于遗弃之犯意，而驾车逃逸之一个行为，系属同时触犯犯罪构成要件及侵害法益均不相同之上述二罪，为想象竞合犯。自不能认系同一犯罪构成要件之一个犯罪行为，同时有数法条可适用之法规竞合。（2004 年台上字第 6513 号）

◆同时伪造不同被害人之本票时，因其侵害数个人法益，系一行为犯数罪名，此与同时伪造同一被害人之多张本票时，其被害法益仅有一个，只成立单一之伪造有价证券罪名迥异。上诉人等 2 人共同伪造不同被害人之本票，纵依原判决所认定：其系同时为之，为一行为等情属实。亦属一行为犯数罪名，应依"刑法"第 55 条想象竞合犯之规定，从一重处断，原判决认仅成立单一伪造有价证券罪，自非适法。（2007 年台上字第 2503 号）

◆"刑法"上一行为而触犯数罪名之想象竞合犯存在之目的，在于避免对于同一不法要素予以过度评价，其所谓"同一行为"系指所实行者为完全或局部同一之行为而言。因此"刑法"修正删除牵连犯之规定后，于修正前原认属于方法目的或原因结果之不同犯罪，其间果有实行之行为完全或局部同一之情形，应得依想象竞合犯论拟。又"毒品危害防制条例"第 4 条所称之运输毒品，系指转运输送毒品之谓。运输毒品按其性质或结果，并非当然含有贩卖之成分，难谓其间有吸收关系。故"刑法"修正删除牵连犯之规定后，行为人意图营利贩入毒品，运输他地交付买受人，以完成卖出行为，其运输与贩卖毒品间，行为局部同一，应按想象竞合犯处断。（2008 年台上字第 3494 号）

◆以药剂至使被害人不能抗拒而取被害人财物之强盗罪，该施以药剂之行为，本属强盗行为之一部分；倘行为人明知所施之药剂同时为"毒品危害防制条例"规定之第四级毒品，竟以欺瞒之方法使被害人施用，而有违反"毒品危害防制条例"第 6 条第 4 项之情事，应系以一行为同时触犯强盗及以欺瞒之方法使人施用第四级毒品二罪名，为想象竞合犯，当从较

重之强盗罪名论处。（2008 年台上字第 5304 号）

◆同时伪造不同被害人之文书（或支票）时，其被害法益为数个，系一行为触犯数罪名之想象竞合犯。此与同时伪造同一被害人之多件同类文书或同一被害人之多张支票，因被害法益仍仅一个，系属单纯一罪迥异。（2009 年台上字第 2826 号）

◆转让"毒品危害防制条例"所列管之毒品，苟该毒品同时亦为"药事法"所指之伪药或禁药者，其转让行为同时该当于"毒品危害防制条例"第 8 条之转让毒品罪及"药事法"第 83 之转让禁药罪，因二者均旨在落实药品之管理，以维护国民身心健康，立法目的相同，保护之法益相同，且其中任一者之构成要件，均足以该当转让毒品行为，并系一次侵害同一法益，自不可能二者同时适用，论以二罪，应属法条竞合，依重法优于轻法，后法优于前法之原则，自应从重法或后法之规定处罚，仅成立实质一罪。（2009 年台上字第 5422 号）

◆"刑法"第 271 条之杀人罪，系侵害被害人生命法益之犯罪，以维护个人生存权为目的，同法第 135 条第 1 项之妨害公务罪，则在于保护公权力之执行，以公共法益为侵害对象，二者罪质显不相同；故对于公务员依法执行职务时，予以枪击杀害而施以强暴胁迫，另犯之妨害公务罪并不能为杀人罪所概括，且既系基于复数犯意并出于一个行为之决意而为犯罪之实行，同时具备多数犯罪构成要件，即应依想象竞合之规定从一重处断。倘检察官仅就其中一部事实起诉者，依"刑事诉讼法"第 267 条之规定，因公诉不可分关系，其效力及于全部，法院亦应就全部犯罪事实予以审判，于法始无疏漏。原判决事实认定甲系于警察乙查看其身分证完毕，要求其下车之际，恐其车内藏放系争枪、弹为警查获，乃基于杀人之故意，持枪射杀执行勤务中之警察乙、丙等情，如果无讹，则甲除犯杀人未遂罪外，似同时并有对于公务员依法执行职务时，施以强暴之情事，即应另论以上揭之妨害公务罪，并依想象竞合犯从一重处断。原审未详加论究，仅判处杀人未遂罪刑，认事用法亦难谓已尽允洽。（2009 年台上字第 7249 号）

◆意图他人受刑事处分，向该管公务员诬告案件，告诉人于该案侦审中，先后所为虚构事实之陈述，属遂行诬告之接续行为。该项陈述，如有经检察官或法官以证人身分传讯而具结之情形，即属一行为同时触犯诬告与伪证罪名，应依想象竞合犯规定，从情节较重之诬告罪处断。（2012 年度台上字第 3902 号）

[例如➡甲对乙提出涉犯侵占罪嫌之告诉后，虽分别于侦查中及第一审以证人身分作证时，仍虚伪指称乙未将涉案之股票交付等情。甲既诬指乙侵占前揭股票，为证明确有其事，于该案侦审中证称乙侵占该等股票，要属当然，尚难期待会反于诬告内容之证词。则甲提出侵占告诉之诬告后，于该案应传作证时，所为与告诉内容相同虚伪不实之伪证行为，应认亦属遂行诬告侵占之接续行为，不宜遽认甲系数行为而应依数罪分论并罚。]

◆犯罪行为有一举可毕者，有必须达相当时间始能完结者，前者谓之即成犯，后者乃为继续犯。继续犯，专指犯罪行为之继续，非兼指犯罪状态之继续。所谓犯罪状态之继续，指犯罪虽已完毕，而犯罪所生之违法状态仍继续存在而言。一般即成犯，常有此种"状态继续"之情形。从而，在一个继续犯之行为开始以迄完结之持续时程中，另有其他犯罪（即成犯）之实行行为时，此两罪应如何处断，端视其他犯罪之着手行为，究系存在于继续犯之行为伊始，抑或是继续犯行为着手之后，始犯他罪为衡。其属于行为人着手于继续犯之行为初始，即同时着手实行他罪者，因二罪之着手点同一、行为之时界及行为地重合，依社会通念，其主观意思与客观行为之发生无明显区别，在"刑法"牵连犯废除之后，自应认与一行为触犯数罪名之要件相侔，而依想象竞合犯论拟。倘行为人系于继续行为着手之后，始犯他罪，因其着手行为不同一，若该后续所犯之他罪，与实现或维持继续犯行为目的无关，且彼此间不具有必要之关联性时，仍应认系行为人另一个前后不同之意思活动，而依数罪并罚处断。（2013年度台上字第235号）

[例如➡甲伙同其他共同正犯先将乙强架上车后，驾车驶离至车程约5分钟之邻近公园停车场，强推乙下车，再分持铝棒或徒手加以殴打成伤。则甲显系在着手实行妨害乙行动自由之后，始另犯伤害罪，其所犯二罪应予分论并罚，并无论以想象竞合犯之适用。]

◆行为人意图他人受刑事处分，向该管公务员诬告，并于检察官侦查或法院审理诬告案件时，同时以证人身分，就与案情有重要关系之事项，供前或供后具结，而为相同之虚伪陈述，因伪证与诬告行为，均系侵害司法权正确行使之法益，并俱以虚伪陈述为犯罪之主要内容，仅因陈述时之身分不同而异其处罚。且告诉人之指诉乃当事人以外之第三人，如就与待证事实有重要关系之亲身知觉、体验事实陈述时，即居于证人之地位，应依"刑事诉讼法"第186条第1项规定具结，其供述证据始具证据能力。

足认诬告行为人所为伪证行为，系为实现或维持其诬告犯行所必要，二罪间具有重要之关联性，从行为人主观之意思及所为之客观事实观察，依社会通念，其伪证与诬告间自具有行为局部之同一性，法律评价应认属一行为同时触犯数罪名，较为适当，而伪证既系在于实现或维持诬告犯罪所必要，自应依想象竞合犯规定，从情节较重之诬告罪处断。（2013 年度台上字第 3070 号）

◆犯强盗罪而剥夺被害人之行动自由时，如该妨害自由之行为可认为系强盗罪之着手开始，或为强盗之部分行为，即仅成立单一之强盗罪。如剥夺行动自由之行为，并非均属强盗之实行行为，仍应另成立妨害自由罪。惟因妨害自由具有延续性，于实行妨害自由之犯罪行为中犯强盗罪，则妨害自由与强盗行为，有部分之合致，其犯罪目的单一，依一般社会通念，应评价为一罪，方符合刑罚公平原则。是于“刑法”牵连犯废除后，适度扩张一行为概念，认此情形，为一行为触犯数罪名之想象竞合犯，自属适当。（2013 年度台上字第 5192 号）

[例如➡甲、乙、丙等 3 人意图为自己不法所有，为使丁交付财物，将丁诱往废弃空屋，于渠等所完全掌控支配之空间，以现实优势之人数，将丁置于渠等实力支配之下，而命其交付财物，依其情节，显系以强暴胁迫方式，并已致丁处于不能抗拒之程度而取其财物，前后拘束丁行动自由约 21 小时。则甲、乙、丙等 3 人所为，成立“刑法”第 330 条第 1 项、第 321 条第 1 项第 4 款之结伙加重强盗罪、“刑法”第 302 条第 1 项之妨害自由罪，依想象竞合犯之规定，从一重之结伙加重强盗罪处断。]

◆一行为触犯数罪名者，从一重处断，为“刑法”第 55 条所明定，此即学理上所称之想象竞合犯。于牵连犯未废除前，想象竞合犯之传统定义须其一行为与所犯数罪名完全合致；惟“刑法”修正废除牵连犯后，为避免过度评价，自有适度扩张一行为概念之必要。亦即，行为人所犯数罪名间，仅须有一部行为重叠或合致，即足当之。（2014 年度台上字第 394 号）

[例如➡甲为杀害乙而犯无故侵入住宅罪，其携带杀人之凶器，侵入乙之居所后，即紧密实行杀人犯行，虽其侵入居所之时、地与犯杀人罪之时、地，在自然意义上非完全一致，然二者仍有部分合致，且犯罪目的单一，依社会一般通念，应评价为一罪，方符合刑罚公平原则。因此，甲所为系一行为同时触犯杀人罪及无故侵入住宅罪，为想象竞合犯，应从一重之杀人罪论处。]

◆明知为甲基安非他命而转让予他人者，其转让行为同时该当于"毒品危害防制条例"第8条第2项之转让第二级毒品罪及"药事法"第83条第1项之转让禁药罪，属法条竞合，应依重法优于轻法、后法优于前法等法理，择一重处断。而2004年4月21日修正施行后"药事法"第83条第1项转让禁药罪之法定本刑为7年以下有期徒刑，得并科新台币500万元以下罚金，较"毒品危害防制条例"第8条第2项转让第二级毒品罪之法定本刑6月以上5年以下有期徒刑，得并科70万元以下罚金为重，故转让甲基安非他命，除净重达10公克以上，或转让予未成年人之情形，应依"毒品危害防制条例"第8条第6项及第9条之规定加重其刑之情形外，依重法优于轻法之原则，应优先适用"药事法"第83条第1项之规定处断，而关于犯罪之处罚，其所据以论罪之条文与刑罚加重、关规定之适用，有其整体性，不得割裂适用。(2014年度台上字第1071号)

[例如➡某甲转让甲基安非他命予某乙之犯罪行为，并无"毒品危害防制条例"第8条第6项或第9条之规定加重其刑之情形，而应依"药事法"第83条第1项规定论处罪刑者，因"药事法"并无转让禁药者若于侦查及审判中自白，应减轻其刑之特别规定，即不得割裂而另适用"毒品危害防制条例"第17条第2项自白减轻其刑之规定。至转让同属禁药之第二级毒品逾净重10公克以上者，依"毒品危害防制条例"第8条第6项规定，因加重其刑至二分之一结果，法定刑已重于"药事法"第83条第1项，即应回归适用"毒品危害防制条例"第8条第2项，并因法律整体适用原则而有同条例第17条减轻其刑规定之适用。]

[编按➡第二级毒品甲基安非他命系经公告列为禁药，而有"药事法"之适用。但第一级毒品海洛因并未经公告列为禁药，因此，尚无"药事法"之适用。如行为人转让净重未逾10公克之海洛因者，即仅能适用"毒品危害防制条例"第8条第1项论罪科刑，且得依同条例第17条第2项自白减轻其刑之规定处断。再者，纵使转让净重未逾10公克之海洛因者，其法定刑(1年以上7年以下有期徒刑，得并科新台币100万元以下罚金)亦较"药事法"第83条第1项之法定刑(7年以下有期徒刑，得并科新台币500万元以下罚金)为重。]

[评述➡因整体适用之结果，致转让毒品数量多者，反而可以享有自白减刑之宽典，或有轻重失衡之现象。惟此一轻重失衡现象，乃因法律整体适用之结果，并涉及立法者对于转让禁药罪之法定刑的高低，是否反映法益受侵害的方式与程度、行为人主观不法的态样及其程度或自首、自

白、供出来源等鼓励行为人自新或扩大追查禁药来源等因素之综合考量，属立法者对相关立法事实之判断与预测，司法者自应予适度尊重。惟法院仍可透过个案衡平的机制，诸如针对行为人犯罪情节之轻重，施以不同程度处罚之裁量空间，再配合"刑法"第 59 条刑之酌减及第 74 条缓刑等规定，应足以调节转让少量第二级毒品（禁药）不能适用毒品条例第 17 条减刑规定之不利现象，而避免过苛之处罚，以大幅缓解对其情法失平的指摘。]

　　◆管制药品与禁药定义不同，管制药品倘经核准输入，或未经有关部门明令公告禁止者，即非禁药（"药事法"第 11 条、第 22 条第 1 项），在"管制药品管理条例"之规范下，仍可制造、输出入、贩卖、供应、调剂、运送、寄藏、牙保、转让、持有，并无"药事法"附属"刑法"法规之适用。又查毒品与管制药品之分级及品项，固均相符，但依毒品条例第 2 条第 4 项规定："医药及科学上需用之麻醉药品与其制品及影响精神物质与其制品之管理，另以法律定之。"故合于医药及科学上需用者为管制药品，按"管制药品管理条例"进行流向控管；非合于医学、科学上需用者，则为毒品，依毒品条例规定进行查缉。毒品条例与"管制药品管理条例"两者规范事项显然不同（前者为毒品，后者为管制药品），后者亦无刑事罚。故"管制药品管理条例"与毒品条例两者为相配套之法律，并行不悖，亦无何者应优先适用之特别法与普通法关系。自不能以毒品条例为"管制药品管理条例"第 1 条所定之"其他有关法律"，认毒品条例为"管制药品管理条例"之特别法；而"管制药品管理条例"依药事法第 1 条第 1 项但书规定，复优先于"药事法"而适用，率认"毒品危害防制条例"为"药事法"之特别法。（2014 年度台上字第 1268 号）

法律座谈

　◎法律问题一：甲意图为自己不法之所有，欲窃取乙所有之自用小客车 1 部，供己使用，乃于 2006 年 7 月 2 日先行窃取该车之钥匙 1 支，次日再持该钥匙窃取该车得手。则甲应如何论处？

　　讨论意见：（台湾"高等法院"2006 年法律座谈会提案第 23 号）

　　甲说：甲先后窃取钥匙及车辆之行为，系 2 次窃盗行为，应分论并罚（参考"司法院"1991 年 5 月 16 日厅刑一字第 562 号，即刑事法律问题研究第 7 辑第 82 页至第 84 页之法律问题意见）。

　　乙说：甲窃取钥匙之行应属不罚之前行为，只论窃车之窃盗行为即可。因为对于在后之主要行为之处罚，已足以涵盖在前之次要行为，故虽有前后二个行为，形式上似为行为复数之实质竞合，但事实上，前行为仅系后行为之过程阶段，应与法律单数同属一种不纯正竞合，为假性之实质竞合，可准用法律单数之补充关系或吸收关系处理之①。

丙说：甲出于一个单一窃盗决意，而在延续之时间内，先窃取钥匙，再持钥匙窃取车辆，系基于一个单一决意所形成之行为，应属行为单数，成立一窃盗罪。

审查意见：采丙说。

研讨结果：照审查意见通过。

◎**法律问题二**：某甲行经某三温暖店门口，感觉异常疲累及饥饿，却又身无分文，乃本诈骗之意思，即进入消费，计享受三温暖澡浴及餐饮供应各1次，应付浴资2000元及餐饮500元，甲分文未付即夺门而逃，其行为究如何论处。

研讨意见：

甲说：某甲骗取澡浴供应系犯"刑法"诈欺得利罪，而骗取1次餐饮供应则成立"刑法"诈欺取财罪，二罪间构成犯罪之要件不同，一为使人将本人或第三人之物交付，一为得财产上不法之利益或使第三人得之，依大法官会议释字第152号解释，应不可成立连续犯，应分论并罚。

乙说：按诈欺取财罪与诈欺得利罪具体要件虽略有异，然诈取实物与诈取财产上之利益，皆系获得具有金钱价值之不法利益，二者基础要件尚难谓不同，故应以其诈得较多金额之饮食或利益，论为连续犯，就本问题言，甲诈取不法利益为2000元，而诈得财物仅值500元，应以情节较重之诈欺得利罪论为连续犯。

丙说：某甲系以一个诈骗浴澡及饮食之决意而一次隐瞒其未有能力支付之行为，进入可同时提供澡浴及餐饮之三温暖店内消费，其行为应同时成立诈欺取财及诈欺得利罪，但究属一个诈欺行为触犯两个罪名，应依想象竞合犯从一重处断。

研讨结果：多数采丙说。

台湾"高等法院"审核意见：某甲明知身无分文，进入三温暖洗澡及取得餐饮各一次。系本于一个诈欺意思，而骗得不法利益及诈取财物，犯"刑法"第339条第2项及第1项之罪，系一行为触犯数罪名，为想象竞

---

① 参见林山田：《刑法通论》（下册），第609~610页。

合犯，应从一重之诈欺取财罪论处，同意采丙说。

"司法院"刑事厅研究意见：甲系一行为同时触犯诈欺取财罪及诈欺得利罪，应依想象竞合犯从一重处断，台湾"高等法院"审核意见采丙说，固无不当。惟所谓从一重处断，究应论以诈欺取财罪或诈欺得利罪，因该二罪刑罚相同，故应依犯罪情节而定其轻重。本题甲诈欺得利所得之利益价值（2000元），高于诈欺取财所得之财物价值（500元），其诈欺得利罪之犯罪情节较重于诈欺取财罪，台湾"高等法院"审核意见，认为应依诈欺取财罪论处，尚有未洽，应依诈欺得利罪处断。

◉法律问题三：某甲明知乙、丙2人与某丁有仇恨，恣意杀害某丁，基于帮助之犯意，于某日在某甲住处同时同地供予乙、丙2人尖刀各1把，以使之易以杀害某丁，乙、丙2人乃相偕赴某丁住宅共同刺杀某丁未遂，问某甲帮助杀人未遂罪，有无"刑法"第55条想象竞合犯，从一重处断之适用？（台湾"高等法院"1992年座谈会提案第15号）

讨论意见：

甲说：某甲同时、同地供予乙、丙2人尖刀各1把，以1个帮助行为，而帮助乙、丙2人犯杀人未遂罪，某甲即为乙、丙2人杀人未遂帮助犯之想象竞合犯，应有"刑法"第55条从一重处断之适用。

乙说：某甲虽同时、同地供予乙、丙2人尖刀各1把，使乙、丙2人持之犯杀人未遂罪，某甲仅有一个帮助行为，且乙、丙2人共同刺杀某丁未遂，仅侵害某丁一个法益，与想象竞合犯系一行为触犯数罪名之要件不合，某甲系犯单纯一个帮助杀人未遂罪，应无"刑法"第55条从一重处断之适用。

审查意见：拟采乙说。

某甲仅有一个帮助行为，且乙、丙2人共同持刀刺杀某丁未遂，仅侵害某丁一个法益，应无"刑法"第55条想象竞合犯从一重处断之适用。

研讨结果：照审查意见通过。

"司法院"刑事厅研究意见：同意研讨结果。

◉法律问题四：甲在山区张网捕捉他人所有赛鸽，计有乙、丙、丁3人所有之赛鸽被捕，甲所为系单纯一个窃盗罪抑想象竞合犯，抑为侵占离本人持有之物？

讨论意见：

甲说：系单纯一罪之窃盗犯。

乙说：一网捕捉3人所有并持有之鸽子，系侵害3个财产监督权，为一个行为触犯数个罪名，应依想象竞合犯之规定论罪。

丙说：赛鸽在长途飞行中非所有人所得监督持有，属离本人持有之物，张网捕捉者，犯"刑法"第337条之罪。

结论：采乙说。

台湾"高等法院"审核意见：同意采乙说。鸽子虽离本人持有，但在飞行中仍在本人监督之中，自系侵害3个财产监督权之法益。

"司法院"刑事厅研究意见：同意台湾"高等法院"审核意见。

◎法律问题五：甲无照驾车，交通警察依法执行公务，予以取缔，甲竟一拳将警察击倒，并倒地头部脑震荡及表皮出血，甲之妨害公务（"刑法"第135条第1项），及伤害罪（"刑法"第277条第1项）（已告诉）两罪究系何种关系？

讨论意见：

甲说：系方法结果之牵连关系，因系以伤害为方法，达到妨害公务之结果，应从一重处断。

乙说：甲之行为仅有一个，即拳击警察一拳，无从分何者为方法，何者为结果，应系一行为触犯数罪名。

研讨结果：采乙说。

"司法院"刑事厅研究意见：同意研讨结果。

◎法律问题六：某工厂工人甲，乘他工人不在机会，潜回该工厂工人宿舍，窃取工人乙之新台币1000元，丙之西装上衣1件，丁之皮鞋1双，应如何论科？

讨论意见：

甲说：工人宿舍，为专供工人住宿单一管理之所在，甲乘其他工人不在之际行窃，其窃取行为在主观上为一个犯罪行为，所侵害者，亦为该工人宿舍之监督权，应仅构成一个窃盗罪。

乙说：甲潜返其居住之工人宿舍行窃，其窃取行为在主观上虽为一个犯罪行为，唯被害法益既分别为乙、丙、丁3人，应为想象竞合犯，盖"刑法"上所谓之一行为触犯数罪名原包括相同之数罪名，故本件应依"刑法"第55条论处。

丙说：行为是否单一，端在其数个同一罪名之犯罪行为是否独立，且客观上是否有先后次序为准，若其行为有先后之分，客观上各行为又属独立之犯罪行为，仅能认有连续性，不能视为一个行为之一部分，本件甲某基于概括犯意，潜返其居住之工人宿舍，窃取工人乙、丙、丁之财物，不但侵害等法益为多数,其窃取行为,亦有先后之分,应依连续犯论处(参照"最高法院"1944年上字第549号、1957年台上字第303号判例)。

　　审查意见:拟采乙说。

　　研讨结果:照审查意见通过。

⊙**法律问题七**:某甲窃取他人机车1辆,骑用后停于路旁又进入商店购物,某乙意图为自己不法之所有,乘机将该车骑走,问某乙犯何罪?

　　讨论意见:

　　甲说:犯窃盗罪。某甲持有上开机车固然不合法,但某乙自其管领中加以窃取,仍系犯窃盗罪。

　　乙说:犯侵占遗失物罪。某乙系侵占原车主已遭窃,离其时有之机车,犯侵占遗失物罪,某甲就该车无法益被害可言。

　　丙说:犯窃盗、侵占遗失物二罪。系一行为触犯二罪名,应从窃盗罪处断。某乙侵占原车主已遭窃离其持有之机车,犯侵占遗失物罪。某乙自某甲管领中加以窃取,又系犯窃盗罪。原车主与某甲均系被害人。

　　审查意见:拟采甲说。

　　座谈会研讨结果:同意审查意见。

　　"法务部"检察司研究意见:同意座谈会研讨结论,以甲说为当。

第五十六条(连续犯——删除)

　　连续犯在本质上究为一罪或数罪,学说上迭有争议,一般均认为连续犯在本质上应属数罪,仅系基于诉讼经济或责任吸收原则之考量,而论以一罪,故"刑法"承认连续犯之概念,并规定得加重其刑至二分之一。然"刑法"规定连续犯以来,实务上之见解对于"刑法"第56条"同一罪名"之认定过宽,所谓"概括犯意",经常可连绵数年之久,且在采证上多趋于宽松,每每在起诉之后,最后事实审判决之前对犯同一罪名之罪者,均适用连续犯之规定论处,不无鼓励犯罪之嫌,亦使国家刑罚权之行使发生不合理之现象。因此,基于连续犯原为数罪之本质及刑罚公平原则之考量,乃将"刑法"第56条有关连续犯之规定删除。该修正理由之说明,即系将本应各自独立评价之数罪,回归本来就应赋予复数法律效果之原貌。

　　为符合刑罚公平性,不让犯罪者存侥幸心理,将原本事实上数罪、法律上却仅论以一罪之连续犯及牵连犯规定予以删除,改为一罪一罚。至于"刑法"分则之常业犯乃连续犯之特别态样,配合"刑法"总则连续犯之废除，亦删除所有常业犯之规定，然而，此并不意味往后不处罚以犯罪为常业之人，而是以后类此常业犯罪行为均采一罪一罚，经常犯罪者即会被科处数罪，并合处罚之结果，反而较现今常业犯规定之法定刑度更高，以符罪责均衡原则。因此，多次施用毒品之犯行，即采一罪一罚之例。

从立法例而言，连续犯系大陆法系之产物，英美刑法并不承认连续犯之概念，《德国刑法》自 1871 年以后、日本自昭和 22 年以后，均将连续犯之规定予以删除，其余大陆法系国家如瑞士、奥地利、法国等部分国家和地区均无连续犯之明文。故有必要参考上述外国立法例，删除有关连续犯之规定。至于连续犯之规定废除后，对于部分习惯犯，例如窃盗、吸毒等犯罪，是否会因适用数罪并罚而使刑罚过重产生不合理之现象一节，应逐一检讨各习惯犯之规定，再决定其性质系数罪或一罪，在实务运用上亦可参考德、日等国或地区之经验，以学说及判例补充解释之方式，对于合乎"接续犯"或"包括一罪"之情形，认为构成单一之犯罪，以限缩数罪并罚之范围，用以解决上述问题。

第八章　刑之酌科及加减

"刑法"总则之加重，系概括性之规定，所有罪名均一体适用；"刑法"分则之加重，系就犯罪类型变更之个别犯罪行为予以加重，成为另一独立之罪名。

"刑法"总则加重，于第56条连续犯得加重之规定删除后，仅剩"刑法"第47条累犯之必加重，总则之加重系概括性之规定，所有罪名均一体适用，又称为一般之加重，并不变更其罪之性质。

分则之加重，亦称为个别或特别之加重，其类型分为下列4类：

1. 行为人特定者，例如第270条（公务员包庇赌博罪）。

2. 被害人特定者，例如第116条。

3. 行为人及被害人均特定者，例如第170条（对直系血亲尊亲属诬告罪）。

4. 犯罪方法特定者，例如第296条之1第3项（强制贩买卖人口罪）。

上揭4种加重类型，有其共通原则，即均限于特定之罪名，而其特定之方式，又以下列4种形态出现：

1. 限于特定一罪者，例如第295条（对直系血亲尊亲属遗弃罪）。

2. 限于特定数罪者，例如第250条（对直系血亲尊亲属污损尸体、发掘坟墓罪）。

3. 限于特定章节之罪者，例如第270条（公务员包庇赌博罪）。

4. 限于"刑法"特定范围之罪者，例如第134条前段（公务员不纯正渎职罪）。

以上4种形态，其特定之方式虽有一罪、数罪、多罪之别，但有其共通之原则，即其罪名均已特定，而成立另一独立之罪。

"刑法"以外之法律，除"少年事件处理法"第85条、"儿童及少年福利与权益保障法"第112条第1外，尚有甚多法条有加重其刑之规定，其加重之类型约可归纳如下：

1. 行为人特定者，例如"贪污治罪条例"第7条。

2. 被害人特定者，例如"儿童及少年性交易防制条例"第31条。

3. 犯罪方法特定者，例如"陆海空军刑法"第 52 条第 3 项。

4. 犯罪时间特定者，例如"灾害防救法"第 41 条。

5. 犯罪地点特定者，例如"野生动物保育法"第 41 条第 2 项。

6. 因聚众而加重者，例如"水利法"第 94 条第 3 项。

7. 因特定事项加重者，例如"枪砲弹药刀械管制条例"第 18 条第 4 项后段。

8. 对"刑法"之特定罪名加重者，例如"贪污治罪条例"第 16 条第 1 项。

9. 因加重结果而加重者，例如"森林法"第 51 条第 2 项前段。

〔编按➡第 7 类（"枪砲弹药刀械管制条例"第 18 条第 4 项后段）"犯本条例之罪……拒绝供述或供述不实者，得加重其刑至三分之一。"系于 1997 年 11 月 14 日增订，惟 1997 年 12 月 19 日"刑事诉讼法"第 95 条第 2 项修正增订"被告得保持缄默，无须违背自己之意思而为陈述"。系为落实"宪法"保障基本人权所为之具体规定，本质上即具"宪法"效力，其位阶应高于"枪砲弹药刀械管制条例"第 18 条第 4 项之规定，自应优先适用。次就诉讼原则而言，程序法则应先于实体法则之适用，即先程序后实体之原则，"刑事诉讼法"之规定为一程序规定，自应优先于实体法之"枪砲弹药刀械管制条例"之适用；再者，依后法优于前法之原则，应认"刑事诉讼法"修正公布施行并生效后，即已排除"枪砲弹药刀械管制条例"第 18 条第 4 项关于被告拒绝陈述应加重其刑规定之适用。请参酌。〕

第五十七条　刑罚之酌量

①科刑时应以行为人之责任为基础，并审酌一切情状，尤应注意下列事项，为科刑轻重之标准：

一、犯罪之动机、目的。

二、犯罪时所受之刺激。

三、犯罪之手段。

四、犯罪行为人之生活状况。

五、犯罪行为人之品行。

六、犯罪行为人之智识程度。

七、犯罪行为人与被害人之关系。

八、犯罪行为人违反义务之程度。

九、犯罪所生之危险或损害。

十、犯罪后之态度。

条理析释

法律固赋予法官自由裁量权，但此项裁量权之行使，并非得以任意或自由为之，仍应受一般法律原则之拘束，必须符合法律授权之目的，并受法律秩序之理念、法律感情及惯例所规范，法官量刑权虽系受法律拘束之裁量原则，但其内涵仍将因各法官之理念、价值观、法学教育背景之不同而异，是以自由裁量之界限仍难有客观之解答，端赖法官于个案审判时，依个案事由加以审酌，苟已斟酌本条各款所列情状而未逾越法定刑度，且无裁量滥用情事，难谓有不当之处，即不得遽指为违法。

科刑时，应审酌"刑法"第57条所列各款事项及一切情状，以为量刑轻重之标准。各个案件之具体犯罪情节固有不同，但对于相同类型案件所审酌之相同量刑因素，仍宜尽量给予相同之评价，始合于公平理念，且该项评价，仍应与客观存在之经验法则及论理法则无违，以臻妥当。

刑之量定，为求个案裁判之妥当性，法律固赋予法院裁量权，但此项裁量权之行使，除应依"刑法"第57条规定，审酌行为人及其行为等一切情状，为整体之评价，并应顾及比例原则与平等原则，使罪刑均衡，轻重得宜，以契合社会之法律感情。

刑事审判之量刑，旨在实现刑罚权之分配的正义，故科刑判决之量刑应符合罪刑相当原则，使罚当其罪，以契合人民之法律感情；此所以"刑法"第57条明定科刑时应审酌一切情状，尤应注意该条所列各款情形，以为科刑轻重之标准。而"刑法"上之共同正犯，应就全部犯罪结果负其责任，乃基于共同犯罪行为，应由正犯各负其全部责任之理论，至于为刑之量定时，则仍应审酌"刑法"第 57 条所列各款情状，分别情节，为各被告量刑轻重之标准；共同正犯间并非必须科以同一之刑，且于个案裁量权之行使时，仍应受比例原则、平等原则之拘束，俾符合罪刑相当，使罚当其罪，轻重得宜。如共同正犯间情节轻重明显不同，却以渠等系共同正犯关系，科以同一之刑，即于平等原则有悖，当非持法之平，即难谓为适法。（2013 年度台上字第 2573 号判决参照）

量刑系法院就系属个案犯罪之整体评价，为事实审法院得依职权自由裁量之事项。量刑判断当否之准据，应就判决之整体观察为综合考量，不可撷取其中片段，遽予评断。"刑法"第 57 条第 10 款所称犯罪后之态度，即包括犯罪行为人犯罪后，有无悔悟等情形，此与被告诉讼上之防御权或缄默权之行使，并无龃龉之处。

刑事被告不自证己罪，系基于法治国自主原则下，被告并非诉讼客体而系诉讼主体，有权决定是否及如何行使其诉讼上防御权，而不自陷于不利地位之考量。因此，禁止强迫被告为不利于己之陈述，所以，被告保持沉默、拒绝陈述而消极否认犯罪，为缄默权行使之态样，本属不自证己罪原则之内涵，自不得据为从重量刑之因素。（2012 年度台上字第 4980 号判决参照）

罪刑相当原则系有罪判决必须把握之重要事项，攸关被告生命、自由、财产受剥夺之程度，于被害人或其家属之精神慰藉，和社会对于正义之期待，亦有正面意义，"刑法"第 57 条乃规定科刑时，应以行为人之责任为基础，并审酌一切情状，尤应注意该条所列之 10 种量刑参考因素，固仍赋予法院自由裁量权，但实际运作时，当须确实就各种具体案件妥慎处遇，并受全体法律秩序理念之支配，各罪之宣告刑如是，合并定应执行之刑，亦复如是。（2012 年度台上字第 4040 号判决参照）

"刑法"之共同正犯，虽应就全部犯罪结果负其责任，但科刑时，仍应审酌一切情状及"首谋""附从"之分，分别情节，为量刑轻重之标准，并非必须科以同一之刑。

例如：对于破坏（南回铁路）铁轨、杀人、诈取保险金计划之主谋者乃已自杀死亡之甲（被告已死亡，业经检察官另为不起诉处分），下手注射毒液（意妥明 Etumine）杀害陈氏者亦系甲之越南配偶，而被告乙虽为甲之亲兄弟，其所参与者主要乃损坏铁轨致生火车往来危险之行为，2 人所为符合共同正犯之适用，惟情节自有轻重不同之各种情状，应分别就妨害火车行驶安全致倾覆罪、杀人罪各量处其刑。乙共同犯妨害舟车行驶安全致倾覆罪，处有期徒刑 8 年，依 2007 年"罪犯减刑条例"减为有期徒刑 4 年；又共同杀人，处有期徒刑 15 年，应执行有期徒刑 18 年，千斤顶 1 个、白色铁管 1 支、铁槌 1 支、铁撬 1 支、塑料袋 1 只均没收。

本条第 10 款所称犯罪后之态度，系指行为人于犯罪之后所表现之态度，包含其对于犯行是否坦承不讳，有无悔过之意，已否采取补救措施等情状。

刑罚系对犯罪行为人之生命、自由及财产之拘束、剥夺，行为人所受之刑罚，应与法律所保护之利益，及行为人侵害该法益之程度相当，始符合比例原则。死刑乃刑罚之最严厉手段，行为人若泯灭天良，穷凶极恶，显已无法教育改造，非使其与社会永远隔离，不能达防卫社会之目的者，固应处以极刑；倘行为人仍有再教育、再社会化之可能，遽以死刑论科，即与刑罚之本旨不符。宣告死刑之案件，除应于理由内就如何本于责任原则，依"刑法"第 57 条所定各款审酌情形，加以说明外，并须就犯罪行为人事后确无悛悔实据，显无教化迁善之可能，以及从主观恶性与客观犯行加以确实考量，何以必须剥夺其生命权，使与社会永久隔离之情形，详加叙明，以昭慎重。

在情况急迫之下，警方使用强制力等必要措施，固不能以事后诸葛亮之方式，苛责其适当性，但如从事后之检验，苟认客观上并非没有可能，且如采取较为妥适之措施，即能避免危害之发生或扩大时，行为人虽不能执此主张阻却违法，但量刑时仍应就此加以审酌，否则无异将非行为人本意之其他不当因素加入致造成之危害部分（发生或扩大）全部令由行为人承担，自有失衡平。

例如：甲与警方对峙时仅甲 1 人，并无人质在屋内，警方并早已知悉甲执意引爆瓦斯自杀，则警方在攻坚之前，是否已尽必要之注意义务，包括类似情形警方有无标准作业程序，与甲之谈判、沟通途径是否已穷，攻坚前是否已先断电，是否已疏散邻居住户，其攻坚时机之急迫性如何等，均与危害之发生及扩大至有关系；依上开说明，此部分责任基础，并不能全由甲承担，其于量刑时，自应加审酌，如法院认此部分非科刑所应审酌之情状，并无"刑法"第 57 条之适用，进而量处甲死刑，褫夺公权终身，似认科刑所应审酌之情状，仅局限于该法条所列举之事项，其法律见解尚非妥适，亦不符合现阶段死刑之刑事政策。

"刑法"理论上，固有所谓社会相当性原则，然此系指该行为本身，自形式上观察，要与犯罪构成要件相合致，行为人复无法定之阻却违法及责任事由，但从实质上评价，依行为当时之社会伦理通念，乃属相当而得受容许者，或所侵害之法益极其微小，不足破坏社会伦理秩序或影响社会生活之正当或正常运作，无予非难处罚之必要性者，实质仍均得阻却违法，不应令负刑事责任之情形而言。

例如：甲首谋公然聚众，鼓动情绪，指挥驾车，冲撞法院大门，而妨害警员依法执行维护秩序之公务等事实，本质上即严重破坏国家、社会秩序，殊难谓有何社会相当性可言。甲固自称系基于现场情势考量而引起，但于法律层面客观言之，核属首谋聚众妨害公务罪之构成要件以外之"犯罪动机"或"犯罪目的"范围，乃"刑法"第57条第1款科刑轻重所应审酌之事项，要与"刑法"理论上之社会相当性原则，迥不相侔。

科刑（或称刑罚裁量、量刑等）之标准与科刑之基础，二者之关系至为密切，在适用上，对于犯罪行为事实论罪科刑时，须先确认科刑之基础，始得进而依科刑之标准，谕知被告一定之宣告刑。而责任原则，不仅为刑事法律重要基本原则之一，且为当代法治国家引为科刑之基础。修正前本条仅就科刑之标准予以规定，并未对科刑之基础设有规范。为使法院于科刑时，严守责任原则，仿照德国刑法及日本改正刑法草案之立法例，明定以行为人之责任为科刑之基础。

本条原第8款之科刑标准，范围较狭，仅包括犯罪行为人与被害人平日有无恩怨、口角，或其他生活上之关系；惟犯罪行为人与被害人在犯罪行为上之关系，则不在其内。何况犯罪之原因，常与犯罪行为人及被害人间，在行为时之互动密切相关，例如，在窃盗案件中，被害人之炫耀财产，常系引起犯罪行为人觊觎下手之原因。此种犯罪行为人与被害人在犯罪行为上之关系，亦属科刑时应予考量之标准，因此，修正为"犯罪行为人与被害人之关系"，使其文义范围，亦得包含犯罪行为人与被害人在犯罪行为上之关系，并将其款次改列为第7款。

迩来处罚违反义务犯罪之法规日益增多（如"电业法"第107条），而以违反注意义务为违法要素之过失犯罪发生率，亦有增高趋势（如车祸案件，医疗纠纷案件），犯罪行为人违反注意义务之程度既有不同，其科刑之轻重，亦应有所轩轾，又就作为犯与不作为犯（如"刑法"第149条）而言，其违反不作为义务或作为义务之程度，亦宜审酌以为科刑之标准，因此，参酌德国立法例增订本条第8款，明定"犯罪行为人违反义务之程度”，以利具体案件量刑时审酌运用。

　　量刑前，该当于各种犯罪构成要件与法定加重、减轻事由之具体事实，既共同作用而形成刑罚裁量范围之量刑外部性界限，其于刑罚决定过程中显业经考量并据以评价被告犯罪轻重。故法院于此刑罚裁量范围内量刑时，自不得再执为裁量刑罚轻重之标准。否则，即违反禁止重复评价原则。（2012 年度台上字第 4332 号判决参照）

　　例如：甲于侦查、审理中自白犯行，并供出毒品来源，业经法院判决据以适用“毒品危害防制条例”第 17 条第 1 项、第 2 项对甲减轻其刑，其刑罚裁量过程中，显已就此等有利于甲之量刑事由，加以评价，故该判决量刑就此未再审酌，乃避免重复评价之所当然。

实务判解

　　◆“刑法”第 57 条所列各款，为量刑时应行注意之事项，并非为减刑之根据，原确定判决认被告犯加重遗弃罪因而致人于死，应成立“刑法”第 294 条第 2 项前段之罪，既以其犯罪情状不无可悯，依“刑法”第 59 条酌减其刑二分之一，乃复依第 57 条第 1 款、第 7 款予以递减，处刑显系违法。（1938 年非字第 44 号）

　　◆“刑法”上之共同正犯，虽应就全部犯罪结果负其责任，但科刑时仍应审酌“刑法”第 57 条各款情状，为各被告量刑轻重之标准，并非必须科以同一之刑。（1958 年台上字第 1249 号）

　　◆有期徒刑之减轻，应就其最高度及最低度同减轻之，然后于减轻之最高度与最低度范围内，审酌一切情状为科刑轻重之标准，并非一经减轻，即须处以减轻后之最低度刑。（1966 年台上字第 2853 号）

　　◆“刑法”第 57 条规定科刑时应审酌犯罪者犯罪之一切情状，并例示应注意之事项，以为科刑轻重之准据；第 59 条规定系犯罪情状显可悯恕，赋予法院以酌减之权。故前者为量刑之标准，后者为酌减之依据，二者有别，不能混淆。（1973 年第 1 次刑事庭决议第 4 则）

　　◆刑之量定，乃实体法上赋予法院得为自由裁量之事项，法院行使此项职权时，应审酌“刑法”第 57 条所列各款事项及一切情状，受比例原则之支配，亦即须符合客观上之适当性、相当性与必要性之价值要求，不得逾越此等特性之程度，用以维护其均衡。本件原判决认上诉人系犯“刑法”第 271 条第 1 项之杀人罪，其法定刑为死刑、无期徒刑或 10 年以上有期徒刑，则上诉人究系处以无期徒刑或有期徒刑，即足资惩儆，并可达防卫社会之目的；或穷凶极恶，无法教育改造，应处以死刑，使其与社会永远隔绝，自应依比例原则详加审酌说明。（2004 年台上字第 1174 号）

◆ 刑事审判旨在实现刑罚权之分配正义，故法院对于有罪被告之科刑，应符合罪刑相当之原则，使轻重得宜，罚当其罪，此所以"刑法"第 57 条明定科刑时，应审酌一切情状，尤应注意该条所列 10 款事项，以为科刑轻重之标准，并赋予法院裁量权。而判决于科刑之理由，如仅载称审酌被告之品行、犯罪之动机、目的、手段、犯后态度等一切情状，因如此记载，均仅为法律抽象之一般规定，并未说明各该事项之具体情形，其量刑是否妥适无从据以断定，自有判决理由未备之违法。（2005 年台上字第 2131 号）

◆ 法院科刑时，应以被告之责任为基础，本于比例、平等及罪刑相当原则，并审酌"刑法"第 57 条所列各款情状为整体之评价，使罪刑均衡，轻重得宜。其中该法条第 10 款所称犯罪后之态度，系指被告犯罪后，因悔悟而谋求补救所为和解或赔偿损害等情形而言，不包括被告基于防御权之陈述、辩明或辩解时之态度。是以法院如以被告否认或抗辩犯罪之态度不佳，而采为量刑轻重标准之一，无异剥夺被告诉讼上之基本防御权，当非法之所许。本件原判决以上诉人屡次辩称：其之警询供述，非基于自由意志之陈述，为无证据能力；及其无备用安眠药，骗使被害女子服用，亦无预谋强盗杀人，更未将被害女子推下断崖等语，认上诉人"犯后并无悔意之意"，而采为量刑轻重之部分情状，上述论述，无异剥夺上诉人诉讼上之基本防御权，而悖于"刑法"第 57 条第 10 款之意旨，难谓为适法。（2009 年台上字第 7050 号）

◆ 刑事被告所享有之不自证己罪、缄默权、辩明权等诉讼上防御权，其射程范围仅及于犯罪事实之认定及该当构成要件之不法与罪责部分，至法院对量刑所为自由裁量权之行使部分，则不与焉。如此纵有坦白从宽、否认从重之虞，对其如何行使防御权或生影响，惟此决定权在被告（与简易判决、协商判决同），不能谓法院所为之量刑决定，即系侵害上述各种被告防御权。（2012 年度台上字第 3540 号）

◆ 近年来，要求保障、重视妇幼权益之相关团体，积极参与、投入社会运动，并游说相关人员将性侵害犯罪之态样及法定刑，全面予以修正（虽然保留在社会法益罪章之列，其实已偏重个人性自主意思之保护），增加、升级或提高，相较于其他犯罪，已属相对之重度刑罚，甚至在法院审理是类案件，认事不如其意者，讥之以"奶嘴法官"，量刑稍轻者，非之为"恐龙法官"。顾法院审判，必须严守证据裁判主义，如认定被告犯罪，仍不得恣意滥权，或轻率决定刑度，而应切实把握罪刑相当原则，使罪责相符、罚当其罪，至于上揭不雅封号，祇能抱持"有则改之，无则嘉勉"之态度对待，毕竟法院之判决，系可受公评之事项，斯亦为法官之风骨与应有之气度、修养，同为"法官法"第 13 条第 1 项所揭示"法官应依据'宪法'及法律，本于良心，超然、独立、公正审判，不受任何干涉"之具体表现。（2012 年度台上字第 4040 号）

◆被告保持沉默、拒绝陈述而消极否认犯罪，为缄默权行使之态样，本属不自证己罪原则之内涵，固不得据为从重量刑之因素；然苟被告自愿打破沉默而自由地为任意之陈述，已不属缄默权之范畴，则被告基于诉讼上防御权而自由陈述或行使辩明、辩解等辩护权时，若已有说谎而积极为不实陈述或其他作为之情形，与赋予被告诉讼上防御权及辩护权之规范目的不合，自难解为被告说谎系其本于诉讼上缄默权之行使权利行为，必不得执以对其为较重非难之评价，并于不违反量刑内部性界限之前提，据为从重量刑因素之一。（2014 年度台上字第 1144 号）

古代的酷刑

明朝初，朱元璋规定全国的枷以干木造，长 5 尺 5 寸，宽 1 尺 5 寸，重量分为 3 级，最轻的 15 斤用于被杖打的犯人、次级的 20 斤用在被判流放和徒刑的犯人、最高级的是 35 斤，是用于死囚身上，又下诏定下地方所用的枷必须由政府的龙江提举司所出产。虽然如此，但锦衣卫、东厂、西厂都未有依照太祖之意采用枷，反而私自制造各种不同类型的枷。

英宗在位时，宦官王振得到英宗信任，正统年间，王振就以 100 斤的枷锁用在得罪他的李时勉、赵琬、金鉴 3 人身上，皇太后孙氏知道此事后，令英宗立刻释放 3 人。成化帝登基后 13 年，刑部上奏表示：近年以来，民间私自铸钱，以致四方"客商聚集收买，奸弊日滋，阻坏钱法"，故此建设朱见深将从事者和知情者以及使用者枷项示众，发边卫充军，宪宗同意，4 年后，宪宗下诏："今后只许历代并洪武永乐宣德钱每 80 文折银 1 钱，私造私贩者枷项问监。"

第五十八条 罚金之酌量

①科罚金时，除依前条规定外，并应审酌犯罪行为人之资力及犯罪所得之利益。如所得之利益超过罚金最多额时，得于所得利益之范围内酌量

加重。

条理析释

本条所称"科罚金"之适用范围，应及于"选科罚金"、"并科罚金"及"专科罚金"，但不包括"易科罚金"。本条前段系指法院科罚金时，应于该罚金之法定刑或处断刑之范围内量定之考量情状；后段则赋与法院得不受法定刑或处断刑之额数，拥有酌量加重罚金之职权。

例如：甲所犯之罪行，其目的既系恃赌营利，以赚得巨额之不法暴利，有害社会风气，除处徒刑之外，应认有并科罚金之必要，而依甲犯罪所得之利益，佐以其营业规模等情，足认其所得利益超过并科罚金之最多额，即得依本条之规定，于其所得利益之范围内酌量加重。

实务判解

◆"刑法"第58条，乃关于罚金刑量定标准之规定，犯人所得之利益超过罚金最高额时，自得于所得利益之限度内酌量加重，与同法第68条加重方法之规定无涉。（1944年院字第2665号）

◆"刑法"第58条所称因犯罪所得之利益，系指犯非法行为时，因犯罪所得之利益而言。（1948年院解字第4043号）

法律座谈

法律问题："刑法"第58条所谓"因犯罪所得之利益"是否包括财产上犯罪所得之赃物？如犯"刑法"第320条第1项之窃盗罪，其窃取之赃物超过银元500元（即罚金最多额，依"刑法"施行法第1条之1，换算为新台币1.5万元）时，科罚金时是否得于在该赃物价值范围内酌量加重科处罚金？

讨论意见：

甲说："刑法"第58条所谓"因犯罪所得之利益"包括财产上及非财产上一切犯罪所得之利益，故犯普通窃盗罪，如所窃赃物价值超过罚金最多额，科罚金时自得于赃物价值范围内酌量加重。

乙说："刑法"第58条所谓"因犯罪所得之利益"不包括财产上犯罪所得赃物，因赃物犯人并未取得赃物所有权，不能认为所得，且被害人可以请求返还，该条所谓"因犯罪所得之利益"仅指非财产上犯罪所得之利益，如伪造有价证券所得之利益是。故犯普通窃盗罪，纵所窃赃物价值超过罚金最多额，科罚金时仍不得于赃物价值范围内酌量加重。

审查意见：拟采乙说。

研讨结果：照审查意见通过。

"司法院" 刑事厅研究意见：同意研讨结果。

古代的酷刑

刘瑾取得大权时，也常用枷，正德元年，刘瑾不满给事中安奎与御史张彧的贿款不足，于是以150斤重的枷锗在2人身上、王时中因得罪刘瑾，又被枷，而弹劾刘瑾的吴献被他枷锁，史书记载："枷重至百五十斤，不数日辄死。" 可知其惨烈之处。

明世宗登位后，明白到枷项之苦，下诏天气炎热时，枷项之刑可以延期施行，但锦衣卫对此并不理会，嘉靖年间，有位叫刘山东的人向朝廷告发皇亲张廷龄有谋反之意，但锦衣卫指挥王佐竭却反指刘山东诬告张廷龄，被判以大枷枷号3个月后充军，是中国历史上最长久的枷项之刑。

明神宗时，出现了重300斤的立枷，这种刑具是一种以木制的高长笼子，前长后短，顶部有1个圆孔，受刑者的脖颈会被枷锁着，受刑者无法将整双脚平放于刑具底部，只能直立而无法跪坐，使受刑者疲劳过度而死，受刑者不消1天内就会死于立枷之中。

第五十九条　酌量减轻之一

①犯罪之情状显可悯恕，认科以最低度刑仍嫌过重者，得酌量减轻其刑。

条理析释

本条所谓"犯罪之情状可悯恕"，自系指裁判者审酌第57条各款所列事项以及其他一切与犯罪有关之情状之结果，认其犯罪足堪悯恕者而言。惟其审认究系出于审判者主观之判断，为使其主观判断具有客观妥当性，宜以"可悯恕之情状较为明显"为条件，故特加一"显"字，用期公允。

依实务上见解，本条系关于裁判上减轻之规定，必于审酌一切之犯罪情状，在客观上显然足以引起一般同情，认为纵予宣告法定最低刑度犹嫌过重者，始有其适用（1949年台上第16号、1956年台上第1165号、1962年台上第899号判例），因此，将此适用条件予以明文化。

"刑法"第59条规定犯罪之情状显可悯恕者，得酌量减轻其刑，其所谓"犯罪之情状",与同法第 57 条规定科刑时应审酌之一切情状,并非有截然不同之领域,于裁判上酌减其刑时,应就犯罪一切情状(包括第 57 条所列举之 10 款事项),予以全盘考量,审酌其犯罪有无显可悯恕之事由(即有无特殊之原因与环境,在客观上足以引起一般同情,以及宣告法定低度刑,是否犹嫌过重等),以为判断。

例如:贩卖第一级毒品罪之法定刑为"死刑或无期徒刑;处无期徒刑者,得并科新台币 1 千万元以下罚金",然同为贩卖第一级毒品之人,其原因动机不一,犯罪情节未必尽同,或有大盘毒枭者,亦有中、小盘之分,甚或仅止于吸毒者友侪间为求互通有无之有偿转让者亦有之,其贩卖行为所造成危害社会之程度自属有异,法律科处此类犯罪,所设之法定最低本刑却同为"无期徒刑,得并科新台币 1 千万元以下罚金",不可谓不重。于此情形,倘依其情状处以有期徒刑,即足以惩儆,并可达防卫社会之目的者,自非不可依客观之犯行与主观之恶性加以考量其情状,是否有可悯恕之处,适用"刑法"第 59 条之规定酌量减轻其刑,期使个案裁判之量刑,能斟酌至当,符合比例原则。如施用毒品之行为人之间,虽为多次少量买卖毒品,然实质上却与互通有无所为之有偿提供毒品以施用之性质似无差异,其犯罪情节当非大中盘毒枭者可资等同并论。法院应认选科无期徒刑,仍嫌过重,自得依本条酌量减轻其刑。

"刑法"携带凶器加重强盗罪之法定刑为 7 年以上有期徒刑,刑责至重,然被告因年纪已大,谋生不易,沦为拾荒之流浪汉,强盗泡面之目的也仅只为果腹充饥而已。常言道"饥寒起盗心",对于饥饿之人而言,不敢奢想何种丰盛美食,即使是为了区区几包泡面,就可能背离道德拘束而引发犯罪动机,此种情形严刑峻罚都难以禁止。本案若论处最低刑度有期徒刑 7 年,就其犯罪之情状,仍属法重情轻之憾,在客观上足以引起一般之同情,即使宣告法定最低度之刑,犹嫌过重,即得依"刑法"第 59 条之规定减轻其刑。

刑事审判旨在实现刑罚权之分配正义,法院对有罪被告之科刑,应符合罪刑相当之原则,使轻重得宜,罚当其罪,以契合社会之法律感情,此所以"刑法"第 57 条明定科刑时应审酌一切情状,尤应注意该条所列 10 款事项以为科刑轻重之标准,并于同法第 59 条赋予法院(法官)以裁量权,如认"犯罪之情状显可悯恕者,得酌量减轻其刑"。因之科刑时,原即应依"刑法"第 57 条规定审酌一切情状,尤应注意该条各款所列事项,以为量刑标准。"刑法"第 59 条所谓"犯罪之情状可悯恕",自系指审判者审酌第 57 条各款所列事项以及其他一切与犯罪有关之情状之结果，认其犯罪足堪悯恕者而言。其审认乃出于审判者主观判断，而该主观之判断，并非漫无限制，仍须具有客观妥当性。然此裁判上之酌减，属法院于职权范围内得为酌定之事项，除其裁量权之行使，明显违反比例原则外，不得任意指为违法。依目前实务上见解，"刑法"第 59 条系关于裁判上减轻之规定，必于审酌一切之犯罪情状，在客观上足以引起一般同情，认为纵予宣告法定最低刑度犹嫌过重者，始有其适用。而"最高法院"1956 年台上字第 1165 号判例："'刑法'第 59 条之酌量减轻其刑，必须犯罪另有特殊之原因与环境等等，在客观上足以引起一般同情，认为即予宣告法定低度刑期犹嫌过重者，始有其适用。"被告之行为固已引起社会之不安与恐慌，手段、作为亦不值鼓励，惟法院审酌上开事项，认被告犯本案之罪（杨某白米炸弹案）有其前揭特殊原因与环境等情节，在客观上已引起公诉人及部分大众之同情，而有声援者，可认足以引起一般同情（容有部分反对意见者），本院认为即予宣告自首减轻后之法定最低度刑期犹嫌过重，适用"刑法"第 59 条始罪刑相当，并得以达到个案分配正义之最适当结果，爰依"刑法"第 59 条规定再递减轻其刑。

　　[编按➡本段裁判意旨系台湾"高等法院"就"白米炸弹客"所为上诉审之判决，认被告为唤醒政府及社会大众关注弱势农民及儿童权益，以非法之激烈手段，制造具有杀伤力或破坏性之爆裂物，置放于公共场所，及寄发恐吓信函予各该媒体或政府机关，使不特定人心生畏惧，而以此加害生命、身体之事，恐吓公众，致生危害于公安之情节，具有"显可悯恕"之适用。而台北地方法院则就本案认以："被告为达诉求之目的，采取激烈手段（放置爆裂物），将使社会动荡不安，所为之方法，既属不当，纵其诉求为正当，仍应接受制裁，承担其应负之责任。认为被告并无'刑法'第 59 条应予酌减之适用，否则无异变相鼓励世人为达诉求，得采取此等暴力手段，造成社会不安，人心惶惶，如此实非该条立法之本意。"以上分属地院及"高院"就同一行为人之犯罪情状，所为不同之认定。请参酌。]

实务判解

　　◆"刑法"上之酌量减轻，必于犯罪之情状可悯恕时，始得为之，为"刑法"第 59 条所明定，至情节轻微仅可为法定刑内从轻科刑之标准，不得据为酌量减轻之理由，原判决既未认上诉人之犯罪情状有何可悯恕之

处，仅谓情节尚轻，辄依同法第 59 条酌减本刑，其援引法令，自属失当。（1939 年上字第 1064 号）

◆"刑法"第 59 条所定减轻其刑，以宣告法定最低度之刑犹嫌过苛者，始有此适用，其法定最轻本刑为拘役，即酌减仍不能出于刑种之范围，自无适用减刑之余地，乃原判依第 59 条减轻处断，自有未合。（1949 年台上字第 16 号）

◆"刑法"第 59 条之酌量减轻其刑，必须犯罪另有特殊之原因与环境等，在客观上足以引起一般同情，认为即予宣告法定低度刑期尤嫌过重者，始有其适用，本件被告等混迹流氓派系，动辄结伙寻衅，为求遏止社会近来嚣张残暴之风，殊无堪资悯恕可言。（1956 年台上字第 1165 号）

◆"刑法"第 59 条之酌量减轻其刑，必于犯罪之情状，在客观上足以引起一般同情，认为即予宣告法定低度刑期，犹嫌过重者，始有其适用，至于被告无前科，素行端正，子女众多等情状，仅可为法定刑内从轻科刑之标准，不得据为酌量减轻之理由。（1962 年台上字第 899 号）

◆"刑法"第 59 条所定减轻其刑，以宣告法定最低度之刑犹嫌过重者，始有其适用，"刑法"第 273 条义愤杀人罪之法定刑为有期徒刑 7 年以下 2 个月以上，原审既谕知被告有期徒刑 4 年，殊无引用"刑法"第 59 条之余地。（1972 年台上字第 1781 号）

◆"刑法"第 57 条规定科刑时应审酌犯罪者犯罪之一切情状，并例示应注意之事项，以为科刑轻重之准据；第 59 条规定系犯罪情状显可悯恕，赋予法院以酌减之权。故前者为量刑之标准，后者为酌减之依据，两者有别，不能混淆。（1973 年第 1 次刑事庭决议第 4 则）

◆"刑法"第 59 条之规定，则系裁判上之酌减，乃法院于职权范围内得为酌定之事项，除其裁量权之行使，明显违反比例原则外，不得任意指为违法。（2007 年台非字第 5 号）

第六十条　酌量减轻之二
①依法律加重或减轻者，仍得依前条之规定酌量减轻其刑。

条理析释
行为人其个人之行为于遇有刑罚之加重或减轻原因时，自应先依法律上之加重或减轻为之，如仅为单一之加减时，则径予加减之；倘遇有数个加重或减轻原因，或同时具有加减之原因时，则应依"刑法"第 70 条及

第 71 条之例计算之。

例如：81 岁之甲犯杀人罪，同时符合自首、累犯、防卫过当等法定加减事由，法院依法加重、减轻之后，认甲犯罪之情状显可悯恕，如科以最低度刑仍嫌过重者，即得依本条再予以酌量减轻其刑。但因甲所犯之罪不属于第 61 条之范围，法院即不得免除其刑。倘甲所犯为窃盗罪或伤害罪，则纵使甲并无任何法律上之减轻原因，法院仍得就具体个案审酌，如认甲所为符合第 59 条及第 61 条之要件者，即得依法予以免除其刑之判决。

实务判解

◆法律适用上所谓特别法优于普通法之原则，系指特别法之适用有排斥普通法之适用者而言，减刑办法上之减刑，与"刑法"上各种规定之减刑（即法律上之减轻、裁判上之减轻与特别减轻），均得依"刑法"第 60 条同时适用，并不能谓减刑办法有排他性可言，且"刑法"第 60 条为一种注意条文，其已依法律减轻者，如认为情堪悯恕，仍得依该条递减之，即已依他种法律加重者，亦仍得依该条减轻，不过应受第 71 条之适用耳。至关于量刑之标准，除审酌一切情状及注意"刑法"第 57 条所列各款事项外，并审酌犯情可恕，得依同法第 59 条减轻至法定刑以外之刑，自不受变更罪名之拘束，如第一审论以较轻之罪，而第二审变更法条改为较重之罪，其量刑较第一审所科处者为轻，果属裁量未致失平，亦不能指为违法。（1945 年上字第 738 号）

第六十一条　裁判免除其刑

①犯下列各罪之一，情节轻微，显可悯恕，认为依第五十九条规定减轻其刑仍嫌过重者，得免除其刑：

一、最重本刑为三年以下有期徒刑、拘役或专科罚金之罪。但第一百三十二条第一项、第一百四十三条、第一百四十五条、第一百八十六条、第二百七十二条第三项及第二百七十六条第一项之罪，不在此限。

二、第三百二十条、第三百二十一条之窃盗罪。

三、第三百三十五条、第三百三十六条第二项之侵占罪。

四、第三百三十九条、第三百四十一条之诈欺罪。

五、第三百四十二条之背信罪。

六、第三百四十六条之恐吓罪。

七、第三百四十九条第二项之赃物罪。

条理析释

本条系明定法院于个案审判中，对于犯罪情状可悯恕而酌量减轻其刑之后，实因犯罪情节轻微，显可悯恕，如量处最轻度之刑罚时，仍嫌过重者，得依职权谕知被告免除其刑。法院依本条规定判处免除其刑者，仅为国家认为犯罪虽已成立，但在刑事政策上并无施以刑罚之必要性，与未满14岁人之行为"不罚"，或依法令之行为、正当防卫、紧急避难、不能犯等之"不罚"者，并不相同。"不罚"者，系指"行为不成立犯罪，不得科处其刑罚"；而"免除其刑"者，系行为人之行为业已成立犯罪，法院依法免除其刑罚之制裁。又，"免除其刑"与"免其刑之执行"亦属两个不同的意义，前者系犯罪成立而法院并未宣告被告之刑罚种类及其数额；后者系行为人之行为成立犯罪，法院亦宣告其科处之刑罚种类及其范围，再依法（例如："刑法"第2条第3项、第9条）于主文内明示"免其刑之（全部或一部）执行"。

免除其刑之性质有两种，一为相对免除（得免除），二为绝对免除（应免除）。前者之例较多，如总则之正当防卫过当、紧急避难过当、中止未遂犯等，或分则之内乱自首犯、行贿自首犯、亲属藏匿人犯罪、诬告自白罪等属之；至于后者之例，兹举孕妇保命堕胎罪（"刑法"第288条第3项）、洗钱6月内自首犯（"洗钱防制条例"第9条第5项）、枪砲定期自首报缴犯（"枪砲弹药刀械管制条例"第18条第2项）、贪污罪之收受或行求者自首（"贪污治罪条例"第8条第1项前段、第11条第4项前段）等属之。

关于"'刑法'第61条所列之罪"一词，在其他法律中经常使用，以收立法明确、条文精简之效果。例如：第一次审判期日之传票，除"刑法"第61条所列各罪之案件至迟应于5日前送达外，至迟应于7日前送达，此为"刑事诉讼法"第272条所明定。此项就审期间，系为保障被告之诉讼权益而设，使被告有充分之时间准备行使其防御权，不因被告身受羁押或因他案在监执行而可任意剥夺。

本条第7款原规定："第三百四十九条第二项之赃物罪"，系因第349条第1项之收受赃物罪为最重本刑为3年以下有期徒刑、拘役或专科罚金之罪，属于本条第1款之适用范围；但2014年6月18日"刑法"第349条修正时，已将第1项之收受赃物罪与第2项之搬运、寄藏、故买或媒介赃物等罪合并为第1项，其法定刑则均为"最重本刑为5年以下有期徒刑、拘役或科或并科 50 万元以下罚金"，而将原第 3 项准赃物罪配合修正为第 2 项。因此，本条相应内容应再修正为"第三百四十九条第一项之赃物罪"。

实务判解

◆原判决既适用"刑法"第 134 条加重其刑至二分之一，则被告等所犯"刑法"第 277 条第 1 项之伤害罪，因加重之结果，其最重本刑已超过 3 年以上有期徒刑，自与"刑法"第 61 条第 1 款前段规定犯最重本刑为 3 年以下有期徒刑之罪不相适合。乃原判决仍依该条款谕知免刑，显属于法有违。（1968 年台上字第 3414 号）

◆上诉人被诉伤害，原审系依"刑法"第 277 条第 1 项，"少年事件处理法"第 85 条判处罪刑，"刑法"第 277 条第 1 项之伤害罪，系属同法第 61 条第 1 款之案件，而"少年事件处理法"第 85 条之加重其刑，又属"刑法"总则加重之性质，既经第二审判决，自不得上诉于第三审法院。（1980 年台上字第 4870 号）

〔编按⇨依"少年事件处理法"第 85 条之规定而加重其刑者，自 2011 年 12 月 2 日起，应改以"儿童及少年福利与权益保障法"（2011 年 11 月 30 日公布修正）第 112 条第 1 项之特别规定为之。〕

◆"森林法"第 50 条所规范窃取森林主、副产物，搬运、寄藏、收买赃物或为牙保者之各个犯罪态样与刑法普通窃盗或赃物罪毫无差异，该法条本身并无刑之规定，而系"依'刑法'规定处断"，与"刑法"第 320 条第 2 项窃占罪本身无刑之规定，而系"依前项（窃盗罪）之规定处断"完全相同。窃占罪依窃盗罪之规定处断，既为窃盗行为之一种，而列为"刑法"第 61 条第 2 款之案件。同理"森林法"第 50 条规定之窃取森林主副产物，搬运、寄藏、收买赃物或为牙保者，自可认为即系"刑法"上之普通窃盗罪或赃物罪，而为"刑法"第 61 条第 2 款或第 5 款之案件。（1992 年台上字第 3521 号）

〔编按⇨"刑法"第 349 条于 2014 年 6 月 18 日修正公布，将"牙保"修正为"媒介"，惟"森林法"第 50 条尚未配合修正。至于"森林法"第 50 条之"收买"即"刑法"第 349 条第 1 项之"故买"。〕

法律座谈

法律问题： 欲职权处分之案件，若未经告诉、告发或自首，是否毋庸

自动检举？（台湾"高等法院"检察署 1985 年法律问题座谈会第 25 案）

讨论意见：

甲说（肯定说）：

检察官于侦查中虽发觉其他犯罪行为，但若属轻微案件而具备"刑事诉讼法"第 253 条职权处分要件时，本于"微罪不举"精神，毋庸先检举再职权处分，他案即予签结，侦案则于本案中说明即可。

乙说（否定说）：

检察官因告诉、告发、自首或其他情事知有犯罪嫌疑者，应即开始侦查，"刑事诉讼法"第 228 条第 1 项定有明文，依该规定，不问其系重大或轻微案件，均应开始侦查，至于若符合"刑事诉讼法"第 253 条职权处分之要件，应依该案为不起诉之处分，至于"微罪不举"在现行法上应系"微罪不起诉"之谓。

审查意见：宜先签侦分案（非自动检举），再依职权处分不起诉。

座谈会研究结果：宜先签分侦案，再依职权处分不起诉。照审查意见修正通过。

"法务部"检察司研究意见：同意座谈会研究结果。

第六十二条　自首得减轻其刑

①对于未发觉之罪自首而受裁判者，得减轻其刑。但有特别规定者，依其规定。

条理析释

本条将自首"应"减轻其刑改为"得"减轻其刑，使有计划以自首减刑方式犯重罪之犯罪行为人，不得再以自首为护身符，而委由裁判者视具体犯罪行为之轻重决定是否减刑，让真诚悔悟者可得减刑自新之机会，而狡黠阴暴之徒亦无所遁饰，以符公平。

自首之动机不一而足，有出于内心悔悟者，有由于情势所迫者，亦有基于预期邀获必减之宽典者。对于自首者，依本条原规定一律必减其刑，不仅难以获致公平，且有使犯人恃以犯罪之虞。在过失犯罪，行为人为获减刑判决，急往自首，而坐令损害扩展之情形，亦偶有所见。必减主义，在实务上难以因应各种不同动机之自首案例。日本现行"刑法"第 42 条采得减主义，既可委由裁判者视具体情况决定减轻其刑与否，运用上较富弹性。真诚悔悟者可得减刑自新之机，而狡黠阴暴之徒亦无所遁饰，可符公平之旨。故修正为"得减轻其刑"。

按犯人在犯罪未发觉之前，向该管公务员告知其犯罪，而不逃避接受裁判，即与"刑法"第 62 条规定自首之条件相符，不以言明"自首"并"愿受裁判"为必要，且不问动机如何，亦不以犯罪后实时投案为要件。该条所谓未发觉之罪，凡有侦查犯罪权限之公务员，不知有犯罪之事实，或虽知有犯罪事实，而不知犯罪人为何人者，均属之。又所谓发觉，系指该管公务员已知犯罪事实并知犯罪人之为何人而言。盖"刑法"自首减刑之规定，本为使犯罪事实易于发觉及奖励犯人知所悔悟而设，故犯人就其犯罪行为苟已到官自首，纵令对于犯罪之原因未肯尽情披露，仍不失有自首之效力。本案被告（白米炸弹客）向警察告知其犯罪之际，虽在警察知有前开犯罪事实之后，然斯时警察尚不知被告系犯罪人，被告就其犯罪行为既已自行前往警局向警察告知其系影像中之人，而不逃避接受裁判，揆诸前开说明，自系合于自首之条件，依"刑法"第 62 条前段之规定，得减轻其刑，故死刑减为无期徒刑，无期徒刑减为 20 年以下 15 年以上有期徒刑，罚金刑减轻其刑二分之一。

"刑法"第 62 条前段规定："对于未发觉之罪自首而受裁判者，得减轻其刑。"所谓发觉，系指有侦查犯罪职权之公务员已知悉犯罪事实与犯罪之人而言。（2012 年度台上字第 3453 号判决参照）

例如：甲、乙酒后争辩，甲竟持刀刺杀乙之胸部，案发后即由当时在场之丙奔至乙之女儿丁看顾之槟榔摊，告知其父亲乙被甲杀害，丁即将该犯罪事实向警察报案，警方获报到场，见甲犹持水果刀站立在已卧倒在地之乙身旁，并由到场警员戊喝令 3 次后，甲始将刀子放下，并未于警员到场后，主动对警员表示要接受裁判之意。足认甲之杀人犯行，已为有侦查犯罪职权之警察人员，到场实时得知，甲亦无主动表示接受裁判之意，要无自首之可言。

所谓知悉，固不以确知其为犯罪之人为必要，但必其犯罪事实，确实存在，且为该管公务员所确知，始属相当。（2012 年度台上字第 3074 号判决参照）

例如：甲于被检察官传唤或司法警察官通知前，已先因检警执行通讯监察监听，发现甲与贩毒集团干部乙有所联系，而合理怀疑甲涉有贩卖毒品罪嫌，因而传唤甲到案说明，则甲为该贩毒集团成员之一，其犯行既早为检、警所发觉，自与自首规定不符。

本条前段所定之自首减轻其刑，系以对于未发觉之罪自首而受裁判为要件。故犯罪行为人应于有侦（调）查犯罪职权之公务员未发觉犯罪事实或犯罪人之前自首犯罪，并接受裁判，两项要件兼备，始能邀减轻宽典之适用。若犯罪行为人自首犯罪之后，拒不到案或逃逸无踪，显无悔罪投诚，甘受裁判之情，要与上揭法定减刑规定要件不符，不能予以减刑。

例如：甲固系在未经发觉施用毒品之前，主动供出施用毒品之事，但衡以甲经第一审二次合法传唤，均无正当理由而不到庭，嗣经拘提无着，再依法通缉，始遭缉获到案，足见其无接受裁判之意，不合自首减轻其刑之规定。甲既经第一审二次传唤，合法送达传票，甲并盖章签收，有送达回证在卷可征，上诉意旨竟称外出工作，未曾收得传票，显非依据卷内诉讼资料予以指摘，自难认为适法之上诉第三审理由。

自首以对于未发觉之罪，向有侦查犯罪职权之公务员告知其犯罪而受裁判为要件，对于已发觉之罪，嗣后纵陈述自己犯罪之事实，祇可谓为自白，不能认为自首。

例一：依据卷内资料，打电话报警者系乙及丙，而甲则陈述，"我没有叫乙或者是谁报警"，丙亦证述："是我自己要打（电话）的，因看到有人流血（才打电话，没有人指示）。"嗣经法院勘验报案录音内容结果，乙所打之电话仅系报警处理而已，并无任何表示甲有自首之意思或得解释为自首之资料。嗣警方据报到达现场时，甲犹掐着被害人丁之脖子，于警察要甲放手时，甲仍扬言就是要让丁死掉，不死不行等语，并未向到场处理之警察表示自己即为犯罪行为人，亦据警察证述在卷。此时警察已经知悉甲为行凶之人，嗣后所为自白，显然与自首之要件不符。

例二：甲于台北监狱管理员乙对其为个别谈话时，曾主动坦认本件行贿犯行，然乙并非"刑法"第62条所指职司侦查犯罪职务之该管公务员，是甲纵对乙坦认本件犯罪事实，亦非属该条所规定之"自首"行为。且据乙证称甲并未委托乙向有侦查权之公务员自首，至甲虽曾表示愿接受法律制裁，亦不能径认甲有委托乙自首情事；再观诸甲于台北监狱所具自白书，旨在陈述甲与丙、丁等人共同交付贿赂之过程及请监狱长官给予自新机会，既未委托该监狱人员代为自首，亦无请监狱将之转送有侦查犯罪权限之该管机关之意。所以，甲所为与自首规定不符，不得依"贪污治罪条例"第8条第1项规定，减轻或免除其刑。

"刑法"第62条前段对于未发觉之罪自首而受裁判者，得减轻其刑之规定，其所谓发觉，固非以有侦查犯罪权之机关或人员确知其人犯罪无误为必要，而于对其发生嫌疑时，即得谓为已发觉；但此项对犯人之嫌疑，仍须有确切之根据得为合理之可疑者，始足当之，若单纯主观上之怀疑，要不得谓已发生嫌疑。

例一：现场处理警员甲之证词："因现场遗留有曳引车的铁片 2 块掉落在肇事现场，所以我知道是哪台农用曳引车肇事，当时我有问在场之人，肇事的农用曳引车是何人驾驶，被告就表示是他驾驶的。我现场要处理时先问附近的人何人是肇事者，人家告诉我可能在那边，我就过去问被告是否他肇事的，他说是。"则警员甲至现场处理时，被告乙已返回家中未在现场，且经警员采证得知系农用曳引车驾驶人肇事之后，在现场查问时，此时甲应仍不知何人肇事。因乙未在现场，而未主动承认，待围观者告知可能系乙肇事时，警员甲就过去询问被告乙，此时乙始出面承认，果尔，警员甲就肇事现场遗留有曳引车的铁片 2 块，应已知悉肇事者为驾驶农用曳引车之人，再经询问肇事现场围观者，得知乙可能是肇事者，经警员甲向乙查问而破获。依据上开事证，甲应已具有认定乙是肇事者之合理怀疑。

例二：甲于不同时地分别曾杀害乙、丙、丁 3 人，乙、丙 2 人之死亡，经检察官相验后，分别认以乙为自摔致死，丙无他杀嫌疑，均不分案侦查签结。而警察分局之承办侦查员戊系负责调查甲杀丁之案件，对于乙、丙死亡之案，因缺乏直接证据，只是心中主观上怀疑为甲所为，但并没有掌握有效证据。于对甲杀丁之案件进行测谎之后，甲主动向警察示："乙、丙 2 人亦为我所杀害。"则甲供出其杀害乙及丙之前，有侦查犯罪之机关及人员，仍未知悉该 2 被害人系遭甲所杀害，而为意外死亡。甲就杀害乙、丙部分，应符合自首之规定。

"刑法"第 62 条所谓"发觉"，并非以有侦查犯罪职权之机关或人员确知其人犯罪为必要，如有确切之根据得为合理之怀疑，即属之。（2013 年度台上字第 5029 号判决参照）

例如：甲是最先到场处理之警员，于审理时证称："伊到乙之住处时，未注意到丙躺在地上，后来发现，就赶快叫救护车。"同时亦证称："伊到现场发现地上很多血，乙身上有血迹，是那群年轻人告知伊，系乙拿刀架住丙的脖子往屋内拖，伊才知道乙是凶手。"则警员甲初入屋内，虽一时未注意丙躺于地上，然依上开迹证，已足资合理怀疑乙涉犯本罪。乙虽辩称："警察来的时候有问我，丙为何会躺在地上，我记得有跟警察说是我弄得。"纵然属实，亦已在警员甲发觉丙躺在地上，且已有确切之根据得为合理怀疑乙为本案凶手之后，更难据认乙在本案犯罪符合在警察发觉前即已主动告知犯罪，而符合自首之规定。

实务判解

◆未向侦查机关自首，而向其他机关自首者，以移送至侦查机关之时认为向侦查机关自首。亲告（告诉乃论）罪向被害人自首者无效。委托他人代理自首亦认为自首。（1935 年民刑总会决议第 20 则）

◆自首以对于未发觉之罪投案而受裁判为要件，如案已发觉，则被告纵有投案陈述自己犯罪之事实，亦祗可谓为自白，不能认为自首。（1937 年上字第 484 号）

◆"刑法"第 62 条所谓未发觉之罪，凡有搜查权之官吏，不知有犯罪之事实，或虽知有犯罪事实，而不知犯罪人为何人者，均属之，上诉人向第一审检察官投首之际，虽在告诉人告诉某乙之后，但当时告诉人既未对之一并指诉，而第一审检察官亦未知上诉人是否参加犯罪，假使上诉人确曾参加械斗，因迫于族议自行投首，以免株连无辜，自系合于自首之条件，依法应予减刑。（1937 年渝上字第 1839 号）

［编按➡应注意"刑法"第 62 条已修正为"依法'得'减轻其刑"。］

◆自首以对于未发觉之罪投案而受裁判为要件，至其方式虽不限于自行投案，即托人代理自首或向非侦查机关请其转送，亦无不可，但须有向该管司法机关自承犯罪而受裁判之事实，始生效力，若于犯罪后，仅向被害人或非有侦查犯罪职务之公务员陈述自己犯罪之事实，而无受裁判之表示，即与自首之条件不符。（1961 年台上字第 65 号）

◆犯人在犯罪未发觉之前，向该管公务员告知其犯罪，而不逃避接受裁判，即与"刑法"第 62 条规定自首之条件相符，不以言明"自首"并"愿受裁判"为必要。（1974 年台上字第 1101 号）

◆"刑法"第 62 条所谓发觉，固非以有侦查犯罪权之机关或人员确知其人犯罪无误为必要，而于对其发生嫌疑时，即得谓为已发觉；但此项对犯人之嫌疑，仍须有确切之根据得为合理之可疑者，始足当之，若单纯主观上之怀疑，要不得谓已发生嫌疑。（1983 年台上字第 641 号）

◆裁判上之一罪其一部分犯罪既已因案被发觉，虽在检察官或司法警察官讯问中被告陈述其未发觉之部分犯罪行为，并不符合"刑法"第 62 条之规定，不应认有自首之效力。（1984 年第 2 次刑事庭决议第 2 则）

◆"刑法"第 62 条之所谓发觉，系指有侦查犯罪职权之公务员已知悉犯罪事实与犯罪之人而言，而所谓知悉，固不以确知其为犯罪之人为必要，但必其犯罪事实，确实存在，且为该管公务员所确知，始属相当。如犯罪事实并不存在而怀疑其已发生，或虽已发生，而为该管公务员所不知，仅系推测其已发生而与事实巧合，均与已发觉之情形有别。（1986 年台上字第 1634 号）

◆"刑法"第 62 条所规定之自首，以对于未发觉之罪，向有侦查权之机关或公务员自承犯罪，进而接受裁判为要件；而具有裁判上一罪关系之犯罪，苟全部犯罪未被发觉前，行为人仅就其中一部分犯罪自首，固仍生全部自首之效力，反之，倘其中一部分犯罪已先被有侦查权之机关或公务员发觉，行为人方就其余未被发觉之部分，自动供认其犯行时，因与上开自首之要件不符，自不得适用自首之规定减轻其刑。（2001 年台上字第 5435 号）

◆依"政风机构人员设置条例"第 5 条第 3 款之规定，政风机构掌理关于本机关员工贪渎不法之预防、发掘及处理检举事项。政风机构受理检举案件，涉有刑责者，移送检察机关或司法调查机关依法处理，同条例施行细则第 6 条第 3 款第 3 目亦定有明文。而全国政风业务之主管机关为"法务部"，职司犯罪侦查机关之检察署检察官，对之并无指挥、监督或命令之权。是以政风机构并非有侦查犯罪权限之机关，其所属之政风人员，亦非有侦查犯罪职务之公务员甚明。（2002 年台上字第 385 号）

◆"刑法"第 62 条所谓自首，系以对于未发觉之罪投案而受裁判为要件，至其方式虽不限自行投案，即托人代理自首或向非侦查机关请其转达亦无不可，但须有向该管司法机关自承犯罪而受裁判之事实，始生效力，若于犯罪后，仅向被害人或非有侦查犯罪职务之公务员陈述自己犯罪之事实，而无受裁判之表示，即与自首之条件不符。（2002 年台上字第 830 号）

◆"刑法"第 62 条所谓自首，系指犯人在其犯罪未发觉前，向该管公务员承认犯罪，而接受裁判而言。所谓发觉，固非以有侦查犯罪职权之机关或人员确知其犯罪无误为必要，而对于其发生嫌疑时，即得谓已发觉。原判决依郭某之证言，上诉人等运输毒品之犯行，早已在调查人员监控中，其入关时虽因将毒品吞服于腹中或塞进肛门未被查获，但经 X 光检查已发现其腹中有结状块，调查人员加以询问有无吞服毒品时，显已发觉其毒品藏于腹中，而上诉人等仍加以否认，必待欲施以灌肠排出毒品，因恐有生命危险才承认，原判决因认上诉人等不合乎自首之规定，难认于法有违。（2005 年台上字第 431 号）

◆按自首以对于未发觉之罪投案而受裁判为要件，至其方式虽不限于自行投案，即托人代理自首或向非侦查机关请其转送，亦无不可，但须向有侦查犯罪职权之公务员自承犯罪且有受裁判之事实，始生效力。查"119"电话之值勤人员，并非有侦查犯罪职务之公务员。（2006 年台上字第 375 号）

◆上诉人于警察有相当事证，合理怀疑其为本件杀人行为人之前，仍未坦承犯行，其嗣后供称循被害人要求开枪射击被害人等语，亦与事实不符，所为供述，与自首要件不符，不能依自首规定减轻其刑。（2006 年台上字第 4098 号）

◆"刑法"第 62 条所称之发觉犯罪事实，祇须有侦查犯罪职权之公务员，已知该犯罪事实之梗概为已足，无须确知该犯罪事实之真实内容为必要；而所知之人犯，亦仅须有确切之根据，可为合理之怀疑，即为犯罪业已发觉，不以确知其人为该犯罪之真凶无讹为必要。（2007 年台上字第 5877 号）

◆"刑法"第 62 条所谓自首，祇以犯人在犯罪未发觉之前，向该管公务员申告犯罪事实，并受裁判为已足。目的在促使行为人于侦查机关发觉前，主动揭露其犯行，俾由侦查机关尽速着手调查，于嗣后之侦查、审理程序，自首者仍得本于其诉讼权之适法行使，对所涉犯罪事实为有利于己之主张或抗辩，不以始终均自白犯罪为必要。至"毒品危害防制条例"第 17 条第 2 项规定："犯第 4 条至第 8 条之罪于侦查及审判中均自白者，减轻其刑。"则旨在使刑事案件尽速确定，鼓励被告认罪，并节省司法资源，行为人须于侦查及审判中均自白者，始符合减轻其刑之要件。上揭法定减轻其刑之规定，前者，重在鼓励行为人自行揭露尚未发觉之犯罪；后者，则重在凭借行为人于侦查、审判程序之自白，使案件尽速确定。二者之立法目的不同，适用要件亦异，且前者为得减其刑，后者为应减其刑，乃个别独立减轻其刑之规定。法院若认行为人同时存在此两种情形，除应适用"毒品危害防制条例"第 17 条第 2 项减轻其刑外，尚得依"刑法"第 62 条自首之规定递减其刑。（2012 年第 4 次刑事庭会议决议）

◆"刑法"自首减刑之设，乃在期犯罪事实早日发觉，俾节省诉讼资源，并避免累及无辜，如犯罪之人在犯罪未发觉前，向该管公务员表明其犯罪事实，而接受裁判时，即构成得减轻其刑条件；又自首以告知犯罪事实为已足，不以与事实真相完全符合为必要，且对于阻却责任之事由或犯意有所辩解，乃辩护权之行使，亦不影响其自首之效力。（2013 年度台上字第 1886 号）

［例如➡甲对于案发时持手枪射击之事实，始终承认，且于警询中亦

已供承系持手枪朝"某小吃部"门口开枪，其虽辩称无杀人犯意，且嗣于侦查及历审审理中改称仅朝"某小吃部"招牌、铁板开枪等，此乃被告辩护权之行使范围。虽经审理结果，认为甲系朝"某小吃部"大门及店内射击，甲有杀人之不确定犯意，自不能因甲对犯意有所辩解，即认其不符自首之要件。]

法律座谈

◉**法律问题一**：某甲窃取乙机车1辆自用，某日驾驶该机车为路检警员拦下讯问有无机车行车执照，某甲告以无合法使用文件，警员怀疑赃车，再追问机车来源，某甲告以系窃取所得，经警员查阅机车失窃报案资料系某乙被窃之机车，甲接受法院审判，问是否自首？

讨论意见：

甲说：警员先讯问某甲驾驶机车有无行车执照，某甲告以无合法使用文件，虽经警员怀疑系赃车，并不知确系某甲窃取所得之机车，警员再追问机车来源，某甲告以系窃取所得，某甲对于未发觉之窃盗罪而接受审判，法院应认为系自首减轻其刑。

乙说：警员已怀疑某甲驾驶之机车系赃车，无异已知某甲系犯罪之人，且经警员再追问始道出系窃取所得，并非自动向警员陈述，则不能依自首之例减轻其刑。

初步研讨结果：采甲说。

审查意见：采甲说。

按犯人在犯罪未发觉之前，向该管公务员告知其犯罪而不逃避接受裁判，即与"刑法"第62条规定自首之条件相符，不以言明"自首"或愿受裁判为必要（参照"最高法院"1974年台上字第1101号判例），而"刑法"第62条之所谓发觉，固非以有侦查犯罪之机关或人员确知其人犯罪无误为必要，而于对其发生嫌疑时，即得谓为已发觉，但此项对犯人之嫌疑，仍须有确切之根据得为合理之可疑者，始足当之，若单纯主观上之怀疑，要不得谓已发生嫌疑（"最高法院"1983年台上字第641号判例）。本件法律问题，依其所述事实，警员因路检而拦问某甲有无机车行照，某甲告以无合法使用文件，致警员怀疑其为赃车而追问机车来源，就此而言，警员仅系怀疑该机车系为有问题之赃车，究竟某甲有何犯罪行为，则无确切之依据，某甲于警员尚未知其犯罪行为而向其追问时，即告以系其窃取所得，自合于自首之要件。原讨论意见乙说认为警员已怀疑该机车系赃车，无异已知某甲为犯罪之人，且经追问，某甲始供出系窃取所得，非自动向警员陈述，即认不合自首要件，似非恰当。

研讨结果：照审查意见通过。

◎**法律问题二**：甲骑机车与乙骑机车发生车祸，致乙受伤，乙托友人丙报案，勤务中心转来资料未报明肇事人姓名，警员到场时，丙向警员陈述是甲肇事，同时甲亦主动承认肇事。则甲是否符合自首？（并请就后附查询表各内容，探讨何者为自首？提案机关：台湾地区台北地方法院）

讨论意见：

甲说：警员至现场前既不知系何人肇事，至现场后复不可能同时制作肇事当事人双方之笔录，或同时听二人以上之陈述犯罪事实，甲既与乙同时在现场候警处理，并未逃逸，并当场主动向警承认肇事，应认符合自首要件。否则在警员到达现场前仅知有车祸发生，尚不知何人肇事，到达后，肇事车祸之双方当事人均在场之情况下，是否以乙或第三人"先"向警员陈述肇事经过，而剥夺甲在场向警方自首之机会。

乙说：甲肇事后，系乙先托友人丙报案，警员到场时，丙已先向警员陈述系甲肇事，警员已先知悉犯人。纵甲在场随即亦承认肇事，但并非犯罪未发觉前自首，自不符自首之要件。

初步研讨结果：采甲说。

审查意见：采乙说。

按自首以对于未发觉之罪投案而受裁判为要件，如案已发觉，则纵有投案陈述自己犯罪之事实，亦祗可谓为自白，不能认为自首（1937年上字第484号判例）。本题某甲骑机车肇事，致乙受伤，乙已先托友人丙向警方报案，警方已知犯罪事实，派警到场处理时，复经丙先向警员指明系甲肇事，而知犯人为甲，则甲虽在场，并即承认肇事，则其承认犯罪究难谓非系在犯罪被发觉之后，尚与自首之要件不符。采乙说。又所附查询表中所列1至4项情形，均合自首之要件。

研讨结果：

1. 照审查意见通过。

2. 交通法庭以"自首调查报告表"所附查询表中所列事项符合自首之要件者如下：

（1）被告亲自或托人电话报警，并已报明肇事人姓名、地点，请警方前往处理。

（2）被告亲自或托人前往警察机关报案，报明肇事人姓名、地点。

（3）报案人或勤务中心转来资料未报明肇事人姓名，警员前往现场处理时，被告在场，并当场承认为肇事人。

（4）报案人或勤务中心转来资料未报明肇事人姓名，警员前往伤者就医之医院处理时，被告在场，并当场承认为肇事人等4项情形，均合自首之要件。

至于警方在前4项情事前，已知悉车祸及肇事人姓名（例如：警员正好在附近值勤目睹，或在派出所附近发生，自行前往处理，并自行知悉肇事人等）者，即不符合自首之要件。（台湾"高等法院"暨所属法院1997年法律座谈会提案第3号）

◉法律问题三：甲驾车与乙所驾之车发生车祸，致乙受伤，甲虽于肇事后，犯罪未被发觉前，托人向警报案，并当场向前往现场处理之警员承认肇事，但甲自始即向警员表示其无过失，而不负肇事责任，侦审中亦同此抗辩。则甲是否符合"刑法"第62条前段自首之要件？自首是否以犯人有愿意接受裁判之主观意思为要件？

讨论意见：

甲说：自首系以犯人在犯罪未被发觉前向该管公务员自承犯罪，而受裁判为其构成要件。行为人对其行为既不认为构成犯罪，即无愿意接受裁判之意思，与自首之要件不符。不能仅以其有报警处理肇事，即滥用自首之例宽减其刑。（台湾"高等法院"1996年交上易字第344号确定判决采此说）。

乙说：行为是否构成要件，乃由法院加以认定，非凭行为人之承认与否而予以确定，例如：甲既系托人代向侦查机关报告车祸之事实，即应认其已自首。（"司法院"第一厅研究意见采此说，1983年4月30日厅刑一字第376号函复台湾"高等法院"、"最高法院"1995年台上字第829号判决亦采此说。）

［编按⇨目前交通法庭以"自首调查报告表"向警方查询是否自首。］

初步研讨结果：采甲说。

审查意见：采乙说。于犯罪未被发觉前，向该管公务员告知其犯罪，而不逃避接受裁判者，即与"刑法"第62条规定自首之条件相符。至于自首后对其犯罪事实有所主张或辩解，系被告辩护权之行使，不能据此一端即谓被告无接受裁判之意（参照"最高法院"1995年台上字第829号判决），且行为是否构成犯罪之要件，应由法院加以认定，非凭行为人主观认定或承认与否而确定。本件如题旨所示，甲驾车与乙车发生车祸致乙受伤，甲于事故未被发觉前，先托人向警方报案，随后，又当场向前往现场处理之警员承认其肇事，而不逃避接受裁判，自合于自首之要件，虽其表示并无过失，依上判决意旨，不过为其辩护权之行使，无碍于自首之成立。

研讨结果：照审查意见通过。

◉**法律问题四**：某甲于公海上杀人后向船长自首，是否得依"刑法"第62条规定减轻其刑？（台湾"高等法院"1992年法律座谈会第20号）

讨论意见：

甲说（肯定说）：按船长虽非"公务人员俸给法"或"公务人员任用法"上之公务员，但依"船员法"第59条规定，船长在航行中为维持船上治安及保障国家法益得为紧急处分，依此规定，船长于航行中，对于有犯罪行为者，得予惩戒、看管或拘押，于船舶到达目的港或停泊港时移送治安机关处理，船长依上开规定而执行者，乃国家公权力之警察权，解释上应认同其同接受犯罪人自首之权能，否则在政府公权力不及之海上，将无从自首犯罪，亦无从以自首减刑鼓励犯罪人自首，使船长及早获知犯罪人，而为必要之紧急处分，以维船上治安，即与"船员法"第59条立法原意有违。

乙说（否定说）：依"司法院"解字第3442号解释以船长依"海商法"（已修正为"船员法"）之规定既均由于雇用，其待遇等项且以契约定之，自非关于薪给法令所称之公务员意旨而言，船长既非公务员又无侦查职权，某甲虽于杀人向船长自首，仍不得依自首规定减轻其刑。

审查意见：拟采甲说。

研讨结果：照审查意见通过。

"司法院"刑事厅研究意见：同意研讨结果。

◉**法律问题五**：甲于深夜偏僻处所，驾车肇祸，误119（消防队）电话报案自首（应为110），旋即将伤者送医急救，嗣警方根据消防队消息，赶往现场并从旁得知甲为肇事人，问可否认甲为自首？

讨论意见：

甲说：某甲于深夜偏僻处所发生车祸，既系秉于自首之意思而报案，不过误用消防队电话号码，而警方又系根据消防队消息而发觉车祸，为鼓励自首减少办案困扰，应视为自首。

乙说：自首应向有侦查犯罪职权机关或公务员为之，甲误以119消防队电话报案，该队既非侦查犯罪职权机关，又未托其转报，应不得认为自首。

审查意见：如甲报案时除告称发生车祸之时间地点并请求派救护车外，尚一并告称该肇祸司机甲之姓名请求警察机关依法处理者（而警方又系根据消防队消息而发觉车祸），自与自首之要件相符，应采甲说。（参看"司法院"编印《刑事法律问题研究》第2辑第72页第28则）

研讨结果：照审查意见通过。

"司法院"刑事厅研究意见：同意研讨结果。

◉**法律问题六：某司机驾车肇事后，即打电话119，请求派救护车急救伤者，问是否自首？**

讨论意见：

甲说（肯定说）：119之作业程序，接肇事电话后，即问伤者在何处，何处发生车祸，随即通知交通警察赴现场处理，某司机打119之目的，虽在请求派救护车急救伤者，但与报警处理之结果，并无不同，何况119电话之值勤人员，均为警察，故应认为自首。

乙说（否定说）：某司机打119之目的，旨在请求派救护车急救伤者，与犯罪未发觉前向该管公务员自承犯罪而受裁判之情形不同，不能认为自首。

审查意见：拟采乙说。

研讨结果：照审查意见通过。

"司法院"刑事厅研究意见：按，自首以对于未发觉或发见之罪，投案而受裁判为要件，仅向非有侦查犯罪职务之公务员陈述自己犯罪之事实，而无受裁判之表示，即与自首之条件不符（"最高法院"1961年台上字第65号判例参照）。题旨所示119电话之值勤人员（按119系火警电话，另有110始为报案台），并非有侦查犯罪职务之公务员，况本问题中肇事之司机仅请求派车救人，并未陈述自己犯罪之事实，尤无受裁判之表示，显与自首条件不符，自难认为自首。研讨结果采乙说，核无不合。

◉**法律问题七：某甲向某警察分局自首杀害某乙，惟承办警员误认系谎报，未予受理。数年后，警方果因调查另案而发觉某乙确在数年前被某甲杀害，问本件是否为自首？**

讨论意见：

甲说：按自首须行为人自首其犯罪，并接受裁判为其成立要件，本件某甲虽陈述其犯罪，但概未被受理，其犯罪并因未而被发觉，并受裁判，应不生自首之效力。

乙说：某甲既向有侦查犯罪职权之公务员自首犯罪，并有接受裁判之意思，即生自首效力，初不因该管公务员是否受理其自首，而影响自首效力。

结论：采乙说。

台湾"高等法院"检察署研究意见：按"刑法"上自首，系指对于未发觉之犯罪，行为人自动向检察官、司法警察官或有侦查犯罪职权之公务员或机关申告其犯罪之行为，且听受裁判始足构成，其所申告之内容不以完全与事实相符为必要，但尚须足以使侦查人员凭以查明该犯罪之真相。本问题某甲向警察分局申告杀害某乙，倘其申告内容足以使该警局人员凭以调查，且某甲于申告后未避匿者，即符合自首要件，不问承办之公务员受理该案与否，仍生自首之效力。

"法务部"检察司研究意见：同意台湾"高等法院"检察署研究意见。

◉**法律问题八**：某司机于发生车祸致人于死伤后，有路人自动向管区警察派出所报案，惟仅告称某地发生车祸，请速派人处理，而未报告司机为何人。该派出所警员据报后赶到现场时，尚不知肇祸司机为何人，乃当场大声喊叫："司机是谁？"该肇祸司机立即回答："是我。"并将驾驶执照交付警员处理，且因接裁判，可否认为"自首"？

讨论意见：

甲说：路人报案时既未告知肇祸司机之姓名，该警察机关自无从知悉肇祸司机为何人，其犯罪尚未经发觉，该司机于其犯罪未经发觉之前，告知处理现场之警员其为司机，即无异告知其发生车祸致人于死伤之犯罪事实，并接受裁判，核与自首之要件相符，应认为合法之自首。

乙说：该肇祸司机并非自动向警察机关报告其犯罪事实，而系应警员之查询，始告称其为司机，且该司机仅告称其为司机，而未自动报告其发生车祸致人于死伤之犯罪事实，尚难认与自首之要件相符，应无自首规定之适用。

审查意见：拟采甲说。

研讨结果：采乙说。

台湾"高等法院"审核意见：拟采甲说。

"司法院"刑事厅研究意见：同意台湾"高等法院"审核意见。

按犯人在犯罪未发觉之前，向该管公务员告知其犯罪，而不逃避接受裁判，即与"刑法"第62条规定自首之条件相符，不以言明"自首"并

"愿受裁判"为必要("最高法院"1974 年台上字第 1101 号判例);又，所谓未发觉之罪，系以凡不知犯罪之事实或虽知有犯罪事实，而不知犯罪之何人皆属之("最高法院"1981 年台上字第 1329 号判决)。

本件致人于死伤之车祸案件，管区警察据报赶到现场时，既尚不知肇事司机为何人，于其喊叫"司机是谁？"后，该肇事司机又已立即回答，此无异知其发生车祸致人于死伤之犯罪事实，其并将驾驶执照交付警察处理，且因而接受裁判，揆之上揭说明，应认合于自首要件。台湾"高等法院"审核意见采甲说，核无不合。

第六十三条　老幼处刑之限制
①未满十八岁人或满八十岁人犯罪者，不得处死刑或无期徒刑，本刑为死刑或无期徒刑者，减轻其刑。

条理析释

本条于修正时，删除原第 2 项"未满 18 岁人犯第 272 条第 1 项之罪者，不适用前项之规定"。因此，少年纵使犯杀害其亲生父母、养父母、祖父母、外祖父母等直系血亲尊亲属之罪时，仍得获减刑之宽典。

本条删除第 2 项之另因在于，少年如犯"掳人勒赎而故意杀人"、"制造运输贩卖第一毒品"或"意图供他人犯罪之用，而运输转让出租手枪子弹"等刑事案件者，得依法减刑而免受"死刑或无期徒刑"之制裁，但是少年于犯杀直系血亲尊亲属之罪时，却基于传统孝道精神之文化价值而排除在外，实存有罪刑失衡之违失。

依本条之规定，行为时未满 18 岁或满 80 岁之人犯罪者，虽不得处死刑或无期徒刑，但仍得处有期徒刑，如行为人符合累犯加重刑期时，亦得处以 20 年之有期徒刑。至于本条后段所谓"本刑为死刑、无期徒刑者，减轻其刑"之规定，系指法定刑为唯一死刑或无期徒刑，裁判时应本于该条规定而减处有期徒刑之谓。如行为人所犯之罪其本刑仍有"有期徒刑"之选科刑者，法院即无再减轻其刑之职权。例如普通杀人罪之本刑为"死刑、无期徒刑或 10 年以上有期徒刑"，犯本罪者，即无减刑规定之适用；而杀直系血亲尊亲属罪之本刑为"死刑或无期徒刑"，犯本罪者，则有减轻其刑规定之适用。兹举下列 2 例说明之：

例一：甲为 17 岁之辍学少年，其所犯者为"刑法"第 332 条第 1 项之强盗杀人罪，该罪之法定刑为死刑或无期徒刑。甲为累犯，依法不能加重。法院判决时依"刑法"第 63 条第 1 项规定，不得处死刑或无期徒刑，则因援用上开条项减轻之结果，仅得处以 20 年以下 15 年以上有期徒刑。复引用"刑法"第 59 条将其刑减轻二分之一，其处断刑即应为 10 年以下 7 年 6 个月以上有期徒刑，在此范围内量刑方属合法。如法院之判决主文谕知甲有期徒刑 10 年 6 个月，或有期徒刑 7 年，均显与处断刑之范围不符。

例二：甲为 17 岁之辍学少年，所犯者为"刑法"第 271 条第 1 项之普通杀人罪，其法定刑为死刑、无期徒刑或 10 年以上有期徒刑。甲系未满 18 岁人，依法不得处死刑或无期徒刑，如甲并无任何减轻其刑之情由，其最重仅得科处有期徒刑 15 年，最轻者为 10 年；若法院认判处 10 年仍嫌过重，则得酌量减轻其刑（以二分之一为例），改于"7 年 6 月以下 5 年以上"之范围内宣告其刑度。

[编按➡依例二所示之事实，倘法院认甲未满 18 岁而得适用"刑法"第 18 条第 2 项规定减轻其刑时，则现行"刑法"已将无期徒刑减为"20 年以下 15 年以上有期徒刑"，原有期徒刑部分仍减为"7 年 6 月以下 5 年以上"，则法院反得于"20 年以下 15 年以上有期徒刑或 7 年 6 月以下 5 年以上有期徒刑"之处断刑范围内，处以少年甲有期徒刑 20 年、18 年或 15 年等极长期间之自由刑，致使甲虽有减轻其刑之事由，却反遭更严峻之刑罚制裁，实有未蒙其利，反得其害。基于罪责均衡之法理，法院于量刑权之行使时，应限于"7 年 6 月以下 5 年以上"之范围为当。]

实务判解

◇被告杀人时之年龄，虽未满 18 岁，但系犯"刑法"第 271 条第 1 项之罪，该条所定本刑并非唯一死刑或死刑及无期徒刑，如以年龄关系减轻其刑，自应适用"刑法"第 18 条第 2 项之规定，原判决乃引用同法第 63 条第 1 项为减轻之根据，于法殊有误会。（1939 年上字第 2312 号）

◇据"刑法"第 63 条第 1 项规定，未满 18 岁人犯罪，不得处死刑或无期徒刑，本刑为死刑或无期徒刑者，减轻其刑，是未满 18 岁人犯罪，而其本刑为死刑或无期徒刑者，无论犯罪之情节若何，法律上必予减轻，审判官并无裁量之余地，与同法第 18 条第 2 项所设未满 18 岁人得减轻其刑之规定，显有不同。（1940 年上字第 1489 号）

◇未满 18 岁人犯罪，而其本刑为死刑或无期徒刑者，依"刑法"第 63 条第 1 项规定，必须减轻其刑，审判上并无裁量之余地，因而同法第 18 条第 2 项之规定于此亦无其适用。上诉人所犯之罪，其本刑既系唯一死刑，而其时上诉人又尚未满 18 岁，自应先依"刑法"第 63 条第 1 项、第 64 条第 2 项减轻后，再适用同法第 59 条递减其刑方为适法。乃原判决不依此项规定，竟引用同法第 18 条第 2 项为递减其刑之根据，不无违误。（1960 年台上字第 1052 号）

◆"刑法"第 63 条第 1 项所谓本刑为死刑或无期徒刑者，减轻其刑，系指法刑为唯一死刑或无期徒刑，裁判时应本于该条规定而减处有期徒刑之谓。本件被告所犯杀人罪，其本刑并非唯一死刑或无期徒刑，自无该第 63 条第 1 项之适用。（1980 年台上字第 647 号）

法律座谈

法律问题："刑法"第 63 条将第 2 项废除后，对未满 18 岁之人犯"刑法"第 272 条第 1 项之罪者，即不得处死刑或无期徒刑，应如何适用法律？

讨论意见：

甲说：应无第 2 条第 1 项之适用，应依行为时法律处断。

理由：本条新法修正系以：旧法基于传统孝道精神而对未满 18 岁之人犯杀害直系血亲尊亲属罪者，例外得判处死刑或无期徒刑，然未满 18 岁人犯重大刑案（如掳人勒赎而故意杀害被害人），其恶性并不亚于杀害直系血亲尊亲属，后者仅得判处有期徒刑，而前者反可判处死刑、无期徒刑，似有罪刑失衡为由，而删除第 63 条第 2 项之规定，显系基于少年不得处死刑之刑事政策考量，非属刑罚法律变更，无新旧法之比较适用。

乙说：应依第 2 条第 1 项适用最有利于行为人之法律处断。

理由：本条之修正在于落实对少年不处死刑之意旨，故将第 63 条第 2 项加以删除，外观上虽属于除刑化，但其性质上则为刑罚裁量之事项，且因法律规定修正发生变更时，将使少年犯量刑主刑之种类受到限缩（即不得宣告死刑或无期徒刑），刑罚之实质内涵变更，应属第 2 条第 1 项所称之"法律变更"，应比较新旧法，适用有利少年之裁判时法即新法处断。

初步研讨结果：多数采乙说。

审查意见：采乙说。

研讨结果：照审查意见通过。

古代的酷刑

清代，立枷和枷项未被取消，康熙帝就规定了枷的上限重量为 70 斤，次级的为 60 斤重，长度为 3 尺，宽度是 2 尺 9 寸，并规定各地衙门都要按照刑部的样本进行立枷之刑。清以后，二者再无出现。

戮尸，泛指所有对尸体进行的惩罚性破坏。戮尸于古代中国曾列入刑法。通常的做法是砍去死尸的头。刑典中的戮尸一般而言，犯罪的人如在事件揭发之前已死，其罪行多不会被追究，俗语谓"已死勿论"。然而，如果罪行较为严重（如谋反），即使在事件揭发时犯人已去世，当局亦可根据当时的法例，在犯人的尸体上施刑，是为戮尸。另外，对于被判死刑但在行刑前已身故的犯人，亦可根据其罪行严重程度决定是否戮尸。

《清史稿》卷 118《刑法志》中，指戮尸为"所以待恶逆及强盗应枭诸犯之监故者"，即所有应判枭首但在待刑时去世者均处戮尸之刑。

明朝自万历 16 年（1588 年）起，定有戮尸的条例，主要针对谋杀父母或祖父母者。清朝沿用有关刑法，并明文扩大至于强盗身上亦有效。

根据《史记》卷 6《秦始皇本纪》，秦始皇之弟成峤反叛失败后死于屯留，其从属军吏"皆斩死"。另外"卒屯留、蒲鹬反，戮其尸"，已死的军吏受戮尸之刑。《辽史》卷 120《奸臣传上》所记载的其中 3 人（耶律乙辛、张孝杰、萧十三）死后均因生前罪行揭发而被戮尸。明朝太监魏忠贤死后，被下令将尸体凌迟枭首。

清朝文字狱期间亦有进行戮尸。吕留良即于雍正年间之文字狱中与其长子吕葆中、弟子严鸿逵同遭戮尸。

第六十四条　死刑加重之限制与减轻

①死刑不得加重。

②死刑减轻者，为无期徒刑。

条理析释

本条第 2 项原规定死刑得减轻为有期徒刑之理由，系因过去有为数不少之罪为绝对死刑，为避免有情轻法重之情形，死刑减轻至有期徒刑有其必要性。惟现行刑事政策已陆续将绝对死刑之罪，修正为相对死刑，而相对死刑之罪遇有减轻事由，依本条及第 65 条无期徒刑减轻之规定，使相对死刑减轻后之选科可能为无期徒刑、有期徒刑。再者，原规定使死刑与无期徒刑减轻后之有期徒刑上限均为 15 年，无从区隔死刑与无期徒刑性质上之重大差异，有违衡平原则之要求。职是之故，本条于 2005 年 2 月 2 日"刑法"修正时删除"死刑得减轻为 15 年以下 12 年以上有期徒刑"之规定，第 65 条并配合将无期徒刑之减轻调整为"20 年以下 15 年以上有期徒刑"，以符法理并应实务，均自 2006 年 7 月 1 日起施行生效。

"刑法"第 64 条、第 65 条仅规定死刑、无期徒刑不得加重，其他条文并无法定罚金刑亦不得加重之限制，故如法定刑并有死刑、无期徒刑及并科罚金之选科或并科者，因刑之加重，不得将并科罚金之法定刑予以排除，否则即有适用法则不当之违法。

例如：甲触犯贩卖第一级毒品罪，且有依"刑法"第 47 条累犯之加重事由，而贩卖第一级毒品罪，其法定本刑为死刑、无期徒刑；处无期徒刑者，得并科 1000 万元新台币以下罚金，"毒品危害防制条例"第 4 条第 1 项定有明文。因此，除本刑为死刑、无期徒刑部分，依法不得加重外，对于贩卖第一级毒品罪法定本刑中有关得并科罚金部分，则仍应依法予以加重其刑。（"刑法"第 67 条、第 69 条参照）

实务判解

◆"刑法"第 271 条第 1 项杀人罪之法定本刑为死刑、无期徒刑或 10 年以上有期徒刑，依同条第 2 项及同法第 26 条前段之规定减轻时，按同法第 64 条第 2 项、第 65 条第 2 项、第 66 条各规定，应就其所减得之无期徒刑或 15 年以下 12 年以上、7 年以上或 7 年 6 个月以下 5 年以上有期徒刑之范围内，予以量定，原更审判决仅引用同法第 66 条减处有期徒刑 4 年，自非适法。（1951 年台上字第 215 号）

［编按➡普通（障碍）之未遂犯得按既遂犯之刑减轻之规定，已移列第 25 条第 2 项。且死刑之减轻已修正为"无期徒刑"，而无"15 年以下 12 年以上有期徒刑"之适用。］

◆未满 18 岁人犯罪，而其本刑为死刑或无期徒刑者，依"刑法"第 63 条第 1 项规定，必须减轻其刑，审判上并无裁量之余地，因而同法第 18 条第 2 项之规定于此亦无其适用。上诉人所犯之罪，其本刑既系惟一死刑，而其时上诉人又尚未满 18 岁，自应先依"刑法"第 63 条第 1 项、第 64 条第 2 项减轻后，再适用同法第 59 条递减其刑方为适法。乃原判决不依此项规定，竟引用同法第 18 条第 2 项为递减其刑之根据，不无违误。（1960 年台上字第 1052 号）

◆死刑、无期徒刑不得加重，为"刑法"第 64 条第 1 项、第 65 条第 1 项所明定。上诉人所犯杀人未遂罪之法定本刑为死刑、无期徒刑或 10 年以上有期徒刑，原审于依累犯规定加重其刑时，未将死刑及无期徒刑部分

除外，并予加重，难谓无适用法则不当之违误。（1998 年台上字第 597 号）

第六十五条　无期徒刑加重之限制与减轻

①无期徒刑不得加重。

②无期徒刑减轻者，为二十年以下十五年以上有期徒刑。

条理析释

无期徒刑之减轻效果，应与有期徒刑之减轻效果，具有合理之差异为当。易言之，无期徒刑减轻为有期徒刑之下限，不应低于有期徒刑减轻之上限。据此，无期徒刑减轻之效果，应以 20 年以下 15 年以上有期徒刑为当。

犯罪之处罚，其关于刑之量定及宣告，仅能在所犯之罪之法定刑度，及依法律规定加重或减轻后之法定范围以内审酌量定，此为罪 "刑法" 定主义之当然解释。

例如：甲贩卖第一级毒品共 5 罪，法院均依 "刑法" 第 59 条减轻其刑，则甲所犯 5 罪即得减为 "20 年以下 15 年以上有期徒刑"，各罪之宣告不得未达 15 年，如无其他再减轻之事由时，法院竟各判处有期徒刑 10 年，自有适用法则不当之违背法令。倘若本案确属情轻法重，法官仍应就各罪分别宣告 15 年有期徒刑，于合并执行时，亦应在有期徒刑 15 年以上 75 年以下定其刑期。但不得逾 30 年。

实务判解

◆关于 "刑法" 之减轻，只须援用减刑法条，即不说明减轻分数，及减轻后刑之限度，亦非违法。（1935 年院字第 1199 号）

◆ "刑法" 第 65 条第 1 项所谓，"无期徒刑不得加重" 系指无期徒刑本身不得加重而言，并非谓所犯罪名之法定刑，于无期徒刑外，尚有有期徒刑之规定时，其有期徒刑亦不得加重。（1987 年台上字第 3747 号）

◆ "刑法" 第 18 条第 2 项及第 26 条前段之 "得" 减轻其刑规定，如予以适用，则死刑减为 15 年以下 12 年以上有期徒刑（未满 18 岁人犯罪者，不得处死刑或无期徒刑），无期徒刑减为 7 年以上有期徒刑，有期徒刑除有免除其刑之规定者外，减轻其刑至二分之一，同法第 64 条第 2 项、第 65 条第 2 项、第 66 条分别定有明文；而上开得减轻其刑之规定，是否减轻与有期徒刑减轻若干及量刑之轻重，固属实体法上赋予法院得为自由裁量之事项，然法院行使此项职权时，仍应受比例原则、平等原则等一般法律原则之拘束，不得恣意为之。（2001 年台上字第 2596 号）

　　[编按➡应注意"刑法"第 64 条第 2 项已修正为"死刑减轻者，为无期徒刑"。第 65 条第 2 项已修正为"无期徒刑减轻者，20 年以下 15 年以上有期徒刑"。再者，现行"刑法"已全面将唯一死刑修正为相对死刑，并删除第 63 条第 2 项未满 18 岁人得处死刑或无期徒刑之规定。]

古代的酷刑

　　醢刑也称"菹醢"，是中国古代的残酷刑罚之一，指将罪犯之尸体剁成醢（即肉酱）。相传这种刑罚是由商纣王所创，用以对付九侯。但也有对于活人使用者。

　　古代中国的酷刑，有把人杀死后剁成肉酱的，称为"醢"。根据目前现存的文字记载，曾受此刑之例为孔子的弟子子路。汉代吕后时，以私刑虐杀戚夫人，曰"人彘"，乃断其手足、挖去双眼、熏聋双耳、灌药致哑，然后弃之自灭的酷刑。

　　历史上著名之受刑人：

　　伯邑考：西伯之子，因激怒妲己，而被商纣王所杀。

　　子路：孔子的弟子仲由，战死后处以醢刑。

　　彭越：西汉高祖时异姓梁王，斩首后处以醢刑。

　　来俊臣：武曌时大臣，被武曌杀后处以醢刑。

　　脯刑是中国古代的死刑之一，就是把犯罪者杀死后晒成肉干。在商朝末期，商纣王醢九侯之后，鄂侯认为纣王不应该醢九侯，与其争辩此事的利害得失，纣王将鄂侯杀死晒成肉干。

第六十六条　有期徒刑、拘役、罚金之减轻方法

　　①有期徒刑、拘役、罚金减轻者，减轻其刑至二分之一。但同时有免除其刑之规定者，其减轻得减至三分之二。

条理析释

　　"刑法"之加重减轻，祇须援用法条，即不说明加重减轻分数及限度，亦非违法，再"刑法"第 47 条规定加重其刑至二分之一，为最高度之规定，并无最低度之限制，法院于二分之一以下范围内，如何加重，本有自由裁量之余地。又有期徒刑减轻者，减轻其刑至二分之一，但同时有免除

其刑之规定者，其减轻得减至三分之二，"刑法"第66条定有明文。"刑法"第227条之1（青梅竹马条款）既有免除其刑之规定，法院于三分之二以下范围内，如何减轻，亦有自由裁量之权。法院判决仅记载依"刑法"第47条累犯规定，加重其刑，及依"刑法"第227条之1规定，减轻其刑，并未谓加重至二分之一及仅减轻至二分之一，则其量处被告有期徒刑2年，显仍在法定刑范围内，难谓违法。

实务判解

◇有期徒刑减轻者，除同时有免除其刑之规定外，减轻其刑至二分之一，为"刑法"第66条所明定，被告犯罪时年尚未满18岁，原判既依同法第18条第2项于其所犯第321条第1项之最低度法定刑减轻处断，又无其他减刑原因，自应处有期徒刑3月，乃仅处有期徒刑2月，显非适法。（1952年台非字第27号）

◇"刑法"第64条第2项、第65条第2项及第66条系属训示规定，故依法减轻其刑者，判决书末段除引用关于减刑规定之法条如"刑法"第18条第1项、第2项，第19条第2项，第25条第2项等条文外，不须引用上述条文。（1973年第4次刑事庭决议）

◇有期徒刑减轻者减轻其刑至二分之一，"刑法"第66条前段定有明文，所谓减轻其刑至二分之一者，系指减刑之最高度以二分之一为限，并就法定本刑减轻而言，在二分之一限度之内，究应减几分之几，裁判时本有自由裁量之权，并非每案均须减至二分之一始为合法。（1981年台上字第6277号）

◇按有期徒刑减轻者，除同时有免除其刑之规定外，减轻其刑至二分之一，为"刑法"第66条所明定，而所减轻之刑，系指就法定刑予以减轻，同法第67条复定有明文。原判决就上诉人于车祸后之当场向警承认其为肇事者，而接受侦讯，依"刑法"第62条自首之规定减轻其刑；又以上诉人依规定驾驶营业大客车行驶于逆向公交车专用快车道，被害人蒋某穿越马路未依规定行走行人穿越道而擅自进入快车道为同有过失，依"道路交通管理处罚条例"第86条第2项规定递减其刑，并审酌上诉人犯罪之一切情状，量处有期徒刑8个月，于法并无违误。（1995年台上字第138号）

◇"刑法"第276条第2项罪之法定刑为5年以下有期徒刑、拘役得并科罚金；同法第62条前段规定自首而受裁判者减轻其刑；第66条前段、

第 67 条规定有期徒刑、拘役、罚金减轻者，减轻其刑至二分之一，其最高度及最低度同减之，且依同法第 33 条第 3 款规定，凡有期徒刑仅规定以下而未规定以上者，应为 2 个月以上，此均指法定刑而言，非谓应按最低度刑为减轻之标准。上诉人所犯"刑法"第 276 条第 2 项业务上过失致人于死罪，合于自首之规定，至多减轻其刑为 2 年 6 个月以下 1 个月以上而已，法院于此范围内量刑，自不生违法问题。（1995 台上字第 5481 号）

第六十七条　有期徒刑、罚金之加减例
①有期徒刑或罚金加减者，其最高度及最低度同加减之。

条理析释

"刑法施行法"第 1 条之 1 第 1 项、第 2 项前段之立法目的，在于将"刑法"分则条文之罚金单位，由原先的银元，改为新台币，而不变动其罚金之最高度，以配合"刑法"总则第 33 条第 5 款关于罚金单位之修正，解释上不属于"刑法"第 2 条第 1 项刑罚法律有变更之情形，仅系罚金计算单位之修正，故无须比较修正前后之法律，而应直接适用裁判时有效施行之现行法。

成年人甲与均为 15 岁之少年乙、丙 3 人携带起子、剪刀等凶器，由乙、丙以起子、剪刀破坏丁之住宅门锁，甲在场把风，共同窃取丁宅之音响 1 组及笔记型计算机 1 台，置于甲驾驶之小货车上，为丁返家时当场发觉，报警查获。甲被判处成年人与未满 18 岁之人结伙 3 人以上携带凶器毁坏安全设备窃盗罪刑。本案甲所为累犯另有"刑法"第 47 条规定加重其刑至二分之一之适用，而有期徒刑加减者，其最高度及最低度同加减之，"刑法"第 67 条定有明文。如法院以加重二分之一计算，则甲之处断刑应由"6 个月以上 5 年以下有期徒刑"调整为"9 个月以上 7 年 6 个月以下有期徒刑"，而竟仅量处有期徒刑 8 个月，核与法定本刑最低度 9 个月以上有期徒刑不符（1988 年台上字第 5735 号参照）。

实务判解

◆查"刑法"上所谓递减者，指就法定刑减轻后，再就减得之刑加以减轻，并非先就减得之刑定其刑期，再于已定之刑期上加以递减，此征诸"刑法"第 87 条第 1 项之规定，其义至明。（1930 年非字第 138 号）

◆有期徒刑应减轻者，其最高度及最低度均应减轻，虽最低度减至 2

个月未满，仍称有期徒刑，不得称为拘役。（1933 年非字第 74 号）

◆有期徒刑应加减者，其最高度及最低度同加减之，"刑法"定有明文，原判决对于被告减轻二分之一处刑，不先就其所犯有期徒刑之本刑高低度并减，再于所减之范围内酌量科刑，仅就其最低度之 6 个月有期徒刑减为 3 个月有期徒刑，殊有未合。（1934 年非字第 87 号）

◆有期徒刑之减轻，应就其最高度及最低度同减轻之，然后于减轻之最高度与最低度范围内，审酌一切情状为科刑轻重之标准，并非一经减轻，即须处以减轻后之最低度刑。（1966 年台上字第 2853 号）

◆按有期徒刑加重者，其最高度及最低度同加重之，此观"刑法"第67 条之规定自明。本件原判决，论以行为时之戡乱时期"肃清烟毒条例"第 9 条第 1 项之施打毒品罪，并依"刑法"第 47 条累犯之规定，加重其刑十分之一。惟上开条例第 9 条第 1 项之罪，其法定刑为 3 年以上 7 年以下有期徒刑，加重其刑十分之一，为 3 年 3 个月又 18 日以上 7 年 8 个月又12 日以下有期徒刑，自应于此范围内量刑，始为适法。（1992 年台非字第 295 号）

◆依法受有期徒刑之执行完毕，或受无期徒刑或有期徒刑一部之执行而赦免后，5 年以内再犯有期徒刑以上之罪者，为累犯，加重本刑至二分之一。又有期徒刑加减者，其最高度及最低度同加减之，"刑法"第 47条、第 67 条分别定有明文。本案被告所犯之恐吓取财罪，其法定刑有期徒刑部分为 6 个月以上 5 年以下有期徒刑，原判决既依累犯加重其刑，依"刑法"第 68 条，其最高度及最低度同加重之，则其最低度之法定刑已逾6 个月有期徒刑，如无其他减轻其刑之情形，自不得再谕知 6 个月以下有期徒刑及易科罚金之折算标准。乃原判决并未说明有何减轻其刑之情形，竟判处被告有期徒刑 6 个月，并谕知易科罚金以 300 元折算 1 日，显有判决不适用法则之违误，该判决实属违背法令。（2004 年台非字第 194 号）

◆本院按受有期徒刑之执行完毕后，5 年以内，（故意）再犯有期徒刑以上之罪者，为累犯，加重其刑至二分之一；又有期徒刑加重者，其最高度及最低度同时加重之；"刑法"第 47 条、第 67 条分别定有明文。"刑法"第 185 条之 3 之罪，其法定刑为 1 年以下有期徒刑、拘役或 3 万元以下罚金，原审简易判决既认被告应成立累犯，依法应加重其刑至二分之一，并应科处有期徒刑之刑，乃竟未依法就"刑法"第 185 条之 3 关于有期徒刑法定刑之最低度加重，仅处以法定最低度有期徒刑 2 个月，揆之首开说明，自属违背法令。（2006 年台非字第 68 号）

第六十八条　拘役之加减例

①拘役加减者，仅加减其最高度。

条理析释

本条原规定"拘役'或罚金'加减者，仅加减其最高度"。而罚金之刑罚范围，已于第 33 条第 5 款将最低金额修正为新台币 1000 元，自应与有期徒刑相同，许其最高度及最低度同加减之。因此，本条将"或罚金"之规定，并入第 67 条适用之，本条内将"或罚金"字样予以删除。

自本法第 33 条第 4 款之立法定义观之，拘役之法定范围在"1 日以上，60 日未满"。而其但书则明定"但遇有'加重'时，得加至 120 日"。条文中并无规定如遇减轻时之期间计算。再者，于现行"刑法"分则之立法例中，对于拘役之范围亦无"几日以上几日以下拘役"之规定，但于特别"刑法"中已时而可见"处新台币 20 万元以上 1 百万元以下罚金"（"洗钱防制法"第 7 条等）。其他诸如"合作社法"、"银行法"、"票券金融管理法"等相关财经"刑法"，亦朝此种立法模式施行中，职是之故，罚金之加减，自应就其最高度及最低度同加减之。

实务判解

◆"刑法"第 58 条，乃关于罚金刑量定标准之规定，犯人所得之利益超过罚金最高额时，自得于所得利益之限度内酌量加重，与同法第 68 条加重方法之规定无涉。（1944 年院字第 2665 号）

古代的酷刑

墨刑又称黥刑、黥面，是中国和朝鲜古代的一种刑罚，在犯人的脸上或额头上刺字（奴、婢、盗、贼）或图案，再染上墨，作为受刑人的标志。对犯人的身体状况实际影响不大，但是脸上的刺青会令犯人失去尊严。既是刻人肌肤的具体刑，又是使受刑人蒙受耻辱、使之区别于常人的一种耻辱刑。墨刑是"奴隶制五刑"中最轻的一种刑罚。

第六十九条　二种主刑以上并加减例

①有二种以上之主刑者，加减时并加减之。

条理析释

本条于死刑、无期徒刑、有期徒刑、拘役或罚金等 5 种主刑，遇有加重或减轻刑罚之事由时，均应依法加减之。

例如：甲年满 80 岁，触犯"刑法"第 312 条第 2 项"诽谤死者"之罪，其法定刑为"1 年以下有期徒刑、拘役或 1 千元以下罚金"。法院依"刑法"第 18 条第 3 项之规定，予以减轻其刑二分之一，则应减为"6 个月以下 1 个月以上有期徒刑、拘役或 500 元以下罚金"。除拘役无减轻其刑之适用外，有期徒刑及罚金部分，均应并予加减，始符规定。

实务判解

◆"刑法"上减轻其刑，如所犯本条有 2 种以上主刑时，应就法定之各主刑，按所减之标准，并予核减，再于减得之法定主刑范围内，量予处刑。并非于法定各种主刑内任择 1 种，或就拟处之刑，予以减轻，而置其他主刑于不顾。（1935 年上字第 1432 号）

◆刑之加减，系就主刑而设，如所犯本条有 2 种以上主刑，遇有加重之原因时，应就法定之各主刑，按所加之标准并予核加，再于加得之刑范围内量刑，不能仅就拟处之刑加重，而置其他主刑于不顾。（2000 年台上字第 1178 号）

古代的酷刑

秦汉时的英布就因为受过黥刑而被称为黥布。唐朝时的上官婉儿因为得罪武则天而被黥面，在额上留下刺青，后来她仿效刘宋寿阳公主的梅花妆，在额上刺字的地方以梅花形为装饰（一说为黥面时刺成梅花形），显得格外妖媚，并且为其他女性模仿，成为唐朝流行的化妆之一。

第七十条　递加递减例

①有二种以上刑之加重或减轻者，递加或递减之。

条理析释

按递加递减，与通加通减不同之点，即系于加重之后如须再加重时，就已加重之数（处断刑）再为加重之，不问原刑为若干也。于减轻之后如须再减轻者，就已减轻之数（处断刑）再减轻之，不问原刑为若干也。若为通加通减，则始终以原刑为加减之标准，恐将出现处断刑消失，或为"负数刑罚"之现象。

例如：甲退伍后曾因犯过失伤害罪，经判处有期徒刑 2 个月，易科罚金新台币 6 万元执行完毕，5 年内又与 15 岁之少年乙分持开山刀共犯抢夺罪。甲所犯之加重抢夺罪其法定刑为"1 年以上 7 年以下有期徒刑"，甲系累犯，又与少年共同实行犯罪，依"刑法"第 47 条及"'儿童及少年福利与权益保障法'第 112 条第 1 项"之规定，共有 2 个加重之事由，其计算方式如下：

1. 先就 1 年以上 7 年以下加重第 1 个二分之一，成为 1 年 6 个月以上 10 年 6 个月以下。

2. 再将 1 年 6 个月以上 10 年 6 个月以下加重第 2 个二分之一，成为 2 年 3 个月以上 15 年 9 个月以下。

如有 2 个减轻二分之一之事由时，依递减之规定，则：

1. 先减为 6 个月以上 3 年 6 个月以下。

2. 再减至 3 个月以下 1 年 9 个月以上。

3. 如有第 3 个加重或减轻之原因时，依例再以最后产生之处断刑加减之，可加至 20 年或减至 2 个月未满。

实务判解

◆大赦条例之减刑系一种特典，与"刑法"上须具有某种原因得减轻其刑者不同，故犯罪在 1932 年 3 月 5 日以前，应依大赦条例减刑者，如同时又具有"刑法"上各种减轻之原因，应先依大赦条例所定减刑分数减轻后，再依"刑法"上各该条之规定予以递减，方为适当，乃原判决竟将大赦条例之减刑置诸"刑法"减轻以后，又未分别揭明减轻几分之几，自不得谓为适当。（1934 年非字第 18 号）

◆未经判决确定而应依大赦条例减刑之案件，须就所犯法定本刑减轻之，即依法递减，亦须先就法定本刑减轻后，再就减得之刑加以减轻，并非就处刑上予以减刑，复于减轻其刑后，再行递减。（1935 年非字第116 号）

◆罪犯赦免减刑令上所定之减刑，系属一种特典，与"刑法"上基于某种原因而减轻其刑者不同，故犯罪在 1946 年 12 月 31 日以前，应依罪犯赦免减刑令减刑者，如同时具有"刑法"上减轻之原因时，应先依罪犯赦免减刑令所定标准减刑后，再依"刑法"上各该条之规定，予以递减。（1951 年台特非字第 7 号）

◆"刑法"上所谓递减者，指就法定刑减轻后，再就减得之刑予以减轻，并非先就减得之刑定其刑期，再于已定之刑期上予以递减。原判决以卢某系帮助犯，又衡其犯罪之情状可悯恕，递减其刑，竟先就帮助犯减得之刑量处有期徒刑 12 年，再减轻为有期徒刑 6 年，于法自属有违。（1984 年台上字第 4424 号）

◆"刑法"第 30 条第 2 项之减刑，系法律上之减刑，同法第 59 条为裁判上减刑，须犯罪情状可悯恕，认为科以法定最低度之刑犹嫌过重，始有其适用，从而如认有该 2 种刑之减轻原因，自应先依前者减轻其刑，再依后者递减其刑。（1986 年台上字第 2572 号）

古代的酷刑

劓刑是中国古代的一种刑罚，始于夏朝，属五刑中肉刑的一种，被处劓刑的受刑人被割去鼻子。嬴渠梁任用公孙鞅实行变法，有一次公子虔违犯禁令，公孙鞅就将他处以劓刑。劓刑在战国及秦也用作惩罚士兵的刑罚。汉文帝时，将应受劓刑的罪改为笞刑，在隋以后，刑典中即不再有劓这种刑罚。劓刑于古今中外皆同，并非要置犯人死亡，而是以损毁颜面，侮辱人格为目的，目前在巴基斯坦仍还有此种刑罚。

第七十一条　主刑加减之顺序

①刑有加重及减轻者，先加后减。
②有二种以上之减轻者，先依较少之数减轻之。

条理析释

刑有加重及减轻者，应先加后减，或先减后加，不宜由法院擅自决定，先加后减者，对于死刑或无期徒刑并无实质之加重效力，对行为人系属有利之规定。至于遇有两种以上之减轻者，先依较少之数减轻之规定，亦属有利于行为人所犯之罪定有死刑或无期徒刑时之规定。

例一：法院以被告所犯系"情轻法重"，其犯罪情状尚非全无可悯，依"刑法"第 59 条之规定减轻其刑，其后又以被告本件所犯属于累犯，应依"刑法"第 47 条之规定，应先就累犯加重，再就情可悯恕减轻；如先依"刑法"第 59 条规定减轻，然后再依累犯之规定加重其刑，即与"先加后减"之规定不合，属于判决不适用法则之违误。

例二：甲退伍后因求职不顺，失业在家。某日深夜意图为自己不法之所有，手持菜刀进入乙宅着手窃盗后，因心生悔悟，自行离去并主动至辖区警察分局向侦查队队长自首。核甲所为成立自首加重窃盗之中止未遂罪，共有两个减轻之事由，法院就自首部分予以减轻二分之一，中止未遂部分予以减轻三分之二，依本条第 2 项规定之例，应先就法定刑"6 个月以上 5 年以下"减轻二分之一（较少之数），成为"3 个月以上 2 年 6 个月以下"，再减轻三分之二，成为"1 个月以上 10 个月以下"之有期徒刑。如法官就个案审酌时，如仍认甲所为符合"犯罪之情状显可悯恕，认科以最低度刑仍嫌过重者（第 59 条）"，自得再酌量减轻其刑。若法官认本案依第 59 条再减轻其刑仍过重者，则依第 61 条之规定，亦得免除其刑。

实务判解

◆"刑法"第 325 条第 1 项之抢夺罪，法定本刑为 6 个月以上 5 年以下有期徒刑，原判决既认第一审依累犯规定加重本刑二分之一为无不合，仅以上诉人犯情可悯，复酌减二分之一处断，是其加减分数，均达于法律上所定之极度，按照"刑法"第 71 条第 1 项先加后减之结果，其刑期为 4 月 15 日以上 3 年 9 个月以下，应于此项刑期范围内酌量科处，方为合法，原判决竟改处有期徒刑 4 个月，尚在最低度刑期以下，于法自属有违。（1937 年沪上字第 3 号）

◆"刑法"第 71 条第 1 项规定："刑有加重及减轻者，先加后减。"原判决主文谕知上诉人"共同贩卖第一级毒品未遂，累犯，处有期徒刑 8 年"。但其理由第 3 项载称"被告贩卖毒品未遂，依未遂犯规定减轻其刑。而被告有事实栏所载犯罪科刑及执行完毕之事实，有台湾台中地方法院检察署刑案查注记录表 1 件附卷可稽，其于 5 年内再犯有期徒刑以上之本罪，为累犯，应依法加重其刑"。竟先依未遂犯规定减轻其刑，再依累犯加重其刑，亦有判决不适用法则之违误。（2000 年台上字第 3390 号）

◆刑有加重及减轻者，先加后减，为"刑法"第 71 条第 1 项所明定；故若有依法应加重减轻其刑之事由者，必须先予加重，然后再就加重后之刑予以减轻，此项加减之先后次序，为法律强制规定，法院并无裁量之余地。惟在所犯系法定本刑为死刑或无期徒刑之罪之场合，若有加重及减轻其刑之事由者，依同法第 64 条第 1 项、第 65 条第 1 项之规定，既不得加重其刑，则法院仅能依法减轻其刑；自不得违反上述规定，先予减轻后再予加重。（2005 年台上字第 3421 号）

法学名言

1. 管子：十年之计，莫如树木；终身之计，莫如树人。

2. 方孝孺《深虑论》：智者立法，其次守法，其次不乱法。立法者非知仁义之道者不能；守法者非知立法之意者不能；不知立法之意者，未有不乱法者也。

3. 韩非子《有度第六论》：国无常强，无常弱。奉法者强，则国强；奉法者弱，则国弱。

第七十二条　加减后不满一日或一元之零数不算

①因刑之加重、减轻，而有不满一日之时间或不满一元之额数者，不算。

条理析释

本条称"因'刑'之加减"，所以包括有期徒刑之加重或减轻结果在内。"刑法"就徒刑之范围并未规定应以月为单位，若加重或减轻之后，其为有期徒刑数年数月又数日者，仍属符于规定。例如：6 个月有期徒刑，加重二分之一，成为 9 个月有期徒刑；若再减轻二分之一时，成为"4 月 15 日"，如又遇减轻二分之一时，则为"2 月又 7.5 日"，仅取"2 月 7 日"。

关于罚金之数额，现行"刑法"第 33 条第 5 款明定："新台币 1 千元以上，以百元计算之。"其以百元计算之立法理由，在于"为计算之便宜，避免有零数之困扰，爰一并规定以百元计算，以符实际"。惟依"刑法施行法"第 1 条之 1 第 2 项所定之 30 倍（或 3 倍）换算银元时，则本条所称"不满 1 元之额数者"，将成为"不满新台币 30 元（或 3 元）之额数者"，二者之规定，似仍有待"立法院"再予厘正之空间。

实务判解

◆"森林法"第 52 条第 1 项关于并科罚金之规定系以赃额 2 倍以上 5 倍以下为其量处之范围，原判决主文宣示并科罚金 6 万 4 千 8 百 19 元；减为 3 万 2 千 4 百 9 元 5 角，但于理由栏内并未说明其并科赃额之倍数，仅谓："量处如主文第 2 项所示之刑。"自嫌理由不备，又按"因刑之加重、减轻，而有不满 1 日之时间或不满 1 元之额数者，不算。""刑法"第 72 条定有明文。原判决因依 1988 年"罪犯减刑条例"减刑结果，竟

谕知并科罚金 3 万 2 千 4 百 90 元 5 角，亦属于法有违。（1992 年台上字第 3835 号）

　　◆"刑法"第 33 条第 4 款规定，拘役：1 日以上，2 个月未满。所谓 2 个月未满，系指 60 日未满而言，其上限为 59 日。按连续数行为而犯同一罪名者，以一罪论，但得加重其刑至二分之一；又因刑之加重，而有不满 1 日之时间者，不算，同法第 56 条、第 72 条分别定有明文。从而拘役刑，依连续犯加重其刑至二分之一后，其上限为 88 日。至于同法第 33 条第 4 款但书规定，但遇有加重时，得加至 4 个月，系指有 2 种以上刑之加重原因者，得递加至 4 个月而言。（2000 年台非字第 318 号）

　　◆拘役为 1 日以上，2 个月未满，但遇有加重时，得加至 4 个月；而累犯者，加重其刑至二分之一，"刑法"第 33 条第 4 款、第 47 条分别定有明文。所谓 2 个月未满，系指 60 日未满而言，即其上限为 59 日，而累犯加重至二分之一之上限，亦仅能就 88 日之刑度内量刑，方为适法。（2002 年台非字第 270 号）

　　［编按➡拘役之法定期间已修正为"1 日以上，60 日未满。但遇有加重时，得加至 120 日"。］

古代的酷刑

　　刖刑，又称剕刑，为中国古代的一种酷刑，指砍去受罚者左脚、右脚或双脚。刖刑在夏朝称膑，周朝称刖，秦朝称斩趾。亦有指刖刑是削去膝盖骨（膑骨）使犯人不能站立的说法。刖刑乃隋朝以前的五刑之一，属肉刑；亦有指他是"满清十大酷刑"之一。相传为和氏璧之发现者卞和就曾受二次刖刑，双脚皆被砍去。

　　剥皮是古代的一种酷刑，不同地区有利用不同的方式剥去受刑者的皮肤。一般来说，剥皮时都会尽可能保持皮的完整。在中国古代，会利用水银灌注在受刑者的皮肤与身体之间，从而把他的皮剥出来；而在西方社会，会利用一种特别的剥皮刀去把受刑者的皮肤割去。

　　剥皮这种刑罚的历史非常久远。现存最古老的文献记录，发生在美索不达米亚平原的亚述帝国。在当时，国家习惯把战俘或叛乱者钉在他所居住的城市的城墙，以儆效尤。而在中美洲的阿兹特克人，亦有把被选作活人祭的人在死后的皮肤剥下。在中古时的欧洲，有在公众面前把背叛者的皮肤或血肉割下的刑罚，这种刑罚直到 17 世纪仍然在法国执行。

第七十三条　酌量减轻之准用

①酌量减轻其刑者，准用减轻其刑之规定。

条理析释

酌量减轻其刑者，系指"刑法"第 59 条及第 60 条之规定，其所谓"准用减轻其刑之规定"，则指准用自第 64 条至第 72 条之所有减轻其之限度与方法，惟酌量减轻其刑者，应尚无准用"同时有免除其刑之规定而得减至三分之二"之效力。

第九章　缓　刑

第七十四条　缓刑之要件及附加处分

①受二年以下有期徒刑、拘役或罚金之宣告，而有下列情形之一，认以暂不执行为适当者，得宣告二年以上五年以下之缓刑，其期间自裁判确定之日起算：

一、未曾因故意犯罪受有期徒刑以上刑之宣告者。

二、前因故意犯罪受有期徒刑以上刑之宣告，执行完毕或赦免后，五年以内未曾因故意犯罪受有期徒刑以上刑之宣告者。

②缓刑宣告，得斟酌情形，命犯罪行为人为下列各款事项：

一、向被害人道歉。

二、立悔过书。

三、向被害人支付相当数额之财产或非财产上之损害赔偿。

四、向公库支付一定之金额。

五、向指定之政府机关、政府机构、行政法人、社区或其他符合公益目的之机构或团体，提供四十小时以上二百四十小时以下之义务劳务。

六、完成戒瘾治疗、精神治疗、心理辅导或其他适当之处遇措施。

七、保护被害人安全之必要命令。

八、预防再犯所为之必要命令。

③前项情形，应附记于判决书内。

④第二项第三款、第四款得为民事强制执行名义。

⑤缓刑之效力不及于从刑与保安处分之宣告。

条理析释

缓刑，即刑之暂缓执行之意，立法例上可分为"暂缓刑之宣告"及"暂缓宣告刑之执行"两种制度，台湾地区采取后者之例。缓刑系属非机构性之处遇模式，使受判决人仍能在社会上自由活动，接受非监狱性之封闭处遇，并可避免短期自由刑所产生之弊端。

本条第2项第5款将原规定之"地方自治团体"，修正为"政府机关"。使社会劳动、缓刑与缓起诉处分义务劳务之执行机关（构）范围一致，并将行政法人或其他符合公益目的之机关、团体皆有机会利用社会劳动的人力资源。政府机关、政府机构、行政法人、社区或其他符合公益目的之机构或团体，须有使用义务劳动人力之意愿及需求，并经提出登记或申请核可，始得成为执行机关（构），不会强迫机关、团体接受社会劳动人力，减轻公部门之人力使用，以增进公共利益。

没收虽为从刑，但与主刑并非有必然牵连关系，其依法宣告没收之物，或系法定必予没收者，或系得予没收而经认定有没收必要者，自与本条所称以暂不执行为适当之缓刑本旨不合，均应不受缓刑宣告之影响，亦经"司法院"释字第 45 号解释在案。而褫夺公权者，系对犯罪行为人一定资格之剥夺与限制，以减少其再犯罪机会（例如对犯渎职罪者，限制其于一定期间内再服公职），其性质上兼有预防犯罪与社会防卫之目的，故于缓刑内执行褫夺公权，并未悖于缓刑之本旨。至于缓刑期内褫夺公权期间之起算，另于第 37 条第 5 项规定之。再者，保安处分兼有社会防卫及改善教育之功能，如法官依各项情形综合判断，就主刑部分为缓刑宣告，惟基于社会防卫及改善教育之目的，同时为保安处分之宣告时，则保安处分之宣告与本条暂不执行为适当之缓刑本旨不合。因此，本条于第 5 项增定"缓刑之效力不及于从刑与保安处分之宣告"之规定，以资适用。

缓刑之宣告与否，固属实体法上赋予法院得为自由裁量之事项，惟法院行使此项职权时，除应审查被告是否符合缓刑之法定要件外，仍应受比例原则与平等原则等一般法律原则之支配，以期达成客观上之适当性、相当性与必要性之价值要求。若违反比例原则、平等原则时，自有滥用裁量权之违法。

例如：近年伪卡及诈欺集团横行，受害者众，造成人心惶惶，社会不安，被告盗取之信用卡资料共达 600 多笔，被害人亦有数百人之多，其为图私利，大量窃盗他人信用卡资料，供伪卡集团非法使用、诈取财物，致损害社会金融体系及妨碍市场交易秩序，其犯罪所生之危险及损害，不能谓仍属轻微，若判决被告窃盗罪，处拘役 40 日，并谕知易科罚金之折算标准及缓刑 2 年之宣告，似无合乎比例原则等之判断。

判决确定后，即发生确定力及执行力，法院及当事人同受其拘束。因此，法院为判决后，纵法律有变更，检察官于指挥执行时，除法律另有规定，如"刑法"第 2 条第 3 项、"刑法施行法"第 6 条之 1 等情形，应从其规定者外，仍应按原确定判决主文所记载之意旨及判决所适用之法律执行，并不生所谓新旧法比较适用，或是否依新法规定执行问题。

法人所属人员因执行业务犯罪时，处罚行为人同时亦对法人科以罚金刑之两罚规定，法人虽非犯罪主体，但仍系刑罚宣告之对象，得为受罚之主体，自具有受缓刑宣告之适格。是法人虽无有期徒刑之适应性，既得科以罚金，复以缓刑规定并未排除法人之适用，对法人自非不得宣告缓刑。而经宣告缓刑后，若有具体事证足认受宣告者并不因此有改过迁善之意，即不宜给予缓刑之宽典，乃另有撤销缓刑宣告制度（例如：第75条之1第1项第4款）。

法院依"刑法"第74条第2项规定，于宣告缓刑经斟酌情形，命犯罪行为人支付一定金额时，其支付之对象，依同法条第2项第4款规定，仅得对公库为之，并未规定得对公益团体支付一定金额。例如：法院判决被告有期徒刑5个月，缓刑2年，并谕知被告应向公益团体财团法人创世社会福利基金会支付新台币15万元，此一判决命被告支付一定金额之对象，已逾越"刑法"第74条第2项第4款所明定向"公库"支付一定金额之范围，其适用法则自属不当。

实务判解

◆主刑宣告缓刑之效力，依本院院字第781号解释，虽及于从刑，惟参以"刑法"第39条所定"得专科没收"，与第40条所定"得单独宣告没收"足证没收虽原为从刑，但与主刑并非有必然牵连关系。其依法宣告没收之物，或系法定必予没收者，或系得予没收而经认定有没收必要者，自与"刑法"第74条所称以暂不执行为适当之缓刑本旨不合，均应不受缓刑宣告之影响。（1955年释字第45号）

◆公务员被判褫夺公权，而其主刑经宣告缓刑者，在缓刑期内，除别有他项消极资格之限制外，非不得充任公务员。（1955年释字第56号）

◆"考试法"第8条第1项第2款及"公务人员任用法"第17条第1项第2款所列情事，均属本院释字第56号解释所谓他项消极资格，其曾服公务而有贪污行为经判决确定者，虽受缓刑之宣告，仍须俟缓刑期满而缓刑之宣告并未撤销时，始得应任何考试或任为公务人员。（1956年释字第66号）

◆凡在判决前已经受有期徒刑以上刑之宣告确定者，即不合于缓刑条件，至于前之宣告刑已否执行，以及被告犯罪时间之或前或后，在所不问，因而前已受有期徒刑之宣告，即不得于后案宣告缓刑。（1965年台非字第148号）

◆公务人员犯贪污罪，缓刑期满，缓刑之宣告未经撤销，或犯他罪，刑期执行完毕始被发觉者，均仍应予免职。（1969 年释字第 127 号）

◆缓刑为法院刑罚权之运用，旨在奖励自新，祇须合于"刑法"第74条所定之条件，法院本有自由裁量之职权，上诉意旨仅就原审刑罚裁量职权之行使而为指摘，不能认以原判决违背法令为上诉理由。（1983 年台上字第 3647 号）

◆关于刑之量定及缓刑之宣告，系实体法上赋予法院得为自由裁量之事项，倘其未有逾越法律所规定之范围，或滥用其权限，即不得任意指摘为违法，以为第三审上诉之理由。（1986 年台上字第 7033 号）

◆按宣告缓刑，应就被告有无再犯之虞，及能否由于刑罚之宣告而策其自新等，加以审酌。次按刑事被告如何量定其刑及是否宣告缓刑，为求个案裁判之妥当性，法律固赋与法官裁量权，但此项裁量权之行使，并非得以任意或自由为之，仍应受一般法律原则之拘束，即必须符合所适用法律授权之目的，并受法律秩序之理念、法律感情及惯例等所规范，若故意失出，尤其是违反比例原则、平等原则时，得认系滥用裁量权而为违法。（2002 年台上字第 6663 号）

◆行刑权时效，系指有罪之科刑判决确定后，由于法定期间之经过，而未执行其刑罚者，对于此等犯人之刑罚执行权即归于消灭之制度；行刑权时效完成，并无消灭刑罚宣告之效力，仅对之不得再执行刑罚而已，原确定判决所宣告之罪刑，依然存在，自不得依"刑法"第74条第1项第1款宣告缓刑；又行刑权时效消灭，与执行完毕或赦免不同，亦无依同条项第 2 款宣告缓刑之余地。（2013 年度台非字第 311 号）

法律座谈

◉法律问题一：某甲带凶器窃盗，应执行有期徒刑 6 个月，缓刑 3 年，并应向指定之公益团体、地方自治团体或社区提供 50 小时之义务劳务。因判决主文未谕知履行期限，可否由执行检察官指定？

说明：

甲说（肯定说）："刑事诉讼法"第 457 条第 1 项前段："执行裁判由为裁判法院之检察官指挥之。"是法院既然未指定履行期限，可以由执行检察官指定。

乙说（否定说）：法院虽然未定义务劳务履行期限，但既有缓刑 3 年，则被告只要在此期间内履行完毕即可，惟应督促其尽速履行，以避免缓刑即将届而不及声请法院撤销缓刑之宣告。

提案机关讨论意见：采甲说即肯定说。

"刑法"第74条第1项前段规定："受二年以下有期徒刑、拘役或罚金之宣告，而有下列情形之一，认以暂不执行为适当者，得宣告二年以上五年以下之缓刑，其期间自裁判确定之日起算。"如果不能由检察官指定履行期限，将耗费司法资源，徒增执行业务负担。

台湾"高等法院"检察署研究意见：采甲说。

决议：采甲说。依"刑事诉讼法"第457条第1项前段之规定，有关义务劳务的履行期间，可由执行检察官指定之。

"法务部"检察司审查意见：同意决议意见，采甲说。

◉法律问题二：受判决人于缓刑期间内犯罪，或违反缓刑负担或指令所设定之条件而撤销缓刑宣告时，受判决人先前所支付国库金额应否返还受判决人？

讨论意见：

甲说：毋庸返还。

1. "刑法"第74条之修正大多系参考"刑事诉讼法"缓起诉之相关规定，故解释上应类推适用"刑事诉讼法"第253条之3第2项规定，不得请求返还或赔偿。

2. 受判决人违反缓刑条件，具有可归责事由。

乙说：须返还。

1. "刑法"第74条并无如"刑事诉讼法"第253条之3第2项不得请求返还或赔偿之规定，足见立法者刻意分别规范赋予不同法律效果。

2. 如不得请求返还已支付之金额，受判决人将同时受有财产上损失及刑之宣告执行，恐有违一罪不二罚之原则。

审查意见：采甲说。

研讨结果：照审查意见通过。

◉法律问题三：甲前犯伤害罪，经判处拘役40日缓刑3年，在缓刑期内，又犯侵占罪，经法院于缓刑期内判处有期徒刑4个月，其后判之罪刑可否宣告缓刑？

提案机关讨论意见：

甲说："刑法"第74条第1款规定"未曾受有期徒刑以上刑之宣告者"为缓刑之条件，某甲之前科既为拘役，则其后之罪刑，若法院认为以暂不执行为适当，仍得宣告缓刑（台湾"高等法院"台中分院86年上诉字第929号刑事判决)。

乙说：某甲前犯之轻微罪刑，其缓刑之宣告，尚须依法撤销并执行其刑，而后犯之重罪反可宣告缓刑，不仅轻重倒置复与"刑法"第74条所定"以暂不执行为适用"与判例所谓"应无再犯之虞"等之要件不符，且不符合缓刑制度奖励犯人改过迁善之目的，似应不得再宣告缓刑[1]。

结论：多数赞成甲说。

座谈会研讨结果：采甲说。

"法务部"检察司研究意见：同意座谈会研讨结果，以甲说为当。

第七十五条　缓刑宣告之应撤销

①受缓刑之宣告，而有下列情形之一者，撤销其宣告：

一、缓刑期内因故意犯他罪，而在缓刑期内受逾六月有期徒刑之宣告确定者。

二、缓刑前因故意犯他罪，而在缓刑期内受逾六月有期徒刑之宣告确定者。

②前项撤销之声请，于判决确定后六月以内为之。

条理析释

缓刑制度系为促使恶性轻微之被告或偶发犯、初犯能改过自新而设，如于缓刑期间、缓刑前故意犯罪，且受逾6个月有期徒刑（含不得易科罚金及不得易服社会劳动）之宣告确定者（意即应入监服刑），足见行为人并未因此而有改过迁善之意，此等故意犯罪之情节较重，不宜给予缓刑之宽典，而有"应"撤销缓刑宣告之必要。至于缓刑期间、缓刑前故意犯罪，而受可易科罚金之有期徒刑之宣告者，因犯罪情节较轻，宜列为"得撤销"缓刑之事由，以资衡平。

为督促主管机关注意实时行使撤销缓刑之责，增订"判决确定后六月以内为之"之要件，俾使撤销缓刑之法律关系早日确定。

"刑事诉讼法"之撤销缓起诉和"刑法"规定撤销缓刑宣告之要件不同，因后者修正在后，"刑法"第75条规定应撤销缓刑宣告之事由，第75条之1规定得撤销缓刑宣告之事由，二者有轻重之别，故得撤销缓刑宣告之事由增加"足认原宣告之缓刑难收其预期效果，而有执行刑罚之必要"

---

[1]　参见王振兴：《刑法总则实用》（第3册），第125~126页。

之要件，此观第 1 项第 1 款、第 2 款及第 3 款同因犯罪受刑之宣告，仍应有此要件，始得撤销缓刑之宣告自明，故系针对特性作较周延之文字铺陈，然其基本的立法精神仍完全相同。又无论附条件（负担）之缓起诉、撤销该缓起诉，或附条件（负担）之缓刑宣告、撤销该缓刑宣告，其间之决定皆属自由裁量之事项，第 1 种及第 2 种，决定权都在侦查检察官；第 3 种，决定权属审判法院；第 4 种，则归属执行检察官。均应本于一定之事实、情况，作为判断之基础，虽或不免带有若干主观成分，但在客观上若无明显之滥权或失当，尚难径指为违法。尤其在法院，因属量刑范畴，且有利于被告，以自由证明为已足；在检察机关，则除上揭第 1 种系有利被告，同属自由证明外，其余第 2 种或第 4 种，因不利于被告，自须有相当之证明。（2014 年度台上字第 1322 号判决参照）

实务判解

◆某甲先犯诬告罪经宣告缓刑确定后，又发觉于缓刑前另犯渎职罪，在缓刑期内判处徒刑，虽该徒刑准予易科罚金，但其所受宣告之刑，仍不失为有期徒刑，依"刑事诉讼法"第 480 条及"刑法"第 75 条第 1 项第 2 款各规定，应撤销其缓刑之宣告。（1941 年院字第 2125 号）

◆受缓刑之宣告，而于缓刑期内更犯罪，受有期徒刑以上刑之宣告者，应撤销其缓刑之宣告，固为"刑法"第 75 条第 1 项第 1 款所明定，但缓刑期满，而缓刑之宣告未经撤销者，其刑之宣告失其效力，同法第 76 条亦定有明文，故撤销缓刑，须于缓刑期内为之，缓刑期间届满后，原宣告刑已失其效力，已无宣告刑可以执行，自无再行撤销缓刑之余地。（1991 年台非第 482 号）

◆按受缓刑之宣告，而于缓刑期内更犯罪，受有期徒刑以上刑之宣告者，固应撤销其缓刑宣告。然如所更犯之罪系因过失犯者，则不得撤销之，"刑法"第 75 条第 2 项定有明文。（1994 年台非字第 30 号）

［编按➡过失犯不得撤销缓刑之规定，已由本条第 2 项调整分列第 1 项各款，改用"故意犯"为撤销缓刑之要件。但第 75 条之 1 第 1 项第 3 款则增订"缓刑期内因过失更犯罪，而在缓刑期内受有期徒刑之宣告确定者"，得撤销其缓刑。］

◆受缓刑宣告而于缓刑前犯他罪而在缓刑期内受有期徒刑以上刑之宣告者，撤销其缓刑之宣告，"刑法"第 75 条第 1 项第 2 款定有明文。惟所谓"缓刑期内"应自裁判确定之日起算，申言之，受缓刑之宣告前更犯罪，且更犯罪所受有期徒刑之宣告，必须在前案"缓刑期内"，始合于撤销前案缓刑宣告之要件，假设受缓刑之宣告前，虽更犯罪并受有期徒刑以上刑之宣告。但如该更犯罪所受有期徒刑之宣告系在前案缓刑宣告之"裁判确定前"，则仍不得撤销前案缓刑之宣告。（1994 年台非字第 349 号）

◆缓刑前犯他罪，而在缓刑期内受有期徒刑以上刑之宣告者，应撤销其缓刑之宣告，"刑法"第 75 条第 1 项第 2 款定有明文。此所谓"受有期徒刑以上刑之宣告"，系指确定之宣告而言，非指宣示或送达裁判之日，自不待言。是只要更犯罪之时间在宣告缓刑之前，而其受有期徒刑以上刑之宣告确定之时间，又在缓刑期内者，即应撤销其缓刑。（2005 年台非字第 32 号）

[例如➡甲因妨害自由案件，经台北地方法院于 2004 年 3 月 12 日判决处以有期徒刑 4 个月，缓刑 2 年，于 2004 年 4 月 12 日确定。甲另于 2003 年 4 月 5 日更犯公共危险罪，经同院于 2004 年 3 月 31 日决处以有期徒刑 6 个月，于 2004 年 4 月 15 日确定。台北地检署检察官以甲所为属于缓刑前犯他罪，而在缓刑期内受有期徒刑以上刑之宣告，符合撤销缓刑宣告之规定，向同院声请撤销其缓刑之宣告。台北地方法院乃于 2004 年 10 月 4 日裁定，将甲之缓刑宣告撤销，揆之首揭说明，即无不合。]

第七十五条之一　缓刑宣告之得撤销

①受缓刑之宣告而有下列情形之一，足认原宣告之缓刑难收其预期效果，而有执行刑罚之必要者，得撤销其宣告：

一、缓刑前因故意犯他罪，而在缓刑期内受六月以下有期徒刑、拘役或罚金之宣告确定者。

二、缓刑期内因故意犯他罪，而在缓刑期内受六月以下有期徒刑、拘役或罚金之宣告确定者。

三、缓刑期内因过失更犯罪，而在缓刑期内受有期徒刑之宣告确定者。

四、违反第七十四条第二项第一款至第八款所定负担情节重大者。

②前条第二项之规定，于前项第一款至第三款情形亦适用之。

条理析释

"刑法"关于缓刑之撤销，除第 75 条订有应撤销缓刑之原因外，尚有本条之得撤销缓刑之原因两大类。本次修法系采德国及奥地利之立法例，明定"撤销"与"得撤销"两种原因。而将缓刑前或缓刑期间故意犯他罪,而在缓刑期内受 6 个月以下有期徒刑、拘役或罚金(得易科罚金或得易服社会劳动而不必入监服刑者);或缓刑期内,因过失犯罪其情节较重,受有期徒刑之宣告确定者;或违反第 74 条第 2 项应于缓刑期间内遵守之事项而情节重大者,均改列为得撤销缓刑之事由,俾使法官依被告再犯情节,而裁量是否撤销先前缓刑之宣告。前揭"应遵守之事项"者,例如:向被害人支付相当数额、向公库支付一定之金额、接受精神、心理辅导、提供义务劳务或其他为预防再犯之事项等,而情节重大者,得撤销其缓刑宣告,以期周延。至于所谓"情节重大"者,例如:受判决人显有履行负担之可能,而隐匿或处分其财产、故意不履行、无正当事由拒绝履行或显有逃匿之虞等情事而言。

法院得裁定撤销缓刑之原因则分别规定,其理由如下:

本条课予法院裁量得撤销缓刑之宣告时,有义务衡酌相关情况审查是否具备"足认原宣告之缓刑难收其预期效果,而有执行刑罚之必要者"之实质要件。例如妥适审酌被告所犯前后数罪间,关于法益侵害之性质、再犯之原因、违反法规范之情节是否重大、被告主观犯意所显现之恶性及其反社会性等情,是否已使前案原为促使恶性轻微之被告或偶发犯、初犯改过自新而宣告之缓刑,已难收其预期之效果,而确有执行刑罚之必要。

例一:被告先后所犯二案,非但犯罪型态、原因、侵害法益及社会危害程度殊异,且后案宣告之罪名为"毒品危害防制条例"第 11 条第 2 项持有第二级毒品罪,法定刑为"2 年以下有期徒刑、拘役或新台币 3 万元以下罚金",经本院斟酌情节后,亦仅宣告拘役 30 日之轻刑,显见受刑人后案之犯罪情节尚非重大,衡情不能因此遽认其前案缓刑之宣告难收预期效果而有执行刑罚之必要。

例二:受刑人赃物案件之犯罪时间,早于窃盗案件,从而受刑人并非于窃盗案件侦、审程序中再犯赃物案件,尚未可认其系无从借由窃盗案件之侦、审程序知所警惕而再犯赃物案件。且受刑人于缓刑期前所犯赃物案件,经本院判处有期徒刑 3 个月,衡情犯罪情节尚非严重;而受刑人因窃盗案件经宣告缓刑,期间迄今已逾半载而无其他不法情事,足征被告自窃盗案件进入侦、审程序时起,即未再犯罪或对司法机关显现出藐视之心态,故其恶性及再犯性,自较于前案侦、审程序中再犯罪者为低,难认原宣告之缓刑将因后案之宣判而难收预期效果,且有执行刑罚之必要。

实务判解

◆"刑法"第75条之1各款规定,受缓刑之宣告而有相关情形之一,足认原宣告之缓刑难收其预期效果,而有执行刑罚之必要者,得撤销其宣告。该条采用"裁量撤销主义",赋予法院撤销与否之权限,特于第1项规定实质要件为"足认原宣告之缓刑难收其预期效果,而有执行刑罚之必要",供作审认之标准。亦即于上揭"得"撤销缓刑之情形,法官应依职权本于合目的性之裁量,妥适审酌被告所犯前后数罪间,关于法益侵害之性质、再犯之原因、违反法规范之情节是否重大、被告主观犯意所显现之恶性,及其反社会性等情,是否已使前案原为促使恶性轻微之被告或偶发犯、初犯改过自新而宣告之缓刑,已难收其预期之效果,而确有执行刑罚之必要,此与"刑法"第75条第1项所定二款要件有一具备,即毋庸再行审酌其他情状,应径予撤销缓刑之情形不同。(台湾"高等法院"2008年抗字第167号)

第七十六条　缓刑之效力

①缓刑期满,而缓刑之宣告未经撤销者,其刑之宣告失其效力。但依第七十五条第二项、第七十五条之一第二项撤销缓刑宣告者,不在此限。

条理析释

本法对于缓刑制度采罪刑附条件宣告主义,认缓刑期满未经撤销者有消灭罪刑之效力,原第76条仅规定"缓刑期满,而缓刑宣告未经撤销者,其刑之宣告失其效力"。对于缓刑期内更犯罪或缓刑前犯他罪,纵于缓刑期间内开始刑事追诉或为有罪判决之宣告,如其判决确定于缓刑期满后者,即不得撤销其缓刑。为督促主管机关注意实时行使撤销缓刑之责,避免前述因诉讼程序技巧所衍生之法律漏洞,增订"判决确定后六月以内,声请撤销缓刑"之规定,使撤销缓刑之裁定纵然在缓刑期满后,其刑之宣告仍有其效力。

缓刑期满,而缓刑之宣告未经撤销者,其刑之宣告失其效力(刑罚失效原则),则视为自始未受刑之宣告。倘该缓刑人之宣告刑为有期徒刑,于缓刑期满未撤销缓刑后,5年以内故意再犯有期徒刑以上之罪者,依刑罚失效原则自不生累犯之问题。此与假释人于假释期满未经撤销假释所生之"其未执行之刑,以已执行论"之效力不同,如该假释人于余刑期间内未经撤销假释,紧接其后于5年以内故意再犯有期徒刑以上之罪者，即该当"刑法"累犯之要件。

实务判解

◆"刑法"第 76 条"缓刑期满，而缓刑之宣告未经撤销者，其刑之宣告失其效力"之规定，其所谓"缓刑之宣告未经撤销者"，系指未经法院就缓刑之宣告撤销而言，重在是否已经法院就缓刑之宣告为撤销之裁判，不以该缓刑撤销之裁判确定为必要。申言之，于缓刑期间内，因有"刑法"第 75 条或其他法定之原因，已经法院为撤销缓刑之裁判者，即生撤销缓刑之效力，不以该撤销缓刑之裁判确定为必要。否则如须俟该法院撤销缓刑之裁判确定后，始生撤销缓刑之效果，无异将撤销缓刑与否，系于诉讼进行之迟速，并鼓励狡黠之被告滥行诉讼，借审级制度拖延诉讼，以获得不当之利益，亦与缓刑制度旨在对一定条件下轻犯之被告，鼓励迁善，犹豫其刑之执行，以兼顾情理之平之立法精神大相违背，至若该经法院撤销缓刑之裁判，其后经有权机关依法定程序撤销而确定者（如抗告、上诉、非常上诉等），其有"刑法"第 76 条之适用，自不待言。（2004 年台非字第 228 号）

◆缓刑期满，而缓刑之宣告，尚未经撤销者，其刑之宣告失其效力，"刑法"第 76 条定有明文，所谓刑之宣告失其效力，指自始未受刑之宣告而言。又"刑法"第 74 条第 2 款关于前受有期徒刑以上刑之宣告，执行完毕或赦免后，5 年以内未曾受有期徒刑以上刑之宣告之缓刑要件，其所谓 5 年之内未曾受有期徒刑以上刑之宣告，指后案宣示判决之时，而非后案犯罪之时。（2005 年台上字第 49 号）

第十章 假 释

第七十七条 假释之要件及不得假释之情形

①受徒刑之执行而有悛悔实据者，无期徒刑逾二十五年，有期徒刑逾二分之一、累犯逾三分之二，由监狱报请"法务部"，得许假释出狱。

②前项关于有期徒刑假释之规定，于下列情形，不适用之：

一、有期徒刑执行未满六个月者。

二、犯最轻本刑五年以上有期徒刑之罪之累犯，于假释期间，受徒刑之执行完毕，或一部之执行而赦免后，五年以内故意再犯最轻本刑为五年以上有期徒刑之罪者。

三、犯第九十一条之一所列之罪，于徒刑执行期间接受辅导或治疗后，经鉴定、评估其再犯危险未显著降低者。

③无期徒刑裁判确定前逾一年部分之羁押日数算入第一项已执行之期间内。

条理析释

假释，系指暂时释放之意，即于刑之部分执行后，审查受刑人确有悔改之事实，并已达刑罚执行之效果者，将受刑人由监狱暂时释放之制度，其目的在于使受刑人再社会化，以避免长期自由刑之弊端。

假释制度系发轫于英国，已为大多数国家之刑事立法例所采行，惟于重刑犯及累犯是否准予假释之犯罪学研究发现，重刑犯罪者，易有累犯之倾向，且矫正不易，再犯率比一般犯罪者高，为达到防卫社会之目的，渐有将假释条件趋于严格之倾向。如美国所采之"三振法案"，对于3犯之重刑犯罪者（FELONY），更采取终身监禁而不得假释（LIFE SENTENCE WITHOUT PAROLE）之立法例。台湾地区原对于重大暴力犯罪被判处无期徒刑者，于服刑满15年或20年后即有获得假释之机会，然其再犯之危险性较之一般犯罪仍属偏高，一旦给予假释，其对社会仍有潜在之侵害性及危险性。近年来多起震撼社会之重大暴力犯罪，均属此类情形。因此为达到防卫社会之目的有其必要性，将无期徒刑得假释之条件，不论初犯或累犯，一律提高至执行逾 25 年，始得许假释。

对于屡犯重罪之受刑人，因其对刑罚痛苦之感受度低，尤其犯最轻本刑 5 年以上重罪累犯之受刑人，其已执行逾三分之二而获假释之待遇，犹不知悔悟，更于假释期间或徒刑执行完毕或赦免后 5 年内，再犯最轻本刑 5 年以上之罪，显见刑罚教化功能对其已无效益，为社会之安全，采用美国"三振法案"之精神，限制此类受刑人假释之机会应有其必要性，增订为不得假释之对象。

例如：曾犯最轻本刑 5 年以上有期徒刑（如杀人、强盗、海盗、掳人勒赎等罪）的累犯，于假释期间、受徒刑之执行完毕，或一部之执行而赦免后，5 年以内故意再犯最轻本刑为 5 年以上有期徒刑之罪者（即第三犯），即不得为假释之对象。

性侵害犯罪之加害人进入强制治疗之程序，理应依"监狱行刑法"接受辅导或治疗后，经评估、鉴定其再犯危险并未显著降低者，始有接受"刑法"强制治疗之必要；反之，如受刑人依前开规定接受辅导或治疗后，其再犯危险显著降低，即可依假释程序审核是否有悛悔实据，而准予假释。从而，监狱中之治疗评估小组作整体评估、鉴定时，似无一方面认受刑人接受辅导或治疗，其再犯危险显著降低而准其假释，另一方面又评估其应继续接受强制治疗之矛盾情形。故"刑法"之强制治疗应是刑期内之辅导或治疗不具成效，其再犯危险仍未显著降低时，始有进一步施以强制治疗之必要。

本条第 1 项所谓"由监狱报请'法务部'，得许假释出狱"。其执行之重要法源设于监狱内之"假释审查委员会（'监狱行刑法'第 81 条第 1 项）"依据"行刑累进处遇条例""第 11 章假释"之第 75 条及第 76 条而审查并陈报"法务部"核定之，其报请核定假释之规定如下：第 1 级受刑人合于法定假释之规定者，应速报请假释。第 2 级受刑人已适于社会生活，而合于法定假释之规定者，得报请假释。至于"法务部"则另设假释审查委员会，责由政务次长主持决议之。经核准假释出狱之受刑人，应给予假释证明书，交假释人出狱后向检察官报到。相关详细规范，可查阅"法务部"订颁之"办理假释应行注意事项"。

实务判解

◎宣告死刑案件确定后尚未执行者，依减刑办法减为无期徒刑者，将来办理假释时，除减刑后之刑期应自减刑办法施行之日起算外，其以前羁

押之日数，不得算入执行刑期之内。（1945 年院字第 2840 号）

[编按⇨自 2006 年 7 月 1 日起，依"刑法"第 77 条第 3 项之规定，无期徒刑裁判确定前逾 1 年部分之羁押日数，可算入已执行之期间内。]

◆累犯之成立，依"刑法"第 47 条之规定，必须曾受有期徒刑之执行完毕，或受无期徒刑或有期徒刑一部之执行而赦免后，5 年以内再犯有期徒刑以上之罪者，始足当之。所谓执行完毕，原则上系指受刑人在监狱执行刑期届满而出狱者而言。如系经假释出狱者，须在无期徒刑假释后满 20 年，或在有期徒刑所余刑期内未经撤销假释者，其未执行之刑，始得以已执行完毕论。如其为 2 以上徒刑并执行者，依"刑法"第 79 条之 1 第 1 项规定："二以上徒刑并执行者，第七十七条所定最低应执行之期间，合并计算之。"同条第 3 项规定："依第一项规定合并计算执行期间而假释者，前条第一项规定之期间，亦合并计算之。"从而，在并合执行之情形，经许其假释出狱者，其报请许可假释所须最低应执行期间既合并计算，且假释期间（即残刑期间）亦合并计算之，其期间即无从区分。因之，不论假释出狱前所执行之期间是否已逾其中任一罪之刑期，亦不论嗣后其假释有无被撤销，在假释期间内，均应认为尚未执行完毕。其于执行逾其中任一罪之刑期后 5 年内之假释期间，再犯有期徒刑以上之罪者，即不应论以累犯。是关于累犯之成立，如有二以上徒刑执行者，必合并计算之假释期满未经撤销假释，其未执行之刑，始以已执行论，其 5 年内再犯有期徒刑以上之罪者，始足构成。（2004 年台非字第 156 号）

◆经撤销假释执行残余刑期者，其有期徒刑之残余刑期，于全部执行完毕时，即应认为已执行完毕，不再与嗣后接续执行之他刑，合并计算执行期间，从而残余刑期之执行与接续执行之他刑，其刑期应分别计算。（2008 年台非字第 1 号）

法律座谈

法律问题：被告犯甲、乙二罪所处有期徒刑并合执行，于接续执行中，倘其中甲罪徒刑已经期满，而在乙罪徒刑执行中，依"刑法"第 79 条之 1 第 1 项合并计算同法第 77 条所定最低应执行之期间，获准假释。嗣该被告于甲罪徒刑期满后 5 年内之假释期间再犯有期徒刑以上之罪时，应否以累犯论拟？

研究意见："刑法"第 79 条之 1 第 1 项规定："二以上徒刑并执行者，第七十七条所定最低应执行之期间，合并计算之。"同条第 3 项规定："依第一项规定合并计算执行期间而假释者，前条第一项规定之期间，亦合并计算之。"则在并合执行之情形，经许其假释出狱者，其报请许可假释所须最低应执行之期间，既合并计算；且假释期间（即残刑期间），亦合并计算之，其期间即无从区分。从而，不论假释出狱前所执行之期间是否已逾其中任何一罪之刑期，亦不论嗣后其假释有无被撤销，在假释期间内，均应认为尚未执行完毕。其于执行逾其中任何一罪之刑期后5年内之假释期间，再犯有期徒刑以上之罪者，不应论以累犯。题设情形，被告既因甲、乙二罪所处有期徒刑并合执行，并合并计算其最低应执行之期间而获准假释，其已执行之期间及假释之范围自应包括甲、乙二罪徒刑在内，其于执行逾甲罪刑期后5年内之假释期间，再犯有期徒刑以上之罪者，依上开说明，不应论以累犯。

第七十八条　假释之撤销

①假释中因故意更犯罪，受有期徒刑以上刑之宣告者，于判决确定后六月以内，撤销其假释。但假释期满逾三年者，不在此限。

②假释撤销后，其出狱日数不算入刑期内。

条理析释

原条文规定假释中更故意犯罪，其判决确定在假释期满后者，于确定后6个月以内撤销之，则受刑人将长期处于是否撤销之不确定状态，盖案件非可归责于受刑人延滞，亦可能一再发回更审，致使诉讼程序迟迟未能终结，如未设一定期间限制假释撤销之行使，则受刑人形同未定期限之处于假释得被撤销之状态，对于法律安定效果，实属不当，亦对受刑人不公。因此，增设假释期满逾3年未撤销者，不得撤销假释之规定，以期公允。

假释之撤销属刑事裁判执行之一环，为广义之司法行政处分，如有不服，其救济程序，应依"刑事诉讼法"第484条之规定，即俟检察官指挥执行该假释撤销后之残余徒刑时，再由受刑人或其法定代理人或配偶向当初谕知该刑事裁判之法院声明异议，不得提起行政争讼。

自假释之立法目的及受保护管束人之利益角度观之，苟受保护管束人遭指之故意更犯罪行为，嗣如经发回并谕知无罪，而残刑却因先行撤销假释而执行完毕时，其假释权利将受有不可回复之侵害甚明；而立法上为贯彻假释之目的，不许未能惕励自新者继续假释。用以防止受保护管束人为于假释期满前逃避撤销，而借故上诉，拖延判决确定之弊端。再者，撤销假释固属广义之司法行政处分，处分时不需经法院裁定，惟假释撤销后，检察官据以指挥执行残刑之行为，被撤销者如有不服，"刑事诉讼法"第484条既明定受刑人或其法定代理人或配偶，得向当初谕知该刑事裁判之法院声明异议，此时即应受法院之"合法性审查"，法院为审查时，固应尊重执行机关对于受刑人之表现、执行之必要性与效果、对社会之危险性等专业评量，惟对于违反或抵触法令部分，仍非不得予以宣告违法并撤销之，且审查之对象如谓仅限于检察官之指挥执行残刑行为，而不及于撤销假释之处分行为者，则前开救济规定不啻形同具文，亦形成受刑人之假释遭撤销，而检察官却无法指挥执行残刑之矛盾。

"宪法"固定有保障人民之平等权之明文，惟人民不得就其违法行为主张平等权，易言之，即人民不得主张"不法之平等"，况该他案是否经撤销假释，基于个案拘束之原则，该案并不具一般之效力，声明意旨遽援引他案之处分情形，欲借资比照，于法显非有据。据此，被告甲不得主张其犯罪情节与同案（或他案）被告乙所为极其类似或相去不多，因而要求法院必须比照被告乙之缓刑宣告；或主张乙并未被撤销缓刑，所以法院亦不得对其撤销缓刑。

假释出狱者，假释中付保护管束，属于保安处分之1种，其目的在监督受刑人释放后之行状与辅导其适应社会生活，期能继续保持善行。依"保安处分执行法"第64条第2项之规定，"法务部"得于地方法院检察署置观护人，专司由检察官指挥执行之保护管束事务，因此受刑人假释中之保护管束事务，自系由检察官指挥执行，而受保护管束人是否应撤销假释，仍属刑事裁判执行之一环，为广义之司法行政处分，受保护管束人对于检察官所指挥执行撤销假释之原因事实，如有不服，自得依"刑事诉讼法"第484条规定声明异议以求救济（"司法院"释字第681号解释意旨参照）。

本条第1项规定："假释中因故意更犯罪，受有期徒刑以上刑之宣告者，于判决确定后六月以内，撤销其假释。"在贯彻假释期间未能惕励自新之故意更犯罪者，不许其继续假释之立法意旨，属法定撤销假释事由。

例如：甲确于假释付保护管束期间，故意触犯酒后驾车之罪行，经判处有期徒刑确定，与本条第1项规定之要件相符，属法定撤销假释事由，法院据以裁定撤销其假释，并不违法。

至于"刑法"第79条第2项规定："假释中另受刑之执行、羁押或其他依法拘束人身自由之期间，不算入假释期内。但不起诉处分或无罪判决确定前曾受之羁押或其他依法拘束人身自由之期间，不在此限。"系受刑人于假释期间，倘依法丧失自由时，该段丧失自由之时日是否计入假释期间之规定，与第78条第1项之规定，系假释应否撤销之问题，二者规范目的不同，彼此间并无互相排斥对立关系，自不得执此非彼。（2014年度台抗字第209号裁定参照）

实务判解

◇假释被撤销后，其在假释中所付之保护管束，当然消灭，无须检察官声请裁定。（1936年院字第1567号）

◇累犯之成立，以曾受有期徒刑之执行完毕，或受无期徒刑或有期徒刑一部之执行而赦免后，5年以内再犯有期徒刑以上之罪为要件。如在假释中因故意更犯罪，受有期徒刑以上刑之宣告者，依"刑法"第78条第1项之规定，经撤销其假释者，则其刑罚尚未执行完毕，自无由成立累犯。（2001年台非字第298号）

◇假释制度乃系为救济长期自由刑之流弊，鼓励受刑人改过自新，符合监狱人性化管理目标，并基于教育刑之理念，给予受刑人提前出狱，重返自由社会，以利其更生之机会，然若受刑人于假释期间故意犯罪而受有期徒刑以上刑之宣告，即表示其未能惕励自新，当不宜许其继续假释，自应回归原本确定裁判所宣示之刑期执行之。目前实务上，于受刑人有法定撤销假释事由时，系由典狱长报请其上级机关即"法务部"撤销之。衡酌"法务部"为核准假释与否之权责机关，并为典狱长所属之监狱机构等矫正单位之上级主管机关，"保安处分执行法"第2条第3项亦规定保安处分之实施受"法务部"之指挥、监督，检察官对于执行保护管束者亦负随时调查、监督之责，则"法务部"自系最为知悉受刑人受刑时之状况及假释出监后之保护管束执行情形，是由相关矫正单位之隶属关系及法律之体系解释，在受刑人假释付保护管束出监后，若有法定撤销假释事由时，由"法务部"予以撤销，并无任何违法或不当。本件再抗告人因违反"麻醉药品管理条例"等案件被判处罪刑确定，经执行后依法假释出狱，竟于假释期间故意更犯罪，"法务部"乃依"刑法"第78条第1项规定撤销其假释，检察官并据以核发执行指挥书令其入监执行残刑，并无违法或不当。（2014年度台抗字第413号）

第七十九条　假释之效力

①在无期徒刑假释后满二十年或在有期徒刑所余刑期内未经撤销假释者，其未执行之刑，以已执行论。但依第七十八条第一项撤销其假释者，不在此限。

②假释中另受刑之执行、羁押或其他依法拘束人身自由之期间，不算入假释期内。但不起诉处分或无罪判决确定前曾受之羁押或其他依法拘束人身自由之期间，不在此限。

条理析释

受刑人于假释期间内，如因另案而获不起诉处分或无罪判决确定，其所曾受之羁押或其他拘束人身自由之期间（例如：鉴定留置），自无排除于假释期内之理论依据。经参酌"刑事补偿法"（原"冤狱赔偿法"）第1条之法理，明定该不起诉处分与无罪判决确定前，曾受之羁押或其他依法拘束人身自由之期间，仍算入假释期内。此乃第2项但书之所依据。

实务判解

◆"刑法"第78条第1项所谓"假释中"，系指受无期徒刑或有期徒刑之执行完毕前，自假释之日起至假释期满为止之期间而言。又依同法第79条第1项规定，有期徒刑假释后，在其所余刑期内未经撤销假释者，其未执行之刑，以已执行论。受刑人经减刑于执中假释，并依减刑后之刑期计算已假释期满。其后于5年内更犯罪受有期徒刑以上刑之宣告，显然已在前所犯之罪执行完毕之后，殊非认为假释中更犯罪而受有期徒刑以上刑之宣告，不应撤销其假释。（1987年第8次刑事庭决议）

◆"刑法"第47条规定之累犯，必以曾受有期徒刑之执行完毕，或受无期徒刑或有期徒刑一部之执行而赦免后，5年以内再犯有期徒刑以上之罪者，始足当之。所谓受有期徒刑之执行完毕，除在监狱执行期满者外，如为假释出狱，须在有期徒刑所余刑期内未经撤销假释者，其未执行之刑，始以已执行论。若为二以上有期徒刑并执行时，假释所定最低应执行之期间，合并计算之；其所余刑期（即假释期间），亦应合并计算，必于该期间内未经撤销假释者，其未执行之刑，始以已执行论。于此情形，不论假释出狱前所执行之期间是否已逾其中任何一个有期徒刑之刑期，凡在假释期间内，均应认有期徒刑尚未执行完毕，则其于执行逾其中任何一个有期徒刑之刑期后5年内之假释期间，再犯有期徒刑以上之罪者，仍不应

论以累犯。(2005 年台上字第 2525 号)

法律座谈

法律问题: 某甲于 1973 年间犯窃盗罪，经法院判处有期徒刑 1 年 6 个月确定，执行中，于 1975 年 3 月 4 日假释出狱（刑期至 1975 年 10 月 7 日届满），假释期间，法院又于 1975 年 9 月以裁定减为有期徒刑 9 个月，同年 11 月始由检察官执行，问某甲之徒刑执行完毕日期系在何时?

讨论意见:

甲说: 某甲减刑后之刑期，于假释前业已届满，应以假释出狱之日，为执行完毕日。

乙说: 按执行裁判，由裁判法院之检察官指挥之。某甲之减刑裁定，于 1975 年 11 月始由检察官指挥执行，应以检察官指挥执行之日，为执行完毕日期。

丙说: 某甲假释后所余刑期，在减刑裁定执行前业已届满，依"刑法"第 79 条第 1 项之规定，应以假释期满之日，为执行完毕日期。

审查意见: 采乙说。

某甲之刑期，1 年 6 个月，于 1975 年 10 月 7 日届满，减刑为 9 个月后应于 1975 年 1 月 7 日届满，检察官第 1 次指挥执行中假释，必待假释期满始谓执行完毕，假释期中裁定减刑，自非假释期满，裁定减刑后之刑期又于假释前届满，亦无"刑法"第 79 条第 1 项规定之适用，检察官既又于 1975 年 11 月指挥执行，自应以检察官执行之日为执行完毕日期。

"司法院"第一厅研究意见:同意研讨结果。

（"司法院"第一厅 1981 年 10 月 28 日（70）厅刑一字第 1104 号函复）

第七十九条之一　徒刑并执行者之假释

①二以上徒刑并执行者，第七十七条所定最低应执行之期间，合并计算之。

②前项情形，并执行无期徒刑者，适用无期徒刑假释之规定;二以上有期徒刑合并刑期逾四十年，而接续执行逾二十年者，亦得许假释。但有第七十七条第二项第二款之情形者，不在此限。

③依第一项规定合并计算执行期间而假释者，前条第一项规定之期间，亦合并计算之。

④前项合并计算后之期间逾二十年者，准用前条第一项无期徒刑假释之规定。

⑤经撤销假释执行残余刑期者，无期徒刑于执行满二十五年，有期徒刑于全部执行完毕后，再接续执行他刑，第一项有关合并计算执行期间之规定不适用之。

条理析释

因应"刑法"第51条数罪并罚有期徒刑之期限已提高至30年，而具有数罪性质之合并执行，其假释条件亦应配合修正提高为"逾40年"。如具备合并刑期逾40年者之假释条件，其后接续执行应与单一罪加重结果之假释及与无期徒刑之假释有所区别，配合修正须接续执行"逾20年"始得许其假释。

合并执行之数罪中，如有符合第77条第2项第2款之情形者，依该款规定已不得假释，自不得因与他罪合并执行逾40年，而获依本项假释之待遇，特增订但书，以杜争议。

实务判解

◆"刑法"累犯之成立，以受有期徒刑之执行完毕，或受无期徒刑或有期徒刑一部之执行而赦免后，5年以内再犯有期徒刑以上之罪为要件；故有期徒刑如尚未执行完毕，或未经一部之执行而赦免以前，更犯有期徒刑以上之罪者，即不得依"刑法"第47条累犯之规定加重其刑，否则即有适用法则不当之违背法令，于判决确定后，得提起非常上诉救济。又"刑法"第79条之1第1项规定："二以上徒刑并执行者，第七十七条所定最低应执行之期间，合并计算之。"同法条第3项规定："依第一项合并计算执行期间而假释者，前条第一项规定之期间，亦合并计算之。"则二个以上有期徒刑并执行之情形，倘经许其假释出狱者，其报请许可假释所须最低应执行之期间，既应合并计算，且假释之残刑期间，亦应合并计算之，其期间即无从区分。从而，不论假释出狱前所执行之期间是否已逾其中一罪之刑期，亦不论嗣后其假释有无被撤销，在假释期间内，均应认为尚未执行完毕，其于执行逾其中一罪之刑期后5年内之假释期间，再犯有期徒刑以上之罪者，均不应论以累犯。（2004年台非字第245号）

◆"刑法"第79条之1第1项、第3项系规定受刑人有2个以上之有期徒刑在合并执行时，其有关假释期间之计算方法。若受刑人并无二个以

上之有期徒刑合并执行者，自无上揭法条之适用。（2005 年台非字第139 号）

◆二个以上徒刑并执行者，依"刑法"第 79 条之 1 第 1 项规定，报请许可假释所定最低应执行之期间合并计算之；同条第 3 项规定其假释期间（残余刑期）亦合并计算之。故在二个以上徒刑合并执行之情形，即无从将合并执行之刑期割裂；假释期间亦同。从而关于累犯之认定，必合并计算之假释期满，未经撤销假释，5 年以内再犯有期徒刑以上之罪者，始足构成。(2005 年台非字第 272 号)

◆"刑法"第 79 条之 1 第 1 项规定："二以上徒刑并执行者，第七十七条（假释之要件）所定最低应执行之期间，合并计算之。"又"行刑累进处遇条例施行细则"第 15 条第 1 项明定："对有二以上刑期之受刑人，应本分别执行、合并计算之原则，由指挥执行之检察官于执行指挥书上注明合并计算之刑期，以定其责任分数。""办理假释应行注意事项"第 18点亦定明："对于二以上之刑期，应本分别执行、合并计算之原则，由指挥执行之检察官于执行指挥书上注明合并计算之刑期，以凭核办假释。"是对于有二个以上刑期之受刑人，检察官应于执行指挥书上注明合并计算之刑期，以利该受刑人累进处遇责任分数之计算，并凭以核办假释，事属至明。(2009 年台抗字第 327 号)

第十一章 时 效

第八十条 追诉权之时效期间

①追诉权，因下列期间内未起诉而消灭：

一、犯最重本刑为死刑、无期徒刑或十年以上有期徒刑之罪者，三十年。

二、犯最重本刑为三年以上十年未满有期徒刑之罪者，二十年。

三、犯最重本刑为一年以上三年未满有期徒刑之罪者，十年。

四、犯最重本刑为一年未满有期徒刑、拘役或罚金之罪者，五年。

②前项期间自犯罪成立之日起算。但犯罪行为有继续之状态者，自行为终了之日起算。

条理析释

"刑法"时效制度设置之目的，在学理上虽有不同见解，然通说认为除有督促侦审机关积极行使追诉权，避免怠于行使致举证困难以外，兼有尊重向来状态，以维持社会安定之意义。（2013 年度台上字第 2421 号判决参照）

追诉权之性质，系检察官或犯罪被害人，对于犯罪，向法院提起确认国家刑罚权之有无及其范围之权利。因此，追诉权消灭之要件，当以检察官或犯罪被害人未于限期内起诉为要件。盖未起诉前，法院基于"不告不理原则（未经原告起诉，法院不得审判。或称'无诉无判'较符合控诉原则之真意。）"无从对于犯罪之刑罚权确认其有无及其范围；自反面而言，倘经起诉，追诉权既已行使，原则上即无时效进行之问题。而所谓起诉，系指"刑事诉讼法"第 251 条第 1 项提起公诉及第 451 条第 1 项声请简易判决处刑者而言。

依现行之侦查期间除有法定事由外，时效并不停止进行，如时效期间过短，有碍犯罪追诉，造成宽纵犯罪之结果，为调整行为人之时效利益及犯罪追诉之衡平，酌予提高本条第 1 项各款之期间。

"刑法"总则篇时效章关于追诉权时效及行刑权时效规定之修正，发生新旧法律变更适用问题，为杜争议及维护行为人、受刑人之利益，而采从轻原则，增设比较修正条文前后结果，适用最有利行为人之规定，足征此乃特别规定而应优先适用。

例一：甲涉犯"刑法"第 277 条之伤害罪，其追诉权时效期间应为 20 年，嗣因甲逃逸，经法院发布通缉后，本件追诉权时效应加计原时效期间之四分之一，即 5 年，惟甲直至时效到期日为止均未被查获，故依据"刑事诉讼法"第 302 条第 2 款规定，谕知免诉判决。

例二：案件时效（仅指追诉权时效）已完成者，于侦查中检察官应为不起诉之处分，"刑事诉讼法"第 252 条第 2 款定有明文。若被告涉犯诈欺罪，因逃匿经地方法院检察署检察长发布通缉，致侦查之程序不能开始。兹因该罪之追诉权时效期间为 20 年，追诉权时效停止期间为 5 年，合计为 25 年，如被告逃匿时间已达上开合计期间，依"刑法"第 80 条、第 83 条之规定，追诉权之时效已完成。

本条关于追诉权消灭之要件，应以原告（检察官或自诉人）未于期限内向该管法院诉为要件，法院对于未经起诉之案件，基于"无起诉即无裁判（不告不理）"之原则，无从对特定之被告所为之特定犯罪事实，依法进行审判之程序，确定国家刑罚权之有无及其范围。职是之故，刑事案件一经起诉，原告之追诉权则已启动，此时即无时效进行之问题。因此，将第 1 项前文"不行使"一语，修正为"未起诉"，以资明确。

本条原第 1 项第 5 款系将"拘役或罚金"之追诉权时效期间规定为 1 年，惟由于期间短促，常予被告以可乘之机，又第 33 条第 5 款对罚金之最低额已自 1 元提高为 100 元，参酌旧"刑法"及德国立法例，将拘役与罚金之追诉权时效期间由原定 1 年提高为 3 年，以应实务上需要。

案件经实施侦查，则追诉权时效既无怠于行使之情形，即不生追诉权时效进行之问题。对于同一案件重行起诉，为"刑事诉讼法"所禁止，而所谓"同一案件"，除事实上同一者外，即法律上同一者亦属之。故案件与业系属于法院之其他案件具实质上或裁判上一罪关系时，因已为原起诉效力所及，故由检察官予以签结后，将相关卷证移送法院并案审理，其目的在于促请法院得并予审理，非"刑事诉讼法"所称起诉或请求事项。惟此种并案审理，因非属法律所明定之侦查或起诉障碍事由，其时效之进行非当然依法停止，然此一实务上事实存在之处理方式，系因受上开重行起诉禁止原则之法律内在限制使然，究与追诉权"怠于行使"或"不为行使"情形有别，惟此类情形如时效仍继续进行，检察官为避免案件罹于时效而径行起诉，可能影响于法院知悉就同一案件并为一次审判。"刑法"就此虽未明文规范，本于行为人时效利益及犯罪追诉衡平之规范目的，依目的性扩张解释，应认与旧法第 83 条所规定"依法律规定，侦查程序不能继续"或现行法同条第 1 项所规定"依法应停止侦查"之意义相当，该"并案审理"期间，并案部分之时效应停止进行，于计算时效进行期间，自应予以扣除；并有同条第 2 项、第 3 项规定之适用自不待言。惟于已起诉案件之犯罪事实与并办案件之犯罪事实非实质同一，且其应适用之法律可确定不具有裁判上一罪关系者，倘检察官仍为并案，即可认系怠于行使其侦查权，且以此种方法不为行使，其追诉权时效自仍应继续进行，无上揭扣除期间之问题。（2012 年度台上字第 6706 号判决参照）

实务判解

◆某甲之父，于 1946 年间，擅在与其住宅建地相接之市有公地上种植香蕉，及以木材建搭牛舍 1 间，嗣经市卫生局于 1965 年 7 月 10 日将牛舍拆除后，某甲竟于同日下午窃占该地 10 坪许，以木材盖搭棚舍 1 间，以供养牛之用，某甲搭盖棚舍行为其追诉权时效，应自 1965 年 7 月 10 日窃占时起算。（1967 年第 1 次刑事庭决议第 1 则）

◆案经提起公诉或自诉，且在审判进行中，此时追诉权既无不行使之情形，自不发生时效进行之问题。（1974 年释字第 138 号）

◆牵连犯追诉权时效，在各个犯罪间各自独立，不相干连，应分别计算。牵连犯之轻罪，如追诉权时效已完成，而重罪部分仍应谕知科刑时，应于判决内说明轻罪部分因属裁判上一罪不另谕知免诉之理由。（1980 年台上字第 4917 号）

［编按➩应注意"刑法"已修正，删除牵连犯之规定。］

◆原判决认为上诉人被诉触犯"刑法"第 216 条、第 210 条、第 217 条第 1 项伪造文书印文署押罪嫌部分，其追诉权均已罹于时效而消灭，不能再对之论处，惟因与伪造有价证券有罪部分，为裁判上一罪，不另为免诉之谕知云云。此部分主刑之追诉权既已罹于时效而消灭，则其附随之从刑，自无独存之理，不能再为单独没收（非违禁物）之宣告。乃原判决仍谕知没收上诉人所伪造开设张某名义甲种存户时之伪造印文及署押，自有适用法则不当之违法。（1981 年台上字第 4232 号）

◆就 2006 年 7 月 1 日修正施行前"刑法"关于追诉权时效之规定而言，检察官开始实施侦查作为，在解释上固可认为已经行使追诉权，而为追诉权时效停止进行之法定事由。然"侦查"本有广义与狭义之分，广义之侦查不论犯人是否已经明了，只须实际进行调查犯人之犯罪情形及相关证据，即得谓为"侦查"；"刑事诉讼法"所规定之侦查，即指此而言。但就"刑法"时效制度设置之本旨而言，此所谓"侦查"应从狭义解释，即必须已明了犯人后之侦查，始得谓之"侦查"；在犯人未明之前，无论曾否进行调查犯罪情形及相关证据，均不能认为已经开始侦查，亦即不能视为已对本案犯罪嫌疑人行使追诉权而阻却其追诉权时效之进行[1]。（2013年度台上字第2421号）

法律座谈

⊙**法律问题一**：甲窃占某乙土地，在其上盖有违章建筑1栋已逾10年。嗣违章建筑经建管机关依法拆除后，甲旋运来货柜屋1座，放在原地，仍基于窃占之意思而为使用，其放置货柜屋之行为，是否另行构成窃占？

讨论意见：

1. **否定说**：某甲自始并未放弃对该土地之占有使用，其原为违章建筑后改为货柜屋，仅为窃占方法之变更，其窃占之意思则为持续，其行为亦保持续，应认为是原窃占行为之继续，其追诉权时效已经完成。

2. **肯定说**：某甲是以违章建筑之方法而窃占他人土地，则其窃占之状态、期间应以该违章建筑之存续时间为准，一旦违章建筑灭失，其占有之状态即行终止，其以1个货柜另置原地，应认为系一个新的窃占行为，追诉权时效应以其另置货柜屋之时起算。

初步结论：采肯定说。

审查意见：某甲窃占某乙土地，在其上盖有违章建筑已逾10年，嗣经建管机关依法拆除违章建筑，但某乙并未收回被窃占之土地，故某甲运来货柜屋1座，放置原地，系原窃占所为状态之继续。以否定说为当。

座谈会研讨结果：采肯定说。

"法务部"检察司研究意见：以否定说为当。

按"刑法"上之窃占罪为即成犯，窃占行为系以己力支配他人不动产时而完成，题示某甲之违章建筑虽经建管机关依法拆除，土地所有人既未收回土地，某甲续为自己不法之利益，旋运来货柜屋1栋，放在原地，仍

---

[1] 郑健才所著的《刑法总则》（第408页），亦采相同见解。

属原窃占状态之继续，而非另次窃占行为之递行，以否定说为当（"司法行政部"1975年12月9日台64刑（2）函字第1580号、"最高法院"1985年台上字第3634号刑事判决参照）。

　　⊙法律问题二：某甲犯"刑法"第277条第1项之伤害罪，其法定本刑均为3年以下有期徒刑，其追诉权时效为10年或是20年？

　　讨论意见：

　　甲说："刑法"第277条第1项（普通伤害罪）其法定最重本刑为3年以下有期徒刑，依同法第80条第1项第3款规定，其追诉权时效为10年。

　　乙说：依"刑法"第10条第1项规定，称以下者连本数计算，同法第277条第1项（普通伤害罪）之法定最重本刑为3年以下有期徒刑，自包括3年在内，并非3年未满，依同法第80条第1项第2款规定，其追诉权时效为20年。

　　研讨结果：采乙说。

第八十一条　（追诉权时效之计算标准——删除）

　　本条原条文规定："追诉权之时效、期间，依本刑之最高度计算。有二种以上之主刑者，依最重主刑或最重主刑之最高度计算。"因为本条系规定第80条第1项各款之追诉权时效期间之计算标准。因原条文语义笼统，而修正后之第80条第1项既增列"犯最重本刑"之文字，则本条已无重复规定必要，爰删除之。

第八十二条　本刑应加减时追诉权时效期间之计算

　　①本刑应加重或减轻者，追诉权之时效期间，仍依本刑计算。

条理析释

　　追诉权时效期间之计算，应以简明单一为宜，而其期间之计算，又以起诉之前为常态，且刑罚之有无加重或减轻之事由或度数等情节，则须经法院裁判始能确定，本条之规定在于避免分歧偏差之弊。

　　例一：派出所值班警员甲于执行职务时，假借职务上之权利故意犯伤害罪，虽依法加重其刑二分之一，而成为4年6个月以下有期徒刑之处断刑，但其追诉权时效仍以伤害罪本刑（3年有期徒刑）计算，其追诉权时效为20年。至于犯故意犯伤害罪而依法减轻其刑二分之一，成为1年6个月以下有期徒刑之处断刑，其追诉权时效亦应以伤害罪本刑（3 年有期徒刑）计算，其追诉权时效仍为 20 年。

例二：侦查队队长乙对于违背职务之行为，收受贿赂而向检察官自首，并自动缴交全部所得财物，得依"贪污治罪条例"第 8 条第 1 项获减轻或免除其刑之宽典，但其追诉权时效仍以本刑计算之。换言之，"刑法"第 122 条第 1 项为 10 年有期徒刑，"贪污治罪条例"第 4 条第 1 项第 5 款则为无期徒刑，依特别法优先适用原则，以无期徒刑计算其追诉权时效为 30 年。

实务判解

◆"刑法"总则加重与分则加重之区别，在于分则加重系就犯罪类型变更之个别犯罪行为予以加重处罚，而成立另一独立之罪。"少年事件处理法"第 85 条所定加重处罚，并非对于个别特定之行为而为加重处罚，该条所定"成年人"系年龄状态，而非身分条件，与"刑法"第 134 条有别，因此，应认其相当于总则之加重。（1982 年台上字第 2902 号）

［编按➡2011 年 11 月 30 日公布，同年 12 月 2 日生效之"儿童及少年福利与权益保障法"第 112 条第 1 项前段就成年人与"儿童及少年"共同实施犯罪者，亦定有加重其刑至二分之一之明文，系属"少年事件处理法"第 85 条第 1 项之特别规定。再者，成年人"故意"对"儿童及少年"犯罪者，亦同。实务上于所犯法条之引述应注意之。］

第八十三条 追诉权时效之停止

①追诉权之时效，因起诉而停止进行。依法应停止侦查或因犯罪行为人逃匿而通缉者，亦同。

②前项时效之停止进行，有下列情形之一者，其停止原因视为消灭：

一、谕知公诉不受理判决确定，或因程序上理由终结自诉确定者。

二、审判程序依法律之规定或因被告逃匿而通缉，不能开始或继续，而其期间已达第八十条第一项各款所定期间四分之一者。

三、依第一项后段规定停止侦查或通缉，而其期间已达第八十条第一项各款所定期间四分之一者。

③前二项之时效，自停止原因消灭之日起，与停止前已经过之期间，一并计算。

条理析释

"刑法"原就时效制度，舍时效中断制（归零重计），而专采时效停止制（前后并计），与德国法例之兼采时效停止原因及时效中断原因之规定有别；又仅于第83条第1项就消极方面规定妨碍时效进行之事由，与日本刑事诉讼法分别就积极与消极双方面规定公诉之提起与公诉之因法律上障碍而不能有效提起，均足以停止时效之进行者，亦非相若。此项立法应系鉴于德、日立法例对时效完成限制过严，爰未予完全仿效，借使时效易于完成；另考虑其停止期间过长，有碍时效完成，而于第83条第2项规定停止原因视为消灭之事由，用意在尽量放宽对时效完成之限制，以矫正德、日立法过严之缺点。

然原有条文之规定，在实务上每感时效完成过易，为谋补救，判例解释先后阐述"案经起诉，即不发生时效进行问题"（1962年第4次刑事庭决议、释字第138号解释参照）；"案经起诉，时效当然停止进行"。（院字第1963号解释、1942年上第1156号判例、释字第123号解释参照）；"所谓追诉权，系对行刑权而言，应指形式之刑罚权，包括侦查、起诉及审判权在内，若已实施侦查，此时追诉权既无不行使之情形，自不生时效进行之问题。"（1993年第10次刑事庭决议参照），虽有利侦查程序之进行，但迭遭学者多所訾议，质疑侦查程序不当延宕，影响行为人之时效利益，爰参考日本关于时效之规定，于第1项前段明定追诉权之时效，因起诉而停止进行，以杜争议。而所谓起诉，系指依"刑事诉讼法"第251条第1项提起公诉或第451条第1项声请简易判决处刑者而言。

追诉权之消灭既以一定期限内未起诉为要件，基于判断之明确性及便利性之考量，应尽量将判断标准单纯化，故原第83条第1项关于依法不能开始或继续侦查之追诉权时效停止原因之规定，衡酌侦查需要，除依法应停止侦查或被告逃匿而通缉者外，并无完全保留之必要，特予修正以利时效期间之计算。

至于所谓"依法应停止侦查"之例，如"刑事诉讼法"第261条、第323条或"商标法"第49条等规定属之。

侦查程序依法应停止或因犯罪行为人逃匿而通缉等非可归责侦查机关，被告亦与有责任之事由时，为避免宽纵犯罪，特于第1项后段及第2项第3款，分别规定侦查期间时效停止原因及停止原因视为消灭之事由，俾利适用。

第1项既明定起诉（包括公诉与自诉）为时效停止原因，则每1

宗刑事案件，只要经原告起诉，时效即停止进行，对被告殊为不利，为缓其严苛，故于第 2 项明定停止原因视为消灭之事由，以利时效继续进行。

本条第 2 项第 1 款之规定，因程序上理由以判决终结公诉或自诉，或自诉案件因程序上理由以裁定驳回自诉（"刑事诉讼法"第 326 条第 3 项参照）确定者，均属之。

本条第 2 项第 2 款之规定，系因审判程序依法律之规定或因被告逃匿而通缉不能开始或继续，而其期间已达于第 80 条第 1 项各款所定期间四分之一者，参酌现行条文第 3 项之精神及"司法院"院字第 1963 号、释字第 123 号解释，仍列为时效停止原因视为消灭之事由。

"刑法"追诉权之时效规定，系指刑事追诉机关于法定期间内，怠于行使侦查、起诉、审判等追诉权，即生时效完成，而消灭追诉权之效果，故案经提起公诉后，被告在逃经依法通缉，致无法行使审判权时，其追诉权之时效，依同法第 83 条第 1 项、第 3 项之规定，应停止进行至法定追诉期间四分之一。

例一：甲为出租车驾驶，因业务上过失不慎撞倒路人乙、丙 2 人，造成乙伤重死亡，丙轻伤住院，甲所犯 2 罪之法定最重本刑为"5 年有期徒刑"及"1 年有期徒刑"，其追诉权之时效期间则分别为"20 年"及"10 年"，从较长之追诉权时效 20 年为国家追诉之期间。

例二：甲于 1992 年 11 月 26 日犯"刑法"第 284 条第 1 项之"普通过失伤害罪"，依同法第 287 条规定须告诉乃论。该罪之最重本刑为 6 个月以下有期徒刑，追诉权之时效期间为 5 年。其间即自犯罪日起至缉获被告进行审判之日止，合并计算时效进行之期间共有 7 年 1 个月又 10 日。但扣除：（1）因通缉致时效停止进行之法定停止时效进行之期间（即 6 年之四分之一）1 年 6 个月；（2）被害人乙不为告诉而停止进行之时效期间（即自 1992 年 11 月 26 日起至被害人乙提起告诉前 1 日之 1992 年 11 月 29 日止）4 日；（3）自 1993 年 2 月 22 日检察官实行公诉时起至通缉前 1 日之 1993 年 7 月 22 日止，不生时效进行之期间为 5 个月；共计 1 年 11 个月又 5 天。其追诉权时效进行之期间为 5 年 2 个月又 5 天，追诉权时效显已完成，依法应谕知免诉之判决。如法院仍对甲论罪科刑，自属违法。

实务判解

◆告诉乃论之罪，因告诉权人不为告诉，或无告诉权人之告诉，致侦

查起诉诸程序不能开始时，自可停止追诉权时效期间之进行。（1938 年院字第 1795 号）

◆于侦查或审判中通缉被告，其追诉权之时效均应停止进行，但须注意"刑法"第 83 条第 3 项之规定。（1940 年院字第 1963 号）

◆被告在逃曾经通缉者，其追诉权之时效，依"刑法"第 83 条第 1 项固应停止进行，但所通缉，必须有权机关依"刑事诉讼法"第 85 条、第 86 条所定程序行之，始能认为有效，若对于普通刑事案件无侦查审判权之军事机关，纵对于在逃之被告曾有通缉命令，既非合法程序，其追诉权之时效，仍不因而停止进行。（1942 年上字第 1156 号）

◆审判中之被告经依法通缉者，其追诉权之时效，固应停止进行，本院院字第 1963 号解释并未有所变更。至于执行中之受刑人经依法通缉，不能开始或继续执行时，其行刑权之时效亦应停止进行，但仍须注意"刑法"第 85 条第 3 项之规定。（1968 年释字第 123 号）

法律座谈

法律问题：告诉乃论之罪在合法告诉前之期间是否停止？

讨论意见：

甲说：应停止。

理由：依"刑事诉讼法"第 237 条第 1 项之规定，告诉乃论之罪，其告诉应自得为告诉之人知悉犯人之时起，于 6 个月内为之，并未限制得为告诉之人必须在追诉权时效届满前为之，如认在合法告诉之前仍不停止追诉权时效之进行，在犯人知悉较晚之场合，极可能在告诉期间届满前，追诉权时效即先行届满，实质上限制告诉人之告诉期间。"司法院"1938 年院字第 1795 号解释亦认为：告诉乃论之罪，因告诉权人不为告诉或无告诉权之告诉，致侦查程序不能开始时，自可停止追诉权时效期间之进行。

乙说：不应停止。

理由：新修正之"刑法"已明列停止进行之原因，未经合法告诉并不在列。且合法告诉乃诉追要件，并非发动侦查要件，故未经合法告诉前，仍得为侦查作为，非属"依法应停止侦查"，故不应停止进行。如认合法告诉前得停止进行，则在得为告诉之人迟迟无法发现犯人之情况下，追诉权时效将永远处于停止进行之状态，使法律状态悬而未决，此显然有失追诉权时效制度之本意。实务上亦有认为非停止事由者。["法务部"（80）法检（二）字第 130 号函所附之法律问题，其结论并未考

虑合法告诉前之期间，显然认为不应停止。]

　　"法务部"检察司研究意见：告诉乃论之罪之合法告诉前仍不停止进行。

第八十四条　行刑权之时效期间

①行刑权因下列期间内未执行而消灭：

一、宣告死刑、无期徒刑或十年以上有期徒刑者，四十年。

二、宣告三年以上十年未满有期徒刑者，三十年。

三、宣告一年以上三年未满有期徒刑者，十五年。

四、宣告一年未满有期徒刑、拘役、罚金或专科没收者，七年。

②前项期间，自裁判确定之日起算。但因保安处分先于刑罚执行者，自保安处分执行完毕之日起算。

条理析释

　　因应本法第80条追诉权时效期间已适度提高，本条第1项各款关于行刑权时效之期间，亦配合适度提高。

　　将行刑权之时效期间，除原定之"应自裁判确定之日起算"外，增订"因保安处分先于刑罚执行者，自保安处分执行完毕之日起算"。配合"刑法"第90条强制工作于刑之执行前为之之特性，避免实务上常有于保安处分执行完毕后，该他罪刑罚之行刑权时效罹于消灭之情形，实有违宣告刑罚之本质。又犯窃盗罪或赃物罪，而与窃盗、赃物以外之他罪合并定执行刑，并于刑之执行前令入劳动场所强制工作，该他罪之行刑权时效期间，依目前"最高法院"之见解，认无"窃盗犯赃物犯保安处分条例"第3条第2项之适用，仍应自裁判确定之日起算，并有"刑法"第85条第3项之适用。(1985年台非字第100号判决参照)

实务判解

　　◆被处1年以上3年未满有期徒刑者，其行刑权如于判决确定之日起算7年内不行使，即告消灭。又行刑权之时效，如依法律之规定，不能开始或继续时停止进行。为"刑法"第84条第1项第3款、第2项及第85条第1项分别所明定。抗告人前被处之有期徒刑2年6个月，虽系于1960年6月间判决确定，但因其同时被谕知于刑之执行前令入劳动场所强制工作，且已于1960年7月9日被先行移送强制执行工作，在执行中抗告人又发生脱逃情事，至 1965 年 3 月 5 日始被缉获。是抗告人自 1960 年 7 月 9 日移送执行强制工作之日起至 1965 年 3 月 5 日在执行强制工作中脱逃复又被缉获之日止，依照首开说明，应停止其行刑权时效的进行。（1970 年台抗字第 325 号）

　　［编按➡本案之行刑权时效已提高为 15 年。现行"刑法"亦明定行刑权时效之期间，应于强制工作执行完毕之日起算。本例虽年代久远，但颇有参考计算之价值，特选编之。］

　　◆按依"刑法"第 84 条第 2 项规定，行刑权时效自裁判确定之日起算，惟如检察官自收到卷判以后，均在设法行使行刑权而不能行使者，参照"最高法院" 1938 年抗字第 49 号判例意旨，均在同法第 85 条第 1 项所谓依法律之规定不能开始或继续执行之列，故自检察官传唤或拘提受刑人设法行使行刑权之时，即应停止进行。又行刑权时效之进行，系以刑罚权不行使为前提，故在刑罚执行中，即不复发生行刑权因时效消灭之问题（参照释字第 138 号解释）。又受刑人被法院判处罚金刑确定，经地方法院检察署嘱托法院民事执行处强制执行，即系就罚金之确定裁判为执行之行为，并无不行使行刑权之情事，不生行刑权时效已完成之问题，纵民事执行程序拖延，并非检察官怠于执行。本件罚金刑既经检察官嘱托法院就声明人之财产为强制执行，即属于执行中之状态，自不复发生行刑权因时效而消灭之问题。（台湾"高等法院" 2005 年声字第 40 号）

古代的酷刑

　　在大明王朝建立之初，朱元璋立下重典，官员贪污 60 两银子，一律押往府州县衙门左边的土地庙，设有"剥皮亭"，处剥皮实草之刑。亦即，被剥皮者的皮肤还会被填入草料，吊挂在官府，用以警告其他官员。剥皮时如果让被剥皮者早死，另有规定："有即毙者，行刑之人坐死。"

　　剥皮刑罚极为残暴，所以在 1911 年之后就已被废止。

第八十五条　行刑权时效之停止

　　①行刑权之时效，因刑之执行而停止进行。有下列情形之一而不能开始或继续执行时，亦同：

　　一、依法应停止执行者。

　　二、因受刑人逃匿而通缉或执行期间脱逃未能继续执行者。

　　三、受刑人依法另受拘束自由者。

②停止原因继续存在之期间，如达于第八十四条第一项各款所定期间四分之一者，其停止原因视为消灭。

③第一项之时效，自停止原因消灭之日起，与停止前已经过之期间，一并计算。

条理析释

本条第 1 项第 1 款所称："依法停止执行者"，例如："刑事诉讼法"第 430 条但书、第 435 条第 2 项、第 465 条、第 467 条、"监狱行刑法"第 11 条第 1 项及第 58 条等。如有上述情形致不能开始或继续执行者，行刑权时效应停止进行。

本条第 1 项第 2 款所称：因受刑人逃亡或藏匿而通缉，致不能开始或继续执行者，依"司法院"释字第 123 号解释意旨，认为行刑权时效应停止进行。另受刑人执行中脱逃，虽处于未执行状况，然行刑权时效究不宜继续进行。

本条第 1 项第 3 款所称："受刑人依法另受拘束自由者"，例如，受拘束自由之保安处分执行中、少年之感化教育、施用毒品者之观察、勒戒或强制戒治及民事管收等，致不能开始或继续执行时，亦明列为行刑权时效停止进行之原因，以资适用。

"毒品危害防制条例"第 26 条规定："犯第十条之罪者，于送观察、勒戒或强制戒治期间，其所犯他罪之行刑权时效，停止进行。"此为"刑法"之特别法，具有优先适用之效力。

实务判解

◆审判中之被告经依法通缉者，其追诉权之时效，固应停止进行，本院院字第 1963 号解释并未有所变更。至于执行中之受刑人经依法通缉，不能开始或继续执行时，其行刑权之时效亦应停止进行，但仍须注意"刑法"第 85 条第 3 项之规定。(1968 年释字第 123 号)

古代的酷刑

炮烙是中国古代的一种酷刑，缚刑者于铜柱，铜柱大若锺，中空置炭火于锺内，焦灼肌肤而死。这种刑罚最早始于商朝末代君主商纣时，为针对百姓的抱怨和诸侯的叛变而设。炮烙之刑最早起于商纣，《荀子·议兵》记："纣剖比干，囚箕子，为炮烙刑。"《韩非子·喻老》记："纣为肉圃，设炮烙，登糟邱，临酒池。"《史记·殷本纪》写："纣乃重刑辟，有炮烙之法。"

另有文献指出，炮烙是夏桀发明的。《玉函山房辑佚书·符子》说夏桀在瑶台观看炮烙之刑，关龙逢谏之，桀遂以炮烙杀龙逢。柏杨在《中国人史纲》的"纪元前 18 世纪"表示："在铜柱上涂抹膏油，下面燃烧炭火，教犯人赤足在铜柱上走过，那是必定要滑下去的，滑下去便恰恰跌到火炭上烧死。姒履癸最喜欢看别人受这种酷刑时挣扎悲号的惨状。"

鼎镬（烹刑）：烹人的铁锅或铜锅称为鼎或镬，鼎有 3 足，镬则无足，此种酷刑又为镬烹、鼎镬或汤镬，即将人体肢解成碎块，置入锅内以烈火烹煮为羹汤。《旧唐书·魏元忠传》记载，"既诛贼谢天下，虽死鼎镬所甘心"，《史记·廉颇蔺相如列传》记载，"臣令人持璧归，知欺大王之罪当诛，请就汤镬"。鼎镬之刑于商鞅变法时增列为肉刑之一，盛行于春秋战国至秦汉三国之际，将镬烹定为死刑执行方法之一。秦末楚汉刘邦项羽相争，双方均嗜烹刑，成皋之战，项羽俘获刘邦之父刘太公，将之置于肉案上，并于旁边架起大镬，传话刘邦归降。刘邦回话："你我当初共拥怀王并以兄弟相称，我之父即汝之父，今日果真意欲烹煮汝父，请分我一杯肉羹吧！"这就是"分一杯羹"之典故由来。

第十二章　保安处分

第八十六条　感化教育处分

①因未满十四岁而不罚者，得令入感化教育处所，施以感化教育。

②因未满十八岁而减轻其刑者，得于刑之执行完毕或赦免后，令入感化教育处所，施以感化教育。但宣告三年以下有期徒刑、拘役或罚金者，得于执行前为之。

③感化教育之期间为三年以下。但执行已逾六月，认无继续执行之必要者，法院得免其处分之执行。

条理析释

保安处分系对受处分人将来之危险性所为拘束其身体、自由之处置，以达教化与治疗之目的，为刑罚之补充制度。保安处分之措施亦含社会隔离、拘束身体自由之性质，其限制人民之权利，实与刑罚同，本诸法治国家保障人权之原理及"刑法"之保护作用，其法律规定之内容，及法院于适用该法条，决定应否执行特定之保安处分时，应受比例原则之规范，使保安处分之宣告，与行为人所为行为之严重性、行为人所表现之危险性，及对于行为人未来行为之期待性相当。换言之，保安处分乃基于社会保安之必要，在刑罚制裁之外，使用感化教育、监护、禁戒、强制工作、强制治疗、保护管束或驱逐出境等方式，施予个别受判决人之具有司法处分性质之保安措施。

保安处分之执行规定，除法律别有规定外，依"保安处分执行法"行之。保安处分之处所，由"法务部"矫正署设置，或委托地方行政最高机关设置，分为：

1. 感化教育及强制工作处所。
2. 监护、禁戒及强制治疗处所。

保安处分之实施，受"法务部"之指挥、监督。保安处分之执行，检察官应将受处分人连同裁判书及应备文件，命司法警察或司法警察官解送至保安处分处所。

实施感化教育，采用学校方式，兼施军事管理。未满 14 岁者，得并采家庭方式，为教育之实施。其授课时间，应审酌受处分人之年龄，每日以 4 小时至 6 小时为限。感化教育之课程与作业，由"法务部"会同"教育部"、"内政部"定之。感化教育期满时，得由所在地教育行政机关检定其学业程度，并发给证明书。感化教育处所，应设置简易工场，使受处分人从事适当之作业。其作业时间，每日为 2 小时至 4 小时。但未满 14 岁或有特殊情形，不适于作业者，得免除其作业。

受处分人执行 1 年以上，而达累进处遇分第 2 等以上时，得停止其感化教育处分之执行。但停止期间应并付保护管束。停止执行期间，如违反保护管束规则情节重大者，法院得依检察官之声请，为撤销停止执行之裁定。停止执行之裁定，经撤销后，其停止之期间，不算入感化教育之执行期间。

"刑法"第 86 条至第 95 条系规定"刑法"保安处分之种类，分别计有："对于少年的感化教育处分"、"对于精神障碍者的监护处分"、"对于毒品犯及酗酒者的禁戒处分"、"对于习惯犯及游荡懒惰者的强制工作处分"、"对于明知并传染花柳病罪者的强制治疗处分"、"对于犯妨害性自主或妨害风化罪者的治疗处分"、"代替感化教育、监护、禁戒、强制工作的保护管束处分或对缓刑、假释者所付的保护管束处分"等处分。

至其特别之规定者，则有"少年事件处理法"第 42 条所裁定谕知之保护处分，其种类计有：

1. 训诫，并得予以假日生活辅导。

2. 交付保护管束并得命为劳动服务。

3. 交付安置于适当之福利或教养机构辅导。

4. 令入感化教育处所施以感化教育。

少年如另染有毒品或吸用麻醉、迷幻物品成瘾，或有酗酒习惯者，除为适当之保护处分外，并得同时谕知令入相当处所实施禁戒。若属其身体或精神状态显有缺陷者，除为适当之保护处分外，并得同时谕知令入相当处所实施治疗。

本条第 2 项、第 3 项与现行"少年事件处理法"相关规定，分属不同法规，而有规定同一事项之情形，因"少年事件处理法"系特别法规，自应优先适用。

有关"刑法"第 86 条第 3 项、第 88 条第 3 项免其刑之执行、第 96 条但书之付保安处分、第 97 条延长或免其处分之执行，第 98 条免其处分之执行，由检察官依"刑事诉讼法"第 481 条第 1 项之规定，声请法院裁定之。检察官依"刑法"第 18 条第 1 项或第 19 条第 1 项而为不起诉处分者，如认有宣告保安处分之必要，得依"刑事诉讼法"第 481 条第 2 项之规定，声请法院裁定之。

实务判解

◆法院对于因未满 18 岁而减轻其刑之被告，固得依"刑法"第 86 条第 2 项规定，于裁判时并予宣告保安处分，惟其是否宣告，法院仍有自由裁量权，即遇有上述情形而不予宣告，亦非违法。（1936 年上字第 6375 号）

◆依"刑法"第 86 条第 2 项但书情形，于刑之执行前施以感化教育者，其结果如认为无执行刑罚之必要，得免其刑之执行，为同条第 4 项所明定。来呈所述某甲因年未满 18 岁，受减刑之判决，既经宣告缓刑，自毋庸再予谕知感化教育之期间，如已谕知，应俟缓刑期满，或撤销缓刑执行罚后，再实施感化教育，以资救济。（1939 年院字第 1858 号）

◆对于刑之执行完毕或赦免后之人犯，令入感化教育处所施以感化教育，或令入劳动场所强制工作，虽同为保安处分之一种，但其应具之条件各有不同，未便同时并行。（1941 年上字第 616 号）

◆"刑法"第 86 条第 2 项所定感化教育之保安处分，以因未满 18 岁而减轻其刑者为限，上诉人虽未满 18 岁而原判决对其所犯之罪，既未适用减轻法条减轻其刑，竟为施以感化教育之谕知，显属违法。（1981 年台上字第 1127 号）

◆按"刑法"第 86 条第 4 项规定免除其刑之执行，应由检察官声请法院裁定之，"刑事诉讼法"第 481 条第 1 项定有明文。本件声请免除受刑人即抗告人廖某刑之执行，系由台湾彰化少年辅育院声请，非由检察官为之，与上述规定不合。（1995 年台抗字第 78 号）

古代的酷刑

南宋秦桧专政，陷害忠良，相传亦曾动用烹刑。鼎镬又演化出以沸油烹煎（油炸）之酷刑，明初燕王朱棣发动靖难，即对建文帝之朝臣兵部尚书铁铉剜鼻处死，仍不解其恨，乃令武士将铁铉之尸体放入油锅，并以铁叉翻转，瞬间焦如黑炭。

鼎镬刀锯乃形容极为惨绝人寰之刑具，但对于忠良之文官武将，一心为国，视死如归，不为名位权贵而变节。文天祥被元世祖虏获后，屡次上书求死，心中仅存从容赴义，以求丹心照汗青。元世祖爱其忠，不忍杀之。文天祥于狱中作《正气歌》以明志，其中即有"鼎镬甘如饴，求之不可得"。其中即表达如果元人要将我施以鼎镬烹煮的酷刑，我将视之为饮食糖浆般的甘美。我只求能痛快地赴死，却不能如愿以偿啊！

车裂（Breaking wheel），又称辕、磔。民间俗称五马分尸，是中国古代的酷刑。相传此刑乃将犯人的头及四肢分别缚到 5 辆车上，由马引车前进以撕裂其身体。秦国的商鞅及嫪毐皆曾受此刑。

腰斩，是最残酷的死刑执行方式之一，从罪犯腰部将罪犯切成 2 段（或 2 段以上）的刑罚，其目的是延长罪犯死亡的时间，增加其痛苦。明朝诗人高启因文贾祸，被明太祖下令腰斩 8 截。一般来说，受刑人最终死亡原因是失血性休克，而《包青天》剧中的铡刑亦是腰斩之一种。

雍正 12 年（1734 年）3 月 12 日河南学政俞鸿图被判处腰斩，是中国最后一位处以腰斩的政府官员，监斩人是邹士恒。俞鸿图用手指蘸上身上的血在地上连续写了 7 个"惨"字，才慢慢痛苦地死去。事后邹士恒将此情景上奏，雍正亦恻然不忍，宣布废除腰斩刑。历史上著名之受刑人：李斯、晁错、公孙敖、方孝孺、俞鸿图等人。

第八十七条　监护处分

①因第十九条第一项之原因而不罚者，其情状足认有再犯或有危害公共安全之虞时，令入相当处所，施以监护。

②有第十九条第二项及第二十条之原因，其情状足认有再犯或有危害公共安全之虞时，于刑之执行完毕或赦免后，令入相当处所，施以监护。但必要时，得于刑之执行前为之。

③前二项之期间为五年以下。但执行中认无继续执行之必要者，法院得免其处分之执行。

条理析释

因有"刑法"第 19 条第 1 项、第 2 项或第 20 条之情形，而受监护处分者，检察官应按其情形，指定精神病院、医院、慈善团体及其最近亲属或其他适当处所。受执行监护之精神病院、医院，对于受监护处分者，应分别情形，注意治疗及监视受其行动。检察官于指挥执行后，至少每月应视察一次，并制作记录。

法院对于应付监护、禁戒、强制治疗之人，认为有紧急必要时，得于判决前，先以裁定宣告保安处分。检察官对于应付监护、禁戒、强制治疗之人，于侦查中认为有先付保安处分之必要，亦得声请法院裁定之。

宣告监护之外，另宣告禁戒或强制治疗者，同时执行之；如不能同时执行者，分别执行之。宣告禁戒、监护或强制治疗之外，另宣告感化教育或强制工作者，先执行监护、禁戒或强制治疗。但无碍于感化教育或强制工作之执行者，同时执行之。

保安处分之目标，在消灭犯罪行为人之危险性，借以确保公共安全。对于因第19条第1项之原因而不罚之人，或有前条第2项及第20条原因之人，并非应一律施以监护，必于其情状有再犯或有危害公共安全之虞时，为防卫社会安全，应由法院宣付监护处分，始符保安处分之目的。

监护并具治疗之意义，行为人如有第19条第2项之原因，而认有必要时，在刑之执行前，即有先予治疗之必要，故"保安处分执行法"第4条第2项、第3项分别规定，法院认有紧急必要时，得于判决前将被告先以裁定宣告保安处分；检察官于侦查中认被告有先付监护之必要者，亦得声请法院裁定之。于判决确定后至刑之执行前，法院如认有必要时，得宣告监护处分先于刑之执行。

对精神障碍者之监护处分，其内容不以监督保护为已足，并应注意治疗（"保安处分执行法"第47条参照）及预防对社会安全之危害，故将其最长执行期间提高为5年以下，以补原仅定为3年以下监护处分期间所不足之处。若受处分人于执行中精神已回复常态、或虽未完全回复常态，但已不足危害公共安全、或有其他情形（如出国就医），足认无继续执行之必要者，自得免其处分之继续执行。

依据文义解释，本条应以被告因有"刑法"第19条第1项之原因而不罚，或有同法第19条第2项及第20条之原因而减轻其刑为前提，始有该条之适用余地。反之，若被告系因不符合其他犯罪构成要件而受无罪之谕知，即不符本条要件，自难引为谕知保安处分之依据。

实务判解

◆"刑法"第87条第1项规定，因心神丧失而不罚者，固得令入相当处所施以监护，但是否为此宣告，法院仍有自由裁量之权，遇有此项情形，而不予宣告，尚非违法。（1980年台上字第1179号）

法律座谈

法律问题：某甲涉犯"刑法"第 173 条第 1 项放火烧毁现有人所在建筑物罪，经法院谕知无罪，令入相当处所，施予监护 2 年，于 2007 年 1 月 8 日确定，判决确定前，自 2006 年 5 月 6 日起至 2006 年 9 月 13 日止，曾受羁押 131 日，问羁押日数可否折抵监护 2 年期间？

研究意见：羁押日数，不可折抵监护处分期间。

"刑法"第 87 条规定，监护处分具治疗之意义，对精神障碍者之监护处分，其内容不以监督保护为已足，并应注意治疗（"保安处分执行法"第 47 条）及预防社会之危害，其执行场所除医疗院所外，检察官亦可依个案情况指定慈善团体及其最近亲属，或其他适当场所，并非必在监狱、看守所或技能训练所执行；况依新修正"刑法"第 46 条之立法意旨，系因某些种类之保安处分剥夺人身自由，在性质上与刑罚相近（如强制工作），故而可予折抵刑期。惟监护处分之自由刑色彩并不浓厚，且性质上系重在"治疗"与"保护"，要非剥夺其人身自由，自无修正"刑法"第 46 条第 2 项羁押日数折抵之问题。受监护处分人系因"刑法"第 19 条规定，方受此项保安处分之宣告，将来判决无罪确定（无刑罚可折抵），而羁押期间又超过所宣告之保安处分期间或虽未超过，然所余期间业已不足治愈其病，则在此情形下，无异于社会上放置一颗不定时炸弹，严重危害公共安全，抑且不利于受监护处分人（未能接受适当完整之治疗），显与监护处分之立法意旨有违，故以不予折抵为当。是则本问题，甲犯公共危险罪，经法院谕知无罪，同时宣告监护 2 年，其监护处分，既非"刑法"第 46 条第 2 项所称"拘束人身自由之保安处分"则裁判确定前羁押 131 日数，不可折抵监护处分 2 年期间。

第八十八条 施用毒品成瘾之禁戒处分

①施用毒品成瘾者，于刑之执行前令入相当处所，施以禁戒。

②前项禁戒期间为一年以下。但执行中认无继续执行之必要者，法院得免其处分之执行。

条理析释

本条系规定施用毒品成瘾者之禁戒处分，实务上"毒品危害防制条例"第 10 条之"施用毒品罪"之保安处分，则另依同条例第 29 条规定所制定之"观察勒戒处分执行条例"及"戒治处分执行条例"处理毒瘾戒治之程序，属于保安处分执行法之特别法，具有优先适用之效力。

检察官依"毒品危害防制条例"第 20 条第 1 项规定命送勒戒处所执行观察、勒戒处分者，应先向法院声请裁定，法院应于受理声请后 24 小时内为之。前项声请裁定期间，法院得依检察官之声请将被声请人留置于勒戒处所。留置期间得折抵执行观察、勒戒期间。法院为不付观察、勒戒之裁定或逾期不为裁定者，受留置人应即释放。

少年法院（庭）对"毒品危害防制条例"第 20 条第 1 项之少年，于付观察、勒戒之裁定前，得先行收容于勒戒处所；该裁定应于收容后 24 小时内为之。收容期间，得折抵执行观察、勒戒处分期间。

受戒治人应收容于戒治所，执行戒治处分。戒治所附设于（军事）监狱或少年矫正机构者，应与其他收容人分别收容。受戒治人为女性者，应与男性受戒治人之收容严为分界，"法务部"、"国防部"得随时派员视察戒治所。

禁戒处分，贵在尽速执行，以期早日收戒绝之效，故施用毒品成瘾者，应于刑之执行前令入相当处所，施以禁戒。另依"毒品危害防制条例"规定，行为人符合本条之要件时，法官即应义务宣告令入相当处所施以禁戒，以收成效。其次，施用毒品成瘾者，有所谓身瘾及心瘾，其身瘾当可于短期内戒除，欲解除施用毒品者身体内毒素，必须于其查获后，即送往禁戒处所施以治疗，始能达到禁戒之医疗功能。心瘾之戒除则较费时，故以 1 年以下为其禁戒治疗之期间，执行中视治疗之情况认已治愈或因其他情形，而无治疗之必要时，自应赋予法院免其处分执行之权。

本条所定"执行中认无继续执行之必要者，法院得免其处分之执行"。应由检察官依"刑事诉讼法"第 481 条第 1 项规定，声请该案犯罪事实最后裁判之法院裁定之。

实务判解

◆行政机关对于吸食烟毒人犯于移送司法机关裁判前，实施禁戒断瘾者，非"刑法"第 88 条第 3 项所谓禁戒处分之执行，不得由检察官声请免其刑之执行。（1948 年院解字第 3979 号）

◆"毒品危害防制条例"，并无类似"窃盗犯赃物犯保安处分条例"第 1 条后段明定："本条例未规定者，适用'刑法'及其他法律之规定。"之规定，又"观察勒戒处分执行条例"第 2 条规定"观察、勒戒处分执行条例"及"保安处分执行法"，均无类似"刑法"第 99 条逾 3 年未执行，需再经法院许可之规定。再按"刑法"第 88 条、第 99 条固分别规定："犯吸食鸦片或施打吗啡或使用高根、海洛因或其化合质料之罪者，得令入相当处所，施以禁戒。""第 86 条至第 91 条之保安处分，自应执行之日起经过三年未执行者，非得法院许可不得执行之"。惟安非他命系"毒品危害防制条例"第 4 条第 1 项第 2 款所列第二级毒品，与同条项第 1 款所列第一级毒品及"刑法"第 262 条及第 88 条所列吸食鸦片、高根、海洛因或其化合质料有别，故施用安非他命者，经法院裁定应送勒戒处所观察、勒戒者，虽经 3 年未执行，亦无"刑法"第 88 条、第 99 条之适用。（台湾"高等法院"2007 年毒抗字第 156 号）

[编按➡"刑法"第 88 条已修正为，"施用毒品成瘾者，于刑之执行前令入相当处所，施以禁戒"。第 99 条则修正为："保安处分自应执行之日起逾三年未开始或继续执行者，非经法院认为原宣告保安处分之原因仍继续存在时，不得许可执行；逾七年未开始或继续执行者，不得执行"。]

第八十九条　酗酒犯罪成瘾之禁戒处分

①因酗酒而犯罪，足认其已酗酒成瘾并有再犯之虞者，于刑之执行前，令入相当处所，施以禁戒。

②前项禁戒期间为一年以下。但执行中认无继续执行之必要者，法院得免其处分之执行。

条理析释

"酗酒"与"施用毒品"不同，其本身非为"刑法"所处罚之行为，须因酗酒以致犯罪，且已酗酒成瘾及有再犯之虞者，基于维护社会公共安全之立场，始有考虑施以禁戒之必要。又，禁戒处分，贵在尽速执行，故参酌"保安处分执行法"第 4 条第 2 项、第 3 项之精神，将原规定"得于刑之执行完毕或赦免后"，修正为"于刑之执行前"。

医疗上酒瘾（酒精依赖）之治疗可分为 3 个阶段：

1. 酒精戒断症状之处理。

2. 因酗酒导致身体并发症之评估与治疗。

3. 复健。

医院所提供之治疗，大多为第 1 阶段及第 2 阶段，如以全日住院方式进行，平均约须 2 周。至于复健阶段，因涉及戒酒"动机"及个案需要，其治疗期间应为长期，而原规定期间仅为 3 个月，对于已酗酒成瘾而有再犯之虞之行为人而言，实嫌过短。从而，对于此类行为人之禁戒，固然在于使行为人戒绝酒瘾，去除其再犯之因子，惟其戒除标准，医学上并无绝对禁绝之标准，现行条文增订为 1 年以下，由执行机关或法院就具体个案判断，如执行中认已治愈或因其他情形而无治疗之必要时，则赋予法院免其处分执行之权。

实务判解

◇依"刑法"第 86 条、第 87 条、第 89 条及第 90 条规定宣告保安处分之裁判确定后，如于刑之执行完毕或赦免后，认为无执行之必要者，法院固得免其处分之执行。惟依此规定免其处分之执行，应由检察官声请法院裁定之，"刑法"第 98 条、"刑事诉讼法"第 481 条定有明文。即法院无论依"刑法"第 86 条、第 87 条、第 89 条及第 90 条所为保安处分之裁判确定后，均须依检察官之声请，始得以裁定免其保安处分之执行或继续执行。此乃法律规定之程序，其不依上述程序所为之裁定，其裁判当然为违背法令。（1999 年台非字第 315 号）

◇按因酗酒而犯罪者，始得于刑之执行完毕或赦免后，令入相当处所，施以禁戒，"刑法"第 89 条第 1 项定有明文。查本件上诉人并非因酗酒或施用毒品成瘾而犯本件杀害直系血亲尊亲属罪，自无依上开规定施以禁戒，该疗养院之建议仅可供参考，尚无从令上诉人接受酒精及毒品戒瘾治疗。又上诉人系为警发现其涉嫌本件杀害母亲，始经拘提到案，自不符合"刑法"第 62 条规定之自首要件。（2004 年台上字第 6880 号）

古代的酷刑

宫刑，又称腐刑、阴刑、肾靡之刑、椓刑或宫，中国古代残酷的刑罚，受刑者会丧失性能力和生殖能力。

唐朝颜师古解释蚕室说："凡养蚕者欲其温早成，故为蚕室，畜火以置之。而新腐刑亦有中风之患，须入密室，乃得以全，因呼为蚕室耳。"意思是人在受宫刑后，因伤口易感染中风致命，如要活命就要待在似蚕室般的密室内，在不见风与阳光的环境里蹲上 100 日以上，伤口才能不被感染而逐渐愈合。

女性的宫刑称为幽闭，具体方法目前无一致说法。有说是监禁，也有说用木棍敲击女性腹部以造成子宫下垂，而消除女性生育能力的。

宫者，即"丈夫割其势，女子闭于宫"，就是对男性施以阉割，割除其外生殖器，有时候只割阴茎，有时候也破坏阴囊和睾丸。对男性施宫刑以后，因为伤口容易腐烂，所以通常在密不透风的"蚕室"中静养 100日，以保全性命。

下蚕室，即指受宫刑之处分。因为古人相信受宫刑之后，疮口若经风吹便会感染导致"破伤风"，在受刑时及受刑后的一段时间，受刑人必须待在如"蚕室"（养蚕的屋子）一般温暖而不透风的地方。刀锯之余，系指受宫刑之人。

历史上著名之受刑人：司马迁、张贺、李延年。

第九十条　强制工作处分

①有犯罪之习惯或因游荡或懒惰成习而犯罪者，于刑之执行前，令入劳动场所，强制工作。

②前项之处分期间为三年。但执行满一年六月后，认无继续执行之必要者，法院得免其处分之执行。

③执行期间届满前，认为有延长之必要者，法院得许可延长之，其延长之期间不得逾一年六月，并以一次为限。

条理析释

在强制工作之处分部分，另外订有"窃盗犯赃物犯保安处分条例"一种，本条例所称之窃盗犯仅指意图为自己或第三人不法之所有，而窃取他人之动产者而言，包括 2001 年 9 月 28 日修正公布之"陆海空军刑法"第76 条第 1 项第 8 款之规定，现役军人如在营区、舰艇或其他军事处所、建筑物触犯窃盗罪者，仍属"犯陆海空军刑法"之罪，应由军法机关追诉审判，但依"刑法"规定处罚。及"刑法"第 29 章所定非窃占罪之一切"窃盗动产罪（含普通窃盗、加重窃盗、亲属间窃盗甚至于准动产之窃盗罪均在内）"，所以纵使现役军人依该条例第 2 条第 3 项之规定，军法警察人员亦得报请军事检察官声请军事法院判决谕知保安处分及其期间。

"窃盗犯赃物犯保安处分条例"之要件及其效力与"刑法"第 90 条所定之保安处分（强制工作）尚属有间，在实务上遇有侦办此类案件而移送检察官请求向法院声请宣告保安处分时，应查明妥适援引法条。若该窃盗犯或赃物犯系依"窃盗犯赃物犯保安处分条例"第 7 条而免其刑之执行者，于受强制工作之执行完毕或一部之执行而免予继续执行后，5 年以内故意再犯有期徒刑以上之罪者，以累犯论（即"准累犯"之意），此一规定之立法意旨，已明定于"刑法"第47条第2项，扩大至经毒品禁戒、酒瘾禁戒、习惯犯强制工作及性病强制治疗等保处分，于执行完毕或一部执行而免除后，认为无执行刑之必要，而法院免其刑之执行者，于受强制工作处分之执行完毕或一部之执行而免除后，5年以内故意再犯有期徒刑以上之罪者，均以累犯论。

按保安处分系针对受处分人将来之危险性所为之处置，以达教化、治疗之目的，为刑罚之补充制度。又刑罚与保安处分双轨制，系在维持行为责任之刑罚原则下，为协助行为人再社会化之功能，并改善行为人潜在之危险性格，期能根治犯罪并预防犯罪之特别目的。是保安处分中之强制工作，旨在对严重职业性犯罪及欠缺正确工作观念或无正常工作因而犯罪者，强制其从事劳动，学习一技之长及正确之谋生观念，使其日后能适应社会生活。被告虽所得不足支应赔款始铤而走险，益欠缺正确工作观念因而犯罪，实有强制其从事劳动，学习一技之长及正确之谋生观念，而予宣告保安处分亦符合比例原则，所以法院谕知被告于刑之执行前，令入劳动场所强制工作3年，并无不当。

本条第1项规定对于"有犯罪之习惯或因游荡或懒惰成习而犯罪者"之宣付强制工作处分，系本于保安处分应受比例原则之规范，使保安处分之宣告，与行为人所为行为之严重性、行为人所表现之危险性及对于行为人未来行为之期待性相当之意旨而制定，由法院视行为人之危险性格，决定应否令入劳动处所强制工作，以达预防之目的。所谓"有犯罪之习惯"则指对于犯罪以为日常之惰性行为，乃一种犯罪之习性，至所犯之罪名为何，是否同一，则非所问；而行为人是否构成累犯，尤非决定其是否有犯罪习惯之唯一标准。

例如：甲曾因窃盗案件，于2005年9月8日执行有期徒刑7个月完毕，又于2006年间复因恐吓取财罪经法院审理中；乙则有杀人未遂、窃盗、脱逃、妨害公务等前科，最近一次系因窃盗案件，于2006年10月7日执行有期徒刑8个月完毕。本件甲、乙于2010年3月至6月间所犯伪造金融卡、行使伪卡盗领他人存款之时间长、次数多，金额小至上千元、多至上百万元，实务上已得认其具犯罪之习惯。不得徒谓其二人所为与累犯之构成要件不合，即难认有犯罪之习惯。

［编注⇨刑事法修正删除前之常业犯规定，系指反覆以同种类行为为目的之社会活动之职业性犯罪而言，至于犯罪所得之多寡，实际获利若干，是否恃此犯罪为唯一之谋生职业，则非所问，纵令兼有其他职业，仍

无碍于该常业犯罪之成立。而习惯犯，则指对于犯罪已为日常之惰性行为，所犯之罪名为何，并非所问，如有具体之事实，足资证明行为人有犯罪之恶习及惯行，即可认为有犯罪之习惯。常业犯虽不一定皆为习惯犯，但长期以犯窃盗罪为常业者，本质上当然有犯罪之习惯。〕

本条第 1 项原规定强制工作应于刑之执行后为之，惟按其处分之作用，系在补充或代替刑罚，实应先于刑之执行前为之，始符立法之意旨。惟强制工作执行满 1 年 6 个月后，认为无继续执行之必要者，为鼓励向上，得免其处分之执行。执行将届 3 年，认为有延长之必要者，得许可延长之，其延长以 1 次为限，延长期间不得逾 1 年 6 个月。

实务判解

◆被告对于保安处分之谕知固得单独提起上诉，但原判决以上诉人窃盗虽仅 1 次，而连续吸食吗啡及连续诈欺之所为，显有犯罪之习惯，认有实施保安处分以矫正其恶习之必要，因以第一审判决依"刑法"第 90 条谕知于刑之执行完毕或赦免后，令入劳动场所强制工作 1 年为无不当，予以维持，驳回上诉人单就保安处分所提起之上诉，用法并无违误。（1955 年台上字第 39 号）

◆"窃盗犯赃物犯保安处分条例"第 4 条明定：依本条例所为之保安处分及其期间，由法院以判决谕知。又同条例第 5 条第 1 项前段规定：依本条例宣告之强制工作处分，其执行以 3 年为期。是法院审理窃盗、赃物犯案件时，若被告犯罪行为合于同条例第 3 条第 1 项各款所列情形，而宣告保安处分，命于刑之执行前，令入劳动场所强制工作者，并应同时于判决主文谕知其强制工作之期间，而有关谕知期间，则应为 3 年，不得增减。（1993 年台非字第 155 号）

◆"组织犯罪防制条例"第 3 条第 3 项固规定"犯第 1 项之罪者，应于刑之执行完毕或赦免后，令入劳动场所，强制工作"；但就少年刑事案件，"少年事件处理法"第 78 条第 1 项规定"对于少年不得宣告褫夺公权及强制工作"，依狭义法优于广义法之原则，少年犯上开条例第 3 条第 1 项之罪者，应无该条例第 3 条第 3 项之适用。（2000 年台上字第 5065 号）

◆刑事法保安处分之强制工作，旨在对有犯罪习惯或以犯罪为业或因游荡或怠惰成习而犯罪者，令入劳动场所，以强制从事劳动方式，培养其勤劳习惯、正确工作观念，习得一技之长，于其日后重返社会时，能自立更生，期以达成教化、矫治之目的。"组织犯罪防制条例"第 3 条第 3

项:"犯第 1 项之罪者,应于刑之执行完毕或赦免后,令入劳动场所,强制工作,其期间为 3 年;犯前项之罪者,其期间为 5 年。"该条例系以 3 人以上,有内部管理结构,以犯罪为宗旨或其成员从事犯罪活动,具有集团性、常习性、胁迫性或暴力性之犯罪组织为规范对象。此类犯罪组织成员间虽有发起、主持、操纵、指挥、参与等之区分,然以组织型态从事犯罪,内部结构阶层化,并有严密控制关系,其所造成之危害、对社会之冲击及对民主制度之威胁,远甚于一般之非组织性犯罪。是故"组织犯罪防制条例"第 3 条第 3 项乃设强制工作之规定,借以补充刑罚之不足,协助其再社会化;此就一般预防之刑事政策目标言,并具有防制组织犯罪之功能,为维护社会秩序、保障人民权益所必要。至于针对个别受处分人之不同情状,认无强制工作必要者,于同条第 4 项、第 5 项已有免其执行与免予继续执行之规定,足供法院斟酌保障人权之基本原则,为适当、必要与合理之裁量,与"宪法"第 8 条人民身体自由之保障及第 23 条比例原则之意旨不相抵触。(2001 年释字第 528 号)

◆查保安处分系针对受处分人将来之危险性所为之处置,以达教化、治疗之目的,为刑罚之补充制度。现行"刑法"采刑罚与保安处分双轨制,系在维持行为责任之刑罚原则下,为协助行为人再社会化之功能,以及改善行为人潜在之危险性格,期能达成根治犯罪原因、预防犯罪之特别目的。是保安处分中之强制工作,旨在对严重职业性犯罪及欠缺正确工作观念或无正常工作因而犯罪者,强制其从事劳动,学习一技之长及正确之谋生观念,使其日后重返社会,能适应社会生活。则原判决认定被告系以犯窃盗罪为常业,并依"窃盗犯赃物犯保安处分条例"第 3 条第 1 项第 2 款规定,宣告令入劳动处所强制工作 3 年之保安处分,既无一罪二罚之问题,于"宪法"保障人权之原理及"刑法"之保护作用,亦无抵触。(2002 年台上字第 4625 号)

◆保安处分系对受处分人将来之危险性所为拘束其身体、自由等之处置,以达教化与治疗之目的,为刑罚之补充制度。现行"刑法"在维持行为责任之刑罚原则下,为协助行为人再社会化之功能,以及改善行为人潜在之危险性格,期能达成根治犯罪原因、预防犯罪之特别目的,于第 1 编总则第 12 章设有保安处分之相关规定。而保安处分中之强制工作,旨在对严重职业性犯罪及欠缺正确工作观念或无正常工作因而犯罪者,强制其从事劳动,学习一技之长及正确之谋生观念,使其日后重返社会,能适应社会生活。在数罪并罚之裁判,如依法宣告强制工作之保安处分,应附随于相关罪刑之后予以宣告，苟有 2 个以上保安处分，并应依 "保安处分执行法" 第 4 条之 1 第 1 项第 4 款、第 1 款定其执行方法，方为适法。（2010 年台上字第 2560 号）

法律座谈

法律问题： 甲犯 "刑法" 第 321 条第 1 项第 1 款、第 2 款、第 3 款之窃盗罪，因脱免逮捕而当场对于被害人乙施以强暴、胁迫，依同法第 329 条规定，应以强盗罪论。因甲曾犯多次前科，经判处有期徒刑执行完毕，认为甲有犯罪之习惯，应宣付保安处分，判决时，应适用 "窃盗犯赃物犯保安处分条例" 第 3 条第 1 项？抑应适用 "刑法" 第 90 条？

讨论意见：

甲说： 某甲犯罪基本样态仍系窃盗，判决主文亦须记载："某携带凶器，毁坏安全设备，于夜间侵入住宅窃盗，因脱免逮捕，而当场施以强暴胁迫，处有期徒刑某年" 等语。故应适用 "窃盗犯赃犯物保安处分条例" 第 4 条，谕知于刑之执行前，令入劳动场所，强制工作。（参照 1972 年法律座谈会刑事类第 60 号）

乙说： 某甲依 "刑法" 第 329 条规定，既应以强盗论，而非犯窃盗罪，依法律适用之统一性或整体性之原则，自应依 "刑法" 第 90 条规定宣告保安处分，方为适法。（参照 "最高法院" 1982 年台上字第 6227 号判决要旨）

审查意见： 按 "窃盗犯赃物犯保安处分条例"，为 "刑法" 有关保安处分规定之特别法，其适用范围以窃盗犯、赃物犯为限，其他犯罪无适用之余地，某甲既犯 "刑法" 第 329 条准强盗罪，自宜适用 "刑法" 之规定，宣告保安处分，以免强行割裂所适用之法律。采乙说。

研讨结果： 照审查意见通过。

"司法院" 刑事厅研究意见： 同意研讨结果。

古代的酷刑

幽闭是中国古代对女性使用的宫刑，为五刑之一。最早见于《吕刑》。孔安国注："宫辟疑赦，其罚 600 锾，阅实其罪。"另为："宫，淫刑也，男子割势，妇人幽闭，次死之刑。"幽闭执行的方法没有官方的史料记载。流行的说法包括：

郑玄注解《周礼·秋官》："宫者，丈夫则割其势，女子闭于宫中，若今宦男女也。"明代周祈《名义考》："幽闭若去牝豕子肠，使不复生。"

凌迟，俗称"千刀万剐"，是中国酷刑之一。刽子手把受刑者身上的皮肉分成数百至数千块，用小刀逐块割下来。而且，行刑很有讲究，如果受刑者立刻死亡，则说明刽子手行刑失败。受刑者往往要忍受数小时的痛楚才会气绝身亡。西方在罗马帝国君士坦丁大帝时曾下令对女巫采用铁钩将骨肉分离至死亡的类似刑罚，史上第 1 位有名气的女数学家希帕提娅（Hypatia）即被基督教暴民以类似手法杀害。中世纪欧洲有以铁梳切掉皮肉的死刑，16 世纪日耳曼地区仍实施。

明初朱元璋将凌迟列入《大诰》，范围相当广。《大明律》取消了大诰对凌迟的滥用，但依然明文规定对谋反大逆、杀父母、乱伦、连环杀人等重罪犯用凌迟处死，且凌迟残酷度等级不同，以谋反大逆为最重一级。

第九十一条　传染病之强制治疗处分
①犯第二百八十五条之罪者，得令入相当处所，强制治疗。
②前项处分于刑之执行前为之，其期间至治愈时为止。

条理析释
强制治疗之处所，为花柳病院或公立医院，受指定之处所对于患严重之花柳病者，应予隔离，并监视其行动，并应切实治疗，注意受强制治疗处分人之身体健康，于治愈时，应通知指挥执行之检察官。

"刑法"第 285 条系特别之伤害罪，其构成要件为"明知自己有花柳病，隐瞒而与他人为猥亵之行为或奸淫，致传染于人者"。花柳病于 20 世纪初至第二次大战结束，大量流行于世界各地，因为当时公共卫生措施、医学科技设备及药学研发制剂均难以有效控制，实有以隔离方式强制治疗至治愈时为止之必要。

花柳病俗称性病，是指透过与性病患者发生行为而感染的疾病。花柳病之病种包括梅毒（梅毒螺旋菌）、淋病（淋病双球菌）、软下疳等，具有隐蔽性强、潜伏期短、传播快速、危害性大等特点。

艾滋病亦属现代超级花柳病，全名是"后天免疫力缺乏症"，这是一种由艾滋病毒 HIV 所引发的疾病。此病毒能破坏身体的免疫能力，令患者变得虚弱，无力抵抗各种感染和癌症的侵袭，至终可引致患者死亡。目前另有"人类免疫缺乏病毒传染防治及感染者权益保护条例（原名称为'后天免疫缺乏症候群防治条例'2007 年 7 月 11 日修正名称）"第 21 条明定：

"明知自己为感染者，隐瞒而与他人进行危险性行为或有共用针具、稀释液或容器等之施打行为，致传染于人者，处 5 年以上 12 年以下有期徒刑（第 1 项）。明知自己为感染者，而供血或以器官、组织、体液或细胞提供移植或他人使用，致传染于人者，亦同（第 2 项）。前 2 项之未遂犯罚之（第 3 项）。"因此，警察同仁于侦办毒品案件或处理同志轰趴时，应注意施用毒品者或在场轰趴者之身体状况，如发现皮肤红肿或伤口溃烂者，则更须做好必要之防护措施（配备医疗功效之手套口罩）。

［编按➡麻疯病是经由一种名为"麻疯桿菌"引起的慢性接触性传染病，侵犯皮肤及周边神经，又称癞病，患者若未经及时适当治疗，往往会造成面容残缺手足畸型，甚至残障。麻疯病主要侵犯人体的皮肤、黏膜以及周围末梢神经。如果没有治疗，癞病会造成知觉麻木，最后丧失肌肉控制力和手脚残障。"刑法"第 285 条所定之"麻疯"用语，依 2008 年 8 月 13 日公布施行之"汉生病病患人权保障及补偿条例"第 2 条第 2 项规定："其他法令所称之麻疯（癞）病与麻疯（癞）病病人，自本条例施行日起 6 个月内，各主管机关应依本条例修正之。"因此，"刑法"第 285 条之"麻疯"用语已不符时宜，且汉生病并无法透过猥亵或性交行为传染，业于 2014 年 6 月 18 日修正公布删除之。］

实务判解

◆上诉人久患淋病未愈，是其明知自己有花柳病隐瞒而强奸 9 岁之幼女致传染与人，除触犯强奸罪外并犯"刑法"第 285 条之罪，以其系一行为而触犯数罪名，且其多次犯行系基于概括之犯意，应从一重论以连续强奸一罪。（1956 年台上字第 1531 号）

［编按➡应注意"刑法"已废除连续犯，强奸罪亦修正为强制性交罪。］

古代的酷刑

同治 2 年（1862 年）6 月 25 日，石达开被清军凌迟，被割一百多刀，始终默然无声。四川布政使刘蓉说他"枭桀坚强之气溢于颜面，而词句不亢不卑，不作摇尾乞怜语。……临刑之际，神色怡然，实丑类之最悍者"。其同党林凤祥受刑时，"刀所及处，眼光犹直视之，终未尝出一声"。

直至 20 世纪初，清末光绪 31 年（1905 年），修订法律大臣兼大理院正卿和法部右侍郎沈家本奉谕主持《大清现行律例》修订，凌迟才连同戮尸、枭首等酷刑"永远删除，具改斩决"。

第九十一条之一　性罪犯之强制治疗处分

①犯第二百二十一条至第二百二十七条、第二百二十八条、第二百二十九条、第二百三十条、第二百三十四条、第三百三十二条第二项第二款、第三百三十四条第二款、第三百四十八条第二项第一款及其特别法之罪，而有下列情形之一者，得令入相当处所，施以强制治疗：

一、徒刑执行期满前，于接受辅导或治疗后，经鉴定、评估，认有再犯之危险者。

二、依其他法律规定，于接受身心治疗或辅导教育后，经鉴定、评估，认有再犯之危险者。

②前项处分期间至其再犯危险显著降低为止，执行期间应每年鉴定、评估有无停止治疗之必要。

条理析释

本条于第 1 项增列第 332 条第 2 项第 2 款强盗强制性交罪、第 334 条第 2 款海盗强制性交罪及第 348 条第 2 项第 1 款掳人勒赎强制性交罪及其特别法之罪（如"儿童及少年性交易防制条例"第 22 条等罪），使与强制性交之结合犯明文列入得施以强制治疗之范围，避免在实务适用时再生疑惑，以弭争议。

修正本条原"刑前治疗"之规定，采用多数学者及精神医学专家之意见，以"出狱前 1 年至 2 年之治疗最具成效"之观点，将强制治疗之认定为"于裁判前应经鉴定有无施以治疗之必要"删除，改为"执行期满前，经鉴定、评估，认有再犯之危险者"，再令入相当处所，施以强制治疗。

性罪犯之矫治应以狱中强制诊疗（辅导或治疗）或社区身心治疗辅导教育程序为主，若二者之治疗或辅导教育仍不足矫正行为人偏差心理时，再施以保安处分。"监狱行刑法"之辅导或治疗，亦在受刑人出狱前 1 年至 2 年内进行矫治。如刑期将满而其再犯危险仍然显著，仍有继续治疗必要时，监狱除依"刑法"第 77 条第 2 项第 3 款及"监狱行刑法"第 81 条第 4 项之规定，限制其假释外，如经鉴定、评估认有再犯之危险，而有施以强制治疗之必要者，监狱应于刑期届满前 3 月，将受刑人应接受强制治疗之鉴定、评估报告等相关资料，送请该管检察官，检察官至迟应于受刑人刑期届满前 2 月，向法院声请强制治疗之宣告（"监狱行刑法"第 82 条之 1）。

依"性侵害犯罪防治法"第 20 条规定，对于有期徒刑及保安处分之执行完毕、假释、缓刑、免刑、赦免或缓起诉处分之性侵害犯罪加害人，经评估认有施以治疗辅导之必要者，主管机关应命其接受身心治疗或辅导教育。又，依同法第 22 条之规定，加害人依第 20 条第 1 项规定接受身心治疗或辅导教育，经鉴定、评估其自我控制再犯预防仍无成效者，直辖市、县（市）主管机关得检具相关评估报告，送请该管地方法院检察署检察官、军事检察署检察官依法声请强制治疗。为落实此类犯罪加害人之治疗，特增订为本条第 1 项第 2 款。

综上说明，性侵害犯罪之加害人有无继续接受强制治疗之必要，系根据监狱或社区之治疗结果而定，如此将可避免原定之鉴定，因欠缺确定之犯罪事实，或为无效之刑前强制治疗，浪费宝贵资源，使强制治疗与监狱或社区之治疗结合，最有效之运用。

加害人之强制治疗是以矫正行为人异常人格及行为，使其习得自我控制以达到再犯预防为目的，与寻常之疾病治疗有异，学者及医界咸认无治愈之概念，应以强制治疗目的是否达到而定，故期限以"再犯危险显著降低为止"为妥。惟应每年鉴定、评估，以避免流于长期监禁，影响加害人之权益。

实务判解

◆"刑法"关于"拘束人身自由保安处分之强制治疗"于 1999 年 4 月 21 日修正公布后，增订同法第 91 条之 1，规定犯"刑法"第 221 条至第 227 条之罪者，于裁判前应经鉴定有无施以治疗之必要。有施以治疗之必要者，得令入相当处所，施以治疗。前项处分于刑之执行前为之，其期间至治愈为止，但最长不得逾 3 年。嗣该条文于 2006 年 7 月 1 日起施行之"刑法"第 91 条之 1 有关强制治疗规定，虽将刑前治疗改为刑后治疗，但治疗期间未予限制，且治疗处分之日数，复不能折抵有期徒刑、拘役或同法第 42 条第 6 项裁判所定之罚金额数，较修正前规定不利于被告。（2007年第 3 次刑事庭决议）

◆"性侵害犯罪防治法"第 20 条第 1 项第 3 款规定加害人受缓刑宣告，经评估认有施以治疗辅导之必要者，直辖市、县（市）主管机关应命其接受身心治疗或辅导教育。同条第 2 项复规定因缓刑付保护管束之加害人，观护人得实施约谈、访视，并得进行团体活动或问卷等辅助行为，亦得请警察机关派员定期或不定期查访之；有事实可疑为施用毒品者，得命其接受采验尿液。且在一定情形下得报请检察官或军事检察官许可，命其居住于指定之处所、施以宵禁、实施测谎、禁止接近特定场所或对象，及其他必要处遇。核其内容，系对人身自由所为干预、拘束之保安处分，其因法律变更而发生新旧法律之比较适用时，应依修正"刑法"第1条及第2条第1项规定，适用从旧从轻原则。（2007年台非字第184号）

◆ 缓刑制度旨在以暂缓宣告刑之执行，促使犯罪行为人自新，借以救济自由刑之弊。则缓刑期内，其是否已自我约制而洗心革面，自须予以观察，尤其对于因生理或心理最需要加以辅导之妨害性自主之犯罪行为人，应于缓刑期间加以管束。故修正"刑法"第93条第1项第1款增订犯同法第91条之1所列之罪而宣告缓刑时，应于缓刑期间付保护管束之宣告，乃采义务宣告主义，使此类犯罪情节轻微之犯罪行为人在缓刑期间，接受观护人安排之生理及心理相关辅导课程，课以习得正确之两性关系及自我管束能力，以促其再社会化。保护管束虽为"刑法"保安处分之一种，然其执行类皆由观护人督促受保护管束人之品性、生活习惯，以避免其再犯。依"性侵害犯罪防治法"第20条第2项、第3项所定观护人对于缓刑期间付保护管束之加害人，所得采取之处遇方式，诸如约谈、访视、查访、采尿、命居住于指定处所或施以宵禁并得辅以科技设备监控、实施测谎、禁止接近特定场所或对象等，固亦有若干程度对受保护管束人自由之干预或限制，然此等处遇乃为落实建立此类性罪犯自我内控之必要手段，以消灭其再犯之危险性，性质上究与在监所或相类似场所执行拘束人身自由之"机构内的处遇"不同，应认属于非拘束人身自由之保安处分，依修正"刑法"第2条第2项之规定，应适用裁判时之法律。（2007年台上字第6416号）

法律座谈

◉ **法律问题一：妨害性自主罪之教唆犯或帮助犯，是否需依"刑法"第91条之1之规定，于裁判前鉴定其有无施以治疗之必要？**

研究意见：

甲说：应予鉴定。"刑法"第91条之1之规范目的，系在使涉犯妨害性自主罪之行为人，如有性态度上之偏差或身心障碍时，赋予法院得令其入相当处所施以治疗之之法源，以避免其于刑之执行完毕后再涉同类犯行。而教唆或帮助他人遂行妨害性自主罪行之人，其偏差心理、对社会之危害性均未必较正犯为低，且帮助犯系依正犯之规定论处，故仍应于裁判前鉴定其有无施以治疗之必要。

乙说：毋庸鉴定。"刑法"第91条之1系对于犯第221条至第227条、第228条、第229条、第230条、第234条、第332条第2项第2款、第334条第2款、第348条第2项第1款及其特别法之罪者，规定于符合一定之要件时，得令入相当处所，施以强制治疗。故系针对行为人本身而言，教唆犯或帮助犯系属共犯，而非为性侵害行为之正犯，即无鉴定之必要。

研讨结论：采乙说。

◉法律问题二：犯"刑法"第91条之1所列各罪，于宣告缓刑时，依"刑法"第93条第1项第1款规定于缓刑期间应付保护管束，如行为时在旧法，裁判在新法施行后，宣告缓刑，应否比较新旧法？

讨论意见：

甲说（否定说）：非拘束人身自由之保安处分，适用裁判时之法律，"刑法"第2条第2项定有明文。保护管束系属非拘束人身自由之保安处分，基于保安处分防卫社会、矫治行为人之目的，又无拘束人身自由之保安处分之浓厚自由刑色彩之疑虑，故理应适用从新原则，毋庸比较新旧法。

乙说（肯定说）：保护管束固属非拘束人身自由之保安处分，惟对于违反保护管束应遵守之事项，其情节重大者，检察官得声请撤销缓刑，"保安处分执行法"第74条之3订有明文，故可能导致拘束人自由之不利后果。因此，仍须比较新旧法，适用有利行为人之规定。

初步研讨结果：多数采甲说。

保护管束属于非拘束人身自由之保安处分，自应适用"刑法"第2条第2项之从新原则，而拘束人身自由之保安处分，系因该处分本身即带有浓厚自由刑之色彩，有使行为人受双重处罚之疑虑，为避免使行为人受不可预期之不利益，而适用从旧从轻原则。此外，缓刑撤销后，亦只是执行原本所宣告之刑罚，并无使行为人遭受更大的不利益。

审查意见：同意初步研讨结果，采甲说（否定说）。

研讨结果：照审查意见通过。

古代的酷刑

历史上著名之凌迟受刑者：

方孝孺：明惠帝时重臣，后因靖难之役失败，被俘获后拒绝与朱棣合作，故被发往市集凌迟处死。

刘瑾：明武宗时代宦官，传闻磔刑凌迟 3 日，割 3300 刀。行刑时，燕京围观百姓以 1 钱争夺其肉，下酒生食之，以泄其愤。

袁崇焕：崇祯年间知名将领，因崇祯皇帝怀疑其谋反，以"通虏谋叛"被凌迟处死，据说当时北京百姓争啖其肉。

耿精忠：清朝康熙年间，因康熙帝撤藩，叛清失败而被凌迟处死。

石达开：太平天国最富战功之将领，封翼王，领兵被困大渡河，降清以救全军。与所属同被凌迟。所属不胜痛楚惨呼，石达开斥之："何遂不能忍此须臾？当念我辈得彼，亦正如此可耳。"至死寂无声。

洪天贵福：太平天国天王洪秀全之子，为清朝大臣沈葆祯所俘虏，判凌迟处死，处决时年仅 15 岁，可能是最年轻受刑者。

第九十二条　代替保安处分之保护管束

①第八十六条至第九十条之处分，按其情形得以保护管束代之。

②前项保护管束期间为三年以下。其不能收效者，得随时撤销之，仍执行原处分。

条理析释

保护管束，应按其情形交由受保护管束人所在地或所在地以外之警察机关、自治团体、慈善团体、本人最近亲属、家属或其他适当之人执行之。"法务部"得于地方法院检察处置观护人，专司由检察官指挥执行之保护管束事务。

检察官应告知受保护管束人所应遵守之事项，并指定日期，命往执行保护管束者之处所报到。执行保护管束者，对于受保护管束人，得指定其遵守一定之事项；受保护管束人不遵守时，得予以告诫，或报请指挥执行之检察官为适当之处理；必要时，得限制其自由。对于外国人保护管束者，得以驱逐出境代之。

缓刑或假释期内，执行保护管束者，对于受保护管束人应注意其生活行动及交往之人。受保护管束人逃匿、死亡或复犯他罪时，执行保护管束者，应即报告检察官；假释中付保护管束者，并应由检察官通知原执行监狱之典狱长。

受保护管束人在保护管束期间内，应遵守"保安处分执行法"第 74 条之 2 所规定之事项，受保护管束人违反应遵守事项，情节重大者，检察官得依同法第 74 条之 3 声请撤销保护管束或缓刑之宣告，假释中付保护管束者，如有前项情形时，典狱长得报请撤销假释。受保护管束者之犯行既已构成得撤销假释之事由，且情节重大，则被撤销其假释，于法有据。

实务判解

◆感化教育之处分，既无可供执行之场所，依"刑法"第 92 条第 1 项，自得以保护管束代之，该保护管束，并应声请法院裁定。（1939 年院字第 1862 号）

◆"刑法"第 92 条第 1 项所定之保护管束，须以依第 86 条至第 90 条之规定谕知保安处分为前提要件，先有保安处分，然后始得斟酌情节代以保护管束，被告窃盗案原判并未谕知保安处分，即迳行谕知保护管束，显属违法。（1949 年台上字第 14 号）

◆"刑法"第 92 条第 1 项规定，依第 86 条至第 90 条之处分，按其情形得以保护管束代之，是其前提要件非先有保安处分之宣告不可；此观于同条第 2 项载，其不能收效者得随时撤销之仍执行原处分等语，更属明显。原审于依"刑法"第 320 条第 1 项判处被告罪刑后，并未为何种保安处分之宣告，遽为于刑之执行完毕后交由当地警察官署保护管束 3 年之谕知，依照前开规定，显属违法。（1952 年台非字第 28 号）

古代的酷刑

沈家本被誉为中国近现代法学的奠基人，是第 1 个为中国引进西方法律体系的法学泰斗。主持修定法律期间，仅有刑法和刑民诉讼法就先后译出法、德、俄、荷、意、日、美、比利时等国法律文献近 40 种。他精心整理中国古代法律资料，并加以整理考订。曾建议废除凌迟、枭首、戮尸、缘坐、刺字、笞杖等酷刑，并且改革刑律，修订了《大清现行刑律》以取代《大清律例》，参照西方和日本刑法制定了《大清新刑律》。民国建立后，即以之为本，制定《中华民国暂行新刑律》，再陆续研究编修成为《中华民国刑法》，于 1935 年经国民政府通过施行，至今仍适用于台湾地区。

鞭扑于西周时代即为刑罚之一，官员行使职权时配以鞭度，鞭者刑具也，惩治罪人之用；度者丈量之器，即用以检查人民互易买卖或缴纳实物税之数量之用。春秋之际成为常用之刑罚，汉代皇帝则喜用鞭扑处罚朝臣。

囊扑为秦代第 17 种刑罚，囊者，盖布袋也，即将囚犯置于袋中打死或摔死。《资治通鉴·秦始皇帝九年》：秦始皇的母亲与宦者嫪毐私通，生下两个儿子（始皇之弟）。嫪毐谋反事败，始皇乃取嫪毐之四肢并车裂之，取其两位弟弟而囊扑杀之，取皇太后迁之于萯阳宫。并下令曰："敢以太后事谏者，戮而杀之！"

第九十三条 缓刑与假释之保护管束

①受缓刑之宣告者，除有下列情形之一，应于缓刑期间付保护管束外，得于缓刑期间付保护管束：

一、犯第九十一条之一所列之罪者。

二、执行第七十四条第二项第五款至第八款所定之事项者。

②假释出狱者，在假释中付保护管束。

条理析释

缓刑制度在暂缓宣告刑之执行，促犯罪行为人自新，借以救济短期自由刑之弊，则缓刑期内，其是否已自我约制而洗心革面，自须予以观察，尤其对于因生理或心理最需加以辅导之妨害性自主罪之被告，应于缓刑期间加以管束，故于本条第 1 项增订对此类犯罪宣告缓刑时，应于缓刑期间付保护管束之宣告，以促犯罪行为人之再社会化。惟为有效运用有限之观护资源，并避免徒增受缓刑宣告人不必要之负担，其余之犯罪仍宜由法官审酌具体情形，决定是否付保护管束之宣告。

依第 74 条第 2 项第 5 款至第 8 款之执行事项，因执行期间较长，为收其执行成效，宜配合保安处分之执行，方能发挥效果，于本条第 1 项第 2 款增列法官依第 74 条第 2 项规定，命犯罪行为人遵守第 5 款至第 8 款之事项时，应付保护管束，以利适用。

受保护管束人在保护管束期间内，应保持善良品行，不得与素行不良之人往还；服从检察官及执行保护管束者之命令；不得对被害人、告诉人或告发人寻衅；对于身体健康、生活情况及工作环境等，每月至少向执行保护管束者报告 1 次及非经执行保护管束者许可，不得离开受保护管束地；离开在 10 日以上时，应经检察官核准。受保护管束人违前述 5 种情形之一，情节重大者，检察官得声请撤销保护管束或缓刑之宣告。假释中付保护管束者，如有前述情形时，典狱长得报请撤销假释。

实务判解

◆假释被撤销后，其在假释中所付之保护管束，当然消灭，无须检察官声请裁定。（1936 年院字第 1567 号）

◆修正前"刑法"第 93 条第 1 项规定受缓刑宣告者，在缓刑期内得付保护管束；是否并付保护管束，采职权宣告主义。修正"刑法"第 93 条第 1 项规定受缓刑之宣告，系犯同法第 91 条之 1 所列之罪者，应于缓刑期内付保护管束，则采义务宣告主义。比较修正前后之规定，自以修正前之规定有利于被告。本件原判决认定被告自 2005 年 5 月间起至 2006 年 5 月 14 日止，连续对于未满 14 岁之女子为猥亵行为，因论以"刑法"第 227 条第 2 项之罪，量处有期徒刑 1 年，缓刑 5 年。被告所犯系属"刑法"第 93 条第 1 项所列之罪，亦系"性侵害犯罪防治法"第 2 条所称之性侵害犯罪，其犯罪时间既在修正"刑法"施行前，原判决适用行为时之规定，谕知被告缓刑，未并宣告于缓刑期间付保护管束，于法无违。（2007 年台非字第 184 号）

法律座谈

◉法律问题一：少年某甲犯罪，经警查获移送少年法院调查，嗣因某甲年满 18 岁，由少年法院裁定移送检察官侦查，并由检察官向法院刑事庭提起公诉，经法院审理结果判处刑罚，如欲宣告缓刑并付保护管束时，究竟应适用"少年事件处理法"或"刑法"之规定宣告缓刑及保护管束？

研讨意见：

甲说：本件某甲犯罪经检察官向法院刑事庭提起公诉，并非向少年法院提起公诉之案件，依法即不得适用有关少年刑事案件之实体规定（"最高法院"1976 年第 4 次刑事庭会议参照），而应适用"刑法"第 93 条第 1 项之规定。

乙说：按"少年事件处理法"分程序法与实体法 2 部分，有关实体法部分，系以犯罪行为时是否少年为准，自不因某甲是由少年法院审理抑或由刑事庭审理而分别适用不同之法律规定。本件某甲犯罪时系少年，因此本件应适用"少年事件处理法"第 79 条、第 82 条之规定。

研讨结论：赞成乙说。

台湾"高等法院"审核意见：拟同意研讨结论。

"司法院"刑事厅研究意见：少年法院依"少年事件处理法"第 27 条第 1 项、第 2 项裁定移送之少年刑事案件，发现少年之现在年龄已满 18 岁者，应依"刑事诉讼法"规定办理，该案件并非依同法第 67 条规定向少年法院提起公诉之案件，不得适用有关少年刑事案件之实体规定，此经"最高法院"1976 年第 4 次刑庭庭推总会决议在案，并经该院 1983 年第 3 次刑事庭会议决议应予维持。本题某甲年满 18 岁，由检察官向法院刑事庭提起公诉，既非依"少年事件处理法"第 67 条规定向少年法院提起公诉之案件，自不得适用该法有关缓刑及保护管束之实体规定，而应适用"刑法"有关缓刑及保护管束之规定。台湾"高等法院"审核意见采乙说，尚有未洽，应以甲说为当。

⊙**法律问题二**：经判处拘役或罚金，并宣告缓刑 4 年，缓刑期内付保护管束之受刑人，于缓刑期内因违反保护管束之规定，而经法院裁定撤销其缓刑之宣告，此际，如其保护管束之执行已逾 3 年 9 个月，其所处拘役或罚金应否执行？

讨论意见：

甲说：依"刑法"第 84 条第 1 项第 5 款规定，拘役及罚金之行刑权时效期间为 3 年，"刑法"第 85 条第 3 项规定行刑权时效如依法律之规定不能开始或继续执行时，停止进行，停止原因继续存在之期间，如达于第 84 条第 1 项各款所定期间四分之一者，其停止原因视为消灭。准此计算，罚金及拘役之行刑权时效期间总计为 3 年 9 个月，本件缓刑期间已逾 3 年 9 个月始予撤销缓刑之宣告，其行刑权时效业已完成，不应执行。

乙说：判处拘役或罚金，并宣告缓刑 4 年，于缓刑期间逾 3 年 9 个月后撤销其缓刑之宣告，因尚在缓刑期内遭撤销，足见受处分人恶性未改，其所处拘役或罚金仍应执行，以贯彻执行之效果。惟为求法律规定周延起见，宜比照"窃盗犯赃物犯保安处分条例"第 4 条第 2 项规定，在"刑法"第 93 条增订第 4 项："'刑法'第 84 条第 1 项期间，自撤销缓刑之裁定确定之日起算。"

结论：采乙说。

台湾"高等法院"检察署研究意见：采乙说。

"法务部"检察司研究意见：缓刑未经撤销前，国家不得对之行使行刑权，其时效期间，自无从起算。故缓刑如经依法撤销者，其行刑权时效，应自撤销缓刑之裁定确定之日起算，而非以宣告缓刑之裁判确定之日起算。同意研究意见以乙说为当。

[编按⇨关于宣告拘役或罚金之行刑权时效期间，现行"刑法"第 84 条第 1 项第 4 款于 2005 年 2 月 2 日业已修正调整为 7 年。乙说建议在"刑

法"第93条增订第4项："'刑法'第84条第1项期间，自撤销缓刑之裁定确定之日起算。"部分，并未经立法院审查通过。]

古代的酷刑

鞭笞、打藤或笞刑，是体罚的一种执行方式，执行者会以竹片或藤制成的鞭，鞭打犯人的臀部，受者的臀部常会皮开肉裂。由于笞刑普遍被国际组织认为是对受刑人不人道及侵犯其人权，此刑罚在世界上多数地区已经废除。今日世界上约有16个国家实施类似笞刑，大部分在亚洲及非洲，例如阿富汗、伊朗、文莱、马来西亚、坦桑尼亚、波札那、奈及利亚、新加坡等。

日本古代有仿自中国唐律的笞刑，打屁股，明治维新后推行"文明开化"而废止，但在殖民地台湾地区和朝鲜曾施行笞刑，都是打屁股，限打16岁以上60岁以下的男性。

1904年1月12日，台湾总督府律令第1号发布《罚金及笞刑处分例》并制定《罚金及笞刑处分例施行细则》，法例明定"应科处3个月以下自由刑、或100元以下财产刑之台湾人之犯罪，得处以笞刑；若先前被处财产刑却未能缴清者，得经折算执行笞刑"。1904年5月1日开始施行。此例为后藤新平设计，时任台湾总督儿玉源太郎下令。台湾的笞刑直到1921年4月28日，时任台湾总督田健治郎发布律令第7号"废止罚金及笞刑处分例"，下令从1921年5月1日起终止罚金易科笞刑处分。

第九十四条 （保护管束之处所——删除）

[编注⇨本条原条文之规定为："保护管束交由警察官署、自治团体、慈善团体、本人之最近亲属或其他适当之人行之。"因本条属执行程序事项，性质上应委诸"保安处分执行法"予以规范。而"保安处分执行法"第64条以下已有相当规定，因而于2005年2月2日明令公布删除之。

至于"保安处分执行法"第64条之规定节录如下：

第1项：保护管束，应按其情形交由受保护管束人所在地或所在地以外之警察机关、自治团体、慈善团体、本人之最近亲属、家属或其他适当之人执行之。

第2项："法务部"得于地方法院检察"处（该主管机关尚未配合修正为'署'）"置观护人，专司由检察官指挥执行之保护管束事务。

因此，"刑法"原规定之人员仍均在"保安处分执行法"之内，但实务上则以该条第 2 项另外编置之"观护人"为主要执行保护管束事务之人。]

古代的酷刑

日本各殖民地的笞刑行刑过程不公开，刑具是竹板，打屁股。1 日拘留或 1 元罚金易科 1 下笞刑。台湾每次打屁股最多不能超过 25 下，最多可分 4 次。对朝鲜人则另外规定，每次打屁股不能超过 30 下。

由于笞刑会对被施者造成严重的皮肤创伤，以及笞刑的不人道及侵犯人权，目前绝大多数的国家已经废除笞刑，但仍有少数国家继续施行。在马来西亚，笞刑主要惩治毒品犯、强制性交犯及非法入境者。在新加坡，50 岁以下的健康男性（不论是否新加坡人）都可被判鞭笞，而当中的最高刑罚是 24 鞭，惩治对象不一定是重犯。在监狱中触犯规定，不论男女，都有可能受鞭刑。1993 年，美国青年麦克·彼特·费尔因为在新加坡境内涂鸦而被判入狱、罚款和笞刑。费尔为首位被判处笞刑的美国公民，且此事后来演变为国际事件，最终在 1994 年执行鞭刑。

第九十五条　（略）

第九十六条　保安处分之宣告

①保安处分于裁判时并宣告之。但本法或其他法律另有规定者，不在此限。

条理析释

保安处分应否实施，由法院依法决定之。如其涉及人身自由之拘束者，原则上应于裁判时并为宣告；惟以下情形，则例外许其于裁判外单独宣告：

1. 依法律规定，先于判决而为裁定者，如现行本法第 88 条第 1 项之禁戒处分、第 91 条之强制治疗等。另依"保安处分执行法"第 4 条第 2 项及第 3 项规定，亦有得于判决前宣告之规定。

2. 依法律规定，许其事后补行裁定者，如依"刑事诉讼法"第 481 条第 3 项宣告之保安处分，或依本法第 93 条第 2 项于假释中付保护管束处分，乃发生于裁判确定后，性质上自宜许其于事后裁定。

3. 因无裁判，法律准许单独裁定保安处分者，如"刑事诉讼法"第

481 条第 2 项所定检察官（绝对）不起诉处分后向法院所为声请之情形，即属之。

保安处分之宣告，原则上应于裁判时并宣告之，但第 93 条第 2 项假释期间付保护管束者，则应依"刑事诉讼法"第 481 条第 1 项及本条但书之规定，由检察官声请法院裁定之。然受刑人仅在假释中始有付保护管束之必要，若受刑人系因刑期期满而出狱，则无该条之适用。

实务判解

◆应否宣告保安处分，本属审判官自由裁量之权，原判决认上诉人有犯罪习惯，并予宣告强制工作要无违误。（1954 年台上字第 53 号）

◆保安处分系附属于罪刑而为宣告，犯罪不成立，即无保安处分之可言。故关于保安处分之判决得否上诉于第三审法院，依照"刑事诉讼法"第 368 条规定，亦应以是否属于"刑法"第 61 条所列各罪之案件为准。（1959 年台抗字第 6 号）

第九十七条　（保安处分之免除与延长——删除）

［编注➡本条文系规定："依第 86 条至第 90 条及第 92 条规定宣告之保安处分，期间未终了前，认为无继续执行之必要者，法院得免其处分之执行；如认为有延长之必要者，法院得就法定期间之范围内，酌量延长之。"］

因各种保安处分于 2005 年依其性质及体系而大幅增修结果，已将原为本条（第 97 条）免除处分之执行纳入第 86 条至第 90 条；关于延长执行部分，已依次将本条延长执行之规定纳入第 90 条第 2 项；第 86 条至第 89 条已明定执行最长期间，分别为 5 年、3 年、1 年，而依其处分之性质，应无再延长执行之必要；至于第 91 条及第 91 条之 1 则以"治愈"或"再犯危险显著降低为止"，亦无再延长之必要。因此，本条删除之。

再者，"刑事诉讼法"第 481 条第 1 项配合本章各条之增修及本条之删除，于 2006 年 6 月 14 日再次修正，其规定如下：

依"刑法"第 86 条第 3 项、第 87 条第 3 项、第 88 条第 2 项、第 89 条第 2 项、第 90 条第 2 项或第 98 条第 1 项前段免其处分之执行，第 90 条第 3 项许可延长处分，第 93 条第 2 项之付保护管束，或第 98 条第 1 项后段、第 2 项免其刑之执行，及第 99 条许可处分之执行，由检察官声请该案犯罪事实最后裁判之法院裁定之。第 91 条之 1 第 1 项之施以强制治疗及同

条第 2 项之停止强制治疗，亦同。（第 1 项）

检察官依"刑法"第 18 条第 1 项或第 19 条第 1 项而为不起诉之处分者，如认有宣告保安处分之必要，得声请法院裁定之。（第 2 项）

同条第 3 项则维持原规定："法院裁判时未并宣告保安处分，而检察官认为有宣告之必要者，得于裁判后三个月内，声请法院裁定之。"

第九十八条　保安处分执行之免除

①依第八十六条第二项、第八十七条第二项规定宣告之保安处分，其先执行徒刑者，于刑之执行完毕或赦免后，认为无执行之必要者，法院得免其处分之执行；其先执行保安处分者，于处分执行完毕或一部执行而免除后，认为无执行刑之必要者，法院得免其刑之全部或一部执行。

②依第八十八条第一项、第八十九条第一项、第九十条第一项、第九十一条第二项规定宣告之保安处分，于处分执行完毕或一部执行而免除后，认为无执行刑之必要者，法院得免其刑之全部或一部执行。

③前二项免其刑之执行，以有期徒刑或拘役为限。

条理析释

保安处分中不乏拘束人身自由之处分，而有补充或代替刑罚之作用，依第 86 条第 2 项、第 87 条第 2 项所宣告之保安处分，得于刑之执行前执行之，亦得于刑之执行后执行之；其系先执行刑罚，而于刑之执行完毕或赦免后，认无执行处分之必要者，得免除处分之执行；其先执行保安处分者，于处分执行完毕或一部执行而免除后，认为无执行刑之必要者，法院得免其刑之全部或一部执行。

依第 88 条第 1 项所宣告之禁戒处分、第 89 条第 1 项宣告之禁戒处分、第 90 条第 1 项所宣告之强制工作、第 91 条第 2 项宣告之强制治疗，其处分之执行均先于刑之执行，故处分执行完毕或一部执行而免除后，认为无执行刑之必要者，法院得免除刑全部或一部之执行。

刑罚之免除，应有其范围，罚金刑无免除必要，无期徒刑免除于刑事政策上有所不宜。因此，免其刑之执行，限制在有期徒刑或拘役之范围，以期公允。

本条第 1 项规定"先执行徒刑后，认无再执行保安处分之必要者，法院得免其处分之执行"部分，应由检察官依"刑事诉讼法"第 481 条第 1 项之规定，声请法院裁定时，法院才能就具体个案为之。

实务判解

◆"刑法"第 90 条第 1 项规定，有犯罪之习惯或因游荡或懒惰成习而犯罪者，于刑之执行前，令入劳动场所，强制工作。该项将刑后强制工作修正为刑前强制工作之同时，第 98 条第 2 项配合修正为"刑前强制工作处分执行完毕或一部执行而免除后，得免其刑之执行"。而 2006 年 6 月 14 日公布之"刑事诉讼法"第 481 条亦配合修正为上开免其刑之执行，由检察官声请该案犯罪事实最后裁判之法院裁定之。则本案受刑人系依旧"刑法"第 90 条第 1 项判决刑后强制工作确定，并依旧法规定先执行有期徒刑，其本得依旧"刑法"第 98 条及旧"刑事诉讼法"第 481 条之规定，于刑之执行完毕或赦免后，认为无执行之必要。（台湾"高等法院"2008 年声字第 3696 号）

古代的酷刑

根据新加坡法律，对女性、死刑犯、50 岁以上的男性及经医疗官员证实身体状况不适者，不得判处执行鞭刑。

在新加坡法律中，共有超过 30 种不同的罪行都适用鞭刑，其中包括：劫持人质、绑架、暴力抢劫、结伙强盗、抢夺致人于死、非法吸食毒品、破坏公物（包括在公共场所的墙上喷涂油漆）、骚乱、性侵犯（性骚扰）、非法拥有武器（包括长刀、匕首等）。

对于触犯强制性交、非法走私或贩卖毒品、非法贷款（协助债主骚扰债务人者亦同）、非法入境或签证过期非法滞留 90 天以上之罪者，强制性执行鞭刑。

刑鞭是用藤制作的（不是皮革或竹片），约 1.2 米长，1.3 厘米粗，行刑前，监狱官会把藤鞭浸泡在水中，使用时藤鞭会比较柔韧，不容易折断。官方确认行刑官在行刑前会在藤鞭上涂杀菌剂，以避免犯人受到感染。鞭刑之执行不会单独为之，均伴随徒刑（监禁）之刑罚。行刑的地点是在监狱里的特定行刑牢房，行刑时，外人以及其他囚犯都不得在场。在执行日将受鞭刑之人安置于鞭刑室外蹲成一排等待受刑。例如：新加坡最严的樟宜监狱，鞭刑日定在每周的星期二及星期五执行之。

第九十九条　保安处分之执行时效

①保安处分自应执行之日起逾三年未开始或继续执行者，非经法院认

为原宣告保安处分之原因仍继续存在时，不得许可执行；逾七年未开始或继续执行者，不得执行。

条理析释

"毒品危害防制条例"所定之观察、勒戒及强制戒治，系针对施用毒品者所为戒绝、断瘾之治疗处遇，乃属拘束人身自由之保安处分，性质上带有浓厚自由刑之色彩，故"刑法"总则关于保安处分之相关规定，自有其适用。"毒品危害防制条例"第24条之1所规定之观察、勒戒及强制戒治既系戒绝、断瘾之治疗处遇，如在执行时效完成前，已经相当期间未执行者，原处分之原因是否仍然存在，而有执行之必要，应经法院实质审核许可，始得执行，以符治疗处遇之立法本旨，避免无益之执行并兼顾人权之保护，从而"刑法"第99条前段之规定，于观察、勒戒或强制戒治处分亦适用之。

例如：甲因施用安非他命，经地方法院裁定送勒戒处所观察、勒戒，但甲未到案执行，迄缉获时，已逾3年而未执行该处分，检察官依法声请原法院为许可执行之裁定。而法院认为甲因施用毒品经裁定送勒戒处所观察、勒戒，虽未到案执行，但已逾3年，未再查获施用毒品之行为，亦无事实足认其对毒品尚存有依赖，须施以戒断治疗，而有令入勒戒处所执行观察、勒戒之必要，因认检察官之声请为无理由，予以驳回，应属于法无违。检察官不得另执"毒品危害防制条例"第24条之1就观察、勒戒及强制戒治之执行时效已有特别规定，即得不再依"刑法"第99条之规定，声请法院裁定许可执行。

本条仍采许可执行制度，则逾3年后是否继续执行，应视原宣告保安处分之原因，是否继续存在为断，故规定非经法院认为原宣告保安处分之原因仍继续存在时，不得许可执行；逾7年未开始或继续执行者，不得执行，以维护人权。

实务判解

◆戡乱时期"窃盗犯赃物犯保安处分条例"第1条后段规定，本条例未规定者，适用"刑法"及其他法律之规定，窃盗犯依该条例谕知强制工作保安处分，自应执行之日起经过3年未执行者，该条例既未设有特别规定，即应适用"刑法"第99条及"刑事诉讼法"第485条（旧），非经检察官声请法院裁定许可，不得执行。（1966年台抗字第186号）

◆"刑法"第99条前段规定，保安处分自应执行之日起逾3年未开始或继续执行者，非经法院认为原宣告保安处分之原因仍继续存在时，不得许可执行。本件抗告人因施用毒品，原经裁定为强制戒治，嗣因其罹患后天免疫缺乏症候群，戒治机关依据行为时"戒治处分执行条例"第7条第1项规定拒绝收监，至今固已逾3年期间无疑，惟尿液检验结果仍显示其有施用毒品事实，法院认强制戒治之原因显然存在，许可执行强制戒治裁定，认事用法并无违误。（台湾"高等法院"台南分院2009年毒抗字第382号）

法律座谈

◎法律问题一：某甲判处有期徒刑11月，刑后强制工作2年，徒刑部分因行刑权时效完成而消灭，刑后强制工作2年是否执行？如何适用新修正之"刑法"第99条之规定？

讨论意见：

甲说：不用执行刑后强制工作2年。

理由：徒刑部分未执行，不符刑之"执行完毕"或"赦免"后，令入劳动场所，强制工作之规定。

乙说：应执行强制工作2年。

理由："刑法"第99条之"自应执行之日"起，应系指刑"执行完毕"或"行刑权时效完成"后，起算保安处分之执行时效。

原提案机关决议：主刑虽因行刑权时效完成而消灭，但保安处分之执行时效既于第99条特别规定，自应执行。采乙说。

台湾"高等法院"检察署审查意见：采甲说，亦即毋庸执行本件刑后强制工作。

座谈会结论：采乙说。

"法务部"研究意见：同意座谈会结论，采乙说。

◎法律问题二：观察勒戒或强制戒治处分，是否适用新修正之"刑法"第99条后段，逾7年未开始或继续执行者，不得执行之。

讨论意见：

甲说：不适用。

理由："毒品危害防制条例"第24条之1规定：观察勒戒或强制戒治处分于受处分人施用毒品罪之追诉权消灭时，不得执行。故应优先适用"毒品危害防制条例"之特别规定。

　　乙说：适用。

　　理由：新修正之"刑法"第99条，是为保障人权特别修正，应优先适用。

　　原提案机关决议：采甲说。

　　理由："刑法"第11条规定："本法总则于其他法律有刑罚或保安处分之规定者，亦适用之。但其他法律有特别规定者，不在此限。"基于特别法优于普通法之原则，应优先适用"毒品危害防制条例"之特别规定。

　　台湾"高等法院"检察署审查意见：采甲说。

　　座谈会结论：照审查意见通过。

　　"法务部"研究意见："刑法"第99条与"毒品危害防制条例"第24条之1规定，本质上均属保安处分执行之时效规定，惟其起算点之设定与要件规定，均为不同类型之方式，应不属普通法与特别法的竞合，2者并无冲突或何者优先适用之问题，而应认系对保安处分执行时效的双重限制规定。盖保安处分本质在于矫正与治疗，尤其毒瘾之观察、勒戒或强制戒治，其执行应重时效，不宜延宕，其时效之规定应从严计算，个案或依"刑法"第99条已罹时效，或依"毒品危害防制条例"已罹时效，均不得执行。